中国年度法制新闻视角

2017

2017 ZHONGGUO NIANDU FAZHI XINWEN SHIJIAO

华东政法大学法制新闻研究中心
中华全国法制新闻协会
◇组织编写

法律出版社
LAW PRESS·CHINA

2017中国年度法治新闻视角

让法治成为全民信仰
（代　序）

陈　彧

2018年，在中国现代化的进程中将是个重要的历史转折期，也是个重要的历史节点，是党的十九大召开之后，党领导全国各族人民进入中国特色社会主义新时代的第一年。在可预见的未来岁月中，后世的人们一定会记住2018！在这重要的历史时刻，《2017中国年度法治新闻视角》一书诞生了。

它的诞生标志着中国社会将进入全面依法治国的社会主义新时期，它是载体，它将与过去五年的姊妹篇们一样，肩负历史的重任，记载当下中国发生的每一件重大法治事件。以史为鉴，可知兴衰，人们可以从中窥见一斑，以感知我们所处的伟大时代。历史车轮滚滚向前，历史的印迹将凝聚于此。

2018年《2017中国年度法治新闻视角》与您见面了，我们将本册书名中的“法制”改“法治”，这从侧面展示了我国时代的进步——全面依法治国进入了新时代。

本书中，我们依然用法治的观点对过去一年中国法治新闻进行瞭望，从微观入手，进而对宏观问题予以思考；用法治的方式对过去一年中国法治新闻事件进行剖析，从表象入手，进而对真相予以曝光；用法治的情感对过去一年中国法治新闻人物进行重现，从个体入手，进而对“人之权”予以反思；用法治的冷静对过去一年中国法治新闻热点进行梳理，从敏感点入手，进而对公众关注的话题予以讨论；用法治的思维对过去一年中国法治新闻案件进行观察，从个案入手，进而对司法实践的走势予以考量。

除了以上五大版块，本书继续保留“年度法治新闻简谱”和“年度法治新闻热词”版块。这些从不同侧面反映了2017年我国的法治建设状况，也为历史“留下印迹”。

在本书即将付梓时，我国迈进了改革开放40周年，国家宪法也经全国人民代表大会批准做了部分条款的修改。通过这次宪法修改，我国宪法更好地体现了人民意志，更好地体现了中国特色社会主义制度的优势，更好地适应了提高党的长期执政能力、推进全面依法治国、推进国家治理体系和治理能力现代化的要求，为新时代坚持和发展中国特色社会主义提供了有力宪法保障。

"法者，天下之程式也，万事之仪表也。"我国现行《宪法》是1982年审议通过的，其以国家根本法的形式，确立了一系列制度、原则和规则，制定了一系列大政方针，反映了我国各族人民共同意志和根本利益。30多年来的实践充分表明，我国宪法有力坚持了中国共产党领导，有力保障了人民当家作主，有力促进了改革开放和社会主义现代化建设，有力推动了社会主义法治国家建设进程，有力维护了国家统一、民族团结、社会稳定。

宪法在我国一直都被善意、良好地遵守、执行和遵循，这是毋庸置疑的。我们国家之所以能保持大局稳定发展，不断深入推进改革，正是因为我国宪法的实施情况总体而言是好的，各项立法活动也都是以宪法为根本依据和遵循，通过立法对宪法原则和规定进行的具体落实让宪法得以实施。各部门的执法、司法过程乃至每一个人的守法过程也是实施宪法的过程，都离不开宪法，都是在以自己的行为实施宪法，同时也都在宪法的有力呵护之下。实践中当然也发生和存在一些问题，违宪情况时有发生。解决这些问题一方面可以帮助立法机关及时总结宪法实施的经验，另一方面也可以指出存在的问题，有关方面可以及时予以纠正。

《2017中国年度法治新闻视角》与前5册一样，其目的在于力促"让法治成为全民信仰"。法律权威源自人民的内心拥护和真诚信仰。提升公民的法治观念，最重要的是通过深入开展法治宣传教育，使人们意识到法律的制定和实施能够更好地满足公民的需求和期待，从而使全体人民成为社会主义法治的忠实崇尚者、自觉遵守者、坚定捍卫者，增强全社会厉行法治的积极性和主动性。从这个意义上说，《2017中国年度法治新闻视角》在解读政策、普及法治、培育和弘扬社会主义法治精神、提升公民法治观念等方面再次做了有益的尝试。

"一切法律之中最重要的法律，既不是刻在大理石上，也不是刻在铜表上，而是铭刻在公民的内心里。"只有在全社会大力弘扬法治精神，才能为推进全面依法治国打下坚实基础。当法治成为每个普通人发自内心的信仰，当依法办事、遵纪守法成为全体公民的自觉追求，法治中国的宏伟蓝图一定能早日绘就。

《2017 中国年度法治新闻视角》中的每一件“新闻”，都让我们意识到：让法治成为全民信仰，离不开坚持依法治国、依法执政、依法行政的共同推进。依法治国是我国治理国家的基本方略，依法行政和依法执政是依法治国的必然要求。近年来，随着社会主义法治建设不断推进，公民的法治观念也在日益增强，现实生活中，越来越多的人把“合不合法”作为衡量自身行为的重要标准。但也应看到，以言代法、以权压法、重人情轻法治等法治精神缺失的现象在某些领域、某些地方依然存在。这说明，依法治国的关键在于党能不能坚持依法执政，各级政府能不能坚持依法行政。依法治国作为治国方针与策略，具有统领性，覆盖所有领域和人群，包括执政党。依法执政是依法治国的题中应有之义，执政党带头遵守和执行法律是依法治国方略对执政党的要求，是实现坚持全面依法治国方略的重要内容。依法行政是实现依法治国的重要手段和依托，国家治理的大量重要事务需要通过政府的行政手段不断推进。全面依法治国需要通过党的依法执政和政府的依法行政来推进和实现，依法执政和依法行政程度越高，全面依法治国的实现程度也越高。

《2017 中国年度法治新闻视角》是一本普法作品。让法治成为全民信仰，必须加大全民普法力度，建设社会主义法治文化。法治文化是一个社会的法律制度及其实践所具有的文化内涵，法治文化建设作为法治中国的重要组成部分，日益成为法治建设中的重中之重。坚持全面依法治国，就要使法治信仰、法治观念、法治思维、法治习惯在全社会牢固树立起来。提升公民的法治观念，塑造良好的法治环境，绝不是一朝一夕之事，既需要坚持不懈的恒心，也需要润物无声的耐心。“法，国之权衡也，时之准绳也。”依法治国，建设中国特色社会主义法治国家，全民信仰法治是重要的基础。一个社会、一个公民只有牢固树立法治信仰，才能自觉遵守法律、依法行事。

春去秋来，秋去春来，一岁一枯荣。我们将继续做好法治历史的记录者，因为我们深知肩上所负的责任，同时，我们深深地爱着这一片土地和发生在这片土地上的人和事。

2018 年春写于明辉书斋

目　录

法治新闻热点

法治新闻瞭望

法治新闻法眼

法治新闻人物

法治新闻事件

法治新闻

热点

REDIAN

导 语

为什么会形成“热点”？这一问题可以从多重角度剖析。传播的技巧、方式可以让事件成为热点；公众的关注度，也可以形成热点。2017 年中国法治新闻热点的形成，自然也有这两个原因。需要清楚的是“法治热点”应当聚焦的不仅是热点，更是“法治”。将热点事件从法律角度去解读、剖析，这就是本栏目的宗旨。

2016 年是我国醉驾入刑第六个年头，郎永淳醉驾案为 2017 年度聚焦的法律新闻热点事件，该案虽无事实争议，但因名人效应及网络舆情有关“仙人跳”的误导，而受到广泛关注。校园暴力、校园欺凌事件频繁发生，其严重性、隐蔽性和频率都有逐渐增加的趋势。但是，许多学生和家长依然没有认识到校园欺凌所应承担的法律后果，相关部门在实际处理中，也极少对施暴者给予真正具有惩戒、警示与教育效果的处罚。如今，互联网公益平台的崛起，让许多人得以参与到扶贫、扶持弱势群体、建设公共事业等公益行动中来。尤其是 2016 年以来，众筹、个人救助等新慈善形态的出现，使公众对慈善的关注度、参与度进一步提升。但是，互联网个人救助平台在信息披露和监管上存在很大不足，一旦其真实性受到挑战，被伤害的是提供救助者、真正需要救助的人以及整个社会的诚信度和公益慈善氛围，这必将引起社会的强烈不满。正是这一个个热点新闻，唤起了公众对加强法治的热切期盼。

法治的权威性，需要所有公民的敬畏和尊崇，对依法达成的协议、依法作出的处理结论，国家机关及其工作人员和普通百姓都要一起执行。国家机关及其工作人员不执行或执行不到位的，应严肃追究责任；同样，如果有人在合法合理诉求解决以后无理取闹甚至聚众滋事、扰乱公共秩序，也要依法严肃处理。只有建立依法办事、依法维权、违法必究的规则和机制，才能树立法治权威，维护正常社会秩序。

北京首判校园欺凌

——打造阳光校园从“法”开始

一、入选理由

2017年年末,北京市西城区人民法院宣判的一起校园欺凌案件受到社会各界的广泛关注。虽然5名女性被告人犯罪时均未满18岁,但仍然被分别判处有期徒刑。这一判决向社会发出了一个讯号:“未成年”并不是违法行为的“保护伞”,未成年人实施暴力伤害,同样不能逃避刑法的制裁。

校园欺凌是近年来比较突出的青少年社会问题之一。2016年,国务院总理李克强曾经对校园暴力频发作出批示:校园应是最阳光、最安全的地方。校园暴力频发,不仅伤害未成年人身心健康,也冲击社会道德底线。教育部要会同相关方面多措并举,特别是要完善法律法规、加强对学生的法治教育,坚决遏制漠视人的尊严与生命的行为。

时隔一年,在这起发生在北京西城区某职业学校中的霸凌案件中,5名施暴的未成人为她们的行为付出了惨重的代价,具有示范效应,是对解决“校园欺凌”事件的一次有益探索。

二、事件回顾

2017年2月28日,北京市西城区某职业学院内,未满18岁的女学生朱某伙同学校内另外4名未成年女生,在学校女生宿舍楼内,对另外两名女同学无故进行殴打、辱骂,且手段极其恶劣,期间5名施暴的女生甚至还脱光了一名被欺凌女同学的衣服,并拍下手机视频,对其进行羞辱,事后出于炫耀的心理,一名女生还将该视频上传到了自己的微信内。而让人意想不到的是,谈到5人施暴的动机,被告人却表示,仅仅是由于当天其中一人心情不好,想随便找个人“发泄”一下。案发后,一名被害人将自己的遭遇电话告知了自己的母亲。看到女儿身上遍布的伤痕,家长最终决定将这起校园欺凌事件诉诸法律。经鉴定,两名被害人的身体上均存在多处轻微伤，其中一名被害人在事发后长期精神抑郁，已经无法正常生活、学习。最终此案由北京市西城区人民检察院以寻衅滋事的罪名公诉至法院。

经过审理法院认为，被告人朱某伙同另外 4 名被告人无故随意殴打他人，造成 2 人轻微伤，辱骂他人情节恶劣，侵犯了公民的人身权利，严重影响公民的正常生活，破坏了社会秩序，已构成寻衅滋事罪，且系共同犯罪，依法应予惩处。鉴于 5 名被告人实施犯罪时均未满 18 周岁，且在被羁押后均能如实供述自己罪行，并考虑到 5 名被告人的父母积极赔偿被害人的经济损失，取得了被害人谅解，依法对 5 名被告人从轻处罚。

最终，法院依法判决被告人朱某犯寻衅滋事罪，判处有期徒刑 1 年。被告人赵某、李某、霍某、高某犯寻衅滋事罪，分别判处有期徒刑 11 个月。

三、各方观点

（一）校园欺凌和学生们之间开玩笑、闹矛盾、冲突打架的区别

中国教育学会家庭教育专业委员会　赵忠心：正常的打架一般没有什么恶意，就是学生们在一些具体事件上发生了分歧，他们处理问题、处理分歧的能力比较差，所以就采取动胳膊动拳头的方式，打完之后，很可能很快又成为朋友。

而欺凌和暴力不是一种普通的打架，它是恶性的、恶意的，出发点就是以强凌弱、以大欺小通过欺压别人、凌辱别人，从中得到一些快感。[①]

网络评论员　刘武俊：近年来，校园欺凌已经成为一个严肃且严重的社会问题，针对校园欺凌，不少学校和欺凌者及其家长，往往习惯于把它混同于学生们之间开玩笑、闹矛盾，拿未成年人当挡箭牌，“和稀泥”大事化小小事化了，这种漠然的态度和姑息迁就的心理让校园欺凌现象愈演愈烈。对于校园欺凌就应当理直气壮地说“不”，依据情节后果的轻重，该判刑就判刑，该处分就处分，绝不能含糊了事，绝不能姑息迁就。[②]

（二）校园欺凌案的判决依据

网络评论员　刘武俊：这一司法判决体现了罪刑法定和罪刑相适应的原则。我国《刑法》规定，“已满十六周岁的人犯罪，应当负刑事责任……已满十四周岁不满十八周岁的人犯罪，应当从轻或者减轻处罚”。该案校园欺凌恶行符合寻衅滋事罪的犯罪构成，考虑到未成年的因素，没有适用5年至10年的上限处罚，在5年以下有期徒刑、拘役或者管制的下限内采用了1年以下的从轻处罚，符合罪刑法定和罪刑相适应原则。

司法机关要以案释法、以案普法，向全社会普及这样的法律常识：未成年人实施暴力伤害，同样不能逃避刑罚的制裁。同时，也要教育和鼓励家长、学生和学校积极运用法律武器，维护好学生权益。当然，校园欺凌需要全社会综合治理，仅仅依靠法律的手段是不够的，但没有法律手段也是万万不能的。[③]

《钱江晚报》评论员　高路：几位施害女生被判一年以内的有期徒刑，固然有未成年人的从轻因素，也有法律本身条文不够清晰的因素。判决引用的寻衅滋事罪虽然定罪门槛不高，但重判的可能性很小，它的定罪内容也远远不能涵盖被害者受到的伤害。在北京的这起案子中，朱某等限制被害者人身自由长达7小时，用拍摄视频并传播视频的方式污辱了受害者的人格，一个寻衅滋事罪显然不足以概括她们的恶。2015年，一宗中国留学生在美国遭遇欺凌的案件，在国内引起了极大反响，在那起案件中，同为中国留学生的三名施暴者，分别被判处13年、10年和6年有期徒刑。这起发生在美国的案件，之所以刑期较重，有两国

---

① 《五少女欺凌同学获刑，校园暴力暴露的问题触目惊心》，载央视网：http://m.news.cctv.com/2017/11/03/ARTIkjxdOSTzb6elAcnF8MSC171103.shtml，最后访问日期：2017年12月1日。

② 刘武俊：《校园欺凌学生被判刑具有司法示范意义》，载《北京青年报》2017年11月7日，A2版。

③ 同上。

法律制度不一样的原因,也是因为美国的被告人还因绑架罪、侮辱罪等数罪并罚,如果不是因为有诉辩交易制度,甚至可能被罚无期徒刑。这种从重处罚的成功经验值得借鉴。[①]

(三)如何减少、杜绝校园欺凌现象

北京青少年法律援助与研究中心主任　佟丽华:我们现在关注的案子往往是一些比较恶劣的校园欺凌案件,其实更需要关注的是没有造成严重后果也没有引发社会关注,但确实给孩子心理带来伤害的一般校园欺凌事件。从学校角度,应该尽快构建预防和处理校园欺凌的机制,让学校每个教职员工了解什么是校园欺凌,在学生就校园欺凌寻求支持的时候能及时介入。从国家的角度来说,应该尽快立法,修订《预防未成年人犯罪法》,加强相关制度建设。[②]

网络评论员　易嘉严:有观点认为,杜绝校园暴力有效的手段,就是让欺凌者得到严厉的刑事处罚,付出惨重的代价,只有这样方能震慑那些欲向弱者伸手的施暴者。换句话说,就是当下的“重判”还不够重。的确,未成年人触犯法律时从轻处理固然没错,但保护未成年人的根本是“保护未成年人不受侵害”,并非“保护未成年人侵害他人”。

不可否认,西城区人民法院的这次“重判”,是对解决“校园欺凌”事件的一次有益探索。但判决不应是法律的终点,对未成年人犯罪的有效矫正才是社会的真正期待,这不是仅通过司法手段就可以解决的问题,还需要学校、家庭、社会的共同努力,乃至穷极各方的智慧。只有不断探索,才能找到恰当的、符合中国国情的解决方式。[③]

四、笔者观点

(一)校园欺凌现象严重

校园欺凌是指同学间欺负弱小、言语羞辱及敲诈勒索甚至殴打等行为,多发生在中小学。校园欺凌分为单人实施的暴力、少数人实施的暴力和多人实施的暴力,实施环境多为校园周边或人少僻静处。

中国青少年研究中心一项针对 10 个省市中小学生的抽样调查显示,32% 的

---

① 高路:《校园欺凌案,重判背后的良苦用心》,载《钱江晚报》2017 年 11 月 24 日,A23 版。

② 《2018 国家公务员考试申论热点:校园欺凌可获刑,惩戒不是主要目的》,载搜狐网:http://www.sohu.com/a/203842489_99989332,最后访问日期:2017 年 12 月 4 日。

③ 易嘉严:《校园欺凌“重判”是一次有益探索》,载《今晚报》2017 年 11 月 29 日,第 14 版。

人偶尔被欺负,6%的人经常被高年级同学欺负。2017年4月发布的《中国教育发展报告(2016)》显示,近年来,校园欺凌发生的地域范围广泛,覆盖了绝大多数省份,且频次密集。

有研究机构调查显示,校园暴力事件的起因中:"日常摩擦"居首,占比55%;"钱财纠纷"次之,占比17%;"情感纠葛"居第三位占比,15%;另有7%的暴力事件是由"偏激心理"引发的,带有很强的青春期特征。

此外,校园暴力不仅表现为殴打等外在侵害行为,还表现为对受侵害对象的精神强制,如恐吓、侮辱等。

(二)校园欺凌不能成法外之地

校园欺凌行为的多发原因很多,对校园暴力行为的管教执法力度不够,是其中一条重要原因。

在现实生活中,多数校园欺凌事件都是通过私下和解处理的。根据我国《刑法》的规定,只要欺凌者未满14周岁就不用承担刑事责任,已满14周岁不满16周岁的,犯故意杀人、故意伤害致人重伤或者死亡、强奸、抢劫、贩卖毒品、放火、爆炸、投毒罪,负刑事责任。这也意味着,大量欺凌事件虽然涉及侮辱等恶劣行为,但如果够不上轻伤,面临的只是治安处罚,到不了法院的层面。因此,对校园欺凌的惩戒大多停留在道德和品行层面。

是否应当降低刑责年龄来遏制未成年人犯罪?这有待科学评估。但是,校园不能成为法外之地。校园暴力范围之广、危害之大、影响之深、防治之难,已经引起全社会的关注。相关部门应尽快完善法律法规,加强对学生的法治教育,还阳光于校园。

(三)此案判决具有示范意义

同发生在2015年3月中国留美学生虐待同学的案件相比,北京这起校园欺凌案是以寻衅滋事罪来判处的,虽然两国法律制度不一样,国情也不一样,但是美国这种从重处罚能带来震慑、警醒和遏制作用,是值得借鉴的。

许多校园欺凌事件的特点都是起因小、下手狠、后果严重。施暴者对自己行为的恶劣性质和违法性质缺少认识,对后果的严重性质也缺少认识。司法从重判决可以在处罚他们违法行为的同时,更加引起人们的注意,更好引导规范社会行为。

能否判得更重些?笔者认为,从这起霸凌行为的恶劣性来看,朱某等人对两名被害人长达7小时的拘禁行为,以及拍摄视频并传播的侮辱行为,严重污辱了对方人格,并造成其中一名被害人精神抑郁,长期无法正常生活学习的严重后果。与之相比,判决引用的寻衅滋事罪,并不足以做到罪刑相适应,不足以涵盖被害者受到的全部伤害。另据报道,此案宣判后,其中一个施暴者走出法庭后,还哼起了小曲。这说明此次判决并未对其起到应有的震慑作用。

因此,作为对校园欺凌事件首次判决实刑的此案,虽然具有突破性和示范性,但也仅仅是试探性地迈出了第一步,今后的法律判决应该对校园欺凌行为表明更加严峻的态度。

(四)各方努力,让校园成为最阳光、最安全的地方

如何让校园成为最阳光、最安全的地方?

1. 学校要加强管理

学校是对学生实施人格教育、德育教育的主场,也是欺凌行为发生的主要场所,建设和谐校园是学校的职责所在,责任重大。在德育管理方面,学校应进一步完善德育管理体制,使德育和智育同步整合,发挥德育管理的主动性、时效性,把欺凌行为扼杀在萌芽中。

具体来说,学校要通过生动活泼的法治宣传和案例介绍,教育学生知法守法,增强学生的法律意识和规范意识。对有欺凌倾向和受欺凌可能的学生,学校的心理教师要及时进行一对一的心理辅导。

此外,学校也要完善校园管理,扩大校内日常监控范围,把校园死角、隐蔽处等地也纳入范围以内。校园管理还要与周边社区治安管理相联合,联防联控,净化校园内外环境,努力建设平安校园。

2. 全社会共同治理

校园欺凌是一个根植于社会的不良现象,其防治需要全社会的共同努力。中小学生具有心智不成熟、自制力弱、模仿力强等生理心理特点,在复杂的社会环境和因素面前,如果缺少正确观念的引导,容易歪曲价值取向,模糊道德认识的结果,从而做出有悖于中小学生行为规范的事。

因此,要动员各方面力量各司其职,形成强大合力,开展道德教育、法治教育,防患于未然。学校、家庭、社区及各相关机构应相互协助,建立校园暴力治理的长效机制。比如,需要建设畅通的、快捷的报告渠道,由教育部、青少年保护部门设立专门的负责机构,利用电子信箱、微博、微信等方式,及时、可靠地受理校园欺凌受害者的报告。父母也要经常教育、鼓励孩子,在受到欺凌行为之后立即报告,保护好自己和其他同学。

3. 法律保障

校园欺凌现象是一个世界性问题,在青少年成长过程中普遍存在,欺凌者的欺凌行为具有长期性、隐秘性、双方强弱关系不对等等主要特征。国外已经产生了一些比较好的做法和经验。但在我国,包括学校和欺凌者及其家长等在内,很多人还是习惯性地把它混同于学生们之间开玩笑、闹矛盾等,相关处置大多是“和稀泥”,大事化小小事化了,这样不仅不能很好地遏制校园欺凌,还有可能让校园欺凌现象愈演愈烈。因此,我国应制定、细化保障学校安全的相关法律法规,对学校教育安全环境、预防校园暴力以及惩戒校园暴力等内容进行明确规定,为治理校园暴力提供法律依据。

该案判决符合当前严惩校园欺凌的现实需要,它向世人表明:校园欺凌并不是什么小事,受害者理应得到保护,而欺凌者也必须接受制裁。

相信只要社会各方面高度重视,各司其职,携手合作,形成强大合力,在开展道德教育、法治教育的同时,加大司法力度,一定可以改变现状,清除校园欺凌现象,让学生们在一个和谐、安全、正能量的环境里健康、茁壮地成长。

(本文作者陆斌,新华社高级记者)

“红黄蓝虐童”何以会引起关注?

一、入选理由

我国有1亿左右6岁以下婴幼儿。随着人口城市化和普遍放开二胎,谁来照料这些学龄前的孩子,如何给予这些小宝宝更好的早期教育,成为全社会关注的民生话题。顺应社情民意,党的十九大报告中指出,要在幼有所育、学有所教、劳有所得、病有所医、老有所养、住有所居、弱有所扶上不断取得新进展,保证全体人民在共建共享发展中有更多获得感。

一方面,“幼有所教”被赋予前所未有的重视;另一方面,发生在个别早教机构中的虐童事件经由媒体和社交网络发酵,冲击着人们的心理和道德底线。其中,上海携程亲子园虐童事件和北京朝阳区红黄蓝幼儿园的虐童事件引发的社会反响尤为强烈。这两起事件是不是仅是个案,我们是否对儿童给予了充分的保护,引发了全民对于法律制度、监管制度、教育制度的深刻反思。

二、事件回顾

上海携程亲子园虐童事件:

2017 年 11 月 8 日,两段携程亲子园教师虐童的视频开始流传,视频中教师除了殴打孩子,还强喂幼儿疑似芥末物,此视频一出,立即引发网友的愤慨。11 月 9 日上午,上海市长宁公安分局就“携程亲子园虐童事件”发布通报称,3 名亲子园工作人员因涉嫌虐待被监护、看护人罪已被依法刑事拘留。11 月 14 日,携程在致内部全体员工的一封邮件中,公布目前携程亲子园虐童案最新进展:园方主要责任人已被刑拘,两名携程公司高层已停职。

北京红黄蓝幼儿园虐童事件:

2017 年 11 月 23 日,媒体报道了北京红黄蓝幼儿园(新天地分园)疑似虐童事件,据多名家长反映,孩子在幼儿园里曾经被老师扎针、喂药片,并且向媒体展示了孩子身上疑似针眼的照片。2017 年 11 月 26 日晚,北京警方就该幼儿园幼儿疑似遭针扎、被喂药一事进行了通报,涉嫌虐童的幼儿园教师刘某某被刑拘。11 月 29 日,红黄蓝教育机构针对红黄蓝新天地幼儿园事件发布道歉信。

其实对于红黄蓝幼儿园来讲,此次被曝出虐童事件,已经不是第一次。早在 2017 年 4 月,位于北京大红门附近的红黄蓝幼儿园,就曾被曝出老师有虐待幼儿的现象,当时也有一段视频在网络上广为流传,视频中一名老师正在用脚踢坐在板凳上的孩子。

更早的时候,吉林省四平市的一所红黄蓝幼儿园虐童案也曾轰动一时。2015 年 11 月末,10 多名在该园就读的孩子,被发现身上有大量疑似被针扎的伤痕,家长报案后,涉案的 4 名教师被刑拘,后分别被判处有期徒刑 2 年 6 个月至 2 年 10 个月。

短短半个月,红黄蓝幼儿园和携程托管亲子园两家的虐童事件相继被曝出,引起全国舆论一片哗然。但是,幼儿园虐童的案件何止这一起,网络上随便一搜,结果触目惊心。

三、各方观点

北京红黄蓝幼儿园虐童事件发生后,主流媒体、自媒体频频报道,教育界、法律界、新闻界等各方专家齐齐发声。

第一,关于是否进一步增设“虐待儿童罪”。

需要增设:

北京市两高律师事务所高级合伙人　杨杰:作为我国的基本法,《刑法》没有独立的“虐童罪”,这表明《刑法》对儿童的保护力度、对虐待儿童的重视程度,以及对违法人员的震慑力度上都略显不足。法律最大的功能不是打击,而是震慑,就是要让施暴者意识到实施暴力不仅要承担法律责任,而且是一种重罪。①

无须增设:

中国刑法学会副会长、中国政法大学教授　阮齐林:2015 年 11 月 1 日起施行的《刑法修正案(九)》,在《刑法》第 260 条后增加了一条:“对未成年人、老年人、患病的人、残疾人等负有监护、看护职责的人虐待被监护、看护的人,情节恶劣的,处三年以下有期徒刑或者拘役。”从这个改变可以看出,虐童行为已经入刑,无须进一步增设单独的“虐童罪”。②

第二,关于立案和取证。

中南财经政法大学刑事司法学院梁菁描述了公安机关对虐童案立案取证的现状:虐童案件首先需要探讨是否满足立案标准。根据《刑事诉讼法》第 107 条的规定,立案必须具备有犯罪事实或犯罪嫌疑人的事实条件与需要追究刑事责任的法律条件。只有当两个条件都满足时,公安机关才予以立案侦查,并采取下一步的取证调查过程。然而,普通公民没有调查取证权,如果虐童证据不足,难以满足立案标准。四川省成都市检察院未成年人刑事检察处检察官王亮的观点,也同样显示出侦办此类案件的两难:“幼童的表述,无论是作为被害人陈述还是证人证言,宏观上讲,只要具有真实性、合法性、关联性,就具有证明力。当然,因为幼童的认知能力有限,心智没有完全发育,其言辞的证明力不能完全按照成人的标准来看待,要结合全案证据来综合判断。”③

第三,关于原因及防范。

中国教育学会副会长周洪宇接受记者采访时表示,1989 年颁布的《幼儿园管理条例》仅对公办幼儿园的管理作出了规定,且大多是指导性条款,缺乏强制力。国家对民办幼儿园的办园条件、教师资质、登记注册、办园质量、视导评估等尚缺乏有效管理与规范。④

教育学者熊丙奇告诉指出,有数据统计,仅 2011 年到 2016 年五年间,全国

---

① 朱琳:《虐童案不断曝出是否增设“虐待儿童罪”存争议》,载《法治与社会》2018 年第 1 期。

② 同上。

③ 梁菁:《虐童案件引发的取证问题及对策分析》,载百度文库:https://wenku.baidu.com/view/cd0fcde1fc4ffe473268ab66.html,最后访问日期:2017 年 12 月 12 日。

④ 于潇、单鸽:《幼儿园虐童,病根儿究竟在哪》,载《检察日报》2017 年 12 月 11 日,第 5 版。

幼儿园里就多出了990万个孩子。“孩子越来越多,幼儿园的数量却没有变化,刚需与现实碰撞的背后,显现的是教育资源的严重不足。”①

互联网人士周鸿祎呼吁:幼教机构普遍安装摄像头,给虐童者震慑。②

第四,关于媒体舆情。

人民日报社上海分社副社长李泓冰表示:“迄今为止,媒体并没有挖掘到核心事实,单一信源的重复信息居多,记者的采访突破能力有待加强。”③

中国记协书记处原书记顾勇华、《中国妇女报》总编辑孙钱斌表示:“对事实真相的不断挖掘远比情绪宣泄更加重要。”新闻工作者应“不预设立场,避免‘有罪推定’,哪怕是在鸡蛋和石头的较量中,永远站在鸡蛋的立场也并不符合新闻专业主义精神”。④

四、笔者评论

(一)制度规范:法律层面应进一步加强规范力度

我国对于亲属以外人员禁止虐待儿童的法律规定主要体现在《未成年人保护法》等法律中,但是对于“什么是虐待儿童”,法律并没有给出清晰的定性,法律规定往往很难落到实处。《未成年人保护法》第21条规定:“学校、幼儿园、托儿所的教职员工应当尊重未成年人的人格尊严,不得对未成年人实施体罚、变相体罚或者其他侮辱人格尊严的行为。”第63条第2款规定:“学校、幼儿园、托儿所教职员工对未成年人实施体罚、变相体罚或者其他侮辱人格行为的,由其所在单位或者上级机关责令改正;情节严重的,依法给予处分。”可以看出,《未成年人保护法》的相关法条只有原则性倡议而缺乏具体操作性,虐童事件频发凸显其地位的尴尬。

1992年4月2日,《儿童权利公约》对我国正式生效,并于同年明确提出“儿童优先”原则。在保护儿童权益的事业中,除靠法律限制他人的犯罪行为外,一些以保障儿童权益为宗旨的社会机构在实际中也至关重要。因此,笔者认为我

---

① 于潇、单鸽:《幼儿园虐童,病根儿究竟在哪》,载《检察日报》2017年12月11日,第5版。

② 周鸿祎:《虐童成焦点,家长“手机看监控”是大势所趋》,载搜狐网:http://www.sohu.com/a/206706231_118802,最后访问日期:2017年12月12日。

③ 《红黄蓝幼儿园“虐童”报道,这些事,媒体人必须注意!》,载和讯网:http://opinion.hexun.com/2017-11-25/191768280.html,最后访问日期:2017年12月20日。

④ 同上。

国应完善相关法律、法规，建立独立的儿童法律援助制度；国家的相关部门甚至可以尝试与民间的儿童权益机构联手，建立针对保障儿童权益的法律援助基金，为儿童权益保护事业，提供经济上的支持，并对急需医疗等救助的儿童提供帮助，并尽快建立有效的虐童防控体系和救助体系。

（二）行政监管：加大对民间机构的问责力度

我国现行的九年义务教育，并不包括学龄前教育。这使得对学龄前儿童教育机构的监管，出现了诸多盲点。一方面是公立幼儿园的容纳量有限，另一方面受户籍制度限制，一些城市外来务工人员的子女无法进入当地的公立幼儿园。这便给各种民办学前机构提供了市场，使其有了野蛮生长的空间。据统计，2015年我国有超过一半幼儿在民办幼儿园接受教育。当然，如果算上统计中遗漏的各种没有资质的"家庭式"幼儿园，这一比例或许更高，民办幼儿园几乎成了学前教育的主要阵地。回顾虐童事件大多发生在民办幼儿园和培训机构。它们的进入门槛很低，既能在教委注册，也能在工商局①注册，存在多头管理。而且，相关部门的监管能力严重滞后于现有的机构发展规模。尤其对于以加盟方式进行的机构扩展，从在工商进行注册登记的公司名称上无法判断其实际经营的内容及可能的规模。

为此，完善相应的问责机制迫在眉睫，应加大对涉事学前机构的问责力度，在行政方面和立法方面均加重惩处责任，以重典治乱象。在公办幼儿园中，如果发生了虐童事件，幼儿园可能面临园长撤职、教育部门负责人被处罚等一系列行政问责。而目前对于民办幼儿园、培训机构，同样的事件付出的代价只是相关幼师和公司被问责，品牌提供方则无须承担多少违法成本。这样就使某些品牌方的整改动力不足，同样的问题可能一再发生。

（三）师资筛选：提升教师的道德水平

幼儿园教师，作为人生真正意义上的第一位启蒙老师，其德行对孩子的影响，可能会伴随孩子今后的一生。诚然，我们不能因为"红黄蓝"与"携程"的两起个例，便对我国的学前教育进行全盘否定。目前国内绝大多数托幼机构、幼儿园，都有着规范、科学的管理。但往往就是上海携程亲子园和北京红黄蓝幼儿园，这样极端的个案，对公众造成了巨大的心理冲击。不得不说，学历低、持证率

① 本书所选法治新闻案例均发生于2018年党和国家机构改革之前，为与当时案例客观事实及相关媒体报道、各方评论相呼应，本书均使用案例发生时的机构名乐。

低、素质低这样的“三低”现象,主要还是存在于民办的学前教育机构中,我们需要保持警惕,在教师源头上予以防范。

提高幼师素质、提升教师准入门槛、完善幼师培养,是解决此类问题时不能绕开的一环。为此,可以将是否参与过公益活动作为筛选幼师人员的标准之一,并对申请人进行心理测试,确保幼师的身心健康、抗压性强。

严格幼师准入门槛与提升幼师待遇和着重培养,是一个硬币的两面。幼师职业尽管非常重要,但其收入普遍难以吸引具有较高文化程度、较高素质水平的教育从业人员,愿意做幼教的人越来越少,只能招低端人员充数,即使有能力的人在这种环境下,心态往往也会产生扭曲,最终是资本赚大钱,幼师是又累又压力大还拿着微薄的收入,换位思考,当社会很多人把矛头指向幼师的时候,其实并没有多少人看到其实幼师也和孩子一样是弱势群体。为此,有必要设定幼师收入补偿制度,弥补幼师可能存在的心理落差以增强职业认同感。由此也可以增强幼师岗位的吸引性,使之成为买方市场,作为托班、幼儿园的经营管理者可以有较大的范围进行筛选,提升幼师队伍的质量。

此外,从行政监管角度分析,有必要通过职称评定等方式将幼师纳入统一管理,有必要对幼师上岗进行资格审查、定期考核、不定期淘汰。

(四)事后救济:受害儿童心理干预

虐童行为对于儿童的心理伤害是巨大的。一些虐待儿童的行为,对儿童身体的伤害可能并没有达到轻伤的程度,但性质较为恶劣,造成儿童对自身、社会、人际交往中的众多困惑,对儿童心理健康带来严重的摧残,而且由于发生于儿童尚未形成成熟价值观的时期,虐童行为对儿童造成的心理伤害往往比生理伤害更持久、更难愈合。正如我国台湾地区自杀的美女作家林奕含受困于未成年时的性侵一样,很多被侵害的儿童心理问题会有一个潜伏期,一旦爆发出来,会走向自闭、抑郁、自残,有的甚至转而变成加害人。

为此,我国相关行政部门、心理学研究者更应该着重对于受害儿童心理重建的投入和研究,尽可能快地帮助受害儿童从心灵的创伤中走出。在心理干预中,应当坚持越早越好,在发现有虐童情形时就应当有相关心理专家介入,及时评估、尽早治疗。

(本文作者嵇晓雄,资深媒体人、明地文化传播有限公司总经理;李卉妍,互联网危机管理专家;施剑蓉,上海市虹口区人民法院民二庭庭长)

乐视网 IPO 造假疑云

一、入选理由

随着经济的发展，中国的商业形式也在悄然转变。从实业兴国，踏踏实实地创造价值，向翻手为云覆手为雨，将他人创造的价值据为己有的资本戏法转变。

一面是中央"脱虚向实"的政策号召，一面是企业主辛辛苦苦做了几十年的实体，却远不如投机分子一倒手赚取的差价。

勤勤恳恳的企业家，与玩弄"空手道"的投机者，究竟谁更应该在当下带领中国经济走向下一段征程？

二、事件回顾

（一）曾经一时风光无两

2010 年 6 月，乐视网首发通过，8 月登录创业板，成为中国视频行业第一家上市公司，作为国内视频行业第一股，其上市交易价格超过发行定价 60%，接近 47 元。在资本的花团锦簇下，当时流量落后于其他视频网站的乐视在聚光灯下异军突起，一举成了行业龙头。

当时，相比不少流量更大的视频网站，乐视网宣称的优势是财务状况乐观、健康，相比于众多国内"主流"视频网仍然处于亏损状态的窘境，乐视网早在 2008 年融资时就声称"已经盈利"。根据招股说明书，乐视网的主营业务为网络视频基础服务和视频平台增值服务，视频广告是收入中重要的一部分。

2014 年年初，乐视市值一度冲到了 410 亿元人民币，成为创业板市值最高的公司。2015 年 5 月 13 日，乐视总市值高达 1526. 57 亿元，超过万科 A 的 1429. 22 亿元。

（二）质疑声一直存在

在 2010 年乐视网首发上市时，它在国内网站流量排名仅仅位于 168 位，远远落后于优酷的第 10 位、土豆的第 12 位。此外，就在它上市前 10 天，流量排名远在乐视之前的酷6网借壳华友世纪实现纳斯达克上市，但纳斯达克对酷6网的估价不到乐视的1/10。

《财经》曾在2014年的报道中对其中的问题发出过疑问。根据乐视网上市公告，其前两大收入分别是付费用户和广告，其最大的广告客户北京新锐力广告有限公司，办公人员长期只有2位，但发展出了千万级的广告业务。另外两个广告客户北京中视龙圣广告有限公司和北京春秋天成广告有限公司，法定代表人是同一个人，名叫陈杰，前者办公地为北京通州区县镇兴一街564号，后者在北京怀柔区于家园二区甲1号楼4门，两家公司的成立日期仅相隔三个月，注册资本金同为50万元。根据工商年检信息显示，2008年，中视龙圣广告有限公司营业收入为零，净亏损0.45万元，从业人员1名，但2010年的乐视网招股书披露，中视龙圣广告有限公司在2008年为乐视贡献了651万元的广告收入；2009年，中视龙圣广告有限公司营业收入8.5万元，净利润为0.23万元，从业人员2名，而乐视网招股书披露，中视龙圣广告有限公司在这一年为乐视贡献了324.5万元的广告收入。

在纽交所上市的视频网站优酷的招股说明书显示，优酷的品牌广告客户远远多于乐视，从2007年的7个到2008年的141个和2009年的303个，但其财务状况远没有乐视网乐观。在如此的对比之下，乐视网仅仅靠两家盈收不足10万元的公司，在同年获得近千万元收入，带来了一片质疑的声音。

（三）内忧外患股价暴跌

2017年3月31日，乐视网的总市值仅676.6亿元，较最高峰时已缩水近60%，而万科A的最新市值为2001亿元。

2017年4月，乐视网宣布停牌。根据乐视网2017年前三季度报告，公司实现营业收入仅仅60.95亿元，同比下降63.67%，归属于上市公司股东的净利润亏损16.52亿元，基本每股收益-0.4144元。业绩一泻千里，一个季度就亏了10个亿。与此同时，高级管理人员高飞先生、张旻翚先生、蒋晓琳女士、杨永强先生也先后辞职。

对于业绩下滑，乐视网表示，公司营收下降主要归结于关联方资金紧张、流动性风波影响，社会舆论持续发酵并不断扩大对公司声誉和信用度造成影响，公司的广告收入出现大幅下滑；同时，由于关联方债务风险、现金流紧张波及公司供应商合作体系，从产品供应到账期授予等均产生负面压力，公司终端收入以及会员收入均出现较大幅度的下滑。

2018 年第一季度，乐视上市公司体系净亏损依然超过 3 亿元。2018 年上半年，乐视上市公司体系依然在应收账款上依然没有实质性的进展。

2018 年 7 月 13 日晚间，乐视网于发出公告称，上半年预计亏损 11.05 亿 ~ 11.1亿元，上年同期亏损 6.37 亿元，公司预计到 2018 年 1 ~ 6 月归属于上市公司股东的净资产为负。公司存在股票也被暂停上市。另据腾讯科技讯 2018 年 8 月 2 日消息，截至 10 时 4 分，乐视网股价报 2.4 元，跌 6.98%，市值为 95.75 亿元。乐视网盘中跌近 7%，市值已跌破 100 亿元。从 2016 年峰值时 102.25 亿元，到 2018 年一季度的 3.04 亿元，乐视网的净资产高楼已然倒塌。

三、各方观点

华兴资本 CEO 包凡曾经调侃乐视网的财务情况："一个排名第 17 位的视频网站，却有业内第一的财务指标，变戏法啊。"

美国内华达州财政部长丹·施瓦泽(Dan Schwartz)在接受美国媒体采访时表示："乐视就是一个庞氏骗局。"

知名媒体人秦朔表示："假如真的查证 IPO 造假的话，责任并非经济赔偿那么简单。"

南开大学金融发展研究院负责人田利辉表示："调查乐视网 IPO 是否造假对于中国资本市场发展来说是重要事件，是对中国曾经存在的监管扭曲问题的纠正。"

上海交通大学博士生导师陈欣表示："如果认定乐视网过会造假，后果是很严重的。如果上市公司被认定造假，就可能退市。"

中国人民大学重阳金融研究院研究员卞永祖表示："乐视网 IPO 造假如果坐实，确实是比较恶劣的事情。造假欺骗投资者，让股民遭受巨大损失，其股价最高时超百元，现在停牌只有十多元，如果复牌必定要继续跌。"

贾跃亭在接受媒体访问时对乐视网上市造假传闻予以否认："乐视网 IPO，100% 没有造假。"

四、笔者评论

(一)如坐实"造假"，乐视网可能面对的法律后果

1. 行政罚款

从法律规定上来看，《证券法》中明确规定了"欺诈发行""虚假陈述"将受到

的行政处罚。根据《证券法》第189条的规定："发行人不符合发行条件,以欺骗手段骗取发行核准,尚未发行证券的,处以三十万元以上六十万元以下的罚款;已经发行证券的,处以非法所募资金金额百分之一以上百分之五以下的罚款。对直接负责的主管人员和其他直接责任人员处以三万元以上三十万元以下的罚款。"第193条规定:"发行人、上市公司或者其他信息披露义务人未按照规定披露信息,或者所披露的信息有虚假记载、误导性陈述或者重大遗漏的,责令改正,给予警告,并处以三十万元以上六十万元以下的罚款。对直接负责的主管人员和其他直接责任人员给予警告,并处以三万元以上三十万元以下的罚款……发行人、上市公司或者其他信息披露义务人的控股股东、实际控制人指使从事前两款违法行为的,依照前两款的规定处罚。"

很显然,如乐视网如坐实IPO造假,首先面对的就会是证监会的行政处罚。例如早期的绿大地,2017年的益盛药业,都是发行阶段存在问题而被证监会开出罚单。显而易见,被证实在IPO阶段存在虚假陈述的上市公司,第一个将要面临的就是证监会的行政处罚,而具体的处罚内容将以证监会调查所得事实为依据。

2. 退市风险

首先,根据《证券法》第55条的规定:"上市公司有下列情形之一的,由证券交易所决定暂停其股票上市交易:(一)公司股本总额、股权分布等发生变化不再具备上市条件;(二)公司不按照规定公开其财务状况,或者对财务会计报告作虚假记载,可能误导投资者;(三)公司有重大违法行为;(四)公司最近三年连续亏损;(五)证券交易所上市规则规定的其他情形。"《证券法》第56条中也明确规定上市公司对财务会计报告作虚假记载可能面临股票退市的风险。

其次,证监会2014年发布的《关于改革完善并严格实施上市公司退市制度的若干意见》中有明确重大违法、公司强制退市制度的规定,对欺诈发行公司实施暂停上市。

从数据来看,2016年,涉及"欺诈发行股票",即公司为了上市而造假的有2起,分别是欣泰电气案和振隆特产案。其中,振隆特产主动撤回上市材料仍被顶格处罚;而欣泰电气则因"IPO申请文件中相关财务数据存在虚假记载、上市后披露的定期报告中存在虚假记载和重大遗漏"被处罚,深交所启动重大违法强制退市程序,成为欺诈发行强制退市第一案。根据相关规定,因欺诈发行暂停上市后不能恢复上市,且创业板没有重新上市的制度安排,欣泰电气等于被证监会彻底下了驱逐令。

有欣泰电气的案例在先，可见对于在 IPO 阶段就存在造假行为，监管部门的态度是零容忍，被勒令退市几乎没有悬念。如果乐视网欺诈上市的猜测坐实，那么不排除乐视网也要被强制退市，考虑到乐视网与欣泰电气同属创业板，那么乐视网很可能也会“永远不能重新上市”。

3. 刑事责任

根据《刑法》第 393 条的规定：单位为谋取不正当利益而行贿，或者违反国家规定，给予国家工作人员以回扣、手续费，情节严重的，对单位判处罚金，并对其直接负责的主管人员和其他直接责任人员，处五年以下有期徒刑或者拘役。

其实，早在 2016 年，尚未处于暴风雨中的乐视就曾被披露出财务造假的冰山一角。当年的 11 月 10 日，江苏省扬州市中级人民法院公开审理了中国证监会投资者保护局原局长李量受贿一案。江苏省扬州市人民检察院指控：2000 年至 2012 年，被告人李量利用担任中国证监会发行监管部发行审核一处处长、创业板发行监管部副主任等职务上的便利，为乐视网信息技术（北京）股份有限公司等 9 家公司申请公开发行股票或上市提供帮助，并于 2000 年至 2013 年收受上述公司投资人所送财物，共计折合人民币 693.622,654 万元。提请以受贿罪追究李量的刑事责任。李量当庭表示认罪，在这起案件中，乐视网为上市行贿证监会前高管的事实基本坐实。

当时，乐视网还没有如此“千疮百孔”，其巧妙地公开声明称：“公司及公司现有各主要股东和公司管理层均与该事项无关，不受到任何影响。”但参考绿大地欺诈发行以及虚假陈述的旧案，不难看出，如有财务造假、IPO 阶段行贿情节，公司涉案相关人员最终被法院判处有期徒刑入狱几乎是板上钉钉。笔者相信，如果乐视网真的涉及欺诈发行犯罪被司法机关查实，且行贿发审委委员确有其事，曾经的法定代表人贾跃亭以及其他相关责任人都难辞其咎。

4. 赔偿责任

从乐视 2018 年上半年的公告来看，乐视网将仍然持续停牌的状态，一旦坐实因涉嫌造假上市等被证监会处罚，那么叠加前期的经营业绩等因素，复牌后股价必然会出现大幅度下跌。遭受巨亏的投资者势必会通过民事索赔途径向乐视网等主体发起索赔。

依据最高人民法院《关于审理证券市场因虚假陈述引发的民事赔偿案件的若干规定》第 6 条的规定，一旦退市，投资者可通过民事索赔途径向乐视网等主体发起索赔。笔者认为,因为乐视网本身流通盘大,股价落差也比较大,相比之前大智慧索赔案接近3亿元的总金额,本案的索赔金额可能创下纪录。

(二)中介机构责任

根据《证券法》第223条的规定:“证券服务机构未勤勉尽责,所制作、出具的文件有虚假记载、误导性陈述或者重大遗漏的,责令改正,没收业务收入,暂停或者撤销证券服务业务许可,并处以业务收入一倍以上五倍以下的罚款。对直接负责的主管人员和其他直接责任人员给予警告,撤销证券从业资格,并处以三万元以上十万元以下的罚款。”同时,第226条第3款规定:“证券登记结算机构、证券服务机构违反本法规定或者依法制定的业务规则的,由证券监督管理机构责令改正,没收违法所得,并处以违法所得一倍以上五倍以下的罚款;没有违法所得或者违法所得不足十万元的,处以十万元以上三十万元以下的罚款;情节严重的,责令关闭或者撤销证券服务业务许可。”

从证监会过往记录来看,中介机构因在IPO过程中未尽职责被处罚的案例不在少数。为确保中介机构人员在企业上市过程中履行勤勉尽责义务,2016年以来,证监会不断加大对中介机构违法违规行为的处罚力度。对于存在违法违规行为的中介机构,证监会对其处罚多以罚款为主,对中介机构暂停业务受理的处罚期限一般为3至6个月。

另外,从笔者较关心的法律服务行业来看,自2013年4月至2017年年底,共有9家律师事务所、22名律师受到证监会处罚。其中,证监会曾在2017年4月14日开展律师事务所从事IPO证券法律业务专项检查,并明确指出:“本次专项检查重点核查律师事务所及其执业律师执业行为是否合法合规,是否勤勉尽责,是否严格履行了尽职调查各项义务,所出具的法律意见书等法律文书是否存在虚假记载、误导性陈述或者重大遗漏等。检查内容包括律师事务所、律师核查验证义务的履行情况,法律意见书等法律文书质量情况,律师事务所风险控制制度的制定及执行情况,律师事务所、律师的执业利益冲突防范情况,工作底稿制作、保存情况等。”

专项检查开展期间内,有3家律师事务所、7名律师受到证监会的处罚,罚没总金额达到1620万元,北京市天元律师事务所不仅被没收项目业务收入,更是被证监会处以5倍的顶格处罚。从《行政处罚决定书》的表述上看,证监会依照上述专项检查的具体要求,归责于律所及律师的原因主要为违反《证券法》第223条“勤勉尽责”的要求,出现遗漏关联关系、银行存款及应收账款未核查或核查不到位、未编制查验计划或查验计划编制不合理等情况，而导致出具的《法律意见书》被认定"存在虚假记载及重大遗漏"。

不难看出，证监会不断强化执法高压的态势，持续加大惩处力度的态度非常鲜明。笔者认为，这一方面表明监管部门对包括律师事务所在内的中介机构的处罚愈加严格，对于证券业务中出现的问题，律所在责任承担边界上愈加深入化；另一方面也是与挑战并存的机遇，优胜劣汰，真正有实力有业务水质和操守的律师事务所才能凭借口碑在大浪淘沙中幸存下来。

回到乐视网事件本身来说，对于会计师事务所、律师事务所、资产评估审计机构等中介机构而言，是否会受到"IPO 造假"（如有）的牵连被处罚，要依该中介机构在出具报告、意见书等文件时是否勤勉尽责而决定，并不存在由于涉及发行人上市公司虚假陈述的某种特定案件类型（如发行阶段的虚假陈述），而对会计师事务所、律师事务所、资产评估审计机构直接进行处罚的情况。此外，针对律师出具的法律意见书，还应该参照《律师事务所从事证券法律业务管理办法》《律师事务所证券法律业务执业规则（试行）》《公开发行证券公司信息披露的编报规则第 12 号——公开发行证券的法律意见书和律师工作报告》中的操作要求，来判断律师事务所开展业务的过程中是否合规合法。

（三）发审委的改革

值得注意的是，无论乐视网是否确实存在 IPO 造假，发审委名单中部分行业泰斗如今接连"落马"是不争的事实，对比如今已渐上轨道的一系列证监会规范权力运行机制改革措施，确实令人唏嘘。

发审委制度是发行监管制度的重要组成部分，依据《证券法》的规定，国务院证券监督管理机构设发行审核委员会，依法审核股票发行申请。发审委制度运行至今，在吸收证监会以外的专家参与审核工作、发挥专家把关功能、从源头上提高公司质量、强化对发行审核工作的监督、提高发行审核工作的公信力方面发挥了重要作用。从发审委委员职责来看，无论是中国的证券发行审核制度，还是具体从事审核发行的发审委委员，所承担的都是实质性的审核职责。不但要考察 IPO 的合规性，还要关注 IPO 的真实性。

显然，随着形势变化，面对多层次的资本市场体系建设，发审委制度也需要进一步予以完善。在前期公开征求市场意见后，自 2017 年起，中国证监会推出了系列改革举措，吸收了市场的有益建议，尤其在严把审核信息披露质量关、进一步规范审核权力运行机制和防范权力寻租等方面，从体制机制和组织架构方面进行了优化。2017 年 7 月，证监会修订了《中国证券监督管理委员会发行审核委员会办法》，强化了发审委制度运行监管，设立发审委遴选委员会、发行审核监察委员会，另外还将主板发审委和创业板发审委合并。

此次修订，是抓住了箭在弦上的关键问题先予突破。修订主要涉及了 10 个方面的内容：一是增加保护投资者合法权益的宗旨；二是强化发审委选聘工作；三是增加对发行审核工作进行监察的制度安排；四是完善限制发审委委员买卖股票制度；五是将主板发审委和创业板发审委合并；六是适当增加委员总数；七是减少委员任职期限；八是完善发审委委员任职条件；九是强化委员推荐单位责任；十是增加对违法违规委员公开谴责的处理方式。在原有谈话提醒、批评、解聘等处理措施的基础上，增加公开谴责的处理措施，完善对违法违规委员的追责制度，督促委员勤勉尽责。

笔者认为，发审制度没有被武断地取消，而是以新的形式继续履职，先治本再换标，这是证监会改革路线的一个缩影和风向标。虽然改革大方向注册制目前尚不可期，但目前发审委的改革新政与未来注册制原则的方向一致。毫无疑问，发审委选聘、运行、监察相分离原则，设立发审委遴选委员会，增加面试和考察等环节，都是以现有问题为导向，查隐患、堵漏洞、补短板的有力措施，客观上都大大增加了发审委委员跟被审核对象建立“合作关系”的难度。反映了强化发审委制度运行的监督管理的决心与态度，切实提升发行审核质量，严把上市公司准入关，以精简、放权、专业化为原则，防范恶性与重大审核风险，切实保护投资者特别是中小投资者的合法权益。宏观上来看，无论乐视网是否确实存在 IPO 造假，都已经是过去的事情，在今后一段时间内，证监会的变革之路不会停止。顺应党的十九大精神，事关社会主义市场经济公平竞争体系的完善和发展，是目前扩大开放和深化改革的关键一步，值得长期持续的关注。

（本文作者毛惠刚，上海市金茂律师事务所主任）

公益众筹平台的乱象及规制

一、入选理由

随着互联网时代的渗入,各种公益组织也在网络上设立阵地,让许多人通过网络参与到扶贫、扶持弱势群体、建设公共事业等公益行动中来。随着众筹、个人救助等新公益慈善形态的出现,公众对慈善的关注度、参与度也得到了提升。但是这些网上公益平台,也同样在信息披露和监管上存在很大不足,我们可以把此种现象归结为互联网的通病。但基于公益慈善事业本身的属性,一旦其真实性受到挑战,整个社会诚信度和公益慈善氛围必将受到巨大冲击,为了互联网公益事业的有序进行,为了保障被求助人的权益,以及保护千千万万对被救助人施以援手的公众不被欺骗、善良不被践踏,监管势在必行。

二、事件回顾

2017 年年初,我国民政部社会组织管理局接到轻松筹平台(以下简称轻松筹)公开募捐信息发布不规范、个人求助信息审核把关不严格等违规问题的举报。2 月 16 日,民政部社会组织管理局就此约谈了轻松筹平台相关人员。

轻松筹此次的违规项目是 ID 为“棍网球女队”的网友在平台发起梦想众筹项目,经查,项目中提到的“中国棍网球组织”其实未在民政部或相关部门登记注册。对此,轻松筹表示高度重视民政部提出的问题,将严格按照《慈善法》《公开募捐平台服务管理办法》等相关制度的规定,立即进行整改,并采取有效的自查措施,强化公开募捐平台主体义务,秉持对用户负责的态度,争取为行业树立良好的范本,更好地服务公益慈善事业发展。据悉,为了支持轻松筹的整改工作,民政部还对轻松筹开放了对接社会组织的查询接口,便于轻松筹日后强化日常监管。[①]

---

① 《轻松筹被约谈,互联网公益平台或将进入严格整改期》,载网易:http://money.163.com/17/0218/10/CDI5DV5M002580S6.html,最后访问日期:2017 年 12 月 23 日。

2017年，国家民政部公布了《慈善组织互联网公开募捐信息平台基本技术规范》和《慈善组织互联网公开募捐信息平台基本管理规范》，明确网络求助行为不属于慈善募捐，其信息的真实性由提供方负责，信息平台对个人求助应加强信息审查甄别、设置救助上限、做好风险防范提示和责任追溯。2016年《慈善法》修订时，就曾重点讨论，最终认定个人为解决自己或家庭困难发布求助信息不属于慈善募捐，真实性由个人负责，不属于慈善法调整范围。但是，个人的网络求助客观存在，如何规范的进行呢？2016年8月底《慈善法》实施前夕，民政部根据《慈善法》的相关授权规定，公开遴选了首批13家慈善组织互联网公开募捐信息平台。

目前，只有具有公开募捐资格的慈善组织才有资格发起互联网募捐。根据此次发布的两项规范，个人为解决自己或者家庭困难，提出发布求助信息时，平台应当有序引导个人与具有公开募捐资格的慈善组织对接。不过，目前的项目依然是个人救助居多，通过慈善组织发布的信息较少。①

三、各方观点

上海市慈善会副秘书长　曾雄：网络筹款平台有越权嫌疑，像"轻松筹"之类的网上筹款平台并非慈善组织，没有公开募捐资格，发动众筹项目存在越权嫌疑。他解释说，尽管当下慈善行业鼓励互联网公司参与，但互联网公司只能提供技术和平台，以正规慈善组织的名义进行募捐，不能以自己名义筹款，且慈善行为过程中需邀请第三方机构对善款使用进行监督。②

广东经纬律师事务所律师　陈砾鸿：个人募捐行为要通过具有资质的慈善组织来发起、监管善款的用途才能进行，而轻松筹等网络平台，没有相关的监管方监督善款的使用去处，因而没有募捐资质。他介绍，通过轻松筹募集的款项直接进入受赠人个人账户，而非通过监管机构和慈善组织募集后转交，是一种个人行为，且法律也没有赋予轻松筹等平台对善款用途的监管权利，缺少监管一环的

① 《民政部：慈善组织公开募捐平台两项标准于8月1日起实施》，载新民网：http://news.xinmin.cn/domestic/2017/07/31/31192946.htmlhttp://gd.sina.com.cn/fs/2016-03-03/city-fs-ifxqaffy3533926.shtml，最后访问日期：2017年12月23日。

② 《网友众筹所救女婴去世　父母晒旅游照被质疑》，载新浪网：http://gd.sina.com.cn/fs/2016-03-03/city-fs-ifxqaffy3533926.shtml，最后访问日期：2017年12月23日。

募集是违规的。[①]

广东宝慧律师事务所主任　蔺存宝：应依据慈善法规堵住漏洞，慈善行为是捐赠人与受赠人之间关于赠与的一种法律关系，按照《合同法》的相关规定，捐款人所赠与款项是用于特定目的，款项的管理人必须将款项用于该特定目的上，不能擅自改变其用途，不允许将善款挪作个人消费。对于捐赠款项使用问题引发的争议，他认为，这源于捐赠主体与受赠主体之间没有签订相关协议。他建议，双方捐赠前先签订捐赠规则再行捐赠。捐赠者可指定款项用途，且约定余款后续安排，如转捐给慈善基金，或按比例返还给捐赠者。[②]

北京师范大学中国公益研究院院长　王振耀：这是机制性建设，规定会解决过去的一些问题。因为大家着急，一旦有困难，困难群体会直接向平台求助，但民政部规定之后会好转。各个平台把关，要求平台和很多慈善组织建立联系，如果没有慈善组织进行审核，光靠平台自己审核，其实是没有力量的。[③]

众筹家人创咨询负责人、华东师范大学教授　袁毅：公益众筹存在法律困境。其一，公益众筹的性质界定亟待突破。一些打着公益众筹旗号的扶贫项目，如众筹 100 元、项目方报偿一箱苹果之类的项目，媒体将其当成公益众筹，但我们并认为这属于回报众筹，因为这违背了公益众筹无偿的原则。其二，信息严重不对称背后的征信问题。所有的诈捐、骗捐，以及捐助者、受捐者之间的纠纷，同时监管又很难介入的问题，都根源于信息严重不对称的公益众筹现状。受捐助方个人的家庭信息无法核实、社会组织之间信息也不对称。信息不对称根源于征信缺位，我们国家诚信体系的不完善影响到经济生活的方方面面，可能导致公益众筹道德风险畸高。其三，在需求面前，公益众筹仍旧规模有限。目前公益众筹的模式为，在约定期限内，达到众筹融资额则众筹成功，项目方可以获得众筹款。而一旦筹资目标设置过高，若实际筹资金额达不到筹资目标金额，项目方则得不到众筹资金。这也就迫使很多项目方人为调低了融资目标，由此限制了公益众筹服务个人救助功能的发挥。[④]

---

① 《网友众筹所救女婴去世　父母晒旅游照被质疑》，载新浪网：http://gd.sina.com.cn/fs/2016-03-03/city-fs-ifxqaffy3533926.shtml，最后访问日期：2017 年 12 月 23 日。

② 同上。

③ 刘祎辰：《民政部公布两项新规明天起实施　强调网络求助不属于慈善募捐》，载东方头条：http://mini.eastday.com/a/170731210241344.html，最后访问日期：2017 年 12 月 23 日。

④ 《众筹家袁毅：众筹行业正处在金融科技应用的前夜》，载搜狐网：http://www.sohu.com/a/126992378_264613，最后访问日期：2017 年 12 月 23 日。

《中国电子商务研究中心》评论称,2016年朋友圈个人公益救助之风席卷过后,人们对于公益众筹的新鲜感和兴趣似乎在下降,大病救助一类的众筹项目不再像以前一样反响热烈,出现疲软的态势。相反,人们对于一些涉及动物的公益众筹项目会出人意料的慷慨,有时候一个项目能筹到几十万元的金额。这对于以个人参与为主、主观性极强的公益众筹本是无可厚非。但公益毕竟是社会长期工作,并不应只受社会舆论和个人兴趣的支配与调动。这背后实际上体现了公益众筹的功能价值与公益众筹目前的操作玩法之间的矛盾:公益众筹行业和相关平台缺乏类似于资助优先等级的评定来对个人参与者进行正向引导,完全由市场自由选择公益众筹的捐助方向,众筹资源并没有实现合理配置,从而掣肘了社会、家庭和个人种种当务之急的破解。①

四、笔者评论

根据2016年9月实施的《慈善法》,在我国能够公开募集资金的,原则上只有慈善组织。轻松筹并非法定意义上的慈善组织。但《慈善法》在部分条文中同时指出"不具有公开募捐资格的组织或者个人基于慈善目的,可以与具有公开募捐资格的慈善组织合作,由该慈善组织开展公开募捐并管理募得款物",这在一定程度上为轻松筹这种通过网络扩散的爱心的平台提供了规范化法律思路。目前,虽然轻松筹也为求助项目设立了门槛,如不少求助项目的发起,都要求提供关于求助者个人病情、家境的信息,包括照片、文字介绍、证明材料等用于审查其真实性,但轻松筹受审查能力所限,依然很难保证求助案例的真实性。此外,轻松筹募集到的资金直接交予求助者,对于筹措到的资金,求助者是否能够按照募集用途进行使用以及使用情况如何,也缺乏透明公开的平台进行后期监督和控制。加之出现一些负面新闻,不少资助者往往可能在"三思"之后决定撤销对某些项目的捐赠。在这一点上,一些民间公益组织都是通过对资金进行第三方的管理,以确保专款专用。

(一)求助平台的法律关系确定

根据《慈善法》的规定,没有募捐资格的主体不能公开为他人募捐。但个人求助并不属于《慈善法》调整范围,所以,求助平台可以发布求助者本人的求助

① 《下线、关停、被约谈……公益众筹存在五个亟待解决的问》,载钛媒体:http://www.tmtpost.com/2575589.html,最后访问日期:2017年12月23日。

信息。参与求助平台各主体的法律关系如下：

1. 发布人与投资者之赠与关系

在公益众筹中,针对无回报的公益众筹,其本质是一个特殊的赠与合同。捐赠者基于支持慈善公益事业,有针对性地对发布者进行资金支持,并不求得回报。捐赠者与发布者双方之间形成了一种赠与合同关系。

有学者认为,捐赠者原则上应享有撤销权。因为根据《合同法》第 186 条的规定,投资者在赠与财产的权利移转之前可以撤销赠与。按照轻松筹的流程,在筹款目标金额完成之前,或发布人提前结束公益众筹项目之前,这段时间的捐赠财产尚在轻松筹账户中,并未提现受捐赠人账户,捐赠者完全可以依照赠与合同中撤销赠与的规定要求撤销捐赠。然而,笔者认为该观点忽视了金钱占有即所有的特定事实,故本文不主张基于赠与合同法律关系主张任意撤销权。

2. 发布人与出资者之买卖关系

在有回报的公益众筹中,发布人发布融资项目主要支持公益事业生产产品或解决自身滞销产品的困难,选择一种类似于预购的方式,由出资者选择商品后支付相应货款,待产品生产完毕或融资项目筹资完毕,以转移标的物或滞销产品的所有权作为回报给予出资者。结合《合同法》第 130 条的规定,在有回报的公益众筹中,发布人与出资者之间就是一种买卖合同关系。

3. 发布人与公益众筹平台之委托关系

在公益众筹的运营过程中,公益众筹平台的性质为一种中介机构。发布人委托公益众筹平台将其所要发布的项目信息公布在平台的网页内容中,达到宣传并寻求资金的目的。投资者根据网页展示的项目内容选择投资对象,最终形成交易关系。发布人和公益众筹平台所形成的是一种委托代理关系。

(二)加强措施

1. 加强行业协会监管

目前我国已成立的相关众筹协会大多是股权众筹协会,目前没有一家公益众筹协会。而行业协会作为行业整体的代表,能够利用自己的整体实力、权威在组织、协调、服务、监管方面发挥举足轻重的作用。所以,设立公益众筹行业协会来强化公益众筹协会的监管作用、加强对公益众筹平台的监督,十分必要。

2. 加强信用制度建设

管理部门应加强从项目质量、成功率、运营体系等方面对公益众筹平台进行资质审核,从源头上确保众筹项目的真实性、公益众筹行为的合法性,可采取阶段性抽查的方式对运行违规的平台进行处理。特别是针对以个人求助之名行慈善募捐之实,假借公益之名营利,企图游走在法律边缘的某些平台,更应严厉地打击。对于规范管理的公益众筹平台可予以表彰,建立相应的信用建立机制和失信惩罚制度。

3. 确立信息公示制度

明确规定发布人和公益众筹平台要承担公示相关信息的义务,如发布人应配合公益众筹平台在发布公益众筹项目时将法律明确规定的具体相关信息进行公示,公示期间更改金额、计划等具体细节,得经过全体投资者同意。建立这一制度出于两点考虑:一是给予投资者充分的知悉权,对公示信息有足够的认识后才进行"安全投资";二是使发布者建立良好信用氛围的,发布者按照法律规定填写真实可靠的信息,会得到更多的善良投资者的支持。

(本文作者沈文宏,上海市虹口区人民法院民二庭法官)

“专车第一案”:创新与法治

一、入选理由

“互联网 + ”是创新发展下互联网与传统行业融合发展的新业态,而依托互联网手机打车软件产生的专车,正是这一背景下的产物之一。由于传统出租车数量难以满足人们出行需求等原因,由互联网公司提供的专车、顺风车、拼车等更便捷的服务方式,为人们的出行提供了更多选择。2015 年 4 月 15 日,随着国内“专车第一案”在济南市市中区人民法院开庭审理,专车服务的合法性问题再次被推至风口浪尖。

二、事件回顾

2014 年 7 月和 8 月,当时尚未合并的快的公司和滴滴公司相继推出一号专车和滴滴专车服务。2015 年 1 月 7 日,2 名乘客通过网络召车软件与陈某取得联系,约定陈某驾车将乘客从济南市八一立交桥附近送至济南西站,由乘客支付车费。当日 11 时许,陈某驾驶私人小汽车行至济南西站送客平台时,济南客运管理中心的工作人员对其进行调查,查明陈某未取得出租车客运资格证,驾驶车辆未取得车辆运营证,济南客运管理中心认为陈某涉嫌未经许可擅自从事出租汽车客运经营,对其下达《行政强制措施决定书》,暂扣其车辆。济南客运管理中心于2015年1月26日向陈某送达《违法行为通知书》,认为其未经许可擅自从事出租汽车客运经营,拟处以2万元罚款,没收违法所得。随后陈某要求听证,听证过程中,济南客运管理中心人员陈述了陈某的违法事实、有关证据、处理意见等,陈某对事实认定、法律适用和执法程序均提出质疑。2015年2月13日,济南客运管理中心作出《行政处罚决定书》并送达陈某,以其非法经营客运出租汽车,违反《山东省道路运输条例》第69条第2款之规定为由,责令停止违法行为,处2万元罚款并没收违法所得。陈某对决定不服,认为运管中心存在处罚主体错误、认定事实错误、执法程序违法、适用法律错误等诸多情形,自己的合法权益因此受到侵害,因此在法定期限内向法院提起行政诉讼,要求法院撤销济南客管中心开出的“罚单”。

济南客运管理中心辩称:(1)其作为济南市客运出租汽车行政管理机构,有权对未经许可擅自从事出租客运经营的行为作出处罚。(2)陈某提供“预约出租汽车经营服务”且车辆无合法的经营证,属于未经许可擅自从事出租汽车客运经营服务。(3)在调查、告知、送达等执法过程中,执法人员出示了执法证件,听取了陈某的陈述和申辩,被诉处罚程序合法。(4)陈某的上述经营行为违反了《山东省道路运输条例》第8条、《济南市城市客运出租车汽车管理条例》第16条之规定,适用法律正确。

法院另查明,根据济南市人民政府职能分配,济南市客运管理中心划归济南市交通运输局,系济南市交通运输局下属具有独立法人资格的事业单位。“专车第一案”经历了4次延期宣判,在此过程中,各方始终在就网约车合法性的问题进行“博弈”。2016年12月30日,山东济南市市中区人民法院一审对此案进行宣判。法院认为,近年来,随着“互联网+”与传统行业的融合发展,市场上出现了通过约车软件进行客运服务的行为。该案系对网约车运输经营行为予以行政处罚的案件,争议焦点集中为两个方面:

第一,陈某的行为是否构成未经许可擅自从事出租汽车客运经营。

一种观点认为,此种行为违法。陈某在未取得许可证的情况下,搭载乘客,且向乘客收取了运输费用,符合“未经许可擅自从事出租汽车客运经营”的法定要件,属于违法。另一种观点认为,网约车进入出租车市场具有必然性,符合社会发展规律,因此,不宜以现行规定来否定新业态的经营模式。

法院认为,网约车这种客运服务的新业态,作为共享经济产物,其运营有助于提高闲置资源的利用效率,缓解运输服务供需时空匹配的冲突,有助于在更大程度上满足人民群众的实际需求。因此,当一项新技术或者新商业模式出现时,基于竞争理念和公共政策的考虑,不能一概将其排斥于市场之外,否则经济发展就会变得缓慢直至最后停滞不前。但是同样不容否认的是,网约车的运营需要有效的监管。但虑及网约车这种共享经济新业态的特殊背景,该行为的社会危害性较小。因此,在本案审理中,应当对行政处罚是否畸重的情形予以特别关注。

第二,被诉行政处罚决定的处罚幅度是否畸重。

市中区人民法院认为,行政处罚应当遵循比例原则,做到罚当其过。本案中,原告通过网络约车软件进行道路运输经营,而原告与网络约车平台的关系及与乘客最终产生的车费是否实际支付或结算完毕,被告未提供证据证明,具体几方受益也没有证据证明,尚不明确。因此,虽然被告对未经许可擅自从事出租汽车客运的行为可以依法进行处罚,但原告在本案所涉道路运输经营行为中仅具体实施了其中的部分行为,在现有证据下,被告将行政处罚所针对的违法行为及其后果全部归责于陈某,并对其个人做出较重的行政处罚,处罚幅度和数额畸重,存在明显不当。根据《行政诉讼法》第70条的规定,依法应当予以撤销。另外,《行政处罚决定书》没有载明陈某违法事实的时间、地点、经过以及相关道路运输经营行为的具体情节等事项,据此也应当予以撤销。

综上,法院认为,陈某的行为构成未经许可擅自从事出租汽车客运经营,违反了现行法律的规定。但虑及网约车这种共享经济新业态的特殊背景,该行为的社会危害性较小,法院判决撤销济南客运管理中心对"专车"司机陈某的行政处罚决定①。

一审判决后,济南客运管理中心不服一审判决,向济南市中级人民法院提起上诉。济南市中级人民法院于2017年2月17日做出判决,维持一审判决,驳回上诉。

2016年11月1日《网络预约出租汽车经营服务管理暂行办法》的生效,使网约车具有了合法的身份。随后专车服务盛行的一线城市首先出台网约车的细则,规范网约车平台及网约车驾驶员。

---

① 济南市市中区人民法院(2015)市行初字第29号行政判决书。

三、各方观点

郑州大学　范亚辉：出租车行业在未来市场发展中有巨大潜力，但是不能仅仅依靠传统出租车领域来满足巨大的市场需求，专车的出现弥补了城市交通运力不足的缺陷。和传统的政府特许经营管理出租车不同，专车是一种新型的经营服务模式，它突破了原有的出租车管理模式，建立了新的利益关系，形成了包括专车信息服务平台、汽车租赁公司、司机、乘客的四方协议法律关系，实现了闲散资源的重新整合，弥补了市场失灵和政府监管不足的缺陷，与传统出租车优势互补，共同为市民提供舒适便利的出行条件。因此，发展专车服务是改革出租车行业固有体制的方向①。

滴滴CEO　程维：创新不能止，是因为用户的需求没有得到满足。用户关心的不仅是能不能叫到一辆车，他还关心能不能叫到服务更好的一辆车，在高峰期能不能确保叫到车。我们在招募司机的门槛、司机的激励体制、背后的安保体系等方面，都下了很大功夫。我们每一单服务都是可以即时追踪到的，如果一个司机服务不好，我们很快会发现这个司机有问题②。

南京师范大学法学院　田海峰：市客容中心对司机陈某的营运行为进行行政监管，折射出当前专车监管中更深层次的问题：专车作为手机打车软件中的一项创新服务，利用互联网的聚合力赋予社会闲置车辆新的活力，整合优化了市场供需资源，受到广泛欢迎但却冲击了传统交通运输市场秩序，尤其打破了出租车市场的传统壁垒。面对其两面性的效果，单纯“一刀切”式的行政监管无疑不是最佳选择，行政监管与市场作用在专车上的博弈，更需考量法律规定、社会发展等综合因素③。

《民主与法制》杂志社　刘桂明：本案的争议彰显了两个问题：一是专车到底属不属于黑车；二是专车司机有无收费行为。“专车”一直处于法律的灰色地带。但是，另外一方面却是广大消费者对专车的欢迎。所以，从法律人乃至全社

① 范亚辉：《出租汽车行业市场准入规制实证研究——以专车第一案为例》，郑州大学法律（法学）系2016年硕士学位论文。

② 《滴滴快的创始人程维：受到最严监管与重重质疑》，载中国新闻网：http://finance.chinanews.com/cj/2015/09-18/7531207.shtml，最后访问日期：2017年12月15日。

③ 田海峰、邓溪海：《论“专车第一案”中的法律问题及反思》，载《东南大学学报》（哲学社会科学版）2015年12月第17卷，S2版。

会对案件的期望来看，我们非常期待此案能够成为撬动出租车市场管理体制改革的契机，更期待通过个案推动现行出租车管理体制进行深层次的改革①。

北京市天同律师事务所　陈枝辉："全国专车第一案"所涉执法部门实际上是将专车视为黑车处理的。其实，专车并不等于黑车，二者具有明显的差别：首先，从出租汽车经营资质上看，黑车与专车都是没有出租车经营牌照的车辆。但二者不同的是，黑车完全没有资质，而"全国专车第一案"的专车先是找了家汽车出租公司"挂靠"，又通过专车公司并运用专车服务软件以劳务派遣的方式向不特定公众提供专车服务。其次，从营利性角度看，"专车"与黑车均非无偿。但黑车系完全的营利目的，甚至可能会乘人之危，往往提出比正规出租车还高的价格，而"全国专车第一案"所涉及的专车服务，会根据车型、新旧由乘客自由选择，专车公司往往会给予乘客优惠，最终乘客支付的价格一般会低于出租车。另外，在车辆整洁、硬件设施、价格方面，专车的用户体验一般都比出租车的好。最后，从安全性角度看，出租车公司完全置于政府监管之下，出租车公司及出租车司机有严格的准入制度，安全性相对较高；而黑车无论从车况还是可监管性方面，均是不安全的代名词。专车不同于黑车的是，车况一般有保证，车辆、司机的详细信息也会在相应运营公司做登记，可监控性并不是主要问题②。

四、笔者评论

1. 网约车服务符合市场经济的规律，将创新型的经营模式合法化，利大于弊。

出租车市场发展至今，人们抱怨出行"打车难""服务差"等情况时有发生，网约车平台应运而生。平台通过吸收私家车运营，为人们提供出行新选择，而且其作为一种预约式服务，能够满足人们的个性化需求，符合市场经济的发展规律。同时专车市场的扩大必然需要更多的劳动力，为摩擦性失业带来就业岗位，缓解了结构性失业的冲击，一定程度上缓解了社会就业压力，将传统的第一、第二产业的失业人群有效引导至第三产业，优化了城市的就业结构。

作为一种创新型的经营模式，网约车服务符合当下"互联网 +"下的共享经

---

① 《刘桂明："全国专车第一案"会告诉我们什么？》，载微信公众号桂客留言：http://mp.weixin.qq.com/s/6YJGB99Zf7_UkAnajyzrwg，最后访问日期：2017 年 12 月 15 日。

② 胡庆波：《专车第一案：专车与法律的碰撞》，载《法律与生活》2015 年第 9 期。

济模式。网约车平台通过利用闲置资源,不仅能够推动出租汽车行业的服务革新,同时亦制造了大量的就业机会,创造了社会效益,符合创新经济发展的要求。

2. 法的滞后性,使创新型的经营模式在一定时期的法律环境下不具有合法性。

社会是运动的,但法律不可能时刻反映社会变化,于是出现了法律的滞后性,这是法治无法回避的代价。在"互联网 +"理念影响下,经济形态正在发生剧变。相比互联网具有的虚拟性、互动性、广域性和即时性,整个监管体系以及监管的理念、思路不能与时俱进,就会显得固化、落后。

从本案可以看出,很多人认为只要在法定幅度以内施加行政处罚都是合法的,且对违法行为在法定幅度以内处罚越重越能体现法律威严。事实上,《行政处罚法》第4条要求,即使在法定处罚幅度以内,行政处罚也须与违法行为的社会危害程度相当。本案中陈某未取得许可证从事城市客运的行为,与法律条文相悖,但社会危害性极低,在这种情况下施以重罚就有待商榷。

法律滞后性也不能矫枉过正。因为法律如果经常变动,就会丧失稳定性,从而影响其普遍性和权威性,所以这其中的平衡很重要。如果与社会发展一致的法条就适用,与发展不同步的法律就因其滞后而不适用,最终将没有任何法律条文可适用。

面对法律的滞后性问题,我们应坚定不移地坚持依法办事,但同时必须不断提高立法技术,不断强化修法程序,尤其是强化公民提出修法动议的权利,最大限度地解决法律的滞后性问题,使法律与社会经济发展相适应。

3. 以法治为创新铺路,调整法治的运行模式,避免立法的滞后性阻碍社会的发展。

党的十九大报告提出,改革创新是引领发展的第一动力,是建设现代化经济体系的战略支撑。这意味着,改革创新已经被摆在经济工作的首要位置,这不仅是我们建设创新型国家的战略选择,也已成为我国经济建设保持中高速持续发展的"灵魂"。

从"专车第一案"中政府部门对于网约车这一新型模式的监管来看,要适应并且助推类似网约车的创新型经济的兴起,监管者必须转变理念,提高立法效率以适应"互联网 +"条件下的形态转变,建立高效的反馈机制,及时反映立法诉求、调整立法位阶,尽快完善互联网法律体系,从而调整法治的运行模式,避免立法的滞后性阻碍社会的发展。

4. 解决“破”“立”的关系问题，让符合社会需求的创新型经济发展充满动力。

“破”即创新，指的是冲破思想观念的束缚，突破利益固化的樊篱，破除发展的体制障碍，其目的就是为了“立”。创新是一个国家、一个地区发展进步的不竭动力，而符合社会需求的创新型经营模式若得不到法律的确认，创新者将陷于“创新改革”的尴尬境地，发展就缺少动力，社会就没有活力。如果只“立”不“破”，法律不适应社会的要求，已经“立”的法律也必将被时代抛弃，陷入“制度失效”的尴尬境地。只有与时俱进、因时制宜，有“破”有“立”，让“破”与“立”统一于社会的需求，使创新和立法相互促进、相得益彰，才能保证创新不偏离正确方向、不偏离法治轨道。

本案引起了社会对于创新型经营模式是否违法的激烈讨论，随着法院的判决及相关立法的完善，其合法性问题已经解决。但值得我们深思的是，如何解决其他未立法领域相关创新型经营模式合法性的问题？是否还会有类似的第二个、第三个案件出现？要解决这些问题，必然要解决上述“破”“立”的关系问题，才能让发展充满动力，才能做到“有法可依、有法必依、执法必严、违法必究”，实现全面的依法治国。

（本文作者唐庆，上海浦谐律师事务所主任）

广发银行“侨兴债”案

一、入选理由

2016 年，侨兴集团、广东金融高新区股权交易中心有限公司（以下简称粤股交）、蚂蚁金服招财宝平台（以下简称招财宝）、浙商财产保险股份有限公司（以下简称浙商财险）、广东发展银行股份有限公司（以下简称广发银行）惠州分行被牵扯进了一场由私募债违约引发的纠纷。在外界诧异的眼光中，事个最终聚焦在浙商财险与广发银行间的保函真伪之争。后监管部门介入调查，开出了 7 亿余元的天价罚单，引发媒体广泛关注。

二、事件回顾

2014 年，侨兴集团旗下两家公司侨兴电讯、侨兴电信在粤股交分 7 期陆续登记发行 10 亿元私募债，到期偿付本息总计 11.46 亿元，年化收益率约 7.3%。该私募债由浙商财险提供履约保证保险，浙商财险提供履约保证的前提是，由广发银行惠州分行出具一份保函，为其进行反担保来降低风险。

2014 年 12 月 8 日，浙商财险工作人员在侨兴集团工作人员陪同下，于广发银行惠州分行营业场所办理了银行保函面签手续，后获得了广发银行惠州分行出具的保函，为其进行反担保。同时，侨兴集团董事长为债券还本付息提供不可撤销无限连带责任保证担保。

此后，以侨兴私募债为基础资产的“定期理财”中小企业贷产品在招财宝上销售给个人投资者，其中一部分个人投资者购买后又在该平台上“变现”，变为“定期理财”个人贷产品，由众安保险提供履约保证保险后转售给平台上的其他个人投资者。

2016 年 2 月 1 日，浙商财险工作人员前往广发银行惠州分行进行保后回访，广发银行惠州分行出具了回访回执。2016 年 5 月 31 日，浙商财险工作人员和顾问律师前往广发银行惠州分行核查保函情况，广发银行惠州分行出具了《银行履约保函声明》。

2016 年 12 月 15 日，首期还款日前一天，侨兴集团向粤股交发函，表示其因近期流动资金紧张，无法按时还款。12 月 28 日，招财宝发布公告称，侨兴私募债第一、第二期预付赔款陆续到账，招财宝已安排资金发放。对于后续到期的侨兴私募债，浙商财险在 2017 年 1 月 24 日的公告中称“继续践行社会责任，尽最大努力进行分期预赔”。

后浙商财险持保函要求兑付，广发银行则称，相关担保文件、公章、私章均系伪造，已向当地公安机关报案。一时间，侨兴私募债逾期兑付陷入“僵局”。

经过近一年的调查，2017 年 11 月 21 日，针对广发银行违规担保“侨兴债”案件，银监会向广发银行发出行政处罚决定书，调查结果显示，侨兴私募债由浙商财险公司提供保证保险，该公司称广发银行惠州分行为其出具了兜底保函。之后 10 多家金融机构持兜底保函等协议，先后向广发银行询问并主张债权。由此暴露出广发银行惠州分行员工与侨兴集团人员内外勾结、私刻公章、违规担保案件，涉案金额约 120 亿元。银监会表示，这是一起银行内部员工与外部不法分子相互勾结，跨机构、跨行业、跨市场的重大案件，涉案金额巨大，牵涉机构众多，情节严重，性质恶劣，社会影响极坏。银监会最终决定对广发银行总行、惠州分行及其他分支机构的违法违规行为罚没合计 7.22 亿元，对广发银行惠州分行原行长、2 名副行长和 2 名原纪委书记分别给予取消五年高管任职资格、警告和经济处罚，对 6 名涉案员工作出禁止终身从事银行业工作的处罚，对广发银行总行负有管理责任的高级管理人员也将依法处罚。

三、各方观点

中央财经大学中国银行业研究中心主任　郭田勇：银监会向广发银行开出"天价罚单"与事情本身性质恶劣有关，凸显出强监管的决心。以前银行业违规行为屡禁不止与违法成本较低有关，"隔靴搔痒"式惩罚不足以起到对银行违规违法行为的震慑作用。未来监管方向应该是从微观监管到宏观监管，从合规监管到风险监管。业务合规是最基本的要求，包括流动性风险、资本监管等都要建立在合规监管的基础上。①

《人民日报》：这是一起银行内部员工与外部不法分子相互勾结、跨机构跨行业跨市场的重大案件，涉案金额巨大，牵涉机构众多，情节严重，性质恶劣，社会影响极坏，为近几年罕见。案发时该公司治理薄弱，存在多方面问题。首先是内控制度不健全，对分支机构既存在多头管理，又存在管理真空，特别是印章、合同、授权文件、营业场所、办公场所等方面管理混乱。其次，对于监管部门设定红线的同业、理财等方面的监管禁令，涉案机构置若罔闻，违规"兜底"，承诺保本保收益，严重违反法律法规、扰乱同业市场秩序、破坏金融生态。再次，涉案机构采取多种方式，违法套取其他金融同业的信用，为已出现严重风险的企业巨额融资，掩盖风险状况，致使风险扩大并在一部分同业机构之间传染，资金面临损失。最后，内部员工法纪意识、合规意识、风险意识和底线意识薄弱，同时该行经营理念偏差，考核激励不审慎，过分注重业绩和排名，对员工行为疏于管理。②

中国社科院金融研究所银行研究室主任　曾刚：此次监管"实锤"体现了监管部门强监管、治乱象的决心。通过提高违规的成本，一方面是降低了行业长期的风险，另一方面也会引导商业银行向更合规的方向发展，实际上是有利于整个银行业机构的长期稳健发展的。本次罚单数额之高加大了违规成本，将促使银行投入更多精力于合规经营之上。要进一步加强内控体制的建设，同时对一些创新业务流程要进行规范。从人员的角度，尤其加大对操作风险的关注和管理。相信通过这一次的罚单，这么高的违规成本，足以促使银行往合规经营方面、控

① 《午夜财经：银监会开出史上最大罚单！这家银行被罚7.22亿》，载搜狐网：http://www.sohu.com/a/209509284_481727，最后访问日期：2017年12月25日。

② 《银监会通报违规担保案件　广发银行为何被重罚》，载法制网：http://www.legaldaily.com.cn/locality/content/2017-12/12/content_7418171.htm，最后访问日期：2017年12月25日。

制操作风险方面投入更多精力。①

银监会审慎规制局局长　肖远企：2017 年新发的大案要案大幅度减少，大家比较关注的案件大部分都是陈案。不规范的经营行为、套利行为，非法业务、高风险业务都得到了整治，经营秩序得到恢复，市场秩序趋于有序。②

四、笔者评论

对“侨兴债”事件的查处，监管当局开出了国内银行业史上最高罚单 7.22 亿元，更有 5 名银行高管获终身市场禁入、6 名涉案人员移送司法机关。监管处罚问责力度远超市场预期。回顾事件始末可见，金融生态的整治，仍任重道远。

（一）“侨兴债”事件暴露的行业问题

从债券发行到销售平台再到履约保险直至银行出具虚假兜底协议，“侨兴债”事件中，多方筹谋算计，诸多利益媾和勾连，资本层层嵌套，挑战监管底线和行业规则，暴露出行业的种种乱象。

一是侨兴集团发私募产品用于偿还贷款，后私募产品变身公募产品。2014 年，受多家银行强制压缩贷款影响，侨兴集团经营资金开始吃紧。根据“侨兴债”发行人侨兴电讯、侨兴电信披露，截至 2014 年 10 月 22 日，侨兴电讯、侨兴电信合计需偿还广发银行惠州分行贷款 10 亿元。银行贷款资金拿不到，深谙资本运作的侨兴集团便通过粤股交推荐，在招财宝平台募集 10 亿元私募债，其中 7 亿元被用来偿还银行贷款，且大部分流向了广发银行惠州分行。侨兴集团私募债募集用途其实很明确，就是借新还旧、以债抵债。而发售主体招财宝作为互联网金融平台，只能销售小额、分散的大众公募产品，而不能销售非标资管产品。相关金融机构私自将 10 亿元资管项目拆分为若干金额较小的公募理财产品，突破投资门槛向非合格投资者开展私募业务。

二是银行出虚假担保“兜底”。浙商财险为“侨兴债”提供履约保证保险，其前提是广发银行惠州分行提供兜底保函。银监会处罚通报显示，为转移不良资产和重大经营损失，广发银行惠州分行出具兜底保函，目的是为侨兴集团募集资金，从而达到借新还旧，违法套取其他金融同业的信用，为已出现严重风险的企

---

① 《中国银监会今年处罚银行 1486 家　广发银行因侨兴债案被罚 7.22 亿元》，载央广网：http://china.cnr.cn/xwwgf/20171209/t20171209_524055973.shtml，最后访问日期：2017 年 12 月 25 日。

② 同上。

业巨额融资，掩盖风险状况，致使风险扩大并在一部分同业机构之间传染，使资金遭受损失。

（二）如何整治金融生态

对“侨兴债”事件的查处，监管处罚问责力度远超市场预期，体现了监管机构的决心。下一步，要塑造健康安全的金融生态，有赖于监管当局和金融机构的标本兼治。

一是要对金融产品进行穿透式监管。在复杂的金融产品交易结构中，参与机构可能会比较重视交易链条中自身的交易对手，忽视了对底层基础资产的类型和质量、融资人的现金流和第一还款来源的摸查，对风险缓释措施等风险管理的关键节点的分析、跟踪和管控不足。当前，金融产品层层嵌套的现象较多，监管薄弱的环节往往成为资本异动的缺口，如“侨兴债”产品，其具有结构复杂、跨市场、跨区域、跨行业、链条长、风险点多、传染扩散性强等特点，参与其中的金融机构集中关注于自身业务领域的风险，过于看重金融同业信用，操作风险管控不足，缺乏全局视野。近期，中央提出对银行、交易所、保险、互联网金融平台等实行全方位、穿透式监管，这将有效防范金融交叉风险和系统性风险的发生。对于交叉性的金融产品，要厘清产品结构、投资者适当性、底层基础资产真实状况、第一还款来源、风险缓释措施等关键风险控制节点，真正按照监管要求，“资金来源于谁，谁就要承担管理责任”。

二是严格规范银行业治理机制。现阶段，我国银行业分为国有银行、股份制银行和城（农）商银行。国有行由于承接了之前央行改制后商业经营功能，经营时间长，资源丰富，各项规章制度比较健全，其员工无论在培训、收入压力还是在工作理念上，都处于优势地位。城商银行和农商银行一般是地域性的银行，依托本地优势，在资源方面具有地域优势，业绩压力相对不大。而广发银行所在的股份制银行序列，既无全国优势，又无地缘优势，导致其经营理念被动地使用“唯业绩论”，员工道德风险较高。监管部门对金融机构严肃问责，可以倒逼金融企业完善公司治理机制，业务创新、产品创新一定要规划在前，明确底线，制度先行，从风险内控流程、业务授权管理、绩效考核导向、职业道德引领等方面，强化金融机构的全面风险管理，从源头遏制金融案件高发态势。

（本文作者王潇，上海市虹口区人民法院审判监督庭法官助理）

“11·3”留日女生遇害案

一、入选理由

发生于日本东京的一起杀人案件，其中牵扯了三个中国留学生——陈世峰、刘某和江歌，该案事发至今，江歌辞世、陈世峰入狱受刑、刘某受到强烈的舆论声讨。

回顾本案，人们大都希望了解，事实真相究竟是什么，而在这个充斥着各种信息的网络时代环境下，事实真相似乎伸手可及，但又遥不可及。

本案受到了国内媒体高强度的关注，媒体大篇幅地对于本案的案发经过、始末、细节进行描述、推测、判断。为什么本案受到的关注度如此之高，笔者认为，是由于作为讨论度最高的人物刘某在本案中所表现的自私和冷漠极大地挑战着人们的道德准则和底线，而深入来看，也是人们对于道德评价与法律规范评价所产生的差异化结果的不理解，是人们对于道德、人性评判所引发的大讨论。

本案的审判过程、结果以及审判背后的点点滴滴，对于法律与道德提出了深刻的探讨和思考。

二、案件回顾

根据各方媒体报道及公开信息记载，2017 年 12 月 20 日，日本东京地方法院当庭宣判，以故意杀人罪和恐吓罪判处被告陈世峰有期徒刑 20 年。判决后，陈世峰于 22 日上诉，29 日撤诉。2018 年 1 月 5 日，东京地方法院正式公布陈世峰撤诉消息，本案判决正式生效，陈世峰被执行 20 年刑期。[①]

陈世峰，系本案被害人江歌闺蜜刘某的前男友，被指控于日本当地时间 2016 年 11 月 3 日凌晨在东京中野区公寓残忍杀害了就读于日本东京法政大学的中国留学生江歌。因为恐吓威胁刘某，陈世峰已经在 2016 年 11 月 7 日被捕，

---

① 《“江歌案”尘埃落定：陈世峰不再上诉，被执行 20 年刑期》，载搜狐网：http://www.sohu.com/a/215010617_213769，最后访问日期：2018 年 1 月 6 日。

此后日本警方开始调查陈世峰与江歌遇害案之间的关系，最终确定他为杀人案的犯罪嫌疑人。东京警视厅于 2016 年 11 月 24 日以杀人嫌疑逮捕陈世峰。2017 年 12 月 11 日，本案在日本东京开庭审判，日本检方提出有期徒刑 20 年的量刑意见，主要理由包括陈世峰为有计划行凶，且手法凶残地杀害与其无关的江歌，造成严重后果但没有悔意。

同时，为请求日本法院判决陈世峰死刑，2017 年 11 月 12 日下午，江歌母亲江秋莲及众多中国留学生志愿者在东京池袋西口公园集会，征求民众署名支援。

另外，根据媒体报道，江歌当晚系为保护刘某，阻止陈世峰进入房间时惨遭杀害，而刘某在案发后对江歌母亲避而不见，甚至不出席江歌的葬礼，刘某的母亲亦曾说出“你女儿自己短命，关我们家什么事”的言辞。刘某及其母的行为引起社会广泛声讨和抨击。

三、各方观点

北京师范大学博士后、京都律师事务所刑事诉讼部　齐晓伶：根据网络现有信息，刘某事件有其特殊性，江歌妈妈在极力恳求见其一面被拒绝甚至消失之后，无奈之下才借助网络逼刘某出面及出庭作证，江歌因帮助刘某而死，江歌妈妈的这一要求可以说完全是情理之中。①

澎湃新闻社论《让“江歌案”回归法律》：江歌母亲江秋莲在痛失爱女之后，在网上乃至在村头散布刘某及其亲人的个人信息，间接鼓动网民对刘某进行“人肉”、骚扰，也有侵犯他人隐私权之嫌。对证人的步步紧逼，可能会干扰证人作证，不利于公正审判。②

北京师范大学中国刑法研究所副所长　彭新林：刘某的行为“虽然在道义上受到谴责，或不构成违法”，若日本警方调查认为刘某属于“受害者”，这一结论可以理解为其在法律上没有违法行为，不涉及刑事犯罪，无法追求其刑事责任。③

① 张鑫：《江歌遇害案，听听法律人怎么说?》，载法制网：http://www.legaldaily.com.cn/index_article/content/2017-11/14/content_7386666.htm?node=5955，最后访问日期：2017 年 11 月 14 日。

② 沈彬：《让“江歌案”回归法律》，载澎湃新闻网：http://www.thepaper.cn/newsDetail_forward_1864735，最后访问日期：2017 年 11 月 14 日。

③ 林平、林钰颖：《法治课|江歌案拷问情理法冲突，受益人是否有补偿被害人义务》，载澎湃新闻网：http://www.thepaper.cn/newsDetail_forward_1863754，最后访问日期：2017 年 11 月 14 日。

凤凰网特约评论员　程逸柏：从日本以往有关故意杀人的司法实践经验来看，被害人家属所提出的严惩被告人的要求对是否判处被告人死刑的影响微乎其微……江母备受关注的请愿书在这个案件的判决中到底能起多大作用，我们不能一概而论，但日本以往刑事司法实践中积累的经验标准亦是不容忽视。①

江歌案件律师的助手　井上秋：签名活动对嫌犯的判决影响多少会有一点，但影响不会很大，在社会上能起一些舆论影响。"这次审判是由 6 个裁判员来判决，而裁判员也是我们普通人，所以如果有签名的话，可能会对判决产生一点影响，但不会很大。"②

北京师范大学刑事科学研究院教授　黄风：万人签名只是当事人一种意愿的表达，日本法院还是会按照本国法律来进行审判。实际上在任何一个国家，民意只是一种舆论。法院在量刑的时候主要考虑的是事实和证据以及法律的具体规定。这位母亲作为受害人家属可以表达她的意愿，但同时也应该尊重日本法律，尊重相关事实和证据。任何国家的审判都要保持一种独立性。③

南京师范大学文学院教授　刘志权：法律或者任何力量，都无法避免人类偶然性的悲剧。但是问题在于，我们该如何区别一起悲剧事件中的道义责任和法律责任。事实上，很多人在法律上是无罪的，但没有法律责任并不意味着没有道义责任。然而，这仍然有待于事实层面的厘清。我们尊重和理解一位母亲的悲痛。但是，造成这一悲剧的最终还是残暴的凶手，他才是最值得谴责的对象。④

四、笔者评论

自 2016 年案发起至今一年多的时间里，从法律体制直至道德评判的细枝末节，媒体、学者、专家以及社会舆论的方方面面，已经对本案进行了较为全面且深

---

① 《江歌刘某案全盘回顾：最关键的是这 5 个问题》，载未来新闻网：http://news.k618.cn/roll/201711/t20171115_14281925.html，最后访问日期：2017 年 11 月 15 日。

② 《法律角度分析江歌案：江歌案|不要光顾着愤怒，从法律角度分析刘某是否应该负责》，载新文阁网：http://www.xinwenge.net/shehui/874bbcee.html，最后访问日期：2017 年 11 月 15 日。

③ 《专家解读江歌案：江母公布刘某一家个人信息或违法》，载中国财经网：http://finance.china.com.cn/hz/sh/hao123dh/20171114/9563.shtml，最后访问日期：2017 年 11 月 14 日。

④ 刘志权：《江歌案：先分清道义和法律责任》，载中国网：http://opinion.china.com.cn/opinion_40_174440.html，最后访问日期：2017 年 11 月 13 日。

入的剖析和探讨,诸如程序法上的属人管辖、引渡条款、对外国刑事判决的消极承认等问题,上述问题笔者不再赘述,笔者将试着从判决本身出发,就法律与道德的关系进行展开讨论:

(一)判决结果的可预见性

本案的犯罪嫌疑人陈世峰,最终被日本东京法院判处有期徒刑20年(与本案检方的量刑意见一致,且属日本有期徒刑的顶格刑),有媒体报道称,该判决已经属于类似或相同案件中判处的较高刑罚,已属"罕见的严厉";而相应的,一部分社会舆论提出强烈的反对意见,认为本案判决过轻,被害人的母亲曾发起请求判处陈世峰死刑的签名活动,据悉有将近30万人签名。我们可以理解悲痛欲绝的江母发起的请愿活动,但回归法律本身,对本案的判决结果而言,笔者认为,该案的判决结果与判决前法律界的预见基本一致,其核心原因在于日本法律体制下对于死刑制度的严格态度。

诚然日本尚未废除死刑,但日本对于死刑的适用系以"永山基准"为基础,即日本最高法院1983年在"永山则夫连续杀人案"中的判决:"现行法律制度下的死刑制度,需要从犯罪本质、犯罪动机、犯罪样态(杀人手段、杀人计划的执拗性、残虐性)、犯罪结果的重大性(被杀害数量、遗属的被害感情、社会的影响、犯人的年龄、前科、犯行后的情节)等各种情节综合考察,被告人的刑事责任十分重大,从罪刑均衡以及一般预防的角度来看,只能选择死刑。"①

其次,从日本的死刑选择过程来看,主要分为确定适用前提的阶段、初步判断阶段、初步结论阶段、验证初步结论阶段。其中,在第一阶段"确定适用前提的阶段",法官必须考虑两个因素:其一,检察官是否提出判处死刑的量刑建议;其二,杀害行为是否是故意而为之。如果具备这两个要素,则继续进入第二个阶段。在上述两个要素中发挥主导作用的是检察官的求刑建议。② 日本著名的改判案例——1999年的"光市母女杀害事件"中,若非山口县地方检察厅一审中明确提出判处死刑的求刑建议以及对于上诉的坚持,该案最终可能就将以犯罪人被判处无期惩役而告终。

① 周振杰:《日本死刑司法控制的经验及其借鉴》,载《法学》2017年第6期。转引自[日]青木孝之:《裁判员制度下首份对未成年人的死刑判决评析》,载《駿河台法学》2012年第2期;李立丰:《青少年保护主义的刑事司法实现路径——以日本裁判员制度下青少年死刑适用经验为视角》,载《青少年犯罪问题》2015年第4期。

② 同上。

因此,本案在日本的判决结果在一定程度上符合日本的刑事审判制度。

那么,假设本案在中国审理,结果会如何呢?笔者对此不敢妄下判断,因为每一起刑事案件均夹杂着细枝末节的案件事实,任何细节都有可能对最终的裁判结果产生影响,笔者谨以两起发生在我国的与本案存在一定相似度的刑事案件作为参考——最高人民法院于 2011 年 12 月 20 日发布的指导案例第 4 号"王志才故意杀人案"[①]及 2012 年 9 月 18 日发布的指导案例第 12 号"李飞故意杀人案",两案二审审理结果均为判处死刑,经最高人民法院复核后不核准,发回重审后改判死缓。[②]

此外,笔者认为,网上舆论夸大的请愿书的实际作用应当是微乎其微,从法治精神角度来说,司法独立是一个国家法治健全的重要考量标准之一,司法审判并应不以民意为左右。

(二)刘某是否应当承担法律责任

刘某在本案中是否应承担法律责任是社会舆论广泛讨论的主要问题之一,就该问题,以中国法的视角来看:

法律责任分为刑事责任及民事责任。首先看刑事责任,广泛讨论的刘某属于"不作为犯",亦有观点指出由于刘某给江歌带来了危险,因此她负有救助义务,但笔者认为,这个观点似乎混淆了所造成的危险以及危险的来源这两个概念。本案中,刘某没有也不可能控制陈世峰的行为,陈世峰本身才是危险的来源以及真正造成"危险"的主体,而刘某本身并没有任何行为造成或带来了危险。同时,刘某与江歌之间也并没有法律规定的紧密关系,因此也就不会产生相应的救助义务,也有人说,刘某锁门的行为构成不作为犯,刘某锁门的行为属于将江歌置于危险的先行行为,因此刘某负有救助义务而未履行所以构成刑事犯罪。笔者认为这种理解有一定道理,但并不全面,因为即使刘某负有救助义务,其锁门的行为系违反义务的犯罪行为,但是其对此是否有救助的可能性呢,从刑法的期待可能性理论来说,法律并不能强人所难,从行为人所处具体的情况下分析,在这种极端危险的情况下,不能期待刘某作出不锁门并给予救助的行为(日本检方亦认为如果刘某不锁门或是陈世峰刀刃未断裂,陈世峰仍将继续行凶并将刘

① 最高人民法院:《最高人民法院指导案例 4 号:王志才故意杀人案》,载《人民法院报》2011 年 12 月 20 日,第 4 版。

② 最高人民法院:《最高人民法院指导案例 12 号:李飞故意杀人案》,载《人民法院报》2012 年 9 月 26 日,第 3 版。

某杀害)。再者,结合刑法的罪刑法定原则,以现有事实认定刘某构成刑事责任的可能性确实不大。目前,从日本警方调查认为刘某属于“受害者”,也即不会对刘某追究刑事责任。

其次,就民事责任角度而言,导致承担民事责任的情形可分成三类:违约责任、侵权责任、不履行法定义务。从可能接近本案的侵权责任来看,基于侵权责任的四要件(侵权行为、损害后果、行为人主观上有过错以及行为与后果之间存在因果关系)分析,认定刘某存在侵权行为应当承担民事责任的难度较大,即便江母以民法基本原则诸如公序良俗原则来主张,在实践中亦存在一定难度。

(三)法律与道德

就法学角度而言,无论是日本法院的判决结果还是法学学者的主流意见,陈世峰的判决结果抑或是对于刘某是否应当承担法律责任的探讨,已基本盖棺定论,但社会舆论对此嗤之以鼻,甚至持强烈的反对意见,原因是什么?

笔者认为,这是法律与道德之间的矛盾,法律与道德之间虽然存在一定联系,但也有着明显的区别。法律具有严格的外延,道德则是社会广泛形成的共识和行为准则,较之法律具有更为广泛的外延,因此,我们并不能单纯以道德的评价标准来衡量法律的评价结果,更何况道德中还存在深层次的不一致的评价标准和结果。

法律从某种程度上来说更符合基本的道德准则,但由于道德准则是人类社会发展过程中形成的共识、习惯、行为准则,不同程度的道德评判标准对应产生的评价结果也会不同。法律与道德的广泛讨论,也是法学界存在学派之别(主张恶法非法的自然法学派、主张恶法亦法的实证主义学派等)的重要原因之一。

就本案而言,社会媒体汹涌的舆论评价是道德评价占据主导地位的结果,不可否认,本案中陈世峰的犯罪事实确实令人感到恐惧,刘某于案发后的种种逃避行为以及对江母的态度和做法着实令人心寒,这也是本案在国内引起一众哗然的主要原因之一。归根结底,这是人们普遍的道德观念无法接受法律评价的结果以及人们无法在法律评价上寻找到完全的可接受的救济途径。而这个问题是古往今来道德和法律之间固有的矛盾,对此学界仍然无法找到合适的解决途径和方法。

但无论如何,由本案引发的思考中,除了应当摒弃的网络暴力以外,值得肯定的是，我们所身处的社会对于追求美好事物的期待，古往今来所形成的且不断提高的道德评价准则和共识，是法律不断随之补充完善以及社会进步的动力基础，我们始终提倡以法律为基础，结合道德的理性评价方式来看待事物。

（本文作者史羽鸿，上海邦信阳中建中汇律师事务所律师）

恶意扣取话费首次以盗窃罪入刑

一、入选理由

智能手机的问世颠覆性地改变了人们对传统手机及其功能的认知，它从一部只能打电话、发短信的设备，进化成了一台可以四处游走的移动终端。科技的进步改变了人们的生活，却也给了不法分子可乘之机，人们在享受智能手机给生活带来便利的同时，也深受个人信息泄露、话费被恶意扣取的困扰。近几年，手机费用偷跑的现象屡见不鲜，人们早就见怪不怪，手机用户似乎也只有向运营商投诉维权这一种解决方法。这起由深圳中级人民法院一审、广东高级人民法院二审的盗窃案件，是我国首例以盗窃罪入刑的手机软件恶意扣费案，在此之前，对类似的犯罪行为则大多以非法控制计算机信息系统罪予以定罪。这标志着恶意扣取话费的行为已经触犯了刑法，它不再是单纯的商事活动，同时也为今后此类案件的裁判提供参考和指导。

二、案件回顾

2010 年 11 月，被告人任庆、郑少宁、汪兆峰等人成立深圳市信联互通科技有限公司（以下简称信联互通公司），任庆负责公司重大决策、财务管理，汪兆峰担任总经理并负责管理具体业务，郑少宁负责公司商务管理，任庆、汪兆峰、郑少宁均是该公司的股东。在公司运营过程中，任庆、郑少宁、汪兆峰经商议决定，信联互通公司研发恶意扣费软件并植入手机方案商、制造商的手机，通过收购广州楚某通信科技有限公司、广州君某科技有限公司等 SP 公司（电信服务提供商）并与其他 SP 公司合作，从而使用上述公司从电信运营商获得的 SP 扣费通道，在手机用户不知情的情况下进行扣费，以获取非法利润。随后，被告人何仁贵受聘担任信联互通公司技术部总监，被告人钟京、黄康、赵义受聘担任技术部人员，针对功能手机的 MTK 平台、展讯平台、MSTAR 平台、互芯平台研发出具有恶意扣费功能的 HDM 软件包及相应的后台服务器管理系统，使手机界面屏蔽电信运营商发送的扣费短信,并通过后台服务器控制扣费事宜。被告人彭勇受聘担任信联互通公司商务部总监,与深圳市亚洲通数码科技有限公司、上海博某通讯科技有限公司、深圳市三某科技有限公司等数十家手机生产商、手机方案商洽谈,将恶意扣费软件安装到手机软件系统中,并商定非法利润的分成。被告人张瑞平受聘担任信联互通公司运营部总监,与具有 SP 通道经营权的北京三某通信设备有限公司、深圳市鼎某科技有限公司等数十家 SP 公司洽谈借用扣费通道,并商定非法利润的分成①。

2011 年 4 月至 2012 年 7 月,信联互通公司通过恶意扣费软件扣取手机用户话费共计 67,269,035 元,与 SP 公司、手机方案商或生产商按照约定比例分赃。其中,根据各被告人的入职时间,任庆、郑少宁、汪兆峰及何仁贵、赵义、黄康参与的扣费金额为 67,269,035 元,钟京参与的扣费金额为 67,222,656 元,彭勇参与的扣费金额为 67,140,677 元,张瑞平参与的扣费金额为 64,178,016 元。

被告人钟涛系深圳市亚力通科技有限公司(以下简称亚力通公司)的项目经理,被告人许一峰、肖蒙系该公司软件工程师。2011 年 9 月,钟涛与信联互通公司的汪兆峰商定后,伙同许一峰、肖蒙在亚力通公司开发的手机软件中秘密植入信联互通公司研发的恶意扣费软件。截至 2012 年 7 月,信联互通公司通过亚力通公司植入的软件扣取手机用户费用共计 46,669,993.6 元,三被告人分得赃款 1,738,999.41 元。其中,钟涛分得 1,482,126.41 元,许一峰分得 158,385 元,肖蒙分得 98,488 元。

深圳市亚洲通科技有限公司(以下简称亚洲通公司)为手机方案商,被告人朱海、吕钊、张全新、陈浙聪分别系该公司董事长、总经理、研发总监和技术员。2010 年 11 月起,上述被告人先后将信联互通公司、深圳市酷某文化传播有限公司(以下简称酷某公司)的恶意扣费软件植入手机,在手机用户不知情的情况下秘密扣费,以获取非法利润。截至 2012 年 7 月,信联互通公司通过亚洲通公司植入的恶意扣费软件共扣费 970,066.5 元,亚洲通公司和朱海分得 53,314.88 元。截至 2012 年 9 月,酷某公司通过亚洲通公司植入的恶意扣费软件共扣费 102,617 元,亚洲通公司分得 30,660.91 元。②

---

① 《600 万部手机被恶意扣费 6726 万元》,载网易:http://news.163.com/17/0121/01/CB92ML8T00018AOP.html,最后访问日期:2017 年 12 月 21 日。

② (2017)粤刑终 209 号,上诉人任庆等十六人犯盗窃罪一案二审裁定书。

2013年,广东省深圳市人民检察院以被告人任庆等16人犯盗窃罪向广东省深圳市中级人民法院提起公诉。2017年1月20日,广东省深圳市中级人民法院经审理作出一审判决,对被告人任庆等16名被告人以盗窃罪被分别判处有期徒刑15年至有期徒刑3年缓刑3年不等的刑罚,并处罚金。

被告人任庆、汪兆峰、郑少宁、张瑞平、彭勇、朱海不服一审判决,提起上诉。部分上诉人认为被告人的行为系民事行为或商业行为,不构成犯罪。部分上诉人提出应构成强迫交易罪或非法控制计算机信息系统罪,而非盗窃罪。

广东省高级人民法院经审理后认为:上诉人任庆、汪兆峰、郑少宁、张瑞平、彭勇、原审被告人何仁贵、赵义、钟京、黄康研发恶意扣费软件,通过上诉人朱海、原审被告人钟涛、许一峰、肖蒙、吕钊、张全新、陈浙聪及其他人员植入用户手机,朱海、吕钊、张全新、陈浙聪还将他人研发的恶意扣费软件植入用户手机,秘密窃取手机用户资费,数额特别巨大,各上诉人、原审被告人的行为均已构成盗窃罪。犯罪情节恶劣,后果严重,社会危害极大,应依法惩处。

根据《刑法》第226条的规定,强迫交易是指以暴力、威胁手段,实施强买强卖商品或强迫他人提供服务等行为。通常来说,犯罪对象了解交易内容,主观上不愿交易,但基于暴力、胁迫而无法反抗。本案被害人被秘密扣取话费,不明知也不了解交易详情,不符合强迫交易罪的构成。被告人通过信联互通公司后台管理系统,非法控制装有恶意扣费软件的手机系统,其行为确实应当构成非法控制计算机信息系统罪。由于被告人以此行为为手段,秘密窃取不特定社会消费者的财物,同时又构成盗窃罪,应择一重罪处罚,以盗窃罪定罪处罚。①

广东省高级人民法院经不开庭审理后认为,原审判决认定事实清楚,证据确实、充分,定罪准确,认定共同犯罪并对各上诉人、原审被告人的罪责等量刑情节区分及认定准确,量刑适当,审判程序合法,于2017年9月13日作出二审裁定,驳回上诉,维持原判。

三、各方观点

广东省深圳市人民检察院承办检察官　张娜:因为被告人通过植入恶扣软件、屏蔽资费提示等手段来非法盗取手机资费,其非法控制计算机信息系统系手

① (2017)粤刑终209号,上诉人任庆等16人犯盗窃罪一案二审裁定书。

段行为,窃取话费系目的行为,手段行为和目的行为构成牵连关系,因此认定的是盗窃罪。“据了解,其他省市有一单同案是以非法控制计算机系统罪定罪的,如果二审也是以盗窃罪定罪的话,该案可能会作为指导性案例。”①

西安交通大学信息安全法律研究中心副主任　王玥:深圳中级人民法院的判决是合理的,“因为在本案中,被告人是以非法占有为目的,通过非法控制他人手机的手段,秘密窃取用户话费,被告人构成盗窃罪和非法控制计算机信息系统罪的竞合,因此,法院从一重罪处罚,判为盗窃罪是合理的”。从法律上讲,对于本案牵涉到的利益链条上进行合谋的其他企业,如果有证据能够证明其具有主观故意,则应当以盗窃罪的共同犯罪论处。全国首宗恶意扣费软件扣取巨额话费案的判决,以及《移动智能终端应用软件预置和分发管理暂行规定》②的正式实施,将对维护网络安全、保护消费者合法权益及规范相关企业行为起到积极作用。③

光明网评论员　朱昌俊:以盗窃罪来定性恶意扣话费的行为,实质上是对于该类案件本质的揭示。既然是未经用户允许,以预装软件等方式恶意扣除用户话费,在客观上就是达到了非法占有和“偷”的目的,这与消费者的日常认知也是吻合的。在这个意义上,这次案件的宣判,确实具有判例意义。虽然我国不是判例法国家,但该案对于类似案件的指导性意义不言而喻。

不过,仅仅是形成这样的判例,还不足以为用户的话费安全提供牢固的保障。从这起案件中我们也看到,这类案件涉及的主体很多,其中一个重要环节就是通讯运营商和手机生产商。过去运营商在未经用户允许的情况下,私自为用户手机开通业务导致话费被扣,在处理上要么是不了了之,要么也仅仅是退还被扣除的话费,并无任何惩戒措施可言。如果纵容这样一种灰色地带,显然为恶意扣费留下了空间。那么,在法律中就应该进一步明确对于这种恶意扣除话费行为通讯运营商到底应该承担怎样的责任,是否也应该按盗窃罪处理?毕竟,相较于内部员工与外部人员的勾结,这种公司化的单方面扣除用户话费的行为,更为隐蔽,后果也更严重。

---

① 《偷话费也是盗窃?全国首例以盗窃罪入刑的恶意扣话费案昨判决》,载新华网:http://news.xinhuanet.com/legal/2017-01/21/c_1120355728.htm,最后访问日期:2017 年 12 月 21 日。

② 工业和信息化部于 2016 年 12 月 16 日颁布,自 2017 年 7 月 1 日起实施。

③ 《首起恶意扣费软件案为行业敲警钟》,载法治周末:http://www.legalweekly.cn/article_show.jsp?f_article_id=12755,最后访问日期:2017 年 12 月 21 日。

不管以何种方式来恶意扣除用户的话费，都是对消费者手机使用安全与合法利益的直接侵犯。明确这一点，提高对该行为的法律惩戒，是实现有效治理的一个重要方面。这次案件的审判明确"恶意扣话费"按照盗窃罪惩处，开启了法治恶意扣费的第一步。而从更长远的角度看，该判决背后的司法价值取向有必要以立法的方式加以确认。只有涉案者的责任承担、消费者的权利赔偿都有清晰的法律作参考，方能真正实现对不同涉案主体的针对性防范与惩戒。①

四、笔者评论

由于利用手机软件实施犯罪的技术性强并相对隐蔽，所以不易被用户察觉，即使用户发现，也很难锁定嫌疑目标，因此公安机关取证和侦破的难度也大，犯罪很难被打击，但此类犯罪行为涉及的被害用户人数众多，社会危害极大，必须依法严厉惩处。

笔者在网上搜索了一下类似因手机恶意扣费软件获刑的案例，全国法院大多以非法控制计算机信息系统罪对被告人的行为进行评价。在本案二审裁定的"本院认为"部分，二审法院也认为被告人的行为确实构成非法控制计算机信息系统罪，同时又构成盗窃罪，应择一重罪处罚。至于为何"择一重罪处罚"则并未展开说理和论述，而是运用刑法中关于"罪数"的理论直接得出结论。那么，究竟为何要"择一重罪处罚"呢？

在我国刑法理论中，有一个"牵连犯"的概念，它是指犯罪的手段行为或结果行为，与目的行为或原因行为分别触犯不同罪名的情况。牵连犯有两个特征：(1)必须是其手段行为或结果行为又触犯了其他罪名；(2)数行为之间存在手段行为与目的行为、原因行为与结果行为的牵连关系。这种牵连关系具有类型化的特征，即只有当某种手段通常用于实施某种犯罪，或者某种原因行为通常导致某种结果行为时，才宜认定为牵连犯，并不是任何手段行为与目的行为结合起来就构成牵连犯。例如，以伪造国家机关公文的方法（手段行为，涉嫌伪造国家机关公文罪）骗取公私财物（目的行为，涉嫌诈骗罪）的，被认为是牵连犯；再如，绑架他人（原因行为，涉嫌绑架罪）后勒索到财物（结果行为，涉嫌敲诈勒索罪）的，也是牵连犯。但是，非法盗窃枪支（涉嫌盗窃枪支罪）后杀人（涉嫌故意杀人罪）

① 《"恶意扣话费"是为盗，应立法明确》，载光明网：http://guancha.gmw.cn/2017-01/22/content_23545663.htm，最后访问日期：2017年12月22日。

的，则不宜认定为牵连犯，应实行并罚，因为盗窃枪支并不是杀人的通常手段行为。①

本案中，任庆等人在手机内植入恶意扣费软件、屏蔽资费信息是手段行为，涉嫌非法控制计算机信息系统罪；以非法占有为目的，在用户不知情的情况下扣取话费是目的行为，涉嫌盗窃罪。两者之间具有类型化的特征，即在智能手机大量普及的现实情况下，按照公众的普遍认知，通过恶意扣费软件扣取话费是一种通常手段，因此两者之间存在牵连关系，成立牵连犯。

我国刑法总则并没有明文规定牵连犯的处罚原则，由于牵连犯属于"科刑的一罪"的一种形式，所以刑法理论上一般认为，对牵连犯应从一重罪处罚，或者从一重罪从重处罚，即行为人的行为触犯了数个罪名，但在审判时则只按照一罪处理。

再来看《刑法》对非法控制计算机信息系统罪和盗窃罪的规定。《刑法》第264 条规定："盗窃公私财物，数额较大的，或者多次盗窃、入户盗窃、携带凶器盗窃、扒窃的，处三年以下有期徒刑、拘役或者管制，并处或者单处罚金；数额巨大或者有其他严重情节的，处三年以上十年以下有期徒刑，并处罚金；数额特别巨大或者有其他特别严重情节的，处十年以上有期徒刑或者无期徒刑，并处罚金或者没收财产。"依据最高人民法院、最高人民检察《院关于办理盗窃刑事案件适用法律若干问题的解释》第 1 条的规定，任庆等人的涉案金额高达 6700 余万元，属数额特别巨大，应当在有期徒刑 10 年以上予以量刑。《刑法》第 285 条第 2 款规定："违反国家规定，侵入前款规定以外的计算机信息系统或者采用其他技术手段，获取该计算机信息系统中存储、处理或者传输的数据，或者对该计算机信息系统实施非法控制，情节严重的，处三年以下有期徒刑或者拘役，并处或者单处罚金；情节特别严重的，处三年以上七年以下有期徒刑，并处罚金。"依据最高人民法院、最高人民检察院《关于办理危害计算机信息系统安全刑事案件应用法律若干问题的解释》第 1 条的规定，任庆等人的犯罪情节属情节特别严重，判处的最高刑罚为有期徒刑七年。

显然，从两个罪名的量刑幅度很容易看出，《刑法》对盗窃罪处以更严苛的刑罚。因此，广东省深圳市中级人民法院经审理后，以盗窃罪对任庆等 16 名被告人处以刑罚，是符合法律规定和刑法理论的。并且，在适用牵连犯的环境下，

① 张明楷：《刑法学》，法律出版社 2016 年版，第 490 页。

即在该案的二审裁定中，明确地指出被告人的行为触犯数罪，可谓牵连犯的明示机能，有利于实现刑法的特殊预防与一般预防功能。

（本文作者竺培艺，上海邦信阳中建中汇律师事务所律师）

名人醉驾，或为普法提供反面教材？

一、入选理由

根据世界卫生组织的事故调查显示，50% ~60% 的交通事故与酒后驾驶有关，在中国，这一比例与世界卫生组织公布的数据基本相同。我国每年因酒后驾车而引发的交通事故，达数万起之多。在造成死亡的交通事故中，酒驾的比例也占到了一半。鉴于此，2011 年《刑法修正案（八）》将醉酒驾车写入刑法，以期实现对生命等法益的提早保护。2017 年是醉驾入刑第七个年头，同醉驾入刑当年的高晓松一样，前央视著名主持人郎永淳醉驾案，因其名人效应及网络舆情有关“仙人跳”的误导，而受到广泛关注。但是，法律就是法律，其从来不会向任何人低下其高傲的头颅，其从来只为公平与正义而存在。

二、事件回顾

2017 年 10 月 5 日，郎永淳驾驶小型越野客车，在朝阳区西大望路八王坟路口发生交通事故，经交管部门对郎永淳进行酒精检测，其血液内酒精含量为 207.9mg/100ml。

2017 年 10 月 6 日，郎永淳因涉嫌危险驾驶罪被朝阳分局依法刑事拘留。

2017 年 10 月 16 日，该案被移送检察机关，随即该案被朝阳区法院受理。

2017 年 11 月 3 日，北京市朝阳区法院对郎永淳醉酒驾车一案进行了宣判。法院查明，2017 年 10 月 5 日晚上 10 时 40 分许，被告人郎永淳聚餐饮酒后自行驾驶机动车离开，与正常驾驶机动车行驶的宋某发生剐蹭事故。后宋某报警，郎永淳明知对方报警而在现场等待处理并归案。经检验，郎永淳血液中酒精含量为 207.9mg/100ml。经公安机关认定，郎永淳负事故的全部责任。案发后，郎永淳赔偿宋某人民币 2 万元，并取得宋某的谅解。最终认定郎永淳构成危险驾驶罪，判处其拘役 3 个月，罚金 4 千元。宣判后郎永淳表示服从法院判决不上诉。

郎永淳系前央视主持人，该案因其名人身份而被社会广泛关注。2011 年 5

月 1 日,《中华人民共和国刑法修正案(八)》正式实施,醉酒驾驶作为危险驾驶罪被追究驾驶人刑事责任。醉驾入刑至今已第七个年头,为何醉酒驾驶屡禁不止,甚至社会名人仍铤而走险,不禁令人嘘嘘。

但是,在郎永淳危险驾驶一案中,另有一事引发社会关注及讨论。2017 年 10 月 28 日,财经及心理学专栏作者陈宗鹤先生爆料称:郎永淳当时是找代驾后遭遇了碰瓷者。《法制晚报》记者在陈宗鹤先生分享的友人微信对话截图中看到"他(郎永淳)请了代驾,开到离家还差一点的地方,代驾突然说身体不适开不了了,他见离家很近,就想自己把车开回,没想到刚开,就被一车剐蹭,对方要求私了,索赔金额甚高,他不同意,最终报警,招致刑祸"。[①] 与此同时,一些有关代驾碰瓷的文章开始在网上流传,有不少网友留言历数自己的类似遭遇:"我老公的同事今年也被这么来了一次,一模一样的套路。当时他下班跟我说头天晚上他们同事的这事,我第一反应也是太巧了,绝对有猫腻,不同的是他同事给了1.5万元完的事。"但也有网友表示,碰瓷不是针对某个人,而是针对代驾接单的顾客。[②]

虽然,在法院的通报中,均未提及"代驾""碰瓷"一事,但是"代驾""碰瓷"作为一种可能存在的社会现象,其法律关系及认定,仍值得讨论。

三、各方观点

中国之声:这些年,因酒驾被查的公众人物并不少,比如在醉驾入刑前,武打明星吴京、"乒乓王子"孔令辉等。醉驾入刑后,除了第一个被抓的高晓松和近期的张修维,还有演员王志文,曾出演《琅琊榜》、因醉驾致车祸身亡的演员刘朔……公众人物酒驾被查,也让他们付出了沉重的代价。[③]

澎湃新闻:这几年来,名人酒驾醉驾案件屡屡曝光。公众印象比较深刻的,就是高晓松 2011 年因醉驾被判拘役 6 个月。高晓松甚至当庭说出了"酒令智昏、以我为戒"的忏悔之语。显然,郎永淳没有汲取高晓松的教训。

醉驾事件的发生,给本人带来的伤害自然是难以估量的,之前积攒的美好

---

① 张丽:《郎永淳醉驾系遭碰瓷? 律师:若属实代驾构成敲诈》,载腾讯新闻:http://news.qq.com/a/20171029/009394.htm,最后访问日期:2017 年 12 月 10 日。

② 同上。

③ 郭玮瑾:《拘三个月,罚四千元,郎永淳醉驾判得重不重?》,载网易新闻:http://news.163.com/17/1103/20/D2BH44M80001875P.html,最后访问日期:2017 年 12 月 10 日。

"人设"就此崩塌。同时,对社会也是一次影响很坏的反向示范,是对法律的无视乃至知法犯法。也因此,每一起名人酒驾案都是一场深刻的法治教育。

酒后驾驶之所以如此根深蒂固,以至于成为一种人人愤慨,却又往往难以禁绝的社会性公害,既有着深厚的历史文化根源,也有着深刻的现实因素。酒文化的盛行、酒在现实生活中化身为一种特别的文化符号和人际交往的"润滑剂",都可能无形中助长酒驾的发生。①

中青在线:一起普通的醉驾案,因为名人效应,其社会关注度远超寻常。3年前从央视离职的郎永淳本已渐渐淡出舆论视野,但因为这起案件再次上了头条。

受舆论关注,对郎永淳来说并不奇怪,奇怪的是,郎永淳被拘留以后,围绕他为何醉驾、为何被抓的猜测沸沸扬扬,甚至出现了类似阴谋论的说法。这也是一些知名人物被曝违法犯罪以后,常见的一种舆情反馈。某些涉赌、涉毒、涉黄、酒驾的知名人物接受法律制裁时,总有这样的声音为他们辩护:认为他们被抓是遭人陷害,落入"仙人跳"的陷阱。种种论调,不一而足。

但是,所有这些阴谋论的说法,往往有意无意地回避知名人物违法犯罪的客观事实。也就是说,尽管对他们为什么被抓有各种各样的猜测,但很少有人拿出强有力的证据反驳知名人物违法犯罪的事实本身。②

律师　张起淮:作为一个公共人物,郎永淳实施醉驾这样的行为,对社会具有非常不好的示范效应,势必要受到法律的惩罚。

郎永淳作为前央视主持人,并不缺乏法治观念,在他所播报的新闻中,也不乏醉驾的相关新闻案例。但是他并未将"法治"二字融入生活中,可能存有侥幸心理,或是存有"找关系解决"这样的想法。这种观念缺乏对法律真正地敬畏,也与现代法治社会的要求相去甚远。无论名人还是普通人,在"全民守法"方面必须标准一致。此外,郎永淳因涉嫌危险驾驶罪被依法处理,也是对社会安宁、交通安全的一种保障,也会让百姓对法治社会、平安中国更具信心。③

---

① 毕舸:《马上评丨郎永淳醉驾被拘:酒桌文化的喧嚣下,守法意识何在?》,载澎湃网:http://www.thepaper.cn/newsDetail_forward_1840493,最后访问日期:2017年12月10日。

② 王钟的:《郎永淳醉驾被判拘役3个月! 法律面前没那么多阴谋论》,载中青在线:http://news.cyol.com/yuanchuang/2017-11/03/content_16653005.htm,最后访问日期:2017年12月10日。

③ 杨柳:《郎永淳醉驾案最新进展:认罪认罚! 已被检察机关诉至法院》,载正义网:http://news.jcrb.com/jxsw/201710/t20171027_1809478.html,最后访问日期:2017年12月10日。

律师　贺之晨：根据最高人民法院《补充八种常见犯罪的量刑指导意见(二)(试行)》(以下简称《量刑指导意见(二)》)中关于危险驾驶罪的相关规定，对于醉酒驾驶机动车的被告人，应当综合考虑被告人的醉酒程度、机动车类型、车辆行驶道路、行车速度、是否造成实际损害以及认罪悔罪等情况，准确定罪量刑。

根据《量刑指导意见(二)》的规定，在实践中如存在“仙人跳”的情形，导致醉驾嫌疑人在交通流量相对较小、醉酒程度较低、非因己方过错造成剐蹭事故，并且到案后如实供述真诚悔罪的情形下，可以从轻量刑。①

律师　郑洪涛：郎永淳醉酒驾车已经构成危险驾驶刑事犯罪，按法律规定应判处拘役刑罚1至6个月，不会超过6个月。不管什么原因，哪怕车快到家门口，或者在停车场移车、挪车都构成刑事犯罪，所以郎永淳没什么好委屈的。

如果代驾形成一个团伙进行剐蹭等，不管既遂未遂都涉嫌构成敲诈勒索犯罪，这样的话两方都构成刑事犯罪。郑洪涛说，郎永淳如果当时真的找了代驾，就形成了民事服务合同关系，代驾有义务安全把车开到目的地，如果种种原因没有履行完义务就形成了违约。如果有约定就赔偿郎永淳违约金，如果没有就看具体情况计算赔偿损失。

但不能说代驾没有送到目的地导致郎永淳刑事犯罪，这个没有直接因果关系，是个诱因。因为法律规定喝了酒不能开车，如果代驾没有送到目的地，郎永淳可以追究违约责任和造成的损失，但不能擅自开车。

郑洪涛还表示，类似情况取证很容易，比如那辆车、包括司机是不是经常出现交通事故等，还有代驾公司，警察都可调查，因为不少敲诈勒索都是碰瓷引起的。②

四、笔者评论

酒驾是老生常谈的严重社会问题。世界卫生组织将酒后驾车列为车祸致死的主要原因，我国2011年将醉驾写入刑法，6年来饮酒驾车行为及交通事故得到有效遏制。据公安部交通管理局数据显示，到2016年5月1日，全国公安机

---

① 李豪、董凡超：《法官律师解读醉驾“精准碰瓷”》，载法制网：http://www.legaldaily.com.cn/zfzz/content/2017-11/03/content_7376999.htm? node=81122，最后访问日期：2017年12月10日。

② 张丽：《郎永淳醉驾系遭碰瓷？律师：若属实代驾构成敲诈》，载腾讯新闻：http://news.qq.com/a/20171029/009394.htm，最后访问日期：2017年12月10日。

关共查处饮酒后驾驶机动车违法行为 247.4 万件。与法律实施前五年环比下降 34%。其中查处醉酒驾驶的案件 42 万起，环比下降 38%。知名法学专家、北京师范大学中国刑法研究所副所长彭新林教授表示，醉驾入刑 6 年多以来，其法治效果和社会效果已经显现，酒驾醉驾案件查处数量出现逐年下降或相对平稳趋势，酒驾醉驾引发的事故，尤其是恶性事故数量下降明显。[①]

在前央视主播郎永淳危险驾驶一案中，经交管部门对其检测，血液中酒精含量为 207.9mg/100ml，超过醉驾标准 1.6 倍。根据国家《车辆驾驶人员血液、呼气酒精含量阈值与检验》（GB 19522—2010）标准，车辆驾驶人员血液中的酒精含量大于或者等于 20mg/100mL，小于 80mg/100mL 的驾驶行为属于饮酒驾车；车辆驾驶人员血液中的酒精含量大于或者等于 80mg/100mL 的驾驶行为则属于醉酒驾车。其行为已经构成醉酒驾车。根据《中华人民共和国刑法》第 133 条的规定，醉酒驾驶机动车行为被列入危险驾驶罪。

值得强调的是，在刑法上，危险驾驶罪是一种行为犯，即只要在道路上驾驶机动车，并具有《刑法》第 133 条[②]规定情形之一的，即追逐竞驶，情节恶劣的；醉酒驾驶机动车的；从事校车业务或者旅客运输，严重超过额定乘员载客，或者严重超过规定时速行驶的；违反危险化学品安全管理规定运输危险化学品，危及公共安全的；就可构成危险驾驶罪。换句话说，在醉酒驾驶机动车辆的情形下，无论行为人驾驶距离的远近，是否发生交通事故，均影响本罪的构成。在醉酒情况下，哪怕行为人只驾驶车辆行驶了一米，且没有发生交通事故，也已经构成危险驾驶罪。

法院通报，郎永淳聚餐饮酒后自行驾驶机动车离开，与正常行驶机动车发生剐蹭事故。法院认为，被告人郎永淳醉酒后驾驶机动车在道路上行驶，其行为已构成危险驾驶罪，应依法予以惩处。被告人郎永淳醉酒驾驶机动车，造成交通事故且负事故全部责任，血液酒精含量达 200mg/100ml 以上，应从重处罚。同时，鉴于其他人报警，而郎永淳在现场等待，归案后如实供认犯罪事实，系自首，案发

① 郭玮瑾：《拘三个月，罚四千元，郎永淳醉驾判得重不重?》，载网易新闻：http://news.163.com/17/1103/20/D2BH44M80001875P.html，最后访问日期：2017 年 12 月 10 日。

② 《中华人民共和国刑法》第 133 条之一：“在道路上驾驶机动车，有下列情形之一的，处拘役，并处罚金：（一）追逐竞驶，情节恶劣的；（二）醉酒驾驶机动车的；（三）从事校车业务或者旅客运输，严重超过额定乘员载客，或者严重超过规定时速行驶的；（四）违反危险化学品安全管理规定运输危险化学品，危及公共安全的。机动车所有人、管理人对前款第三项、第四项行为负有直接责任的，依照前款的规定处罚。有前两款行为，同时构成其他犯罪的，依照处罚较重的规定定罪处罚。”

后积极赔偿对方经济损失并获得对方谅解,并自愿认罪认罚,可以从轻处罚。因此,北京朝阳区法院一审判处郎永淳犯危险驾驶罪,拘役3个月,并处罚金4000元。

由此可见,郎永淳醉驾案事实依据清楚,判处上法理适当,没有因为郎永淳名人身份而有区别,彰显了中国司法执法的公平正义,加固了法律面前人人平等的基本原则,推动了全面依法治国向前迈步。笔者认为,法律面前人人平等,名人亦不能超脱,名人有社会效应更应自律。全民约束、全民监督,在全社会形成不敢酒后驾车的威慑,达到有效规避酒驾的良好效果与持续效应。

至于在网上会流传郎永淳案"代驾碰瓷"的说法,虽最终没有证据加以证明,法院通报也并未涉及此事,但是,多地公安以及媒体都报道了这种代驾版"仙人跳"。"代驾碰瓷"的话题进入法律视野,作为经大众舆论发酵冒出来的议题,虽与此案本身无关,但亦须正视和重视,这关系到我国行业治理,更是我国法律法规亟待解决的一项问题。

在本案新闻中所称的代驾司机,属于违约行为。其没能按照代驾合同,完成将车主送回指定目的地的合同约定。车主如果遇到这种情况,可以在代驾司机下车后,投诉至代驾平台,或要求代驾平台安排其他代驾司机进行服务。但不能因为"最后一公里"而存在侥幸心理,车主即使把车推回家或者叫家人代为将车开回家也不能自己冒险。因为法律从来不会向任何人低下其高傲的头颅,其从来只为公平与正义而存在。

(本文作者胡绳樑,中国作家协会会员、《劳动报》主任编辑;
郭志强,上海社会科学院硕士)

法治新闻
瞭望
LIAOWANG

导 语

瞭望,能够看多远？取决于“思想有多远”。因为人是用思想来赶路的。瞭望2017年中国法治新闻“走了多远”,有时并不是问你的双脚,而是拷问你的人性、决心、信念和意志。

本栏目无意给读者一个思想放飞的秘籍,只想通过作者对法治新闻“瞭望”的切肤体验,撩起社会表象的面纱。同时告诉有缘的朋友:如果你想对过去一年的法治新闻有所感悟,就不妨对法治新闻的本质做深邃的思考。究竟我们在通向法治健全的之路上能走多远？答案是:思想有多远,我们就能走多远!

中国共产党第十九次全国代表大会的报告中,共出现了19处“依法治国”的字样。其中提出了“深化依法治国实践,各级党组织和全体党员要带头尊法学法守法用法,任何组织和个人都不得有超越宪法法律的特权,绝不允许以言代法、以权压法、逐利违法、徇私枉法”的要求。现实中,“依法治国”的总体和主流是前行,只有全面贯彻好十九大这个精神,才能确保前行的正确方向。本栏目对“儿童救助案的隐私与保护”“新媒体被纳入管理,舆论场乱象能否有效遏制”“从网络传播色情角度综观网络犯罪”“现代司法宽容精神和优化审判资源配置的双赢”等问题作了认真思考和阐述。作者既看到了一种情况发展的可能性,又能看到了一种情况的闭塞。

正是由于站得高,所以才会考虑到这样一个重要的问题:我们看到的一些问题,如何解决,是否能够帮我们达到最后的目的？

《民法总则》真正完善了中国法律制度体系

一、入选理由

《民法总则》开启了民法典时代的全新篇章，并在真正意义上完善了我国社会主义法律体系。从党的十八届四中全会明确提出编纂民法典的宏伟目标，到习近平总书记就做好民法典编纂和《民法总则（草案）》审议修改工作作出重要指示，再到 2017 年 10 月 1 日，《民法总则》历经两年时间正式施行，拉开民法典作为社会生活百科全书的序幕。无论是百姓日常生活的衣食住行，还是自然人的生老病死，民法典在民众日常生活当中都发挥着行为规范作用，而在司法活动中则是追求和实现着裁判规范的重要价值，这些都极具理论价值与现实意义。本次施行的《民法总则》具有哪些值得关注的亮点，又有哪些值得反思的不足，都是我们应予着重思考和认真分析的内容。

二、事件回顾

本次施行的《民法总则》从在政治意愿上提出，到最终审议通过，前后不到两年时间，先后经历过三次草案审议。2014 年 10 月 23 日，中国共产党第十八届中央委员会第四次全体会议通过了《中共中央关于全面推进依法治国若干重大问题的决定》，明确提出了"编纂民法典"的任务要求。2016 年 6 月 14 日，习近平总书记主持召开中央政治局常委会会议，听取了全国人大常委会党组《关于民法典编纂工作和民法总则（草案）几个主要问题的请示》的汇报，肯定了全国人大常委会关于"两步走"的方案（第一步制定《民法总则》，争取 2017 年 3 月通过，第二步编纂民法典各分编，拟于 2018 年整体提请全国人大常委会审议，经全国人大常委会分阶段审议后，争取于 2020 年将民法典各分编一并提请全国人民代表大会会议审议通过，从而形成统一的民法典），并就做好民法典编纂和《民法总则（草案）》审议修改工作作出了重要指示。

2016 年 6 月 27 日，《民法总则（草案）》首次提请十二届全国人大常委会审议,提请审议的《民法总则(草案)》(一审稿)共 11 章 186 个条文。2016 年 6 月 28 日,十二届全国人大常委会第二十一次会议对《民法总则(草案)》(一审稿)进行了初次审议。2016 年 11 月 2 日,十二届全国人大常委会第二十四次会议对《民法总则(草案)》进行了二次审议,提请审议的《民法总则(草案)》(二审稿)共 11 章 202 个条文。2016 年 12 月 20 日,十二届全国人大常委会第二十五次会议对《民法总则(草案)》进行了三次审议,提请审议的《民法总则(草案)》(三审稿)共 11 章 210 个条文。①

《民法总则》的最终指向是民法典。我国民法典编纂始于 20 世纪 50 年代,立法机关先后组织过四次民法典编纂,但总由于各种原因而被中断。直到 2017 年 3 月 15 日,十二届全国人大五次会议审议通过了《民法总则》,这意味着我国第五次民法典编纂取得了突破性进展,终于迈出了划时代的一步。然而,回顾先前的四次编纂活动,立法过程可谓艰辛。

民法典的第一次编撰始于 1954 年,第一届全国人大常委会组建专门起草班子,首次启动民法典的起草工作。首次民法典编纂的草案在立法体例上受到了苏俄民法典的影响,但制度内容并非抄袭或照搬,共涉及 525 个条文。民法典的第二次编撰启动于 1962 年,第二次民法典编纂下的草案共包含 262 个条文。但在高度集中的计划经济时代背景下,该草案几乎舍弃了所有法律名词。民法典的第三次编撰开始于 1979 年,直到 1982 年 5 月,民法典起草终于

① 张鸣起:《〈中华人民共和国民法总则〉的制定》,载《中国法学》2017 年第 2 期。

完成第五稿,但随即又被迫中断。当时彭真同志提出民法典的起草工作应该由“批发”改为“零售”,即首先制定民事单行法,待民事单行法完善后再制定民法典。那次民法制定直接造就了1986年通过的《民法通则》并影响至今。民法典的第四次编纂工作始于1998年。当时民事立法工作组提出民法典的起草应该选择分步单行立法,接着再汇总成为民法典的方式。直至2002年12月23日,民法典草案被提交至全国人大常委会审议,共包含1200多个条文。[①] 应当说,这个草案虽成就于改革开放的年代,但时间匆忙,只是一个简单的合成稿,内容显得比较粗略。

三、各方观点

(一)《民法总则》的时代意义

中国人民大学法学一级教授、常务副校长　王利明:党的十八届四中全会提出编纂民法典,成为了民法典制定的重要历史契机,《民法总则》的颁行成功地把握住了此次立法机遇,正式开启了民法典编纂的进程。本次总则确立了我国民法典的基本制度框架,即以民事权利为中心,采用提取公因式的方式,就主体、客体、法律行为及民事责任等的一般规则作出规定,而分则体系将以物权、合同债权、亲属权、继承权等权利以及侵害民事权利的侵权责任为主线而展开。总则不仅奠定了民法典分则制度设计的基本格局,而且也为整个民事立法奠定了制度基础。

《民法总则》可以推进民事立法体系化、协调民商关系、整合司法解释。总则不仅能确立普遍适用于各个民事法律制度和规则的基本原则,消除各个法律相互之间的冲突和矛盾,使民事立法体系更趋和谐统一。总则还能够有效协调民法与商法的关系,《民法总则》应当是所有民商事法律关系的一般性规则,可以说是私法的基本法,因而可以有效指导商事特别法。此外,《民法总则》还吸纳了比较成熟的司法解释,意在解决司法解释与民事立法的冲突问题,消除二者矛盾,从而促进了我国民事立法的体系化。

《民法总则》完善了私权体系,强化了私权保护。总则继受民法通则经验,专设“民事权利”一章,集中地确认和宣示自然人、法人和非法人组织所享有的各项民事权利,充分彰显了民法的私权保护功能。私权保障的亮点体现在时代

① 江平:《〈民法总则〉评议》,载《浙江工商大学学报》2017年第3期。

性、全面性、开放性三个方面。所谓时代性，如首次正式确认隐私权，规范个人信息保护；所谓全面性，即系统全面地规定了民事主体所享有的各项人身、财产权益；所谓开放性，即无论权利或利益都受法律保护，为新型民事权益保护预留了空间，体现出私权保护的开放性。

《民法总则》弘扬了社会主义核心价值观，有利于完善市场经济基本法律制度。《民法总则》以弘扬社会主义核心价值观为立法目的，倡导自由、平等、公正、法治等价值理念，确认了诚实信用、公序良俗等基本原则，规定从事民事活动应当秉持诚实、恪守承诺，这有利于强化人们诚实守信、崇法尚德的观念，推进诚信社会建设。此外，《民法总则》还可以有力促进市场经济法律制度的完善，提高国家治理能力。例如，自愿原则、绿色原则，对于弘扬私法自治，保护资源环境具有重大意义；在主体制度方面确立了主体平等原则，利于平等交易；明确法人分类以激发市场主体活力。有关基本原则、民事法律行为成立与生效、意思表示、代理规则等都属于交易的基本规则。此外，在交易客体方面进一步确认了财产权利，在维护市场秩序方面则加强了对第三人信赖利益的保护。

王利明教授同时提出，《民法总则》的缺陷表现在制度缺失、法律体系化欠缺和人格权条款不足。制度缺失散布各章，如第一章“基本规定”仅明确了法律和习惯为民法法源，未明确若在缺乏习惯的情况下能否依法理裁判；第二章“自然人”缺乏对限制民事行为能力人的完善救济措施，遗漏了自然人的民事责任能力制度，未考虑复杂情形下的监护人确定问题，并忽视了监护人受监督的制度设计，以及财产代管人制作财产清册的规则；第三章“法人”缺乏社团法人规范和公法财团法人制度，业主团体地位也不明确，封闭列举四种特别法人类型不利于适应将来出现的社会组织；第五章“民事权利”难以满足实践对不当得利和无因管理规则的需求，导致规则制度缺失；第六章“民事法律行为”未规定诸如准民事法律行为的准用规则、真意保留规则、戏谑表示的规则、无效法律行为的转换规则等；第七章“代理”未明确代理的适用范围可以扩大到准法律行为的规则，未规定法定代理中的共同代理规则等；第八章“民事责任”缺乏自助规则和请求权竞合一般性规则；第九章“诉讼时效”未规定基于身份关系而发生的不以财产利益为内容的请求权不适用诉讼时效，也未明确夫妻关系变化是时效中止事由，还忽视了应对人身损害赔偿请求权规定较长的诉讼时效期间；第十章“期间计算”未能就期间的自然计算法作出规定。

而体系化缺陷主要表现在总则与分则重复、分类标准不够严谨、规则间关联性不明确等。人格权条款的不足体现在《民法总则》仅有三个条文规定人格权保护，相对于世界发展趋势和现实的社会需要，该法的规定显得过于原则，无法彰显全面保护人格权益的立法目的。①

中国社会科学院学部委员、法学研究所研究员　梁慧星教授：《民法总则》的时代意义体现在它的制定不仅提升了对民事主体权利的保护，而且奠定了民法典分则体系化及科学化的基础，进而表现出我国民法思想体系的初步形成。所谓提升对民事主体权利的保护，主要表现在民法典把对人的保护作为其总则的核心，增设对于胎儿利益、个人信息、一般人格权、特定人格权等个人权利的保护条款。创设出将民事权利全面而系统地置于《民法总则》当中的立法范式，对于《民法总则》奠定分则体系化及科学化的基础，主要表现在我国民法典采纳了潘德克吞编制体例，这种选择优势在于使民法体系及结构得以稳定，并且在社会生活的变化中具备一定的灵活性。由此，民法典分则各编须在总则的指引下进行编纂，同时也应当符合总则的基本原则、基本结构和基本概念；至于《民法总则》表现出我国民法思想体系的初步形成，主要是考虑，尽管我国民法理论针对德国法中民法体系以及概念作出了基于我国客观情况的修正，但确实系尊重我国现实生活作出的创新发展，才最终形成了具备我国特色的民事立法理论。而在我国这种民法思想体系下进行的民事立法，更能适应我国的实际情况，更易于为民众所接受。②

（二）《民法总则》的理论创新

十二届全国人民代表大会常务委员会委员、法律委员会副主任委员　张鸣起：制定《民法总则》属于依法治国总体战略的重要组成部分。《民法总则》是全面推进依法治国、实现国家治理体系和治理能力现代化的重大举措。同时也是健全社会主义市场经济制度、完善中国特色社会主义法律体系的必然要求。《民法总则》的制定有利于国家健全民事法律秩序，可以加强对民事主体合法权益的保护，更好地维护人民群众利益。《民法总则》以及将来的民法典还能与其他领域的法律规范共同支撑国家治理体系。通过编纂民法典，完善民事法律规范，可以有效构建民事领域的治理规则，提高国家治理能力。

---

① 王利明、周友军：《我国〈民法总则〉的成功与不足》，载《比较法研究》2017 年第 4 期。

② 梁慧星：《民法总则的时代意义》，载《海南人大》2017 年第 5 期。

张鸣起委员还认为,《民法总则》升级了民法通则且凸显出中国特色。原因在于,《民法总则(草案)》起草过程中既尊重了民事立法的历史延续性,又适应了当前经济社会发展的客观要求。《民法总则》的中国特色主要表现在立法模式的六个方面:其一,单章设置基本规定,明确了民法的平等、自愿、公平诚信守法、绿色等基本原则,尤其是增加了绿色原则作为基本原则,规定民事主体从事民事活动,应当有利于节约资源并保护好生态环境,并舍弃了民法通则的等价有偿原则;其二,采用营利法人、非营利法人及特别法人的功能分类标准,尤其是明确了机关法人、农村集体经济组织法人、基层群众性自治组织法人、城镇或农村的合作经济组织这四类特别法人;其三,正式确认自然人、法人之外的第三类民事主体,并冠以"非法人组织"以区别于以往的"其他组织",以凸显其作为第三类民事主体与法人组织的联系和区别;其四,专章详细列举规定民事权利,在其他法律尚未进行详细规定的情况下,"民事权利"一章中的部分条文可以直接作为裁判依据;其五,单独设章规定代理制度,原则上否定了隐名代理行为对本人的法律效力,并在分类上舍弃了指定代理,仅规定委托代理和法定代理;其六,专章规定民事责任并实际兼具债法总则作用。

《民法总则》强化了对民事权利中尤其是人身权的保护,维护着公有制经济基础并平等保护财产权。《民法总则》于物权、债权、知识产权等其他财产权利之前全面列举人身权,首次规定自然人的人身自由和人格尊严受法律保护。明文确认了自然人享有的隐私权,并赋予个人信息以法律保护。此外,民法典同时也是保障民事主体依法享有民事权利的大宪章。包括自然人、法人和非法人组织在内的所有民事主体的财产权利,都需要平等保护;"财产权利"包括物权,也包括债权、知识产权和其他具有财产性质的权利,不同所有制性质的物权、债权、知识产权等财产权利也受到平等保护。

《民法总则》确认了新型人身财产权益,可以适应信息化社会,同时也传承了优秀传统文化并借鉴了域外有益经验。《民法总则》重视个人信息保护,不仅明确了个人信息受法律保护,而且原则性地规定了针对数据、网络虚拟财产的保护。至于传承我国的优秀文化传统,既能反映在《民法总则》的立法目的中,也体现在民事活动基本原则以及相关制度规范中。此外,《民法总则》还善于吸收国际和其他国家的立法经验,比如有关民事法律行为的规定,吸取了大陆法系民法典的立法成果,有关"好人法"的规定则吸收了英美法的经验,有关诉讼时效的规定吸收了苏俄民法典的立法经验。①

四、笔者评论

《民法总则》的制定,开启了中国全面推进依法治国在民事领域实现“良法善治”的新时期,其颁行与实施既是民众福音,更是国之幸事。对自1949年后68年历经风雨、几经波折的中国法治建设而言,《民法总则》的出台具有重要的现实意义和伟大的时代精神。

1. 凝聚了国家领导集体的政治智慧

《民法总则》作为21世纪中国民法典的开篇之作,引发世人瞩目。它既是党和国家全面推进依法治国、建设法治国家的总体战略的重要组成部分,也是新的历史时期新一届领导集体带领中国坚定走改革开放和市场经济之路,执政为民的一个重要标志。其远见卓识在于,能清晰地意识到走市场经济道路需要国民权利意识的觉醒,权利的彰显会使人民有创造和积累财富的激情,让利于民、藏富于民,自然会推动经济的发展、国家的强盛,同时加快政治文明的进程。国家领导人是把法治意识包含在政治意愿中,加速了这一进程。

2. 表达出我国人民对权利的理性愿望

中国传统的言大于法、以言代法、不重视公权力维护私权利、重刑轻民等思想延续了几千年,而民法典之《民法总则》在法律制度上彰显了这一思想的终结。它体现了我们的人民和全世界的民众一样,一直保持着对权利的理性渴求与热情,用自己对权利孜孜不倦的奋斗和社会主义市场经济的实践实现了对法治的庄严宣誓。

3. 促进着中华民族在现代法治中的成长

《民法总则》和《民法通则》相比,既有传承更有创新借鉴,其进一步彰显了许多微言大义的法治精神,例如私权神圣、权利本位、契约自由、公序良俗、诚实信用等,这在《民法总则》中均以国家新的民事立法形式加以确认,定会极大促进诸如公平、正义、平等、自由、秩序、安全、权利等价值理念中蕴含的法律意识、法治精神和法治权威在民间社会的成长,由此表明法治中国新时代的开启。

① 张鸣起:《〈中华人民共和国民法总则〉的制定》,载《中国法学》2017年第2期。

4. 真正完善了中国法律制度体系

它是中国法律体系建成的重要标志之一。回顾历史，2011 年 3 月，时任全国人大常委会委员长的吴邦国先生提出中国特色社会主义体系已经形成，主要是从宪法统率、法律主干和行政法规、单行法的层次上说的，当时没有民法典，从内容上不够完备。从 1954 年起我国曾四次启动了民法典的起草编纂，但始终是没有出台。此次民法典编纂中《民法总则》的立法推进，是几代法律人共同的理论积淀、思想碰撞、不断实践、智慧凝结、和争取话语的结果。所以，民法典的梦想迈出的第一步，才真正体现了中国法律制度体系的不断完善，这个过程艰辛而伟大。

笔者认为，不可否认，由于《民法总则》诞生在这样一个新时代，面临繁杂的社会问题，编纂难免疏漏，存在些许遗憾。例如，由于总则与分则分而立法，分则内容多元繁复，技术性与科学性要求极高，今后分则规则与总则是否能保持完全严谨的一致，对这个体系化问题如何解决，与总则发生冲突应当如何处理，这些问题令人担忧。又如，对于中国几十万个农村集体经济组织和众多的城镇居民小区的业主大会，对照《民法总则》相关规定，既不符合《民法总则》中自然人条件也不具备法人和非法人组织条件的，其主体地位如何归位，实为缺失；《民法总则》保留了《民法通则》“农村土地承包户”的提法，而没有采用《物权法》“农村土地承包人”的带有重要进步性的提法，是否紧贴现实国情？《民法总则》在这些问题的设计处理上似不够周全。

可以讨论的还有关于《民法总则》和《民法通则》二者的关系问题，《民法通则》已完成了它伟大的历史使命，应当适时废止。可能目前考虑到还有与《民法通则》相关的系列司法解释等司法适用问题，《民法通则》暂未被废止，但两法并行确有很多不合理之处，在适用过程中两者会出现冲突并不易解释。不可否认，《民法通则》彪炳千秋，曾发挥了巨大的历史作用，但从 30 多年来中国市场经济的发展和法治改革的要求来看，已然孱弱，《民法总则》对它的继受已足够，《民法总则》不仅涵括了《民法通则》的内容，并且升华了它，《民法通则》退出历史舞台应是历史的进步。

有关《民法总则》的其他不足以及学者分歧的问题，如学界及实务界对人格权在立法时的安排提出不同主张，即是否单独设立人格权一编。在笔者看来，无论人格权是否单独成编，都当得到充分保护，目前《民法总则》条款对其规范力度还很不够。学者们对于合同编也有不同主张,即是否设立债法编进而设置债法总则,依本人一管之见,设置债法总则很有必要,否则一些问题甚至在概念上都缺乏科学性和逻辑性,很多具体制度,如债的种类、不当得利、无因管理等重要制度都难以规制和设计。①

(本文作者陈小君,广东外语外贸大学云山领军学者、法学教授)

① 陈小君:《民法总则真正完善了中国法律体系》,载《法制周末》2017 年 3 月 21 日。

“依法治国”才能避开塔西佗陷阱

一、入选理由

在2017年中国共产党第十九次全国代表大会的报告中，共出现了19处“依法治国”的字样，在报告的第三章“新时代中国特色社会主义思想和基本方略”中，提到了“坚持全面依法治国，必须把党的领导贯彻落实到依法治国全过程和各方面”，这是法治应有的广度；第六章“健全人民当家作主制度体系，发展社会主义民主政治”中，提到了“深化依法治国实践，各级党组织和全体党员要带头尊法学法守法用法，任何组织和个人都不得有超越宪法法律的特权，绝不允许以言代法、以权压法、逐利违法、徇私枉法”，这是法治应有的深度。

这就要求行政部门在出台各项政策时，不仅要考虑到其大方向上的正确性，更要重视其内容、程序上的合法性，避免出现直接越过法律程序的特权思维。然而，入冬以来，华北部分地区地方政府的一些政策，显然不符合法治社会的价值取向，这些政策直接导致的后果更是令人心寒。

二、事件回顾

这是一个很冷的冬天，对于中国华北大部分地区的老百姓而言。

2017年11月18日，距离党的十九大会议召开的时间过了恰好一个月，北京市大兴区西红门镇新建二村新康东路8号聚福缘公寓发生火灾。据官方统计，这起火灾造成19人遇难，8人受伤。

为了吸取火灾的教训，不让类似的惨剧再度发生。11月20日，北京全市开展为期40天的安全隐患大排查、大清理、大整治专项行动。由于发生火灾的聚福缘公寓，属于典型的生产、生活、仓储“三合一”场所，其中居住的多为外来务工者，且内部采用隔断式群租形式，人员十分密集，存在诸多火灾隐患。因此，此次全市范围内的清理、整顿行动，将加速严查、清退此类违章公寓作为主要任务。

大火发生后，行政部门的雷霆手段在消除了类似建筑中潜在火灾隐患的同

时，也使大批外来人口由于短时间内无法找到安身之所，而流落街头。

“今接到北京市大兴区西红门镇新建地区所有生产、加工和住房及厂房库房全部停产、停业、关闭的通知，请各位租户在2017年11月23日前全部撤离。截至2017年11月23日18时如不搬离腾空，一切物品视同放弃，一切后果损失自行承担。今天起(22日)晚间开始停电停水，夜间不允许人员留宿。如有违反，后果自负。”这份贴遍西红门镇街头巷尾的通知，落款处的日期为11月22日。

在没有任何缓冲期的情况下，一夜之间还来不及寻找落脚点的租户被逐出了容身之所，拖家带口的流落在北京冬季寒风凛冽的街头。紧接着就是快刀斩乱麻般的拆迁，许多来不及带走的细软，按照“一切物品视同放弃”的原则，被扔进了最近的垃圾箱，或者直接被压在了拆迁后的废墟之下。

据了解，此次冬季清理行动，不仅针对大兴区，包括海淀、朝阳、通州、丰台等在内的各区城乡结合部，都在严查违章建设的出租公寓，不符合环保和安全生产要求的小企业也被要求停产，尽快加速迁出北京。受此波及流离失所的人数初步估计约有数十万，造成了北京快递等劳动力密集行业的大面积瘫痪。更有一些白天报道了此事的媒体记者，晚上回到出租屋，发现自己也成了被驱赶的一员。面对政府此举，一些学者甚至提出了违宪的质疑。

与此同时，北京周边的天津、河北、山东等地，在“煤改气”政策推行以来的第一个冬季，受天然气需求猛增，供应不足，导致价格猛涨的影响，部分地方被迫限气或停气，连医院和学校亦不能幸免。

与寒冷形成鲜明对比的是，北京的“天际线”活动却在如火如荼的进行，自12月初开始，北京城内建筑物牌匾无一幸免均被拆除，据说总数在六七千块，而且一些镶嵌在建筑物楼体上的大字，虽然与“天际线”风马牛不相及，亦难逃“厄运”。

三、各方观点

《环球时报》：北京排查整治行动的目的不可能是要赶走这个城市的所谓的“低端人口”，它的目的只有一个，那就是确保城市生产和生活的安全，消除火灾等各种隐患。这是保障人民生命财产安全负责任的行动，是北京现阶段不可缺少的重要一环。然而遗憾的是，一本好经总会有人把它念歪，从互联网上汇集的一些消息看，的确有个别镇村的工作简单粗暴，没有充分考虑治理工作的复杂性，没有认真为群众着想，公众对他们的做法有意见是充分可以理解的。

我们处在一个各项改革紧迫、基层社会矛盾多发的时代，这要求基层的每一级政府、组织和每一名一线工作人员都要认真履行自己的职责，眼睛要多往群众的方向看，要把上一级传达的指示与具体情况相对照，确保工作的积极效果。大兴区个别镇村显然没有做到这样的担当，他们不负责任地搞“一刀切”，造成了负面效果，这对全市正当的排查整治行动抹了黑，也给北京市的工作全局添了乱。①

北大法律信息网：《中共中央关于全面推进依法治国若干重大问题的决定》强调指出，要把公众参与、专家论证、风险评估、合法性审查、集体讨论决定确定为重大行政决策法定程序，确保决策制度科学、程序正当、过程公开、责任明确。本次北京市的“大清理”行动影响不可谓不重大，但却没有经过一个完整的、规范的决策程序。11月18日大兴区发生火灾，19日北京市安全生产委员会即发出了专项行动通知。在短短的一天时间里，完成公众参与、专家论证、风险评估、合法性审查、集体讨论决定五个重要的决策程序，在时间上显然有些仓促。而根据上文的分析，这种仓促作出的行政决策似乎确实面临着一些合法性诘问。②

---

① 《个别村镇的简单做法代表不了北京》，载环球网：http://opinion. huanqiu. com/editorial/2017 - 11/11400353. html，最后访问日期：2018年1月2日。

② 王留一：《北京市“冬季清理行动”的合法性分析》，载北大法律信息网：http://article. chinalawinfo. com/ArticleFullText. aspx？ ArticleId = 102264&listType = 121，最后访问日期：2018年1月3日。

《联合早报》:地方政府往往盲目地将中央的命令摆在首位,没有结合实际情况灵活地处理,而是粗糙又僵化地予以执行,不但没有达到原来的目标,反而可能损害民众的利益。①

清华大学社会学系教授　孙立平:关键的问题就在于运动式运作社会生活的方式:做一件事情,可以有两种最基本的推动方式:一种是依据规则和程序,按部就班地推进。另一种是以运动的方式,大轰大嗡地推进。而这几件事情,之所以导致后来的这些结果,无一不是与其运动式推进方式有关。②

《人民日报》:任何一项公共政策的出台、调适、完善,也都不是一触即发的突然变化,也都有一个深谋远虑、不断调整的过程。无论是推进"煤改气"来治理大气污染,还是借助土地流转激活农村发展,都应持科学、严谨的态度,照应好政策实施的每个环节,充分考虑各方诉求,体现人文关怀。惟其如此,才是真正对政策负责、对老百姓负责。③

澎湃新闻:无论暂缓牌匾广告清理,还是"煤改气"未完工的继续燃煤取暖,都带有政策纠偏性质。纠偏,胜过偏执到底,"暂缓执行"这一行为本身即传递了自我检视的信号,无疑值得肯定。

但是,更应该看到全社会已为这些决策付出了巨大成本。我们更要反思,如果在决策前多一些周全思考,在推进中多一些审慎思维,在民意质疑中多一些自我省思,何至于此?由此引申出一个并不新鲜的话题,如何规避类似教训?

多年来,问政于民、问需于民、问计于民,已成为各级政府决策的重要路径。问政于民的品质如何,直接决定决策是否科学化、民主化。一定程度上说,真正做到问政于民,才能更好地提升政府的依法行政水平。事实上,党的十八届六中全会通过的《关于新形势下党内政治生活的若干准则》也强调"坚持问政于民、问需于民、问计于民"。由此可见,问政于民不只是制度安排,更是硬性规定,成为全社会的价值共识。④

---

① 蔡永伟:《禁煤之寒》,载《联合早报》:https://www.zaobao.com/news/china/story20171207-816787,最后访问日期:2018年1月1日。

② 孙立平:《原因不是操之过急,而是运动式方式》,载搜狐网:http://www.sohu.com/a/210025507_163277,最后访问日期:2018年1月1日。

③ 彭飞:《治理绩效应让位于民生急需》,载《人民日报》2017年12月8日,第5版。

④ 王石川:《从煤改气到拆广告牌:决策初衷再好也要保持执行弹性》,载澎湃新闻网:http://www.thepaper.cn/newsDetail_forward_1901628,最后访问日期:2018年1月3日。

四、笔者评论

以上两个事件，具有两个共同之处：第一，政府的初衷本来都是好的。“煤改气”的初衷是为了治理雾霾；北京拆除“三合一”公寓是出于安全生产考虑，当然地方政府此举也是考虑北京的城市承载力问题；即便为了天际线拆除招牌，让很多人难以理解，但出发点也是为了北京的市容。第二，在解决这些问题时，地方政府都是到了无法再拖延时，才动用了行政权力来快刀斩乱麻，但在程序的合法性上有待商榷。

但不管是出于怎样的初衷，都应该以人为本。习近平总书记在党的十九大报告里面多次提到“人民性”。而今天，习近平总书记之所以提出政府部门要避免掉入公信力缺失的“塔西佗陷阱”，正是因为各级地方政府在处理人民内部矛盾的时候，往往没有站在人民利益的角度去考虑。没有经过正规的法律程序。如果执政党没有带头守法、依法办事，那么其制定的各项方针政策就会丧失公信力。

即便解决问题的初衷是好的，也应该选择理性而有序的方法，逐步完成改革和转型。而不是简单粗暴的以权代法，由此造成极大的社会问题。目前，面对社会各界对地方政府的一些微词，笔者认为只有回到法律上，通过法律途径才有可能获得公众信服，重拾政府公信力。

以上两个事件发生后，在人文关怀上，不乏社会各界的参与。一些社会团体和个人，也实实在在地伸出了援助之手，相关行政机关也在努力提供相应的解决措施。但很遗憾的是，法律界的声音似乎非常微弱。以往有弱势群体遭遇了不公平的对待，经常有律师会站出来免费为其代理诉讼，其他社会法律工作者也多会为其摇旗呐喊，而这一次，这些人却统统缺位了。

在北京冬季清理行动中，被逐出“危房”的人们，手里拿着与房东的租房契约，完全可以通过法律途径追问缘由，如果房东在出租此房时已知道其是一处随时有可能被拆除的违法建筑，在这样的情况下与租客签订租房合同，难道不应该对租客们的流离失所负责吗？

事实上，官司可以一路打上去，大多数“三合一”建筑的房东也并不是事件的最终责任承担者。据澎湃新闻报道，以大兴区为例，20 世纪 90 年代，受城市区域功能定位的影响，大兴通过出租部分集体用地而风风火火办起来的、以城中村三低产业为基底的工业大院，聚集了数十万外来人口，本地村委会和国有企业将自己手头的空闲土地流转，出租给外地商人，建设公寓、厂房，收取地租。这在一段时期内带动了地方经济增长。

2000 年以后,之前十年持续“野蛮生长”的工业大院,此刻进入了高速发展通道。工业大院走向了包地皮—建公寓—多层转租的模式,极端状态下甚至可转七八手,创造了高额的利润。

沿着这样的历史一路追查,笔者发现,2004 年北京市政府就发布过通知,要求在全市范围内撤销 442 个“各类开发区”,其中也包括此次发生火灾的新建村四个队的工业大院在列。但在大兴地方政府 2001 年做的《国民经济和社会发展“十五”计划和到 2010 年规划纲要》中的内容,却与此形成鲜明对比,纲要要求:“因地制宜,在有条件的地方,促进‘工业大院’的发展与壮大。”

这些看似互相冲突的政府文件究竟形成何种程度的约束力,在当年是如何执行的?如果这样的建筑形式当时是被地方政府允许的,那么此次突如其来的清理行动,就明显带有了地方政府翻脸不认账的成分在里面。既然这些行政部门撕毁了与当地建筑所有人的契约,那么房东作为被租客追责的建筑所有人,自然也可以通过行政诉讼的方式向当年批准他们建设“工业大院”的部门追责。

按照依法治国的理念,这样的问题本应该可以通过法律途径,一路畅通地一追到底,这样将问题暴露在阳光之下,才能够彻底地解决问题。

在华北地区“煤改气”的问题上,我们同样可以看到部分行政机关以权践法的痕迹。“卖煤就抓人,冒烟就拆房”,原来的契约、合同、有关部门允许的批文统统不算数,这就是权力对规则和秩序的公然破坏,这种不当的行政行为也应该通过相关的行政诉讼法予以纠正。

在拆除牌匾事件当中,即便政府决策正确,也不应该就此忽略程序的正确性。这些牌匾当初也是经过合法审批建立的,现在由于政策变更,为了“天际线”要将其拆除,自然要通过法律途径,讨论行政赔偿问题。而且所谓的“天际线”问题,并不具有亟待完成的紧迫性,完全可以按照正常的程序来进行,而不是采用这种“运动式”的做法。

当然,在海量的信息中,笔者也看到了部分从行政法角度讨论政府行为是否适当的文章。但老百姓的人权、物权这些最基础的权利,却鲜少有人提及。执笔此文,正逢我国第四个宪法日,有关宪法的话题日渐升温,然而,在我们的社会日常中,在行政执法过程中,宪法精神却往往被忽略。

依法治国首先强调“依宪治国”,宪法是尊重和保障人的尊严的最高法。所谓人的尊严,主要指“独立而不可侵犯的地位或身份”,在宪法上就直接解释为人的基本权利。如果一个人的财产可以随意被掠夺,他的自由可以随意被侵犯,他在共同体中总是"低人一等",这个人就没有尊严可言。真正的尊严在于人的诸项权利如平等、自由、安全、财产等,都得到尊重和保障。宪法就是尊重和保障人的尊严的最高法,通过对作为主体的人的基本权利进行预设,宪法为人营造出一个公共空间,让我们能够尊严地生活。

遵照着这个主旨,读懂法律真正要保护的是什么,行政机关才能在制定具体的方针政策时不跑偏,不对上位法的规定进行曲解或阳奉阴违,不在最冷的冬天以雷霆手段捣毁数十万人的栖身之所,不将来不及带走的私人财产"视同放弃"抛掷于路旁,不拿所谓的"雷霆手段"用来对付被冻得瑟瑟发抖的燃煤之人,不再为了一朝亮出天际线,而使千千万万人迷失方向。

（本文作者曹景行,资深媒体人;
王若翰,华东政法大学法制新闻研究中心副秘书长）

新媒体被纳入管理,舆论场乱象能否有效遏制?

一、入选理由

2017 年 5 月 2 日,国家互联网信息办公室(以下简称网信办)发布新的《互联网新闻信息服务管理规定》(以下简称《管理规定》),明确了互联网新闻信息服务的许可、运行、监督检查、法律责任等,并将各类新媒体纳入管理范畴。这是国家对新媒体近两年来出现的乱象施以更严的"紧箍咒"。此前,2005 年施行的《互联网新闻信息服务管理规定》已经与当前互联网技术及应用的快速发展不相适应,微博、微信、客户端等出现和普及,改变了原规定主要立足于"门户网站"时代的制定背景。

而最近两年为数不少的微信公众号、微博等即时通信工具因发布涉赌博、诈骗等违法信息,传播淫秽色情内容,不具备登载时政新闻资质违规登载时政新闻等,被国家相关部门依法关停。新版的《管理规定》将各类新媒体纳入管理范畴后,能否约束新媒体的野蛮生长,随着信息技术的快速发展,这个"紧箍咒"能否产生持续的威慑力,还须拭目以待。

二、事件回顾

从2015年到2017年，在国家网信办及各省市网信办的执法查处下，许多违规的网站、频道（栏目）、微信公众号被依法关闭。新媒体领域里的"整肃"行动，在一定程度上给许多新媒体人敲响了警钟——玩新媒体可以，但不能乱来。

2015年1月13日，国家网信办首次集中公布，共有50家网站、频道（栏目）以及微信公众号被依法关闭，包括24家网站、9个网站频道（栏目）和17个微信公众号。被关闭的原因是，上述网站及公众号假冒党政机关或媒体发布虚假信息，发布涉赌博、诈骗等违法信息，传播淫秽色情内容，不具备登载时政新闻资质违规登载时政新闻等。

2015年8月11日，湖南省网信办依法关停3家微信公众号，这些微信公众号有的未经批准发布、转载时政类新闻，有的冒名进行虚假认证，多次传播恶性谣言和色情低俗信息等。

2016年1月7日，新疆网信办关停一使用"恶意标题"的微信公众平台。该微信公众平台"直播交通"在2016年1月5日发布了一篇关于乌鲁木齐市南郊发生一起交通事故的电视新闻预告，内容为"乌市南郊发生交通事故，致22只羊死亡，5只羊受伤"，标题却是《【预告】乌市南郊出大事了——22死5伤》。由于新闻标题与实际内容严重不符，有网民对该平台进行了举报。

2016年9月6日，上海市网信办依法处理了18个发布不实传闻的违规微信公众号。上海市网信办称，"直击上海楼市"等18个微信公众号散布谣言，传播所谓"上海9月1日将出台房产新政"等不实信息，扰乱社会经济秩序和互联网信息传播秩序，社会影响恶劣。一个月后，也就是2016年10月8日，上海市网信办又依法处理10个违规微信公众号，其中9个关闭1个整改。这10个微信公众号不具备相关资质发布时政类新闻，散布低俗虚假信息，扰乱互联网信息传播秩序，社会影响恶劣。

2016年12月初，山东省网信办依法关停"沂水商讯""掌上东营""大城阳"等16个违法违规微信公众号。有的微信公众号制作雷人标题，制造耸人听闻事件，传播谣言，有的传播淫秽色情信息，有的转发各类车祸现场、凶杀现场、遇害尸体等血腥惊悚视频和图片，散布暴力、凶杀、恐怖信息。

2017年7月初，宁夏网信办依法对"宁医大微生活"等6个微信公众号作关闭处置。理由是这些微信公众号有的为吸引网友眼球，博取点击量，刻意制作低俗标题;有的违规发布不实信息,将外地信息简单更换地名,包装成宁夏信息发布,传播骇人听闻的事件;有的传播淫秽色情信息、图片、动图,内容低级下流,有损青少年身心健康。

网信办关停的,主要涉及散布谣言,制作雷人标题,制造耸人听闻事件,吸引网友眼球,有的则是集中涉及某一领域的信息,比如上海市网信办集中依法关停18个传播不实房产信息的微信公众号。

在依法处理一批新媒体后,实施已有12年的《互联网新闻信息服务管理规定》,在2017年5月2日终于迎来了大修,给今后依法处理违规新媒体提供了法规支持。

新修订的《管理规定》第5条提出,通过互联网站、应用程序、论坛、博客、微博客、公众号、即时通信工具、网络直播等形式向社会公众提供互联网新闻信息服务,应当取得互联网新闻信息服务许可,禁止未经许可或超越许可范围开展互联网新闻信息服务活动。

规定同时明确,未经许可或超越许可范围开展互联网新闻信息服务活动的,由国家和省、自治区、直辖市互联网信息办公室依据职责责令停止相关服务活动,处一万元以上三万元以下罚款。

根据《管理规定》,互联网新闻信息服务提供者转载新闻信息,应当转载中央新闻单位或省、自治区、直辖市直属新闻单位等国家规定范围内的单位发布的新闻信息,注明新闻信息来源、原作者、原标题、编辑真实姓名等,不得歪曲、篡改标题原意和新闻信息内容,并保证新闻信息来源可追溯。

《管理规定》还要求,互联网新闻信息服务提供者应当设立总编辑,总编辑对互联网新闻信息内容负总责。互联网新闻信息服务相关从业人员应当依法取得相应资质,接受专业培训、考核。互联网新闻信息服务相关从业人员从事新闻采编活动,应当具备新闻采编人员职业资格,持有国家新闻出版广电总局统一颁发的新闻记者证。

三、各方观点

人人都是产品经理专栏作家、互联网观察员　艾瑞克:原创、聚合和抄袭,成为眼下自媒体的三个选择,原创者该受到尊敬,聚合者也付出了自己的努力,唯独抄袭不管到了什么时候,都是该受到谴责的。

互联网给了我们一个最好的时代,让我们可以自由地发表自己的意见,但是我们绝不能亲手将之变成最坏的时代。每一个自媒体人，都该有专业的媒体精神，你可以没有原创内容，可以作为一个聚合者，做各种精选，头条类产品，但是绝不可以沦为抄袭者。①

中国文字著作权协会总干事　张洪波：近年来一些微信公号等新媒体转载成风，引发的侵权纠纷不断。而针对网络非法转载，必须一手施以重锤，加大行政处罚和司法审判治理力度，另一手鼓励集体管理组织与广大媒体等市场主体建立网络转载及时备案、网络转载稿酬转付和纠纷调处服务平台，如此，才能逐步规范网络转载版权法律秩序。②

入驻搜狐号作者　任涛：新媒体带给我们、带给社会的挑战就在眼前，已避无可避！这一看似复杂的论题解决之道却尤为简单，只有肃清这样一批无资质、专业性差、职业操守缺失、法律意识淡薄的伪媒体个人，同时让大众充分意识到法律才是自由和秩序最好的守护者，才能在当前这样一个技术驱动媒介突飞猛进的时代里安然地走下去。只有政府、民众携起手来，遵循法制轨道前行的同时擦亮双眼，让法律的进步和完善与媒体产业发展同步，才能为整个社会带来真正的信息传播自由，才能让类似的负面乱象彻底失去生存的土壤，才能保证信息传播活动与整个社会利益最大化保持高度一致，巩卫社会进步发展的果实！

国家网信办：标题党，从有媒体的那一天就存在。随着移动互联网技术的快速发展、媒体形式和传播方式的不断创新，标题党拥有了更广阔的发挥空间。他们活跃在互联网上，利用各种所谓颇具“创意”的标题“挂羊头卖狗肉”，利用网友的猎奇心理，博取浏览量。

综观目前微博、微信朋友圈中所传播的一些信息，文不对题、低俗暴力、夸张惊悚、故弄玄虚以及无底线的悬疑已经成为某些传播者制作标题的几大法宝。看似夸大、调侃或无厘头的手法，背后其实隐藏着巨大的商业利益。互联网时代，“注意力本身就是财富”，微博、微信通过吸引粉丝、提高流量以及高频率的转发，换取的是商家的青睐和数额不菲的广告收入。③

---

① 艾瑞克：《从互联网下的烂白菜法则，看自媒体野蛮生长的种种乱象》，载人人都是产品经理网：http://www.woshipm.com/it/147358.html，最后访问日期：2017 年 12 月 30 日。

② 张洪波：《打击新媒体非法转载需怎样的重锤》，载人民网：http://media.people.com.cn/n/2015/0427/c192370-26912536.html，最后访问日期：2017 年 12 月 30 日。

③ 徐可：《“标题党”“图片党”该收手了》，载中国网信网：http://www.cac.gov.cn/2015-10/09/c_1116764701.htm，最后访问日期：2017 年 12 月 29 日。

腾讯网:在我们看来,谣言已经成为影响社会发展的毒瘤,生活、工作的方方面面都在被它侵透,互联网也不例外。但是微信,以及整个腾讯,都绝对不会坐视、放任这颗毒瘤的侵蚀,否则不仅会影响用户的信任度,也会对整个平台产生负面影响。我们将在相关信息被权威机构判定不实或者接到用户举报并核实举报内容属实后,积极提供协助阻断这些信息的进一步传播。在此,我们也呼吁大家遵守相关法律法规,尊重社会公众道德底线,不造谣、不传谣、不信谣,共同建设健康、安全的网络环境。①

四、笔者观点

国家和各省市网信办依法关停一批违规微信公众号及网站、频道,是显而易见的"是与非"问题,理当严厉打击,形成风清气正的良好社会氛围,在此不作过多的赘述。笔者要说的是,还有一些新媒体可能不涉及散步谣言,也不涉及制造耸人听闻事件,但它也违反了职业底线,通过自身的传播力,误导公众,制造负面情绪,给社会舆论带来了不良影响,甚至灾难性影响,这样的自媒体也应该纳入监管的范围。

2017 年年末有两个公共事件形成社会热点,一个是上海携程亲子园虐童案以及紧随其后发生的北京红黄蓝虐童案;另一个是江歌被杀案,这两个热点有个共同特点是,都有包括自媒体在内的广大新媒体广泛参与,并在一定程度上由新媒体为主导,迅速在网络上形成一股"飓风"。

2017 年 11 月 8 日,上海长宁区携程亲子园人员惩罚和推打托管儿童的多段视频在网上流传,引爆了舆论。根据人民网新媒体智库对网络舆论场进行统计,8 日,讨论主要集中在微博,媒体报道多为对网友爆料事件的客观描述;9 日,微博舆论场热度继续升温。一波未平,一波又起。11 月 22 日,朝阳区管庄红黄蓝幼儿园也曝出虐童事件,再次形成舆论热点。

2017 年 12 月 20 日,江歌被杀一案,在日本东京地方裁判所当庭宣判,法院以故意杀人罪和恐吓罪判处被告人陈世峰有期徒刑 20 年。此案在案发时形成一波热潮之后,在宣判当天又形成社会关注焦点,而热衷于蹭热点的许多新媒体始终参与其中。

① 《微信回应网信办规定:建三大系统抵制谣言》,载电子商务研究中心:http://b2b.toocle.com/detail--6190013.html,最后访问日期:2017 年 12 月 30 日。

许多人把上述两大热点视为新媒体的“狂欢”，因为高点击量带来高关注度，进而带来高收益。有的新媒体人感叹，“江歌案也好，携程虐童也好，庆幸我们活在这个有自媒体的时代”，甚至说“我们往往会看到每一个热点，每一篇爆文之后，总会又有另一个截然不同的观点打脸般的诞出。太多人写，太多人骂，那就不如昧着良心反过来写，反正大家想得到的不过是单纯的情绪发泄罢了”。这样的心态，怎么能对社会舆论形成正面引导作用?！事实上，公众的情绪也正是在各类媒体的引领下反复反转，导致真相扑朔迷离，最终形成舆论一度失控。

诚然，我们确实应该庆幸生活在媒体多样化的时代，“百舸争流，万类霜天竞自由”，各类媒体的百家争鸣，让我们对某些公共事件获得客观的认识，也让我们有对多样化的观点作出选择和比较的可能，更让一些事实的真相获得了更多渠道的曝光。但是，纯粹“昧着良心”迎合公众的负面情绪，点燃公众的怒火，不利于建设一个有秩序的干净的社会。

在“江歌案”中，笔者注意到，许多有影响力的自媒体大V一下子跳到了“前台”，对尚未作出判决的江歌被杀一案作出舆论的审判。比如，拥粉千万的自媒体公号“咪蒙”在文章中称，江歌被害之后，刘某和她全家内心“没有一丝愧疚”，“没有一次反思”；又比如，“咪蒙”在自己的文章里说，“在日本，只要死刑请愿人数达到33万人，日本法院就有很大程度会判这个犯罪嫌疑人死刑”。而作者这一描述，已很明显地将倾向性观点强加给公众，试图引导舆论往凶手该判处死刑这一方向发展。

相对于“咪蒙”这一自媒体，传统媒体对于“江歌案”始终保持着应有的理性，一些媒体对自媒体毫无底线煽风点火的行为提出了严厉的批评，并呼吁监管部门对相关自媒体进行监管。但让人有些尴尬的是，在自媒体一片“喊杀”声中，始终严守新闻底线的传统媒体发出的理性声音被湮没了。一些自媒体大V在传播的影响力上，反而超出部分传统媒体，他们知道公众朴素的愿望是什么，并迎合这个愿望表达自己的“一己之见”，而这“一己之见”很有可能和当前法治理念、主流观点并不重合。这一案件经过自媒体平台的发酵，最终形成难以遏制的舆情。

无论是“虐童案”还是“江歌案”，我们注意到，包括广播电视、官办网络、官办新媒体在内的传统媒体对事件的发展以及观点的引导，都起到了正面引导的作用，在乱哄哄的舆论场上，形成了一股难得的“清流”，这是因为体制内的媒体人员具有正规的媒体素养，拥有职业底线和界线，他们一旦违规，会受到职业道德的拷问和相关部门的约束。

另外，部分新媒体出于生存的压力，屡屡突破良知底线，往往声称自己站在道德的制高点上，对某些公共事件“墙倒众人推”，在措辞上无所不用其极。这样的新媒体，往往游离于相关部门的管控之外。等到舆论发酵甚至失控之后，相关部门再施以“杀手锏”，其实已经晚了，风暴已经形成，再让它返回风平浪静，其实已经回天乏术。

所以我们的舆论场往往形成这样一个怪圈：传统媒体永远遵守着自己的职业准则，始终处在相关部门的管控之内，让相关部门相对比较放心；而新媒体则完全不受任何约束“兴风作浪”，相关部门作出的滞后管控只能是“头痛医头，脚痛医脚”，哪里失火就跑到哪里救火。

这次新修订的《管理规定》将互联网站、应用程序、论坛、博客、微博客、公众号、即时通信工具、网络直播等全部纳入管理，禁止未经许可或超越许可范围开展互联网新闻信息服务活动。这意味着新媒体不再是新闻的“自由王国”，想说什么就说什么，网络上“负面思维”“反智倾向”“审丑情趣”“拜金主义”等令人堪忧的情况必须得到有效规制。另外，新规规定，互联网新闻信息服务提供者应当转载“国家规定范围内的单位发布的信息”，“不得歪曲、篡改标题原意和新闻信息内容”，无疑对新媒体发布不当导向的新闻信息亮明了法规红线。

在执法上，以往新媒体一旦违规，我们看到更多的是相关部门对违规新媒体予以依法关停，而新规明确，“未经许可或超越许可范围开展互联网新闻信息服务活动的，由国家和省、自治区、直辖市互联网信息办公室依据职责责令停止相关服务活动，处一万元以上三万元以下罚款”。业内人士认为，和形成恶劣影响的社会舆论相比，这样的处罚标准可能有些低，不足以震慑玩“刀尖上跳舞”的新媒体们。而事实上，这个新规从实施至今已有大半年，目前还没有看到有哪家新媒体成为新规的“磨刀石”，还没看到司法机构对某些违规的新媒体作出司法上的裁决。新规究竟能产生多大的震慑力还须拭目以待。

（本文作者刘海，《上海法治报》新闻部主任）

从网络传播色情角度综观网络犯罪

一、入选理由

互联网运用的日益广泛与快速普及促进了社会各方面的发展，互联网革命取得一系列成就：QQ、微信、支付宝、云盘以及直播APP，然而这些科技却被不法分子利用，为其犯罪创造了新空间。对互联网的监管处于缺位状态，加上互联网法律的不完善，导致网络犯罪滋生。跟传统犯罪相比，网络犯罪具有传播速度快、范围广、隐蔽性强、取证困难的特点，因此犯罪分子纷纷开辟网络平台进行犯罪活动，给侦查工作带来巨大的挑战，这同时也加剧了传统犯罪的网络化。以网络作为支撑，传播色情违法犯罪案件就是网络违法犯罪种类之一，这种犯罪具有多变性、常态性、易轻略性。通过剖析此类案件，将促进我们对其他利用网络对社会进行危害的认知，对如何认识我国刑法“罪刑法定”原则、如何评判刑诉之法律滞后性、如何归结对我国法则根本属性的认知有重大意义。

综观各种网络犯罪，其侵害的都是我国法律所保护的各种社会关系，较之传统犯罪，网络犯罪实施犯罪的目的和结果没有改变，变的只是犯罪手段与方式，利用互联网技术的犯罪手段是否模糊犯罪的边界、是否有必要将网络犯罪作为新型犯罪单独立法量刑与传统加以区别，都有待商榷探讨。

二、事件回顾

种类一：以微信、QQ群为平台贩卖、传播淫秽物品牟利

1. 浙江台州陈某翚等人微信传播淫秽物品牟利案：2017年2月，浙江省台州市路桥区人民法院以传播淫秽物品牟利罪依法判决被告人陈某翚有期徒刑2年，缓刑3年，并处罚金5万元；分别判决姚某、吴某、王某等有期徒刑1年至1年6个月，并处罚金5000元至1万元。2015年8月以来，陈某翚等人通过购买微信号，添加微信群，使用相关软件自动向微信群内发送含有淫秽小说及照片的广告链接，每天向上千微信群发送广告链接，平均日点击量几千余次，获

利上万元。

2. 江苏徐州“中国夜莺”QQ 群传播淫秽物品案:2017 年 3 月,江苏省徐州市贾汪区人民法院判决主犯黄某有期徒刑 3 年,并处罚金 2 万元,其他 10 名案犯分别被判处有期徒刑并处罚金。经查,黄某等人在互联网上组建“中国夜莺”QQ 群,利用 QQ 群内视频直播功能,组织人员进行网络淫秽表演,每时段同时在线观看人员达 400 余人。该团伙先后在网上组织淫秽表演 60 多次,涉案金额 10 余万元。

种类二:通过将 QQ 中的淫秽物品存入移动硬盘进行贩卖、传播淫秽物品牟利

浙江义乌张某某等人贩卖淫秽物品牟利案:义乌市“扫黄打非”部门接举报反映赤岸镇某市场旁有人贩卖淫秽视频。经查,有多处市场摊位、夜市、手机店内等人员密集场所存在公开售卖现象,价格为 1 元 1 部。犯罪嫌疑人用于售卖的淫秽视频均来自同一个 QQ 群内,线上交易后再将存有淫秽视频的硬盘寄至义乌市,在市内多个人员密集场所向不特定人群售卖,销售范围主要为青少年及外地农民工。目前,公安机关已抓获张某某等 7 名犯罪嫌疑人,查获淫秽视频 5 万余部,案件在进一步办理中。

种类三:通过直播 APP、视频网站制作、贩卖、传播淫秽物品牟利

2017 年 1 月,北京市文化执法总队接到群众举报,称“夜魅社区”平台存在色情表演等违法行为,要求行政机关予以查处。接到群众举报后,市文化执法总队会同朝阳区公安分局网安大队,迅速组织执法人员对北京久通在线科技发展有限责任公司经营的手机 APP 客户端“夜魅社区”进行执法检查。2017 年 2 月初,执法人员查明该涉案单位实际经营地位于海淀区北太平庄路一小区出租房内,查实多名主播在从事网络直播表演中含有违禁内容,涉案金额巨大。同年 2 月 17 日,北京市执法机关依法责令该平台关闭。目前案件正在进一步调查中,对情节严重的涉案主播将依法追究刑事责任,对相关责任单位将进行行政处罚。据了解,这是北京市因涉黄关闭的首个网络直播平台。

三、各方观点

华东政法大学教授、博士研究生导师　刘宪权:网络犯罪类型之传统划分,或从网络犯罪纵向发展维度出发,或从其所侵害的法益出发,它们均仅停留于认知阶段,不能为网络犯罪的刑法规制提供更具方向性、针对性的思路。重新划分

网络犯罪类型应注重以传统犯罪为参照标准,将网络犯罪分为与传统犯罪本质无异的犯罪、较传统犯罪呈危害“量变”的犯罪、较传统犯罪呈危害“质变”的犯罪三个类别。“该宽则宽”“该严则严”“分而治之”是网络时代下最为妥适的刑法理念。对网络犯罪一律从严、从重、从早打击的观念似有不妥,应予纠正。

刑法规范及其理念是社会与时代的产物,对其所展开的研究离不开我们对所处社会及时代的明察与洞悉。网络时代下,不但几乎所有的传统犯罪皆可利用信息网络实施,并且那些仅能发生于网络上的犯罪也开始出现。网络平台、网络空间与犯罪的勾连也愈加多元而复杂,新问题层出不穷。不仅在中国,世界各国的刑法学界也都正遭遇着有关网络时代下刑法应对的难题,“网络化和电子化交流已经深入到我们生活和日常工作的方方面面……但现在许多现行法和将来法的问题几乎还不清楚”,由此愈加凸显出用以指导刑事立法与司法的刑法理念问题的重要性与紧迫性。①

中国政法大学刑事司法学院讲师、网络法研究中心研究员　于冲:伴随网络犯罪的日渐多发和变异,我国网络犯罪罪名体系逐渐细腻化和精致化,从 1997 年刑法“两点一面”式立法到《刑法修正案(九)草案》,完成了多次的转型和罪名扩充,形成了逐渐严密的网络犯罪罪名体系。但是,由于网络犯罪的极速变异性,使得刑法立法普遍存在滞后与不足。随着网络安全保护力度的增强,网络犯罪罪名体系将继续充实和完善,并在罪名设置上逐步由“系统思维”转向“网络

① 刘宪政:《网络犯罪的刑法对应新理念》,载《政治与法律》2016 年第 9 期。

思维”,在安全防护上由“数据思维”转向“空间思维”,逐渐与网络犯罪的时代变迁相契合。

回顾网络犯罪的立法历程,我国刑法的立法指向以增设罪名来应对网络犯罪的反应模式为主,在以网络为工具、为对象的网络犯罪初期阶段,通过单行刑法、立法解释补充罪名体系,不失为一条较为可选的路径,也对严密法网具有积极意义。但是,随着近年来网络犯罪的逐渐高发,单靠增设新罪名的方式来回应网络犯罪显得捉襟见肘。尤其在当前信息技术迅猛发展、网络犯罪急速变异的背景下,我国已有的网络犯罪罪名体系和刑法反应模式已经开始暴露出其自身的问题,迫切需要进一步的完善与转型。①

最高人民检察院法律政策研究室　吴孟栓:网络犯罪是随着信息技术的发展而出现的新型犯罪。它将计算机信息系统、互联网作为侵害对象或者犯罪工具,既包括侵入、危害计算机信息系统的新型犯罪,也包括传统犯罪在互联网上的新型表现形式。

与其他类型犯罪相比,网络犯罪有其独特之处:一是多数由多个环节构成并形成利益链条。信息网络技术的特点决定一个网络犯罪行为的实施,需要网站建设、广告推广、资金流转、技术支持等多个环节才能完成,而一个技术环节又能同时为大量的其他犯罪活动提供帮助。这些缺乏共同的犯罪故意和目的的不同环节之间形成错综复杂的关系,大大降低了作案技术门槛,导致网络犯罪进一步泛滥。比如,网购木马诈骗犯罪团伙包括“写马”“免杀”、洗钱以及实施诈骗的人员,其中任何一个中间环节都会给大量不同的诈骗团伙提供犯罪所需要的技术支持。二是跨地域组织和针对不特定人实施犯罪。一方面,借助网络跨地域性组织不特定人共同实施网络攻击、网络赌博等犯罪活动;另一方面,借助网络跨地域性针对不特定人实施诈骗、敲诈勒索等犯罪活动,以积少成多的方式牟取暴利。三是技术性、隐蔽性强。很多传统犯罪与信息网络技术相结合,形成新型的技术型犯罪。如通过盗窃 QQ 号后欺骗被盗者好友汇款、通过盗窃银行账户窃取资金,虽然本质上仍属于诈骗和盗窃的范畴,但其作案技术性特征更加明显。由于此类犯罪借助互联网实施,容易通过加密、代理等措施隐蔽犯罪事实、

① 于冲:《网络犯罪罪名体系的立法完善与发展思路——从 97 年刑法到《刑法修正案(九)草案》,载《中国政法大学学报》2015 年第 4 期。

隐蔽身份，侦查难度进一步加大。[①]

四、笔者评论

以网络传播色情案件在日常生活中愈演愈烈，比起其他借助网络跨地域针对不特定人实施诈骗、敲诈勒索，实施网络攻击、网络赌博等违法犯罪更具普遍性。除了其具有传播速度快、范围广、隐蔽性强等特点，凸显的主要原因在于它介于犯罪与非罪之间，法律上的可罚性有时不足以起到威慑作用，加上受西方世界淫欲享乐理念的影响，此类犯罪违法者所实施的各种网络色情传播以及牟利的行径在社会上有一定的市场。随着新闻媒体对此类案件的大量曝光，我们可以知道利用网络实施犯罪早已不是个案，此类案件能帮助我们厘清网络犯罪与传统犯罪。

笔者认为，法治新闻的价值在于新闻效应让法律及制度建设更具透明，当犯罪通过网络技术来显现时，往往是让人们感到其与传统犯罪有很大差别，这就产生了传统犯罪与网络新型犯罪之别。其实，万变不离其宗，各形态的犯罪及其种类所侵犯的各层面社会关系没有变，只能讲新型的网络犯罪是实施犯罪的手段与方式不同于以往犯罪的传统手段和方式，它可能产生现行法的覆盖面问题如地域性、跨国性、客体性，继而又使我们感到法律的滞后性。但这些都是相对的，如同人类患病，新型疾病产生后，才有新的治疗手段跟进。

随着网络犯罪成为舆情关注的焦点，各行权威人士对此有诸多评论，我们对网络犯罪所具有的成本低、空间大、技术性强、复杂性等特点已达成共识，但是否将网络犯罪整体地视为客体性的罪名罪状，似有意但偏颇。近期，中国互联网立法呈井喷之势，国家和地方政府纷纷出台了各个领域的法律法规，这使我们感到网络安全的急迫性，因为互联网是现代社会建设的手段保障，绝不能用犯罪来侵害。

2014年5月4日，最高人民法院、最高人民检察院、公安部发布《关于办理网络犯罪案件适用刑事诉讼程序若干问题的意见》，将网络犯罪定义为主要犯罪行为在网络上实施的犯罪，从而将未在网络上实施主要犯罪行为而只是因上网诱发的犯罪排除在外。笔者认为，这是司法解释在网络安全受到侵害缺乏刑法典修正条件下的应急举措。网络犯罪类型的分化以及网络犯罪复杂多样性应与刑法法定刑相联系，立法与政府有关部门做好法律法规健全工作，制定网络犯罪

---

① 吴孟栓：《最高人民法院、最高人民检察院、公安部〈关于办理网络犯罪案件适用刑事诉讼程序若干问题的意见〉明晰诉讼程序依法惩治网络犯罪》，载《检察日报》2014年7月7日，第3版。

的具体规定,充分发挥司法解释的现实作用,支撑公安部门打击网络犯罪。因此,当前我国急需完善相关法律,对突出的网络犯罪形成强大的威慑作用从而发挥更好的防控效果,同时提高政府监管部门互联网技术水平和能力,做好应对网络空间高技术水平犯罪的准备。

第一,适当扩大网络犯罪的范围。相比利用网络实行犯罪行为独有的便利性而言,当前网络犯罪刑法规制、司法解释则显得过于局限,建议扩大网络犯罪的范围。对一些利用网络实施的传统犯罪行为,应当结合现有的司法解释,将相关司法解释中的合理部分纳入刑法的正式条文中,适当扩大刑法的规制范围,这与刑法的谦抑性并不矛盾。

第二,对网络犯罪适当进行从严量刑。当前对网络犯罪的量刑,普遍存在过轻的情况。有必要根据具体网络犯罪对社会的实际危害程度,对行为人采取适当从严量刑的立法措施。一方面,对以网络作为直接犯罪对象的犯罪行为,适当增加其最高量刑。另一方面,对于通过网络实施的传统犯罪行为,如煽动罪和诽谤罪等,建议适当加重对其量刑,使其同网络犯罪的社会危害性相适应,才能使刑法对网络犯罪起到有效遏制。

第三,加强技术防范手段。网络犯罪刑事规制中存在的网络追踪技术落后的问题,只能通过加强网络犯罪的技术防范手段予以解决。例如锁定网络 IP,就一般的网络犯罪来说,由于 IP 地址的特点是唯一的,用户计算机网络可以与期望目标精确匹配,这也成为研究者对互联网信息源进行追踪的重要手段。调查人员还可以解析和跟踪 IP 地址。如果 IP 可以与用户关联,甚至可以获得刑事证明文本、图片,甚至视频等完整的证据链,为案件的解决提供了很多线索。

第四,实行网络实名制。当前"身份证号码查询系统"是各领域在认证身份信息时普遍应用的系统,但网络领域对网民身份信息的要求具有特殊性且范围更加广泛。因此,要努力提高网络运营者的技术水平,实现"身份认证系统"与网站后台数据库的有效衔接。互联网最大特征就在于"匿名",然而伴随着互联网高速的发展,"匿名"的弊端正在逐渐显现。例如,"匿名"让假银行网站骗取账号密码、黑客木马、盗取虚拟货币、入侵电脑肆意销毁等。网络实名制的实施无疑可以让这些人对违反道德甚至法律的行为产生顾虑,限制他们的行为。

(本文作者闵晓方,浦东公安分局警官)

(感谢李飞对本文的帮助)

个人信息保护　立法更要加强

一、入选理由

随着信息化社会的到来,个人信息保护的重要性日益凸显,通过窃取公民的个人信息获得非法经济利益的现象频频发生,其背后的黑色产业链也已初现其形,当下保障每位公民的个人信息安全迫在眉睫。《民法总则》第 111 条规定,自然人的个人信息受法律保护。任何组织和个人需要获取他人个人信息的,应当依法取得并确保信息安全,不得非法收集、使用、加工、传输他人个人信息,不得非法买卖、提供或者公开他人个人信息。这条法规的出台为我国的个人信息保护指明了新的道路。

二、事件回顾

(一)上海 20 多万条新生儿信息遭泄露

2014 年年初至 2016 年 7 月,韩某在利欲驱动下,利用其工作便利登入上海疾控中心系统内查询新生婴儿信息并下载于电脑中,窃取中心每月更新的全市新生婴儿信息,每半个月向张某的个人邮箱发送一次,每次 5000 多条,每个月 1 万余条左右,并通过张某之手,将上述信息转卖给专做婴幼儿保健品生意的女子范某,并由范某出售给同行女子李某、黄某等人。审理查明,韩某、张某、范某共非法获取新生婴儿信息共计 20 余万条。

2015 年至 2016 年 7 月,范某向曾任职于某公司主管婴幼儿保健品业务的女子李某出售上海新生婴儿信息共计 20 万余条,李某又将上述信息提供给经营婴幼儿保健品生意的某公司负责人王某、黄某,并从中获利。

法院审理后对参与窃取、出售、收买的韩某、张某等 8 名被告,分别判处有期徒刑二年三个月至七个月不等;罚金 5000 元至 2000 元不等。①

---

① 郭娜、富心振:《20 多万条新生儿信息遭泄　沪 2 名原疾控中心工作人员获刑》,载东方网:http://sh.eastday.com/m/20170213/u1a12708397.html,最后访问日期:2017 年 12 月 27 日。

（二）山东枣庄警方侦破"3·12"特大网络侵犯公民个人信息案

2017年3月中旬，枣庄市公安局网警支队接到群众举报称穆某某在网上公开贩卖公民个人信息，随即指派滕州市公安局开展侦查工作，将穆某某抓获归案，经过对穆某某讯问，民警发现手机定位、银行余额、航班乘坐记录、个人征信、美团、购物等各类公民个人信息都可以进行出售买卖。而这些被公然叫卖的信息与当事人的真实信息匹配度极高。

滕州市公安局专案组初步查明：犯罪嫌疑人穆某某、吴某某、刘某某等人通过在QQ群、微信朋友圈发布出售手机定位、银行余额、航班乘坐记录、个人征信等各类公民个人信息广告的方式寻找客户，接单后通过微信向多名信息源头购买信息后加价出售，每条信息10元、50元、200元价格不等，非法获利5000元至20余万元。专案组民警进一步以倒卖信息的"中间商"穆某某为突破口深入调查，穆某某的"上线"某通信公司经理吴某、机票经销代理商王某两大行业"内鬼"就此出现。山东枣庄警方最终抓获犯罪嫌疑人28名，其中社会行业信息泄露源头12人，包括通信公司经理、机票经销代理商以及多名银行员工。①

（三）武汉警方成功截获2600万条个人信息

2017年4月，武汉市公安局青山区分局接到线索称有人利用QQ号在网上非法贩卖公民个人信息。民警通过排查锁定多名犯罪嫌疑人，历时两个多月，侦破多起贩卖个人信息案，共查获公民个人信息超过2600万条，刘某、何某等5人落网。

2017年7月，通过分析犯罪嫌疑人的交易记录，幕后"大买家"进入警方视线。这些人以每条几分钱的价格，从犯罪嫌疑人手中购买大量的个人数据，如犯罪嫌疑人楚某及其团伙利用非法获取的股民信息，假借股票投资公司员工身份，通过微信向股民推荐股票牟取暴利；犯罪嫌疑人柯某假借贸易公司员工身份，电话诱骗红酒买家购买假冒伪劣红酒；还有犯罪嫌疑人假借康复中心员工身份，电话诱骗30余名老年人高价购买保健品。

2017年10月，经过4个月深挖，警方再次集中捣毁了涉案的5个电信诈骗犯罪团伙，58人被依法刑拘。

---

① 《机票代理利用软件漏洞出售一线明星航班记录　枣庄破获部督"3·12"特大网络侵犯公民个人信息案》，载法制网：http://www.legaldaily.com.cn/IT/content/2017-10/09/content_7337251.htm?node=69474，最后访问日期：2017年12月27日。

由北京市公安局与 360 互联网安全中心共建的“猎网”反诈骗平台最新数据显示,2017 年上半年共接到来自全国各地的网络诈骗举报 1 万多起,人均损失 1 万多元。从用户举报数量来看,排前几位的依次是:虚假兼职、虚假购物、金融理财、网游交易四个类别。[①]

三、各方观点

(一)安全隐患催生个人信息保护

中国信息安全研究院副院长　左晓栋:实际上很多领域都存在个人信息泄露的隐患。如今,我们的生活都离不开互联网,只要你在互联网上有活动,就会在互联网上留下痕迹,就有可能会泄露个人信息。个人信息泄露确实导致了诈

① 冯国栋:《谁在买,干什么用,如何泄露——2600 万条个人信息贩卖追踪案》,载新华网:http://news.xinhuanet.com/2017-10/08/c_1121770039.htm,最后访问日期:2017 年 12 月 27 日。

骗等犯罪活动的进一步加剧、社会危害进一步增强。现在这些诈骗活动都发展成精准诈骗，构造诈骗情境使民众易于上当受骗。

当然，现在这些情况正逐渐改善，例如，快递行业推出隐私面单，一些行业也实行虚拟号码，但目前这些举措更多的是个别企业自主采取行为；《网络安全法》对保护个人信息提出了明确要求，企业建立个人信息保护体系将成为一种强制性的规定。可以说，2017 年 6 月 1 日《网络安全法》的实施，标志着个人信息保护进入一个新的时代。①

最高人民法院研究室副主任　郭峰：一方面要高度重视保护个人信息权利，使每个自然人在网络空间享受自由和安全，实现利益，成就梦想。另一方面也要站在鼓励创新的高度，促进数据的流动与数据产品的开放，推动大数据产业与其他经济模式实现融合共生，促进大数据产业持续健康发展。所有这些，客观上是对我国的立法、司法、行政监管提出新的任务和课题。在物联网时代，个人信息出现了一种人格属性和商业属性的二元化。一方面，个人信息逐渐具备独立性，部分内容具有公开性，而区别于传统隐私权；另一方面，个人信息通过存储、搜寻、开发、机器学习和算法处理后，出现了商业的特征，在法律上具有财产属性，在经济上具有交易价值。目前我国关于个人信息保护的制度，无论是立法、司法还是监管及其理念原则已经落后，主要是没有充分反映物联网时代个人信息已经从传统的单一人格属性发展变化为兼具商业属性的二元化特征。②

青天成律师事务所主任　鸿春：相关刑事法律法规及其司法解释，对打击侵犯公民个人信息犯罪是有效果的，但仅靠此来制约是远远不够的，毕竟达到“足够严重”且能够“定罪量刑”程度的只占少数。除集团化、团伙或故意侵犯公民个人信息外，国家行政机关和服务企业在对公民提供履职和服务过程中获取的公民个人信息，出于个人非法谋利目的而出卖、转让的行为，必须予以遏制。网络安全部门、各级公检法机关和行政机构应加强这方面的宣传公示，全民动员、全民皆知、全民防范，以高压态势打击侵犯公民个人信息的不法行为。③

（二）个人信息保护立法亟待加强

全国人大常委会副委员长　王胜俊：要加快个人信息保护法立法进程。通

① 左晓栋：《公众对个人信息保护的需求凸显》，载《新京报》2017 年 12 月 4 日，第 33 版。

② 张维、万静：《人格权有望单独成编入民法典　个人信息保护立法或加速》，载《法制日报》2017 年 12 月 18 日，第 6 版。

③ 王纯：《个人信息保护亟待专项立法》，载《人民周刊》2017 年第 11 期。

过专门立法，明确网络运营者收集用户信息的原则、程序，明确其对收集到的信息的保密和保护义务，不当使用、保护不力应当承担的责任，以及监督检查和评估措施。要认真研究用户实名制的范围和方式，坚决避免信息采集主体过多、实名登记事项过滥问题。各地区各单位对某一事项实施实名登记制度，应当有明确的法律依据。要改进实名信息采集方式，减少实名信息采集的内容。要加大监督检查力度，建立第三方评估机制，督促网络运营和公共服务单位严格依法收集用户信息，建立健全内部管理制度，有效降低"内鬼"窃密风险。①

北京大学法学院教授　张平：我国现阶段涉及个人信息保护的法律渊源基本上来自对隐私权的保护。但是，隐私权和个人信息在概念上有很大不同。隐私的范围相对比较明确，凡是个人不愿意公开披露且不涉及公共利益的部分都可以成为个人隐私，出于对于人格利益特殊保护的需要，隐私权是一种消极的、防御性的权利，其属性更是一种人身权，尽管贩卖他人隐私内容同样可以营利（无论是本人还是他人），隐私的财产属性还是不被认可的。

就个人信息保护较隐私权而言，需要考虑的价值维度更为多元，包括人格权、数据经济的发展、国家安全等。在大数据时代，隐私权和个人信息保护之间有着不同的保护内涵以及法律定位，但是，在一些国际组织规则和国家立法名称上仍然将"隐私"和"个人信息"通用，在全球电子商务环境下，实务界多以隐私政策合规来考量个人信息的保护水平，网站上的隐私保护协议以及各类隐私认证机构也都包含个人信息保护的内容，从广义上来说，特别是涉及电子商务数据处理时两者有同一所指的倾向。②

（三）个人信息立法中的重点问题

亚太网络法律研究中心主任、北京师范大学法学院教授　刘德良：我们的立法更应该关注对个人信息的利用环节，而不是收集和加工环节。进一步解释，个人信息可以分为两类，一类信息攸关名誉、尊严等（如裸照），需要严格保密，防止泄露、传播；另一类信息则是在社会交往活动中产生的，它的功能在于维系正常的社会、经济、文化等交往活动（如电话号码、身份证等），对于这类信息，法律规制的重点应该放在如何防止滥用个人信息而不是在严格保密上，如制定骚扰

---

① 张蔚然、梁晓辉、高凯：《人大常委会建议加大用户个人信息保护力度　避免实名登记事项过滥》，载中国新闻网：http://www.chinanews.com/gn/2017/12-24/8407861.shtml，最后访问日期：2017年12月28日。

② 张平：《大数据时代个人信息保护的立法选择》，载《北京大学学报》2017年5月第54卷第3期。

电话防治法、垃圾信息防治法等,以此来有效遏制违法侵权行为。[①]

上海泛洋律师事务所律师　刘春泉:建议在个人信息保护立法中建立以下基本民事制度,引导企业遵守保护个人信息的法律规范:第一,设立个人信息使用者和受益者对个人信息来源进行合法性审查的合理谨慎义务。即要求使用个人信息进行商业宣传或者其他推广的机构和个人应当对信息来源合法性进行合理谨慎的考量。第二,建立递进式惩罚性赔偿制度。对于三次以上侵犯个人信息权,或者经行政处罚或者诉讼判决侵权成立,仍然拒不改正的,法律应设定较重的法定赔偿责任,或者在普通民事侵权三倍以下予以赔偿。第三,建立个人信息规范、合理使用的制度。对使用个人信息限制过严会导致企业无法开展大数据应用,公众也无法享受网络技术发展带来的便捷与进步。第四,建立个人信息侵权举证责任倒置制度。在个人信息收集、存储、管理、应用和销毁相关事实发生争议时,应由服务器所有人的企业进行举证。[②]

四、笔者评论

在互联网飞速发展的今天,大数据的应用已经渗透到了各个行业和领域,不仅成为了衡量国家综合实力的重要战略资源,也深刻影响着经济领域的发展进程。

在许多层面,重要决策的制定和执行越来越依赖于大数据的分析。而于公众而言,大数据的应用也正在从根本上重构着人们的社会生活方式。然而,新兴技术的发展总是机遇与挑战并存:一方面,对海量碎片化信息的自动筛选、归纳和分析大大提高了社会的整体工作效率;另一方面,信息的不当利用也使得公民的日常生活长期被垃圾短信、电话骚扰、电信诈骗等问题裹挟,个人隐私更是面临极大隐患。这也直接导致了对数据的收集、存储、管理和使用成为社会共同关注的焦点。

2017年年末,360旗下水滴直播被曝危及个人信息安全,引发社会舆论强烈关注,360被迫宣布水滴直播停止运营;支付宝开放年度个人账单查询,芝麻信用"搭便车"让消费者"被选择"授权获取个人信息,随后在一片争议声中被央行

---

① 李钰之、白鸥:《不放弃隐私就不能用APP? 个人信息保护法规需细化》,载《检察日报》2017年8月28日,第1版。

② 朱宁宁:《缺乏预防和制止个人信息泄露与滥用的有效机制　商业利益与隐私保护需立法平衡》,载《法制日报》2014年7月19日,第3版。

和网信办相继约谈。尽管目前我国法律体系中不乏对保护个人信息安全的规定,2017 年 6 月 1 日正式实施的《网络安全法》第 41 条第 1 款更是明确:“网络运营者收集、使用个人信息,应当遵循合法、正当、必要的原则,公开收集、使用规则,明示收集、使用信息的目的、方式和范围,并经被收集者同意。”但相关主体的明显越界行为仍旧层出不穷。究其原因,更多是因为:面对大数据时代的挑战,传统以“知情同意”为核心的个人信息保护框架日益捉襟见肘,在法律适用方面陷入全面困境,既无法为公民隐私和信息安全提供实质性的安全保障,也阻碍了对数据资源的全面开发和利用。很多互联网企业表面看似履行“明示”义务,实则在提供服务过程中极尽所能模糊明示的程序或规则,使用户往往对个人信息或隐私被监测、收集、使用的行为一无所知。

在数字化、智能化空前的大数据时代,信息数据已然成为支撑社会经济运转的新资源,个人信息受保护也已经成为广泛的法律共识。很多专家认为,过分强调个人对信息的支配和控制权,相当程度上阻碍了信息资源的公开、开发和共享,也自然无法发挥信息本身所带来的巨大价值。但无疑,良性的开发和利用必须建立在稳定有序的行业秩序基础之上。当前信息安全领域所面临的核心问题,并非是个人信息的变现能力不足,而是缺少对个人信息合法、正当、有序的应用手段,非法滥用行为普遍存在,社会整体的重视程度不够,且缺乏应有的治理策略。

在信息安全隐患日益突出的今天,每一次信息的大规模泄露都会成为社会一时的关注焦点,然而这种关注却常常是短暂且浮于表面的。个人正常生活受到干扰,往往抱怨之后便不了了之;相关部门的打击和治理不仅缺乏系统性、前瞻性的法律引导,同时也缺少实践性的、可操作的规范性依据。事不关己的态度和无关痛痒的惩治一定程度上引发了个人信息滥用事件源源不断的发生,更是纵容衍生了一系列非法买卖个人信息的灰色利益链条。

那么究竟如何才能避免被泄露和非法滥用呢?

从用户的角度来看,强烈的自我防范意识是必不可少的。有研究表明,用户在参与网络交往过程中对个人信息和隐私的担忧程度不断提高,但这种担忧却并未影响其披露个人信息的行为,攀升的信息安全顾虑似乎无法触及对等的用户安全防范。很多时候,人们由于无法抗拒线上共享模式的吸引力,或者为了获得更多线下的优惠福利,明知存在巨大的安全隐患,依旧披露大量个人信息;又或者为了获得应用程序的使用权限,全然忽视相关隐私条款或信息使用许可协议中的内容,从而使自己成为“霸王条款”中的弱势一方,在个人权利主张和维护层面都十分被动。

从网络服务提供者的角度,严格的“自律”应该成为法律规范的有益补充。表面上看,网络服务商收集用户个人信息的行为是经过授权的,实际用户对于信息收集的范围、内容和应用途径根本一无所知。尽管各网站和应用声称保护个人信息的机制逐渐完备,但接二连三的“滥用”行为实则直观反映出了网络服务商在个人信息应用方面的自控能力和管理水平。加之不少企业和单位为了占领市场深陷恶性竞争,不惜以牺牲用户个人信息安全利益为代价,这也使倡导良性的市场竞争和严格的行业自律成为全社会的广泛共识。当然,网络服务商的商业主体地位也决定了这种“自律”除了规范细化的行业标准之外,还需要主管部门的实时监管和防范。

当前,世界各国都在紧锣密鼓的加强个人信息保护立法,我国对于制定统一《个人信息保护法》的呼声不断。但就现状而言,由于个人信息的内涵和法律属性等问题还存在较大争议,统一的立法模式被迫推迟,转而试图通过一系列原则性立法和单行规定构建起我国的个人信息保护制度。但就像笔者前文中提到的,沿用传统的立法框架往往导致法律规制滞后于现实困境,“亡羊补牢”式的保护模式尽管可以解决短期问题,但却在一定程度上削弱了法律本身的权威性和稳定性,且难免前后矛盾。当下,立法习惯强调的依然是从人格权角度保护个人对信息的支配和控制,使用个人信息需以“知情—同意”为前提。但这个出发点本身鲜有对大数据时代前景和产业宏观发展层面的考量,不仅忽视了个人信息的流转价值,本质上也不利于数据资源的保护和开发。

当然,从根本上讲,个人信息保护立法的目的在于保障公民的个人信息安全,推动信息的自由流通和价值应用本质上应属信息产业法的规制范畴。但从大数据时代的现状来看,个人信息保护重在“严”,信息流通和价值转化重在“宽”,如何居中权衡,实现“宽严相济”,也正是我国目前立法层面亟待解决的问题。

(本文作者范玉吉,华东政法大学传播学院院长兼法制新闻研究中心主任)

(感谢何瑞鹏、王笛对本文的帮助)

比特币的罪与罚

一、入选理由

比特币自诞生以来,就陷入争议之中。由于比特币在支付转账时的全球化、去中心化和匿名性等特点,在充斥着各类严重违法犯罪活动的“暗网”(dark web)世界,比特币正作为主要支付工具,成为“帮凶”,潜藏社会风险。这些违法活动包括:走私、贩毒、军火、色情、暗杀等。

2017 年 9 月,国内三家比特币交易平台停止了交易业务。各界人士对比特币持有不同态度和思考。比特币是否带着原罪而生?比特币在中国的监管会存在哪些难点?它究竟是洪水猛兽还是一个迟早会破灭的脆弱泡沫?比特币的未来何去何从?研究比特币法律层面上的监管,对于投资者和监管者而言,意义重大。

二、事件回顾

2010 年 5 月 22 日,一名程序员花了一万枚比特币买了两块价值约 25 美元的披萨,将比特币从程序世界带到了现实世界。此后比特币进入大众视野,价格暴涨暴跌,极不稳定。时至今日,他估计怎么也想不到当初那两块披萨已经价值上亿美元。

(一)比特币的诞生发展

比特币的概念最初由一个化名为“中本聪”的神秘人士在 2008 年金融危机时提出。2009 年 1 月 3 日,世界上第一批比特币被挖出。比特币本质上是通过预设的程序,由计算机生成的一串串复杂的代码组成,是一堆复杂算法所生成的特解。特解共计 2100 万个,每一个都是唯一,即市场上共计流通 2100 万个比特币,但需要挖币者进行挖掘。除了通过“挖矿”形式获取,用户还可以通过市场上存在的交易机构进行交易获取。比特币交易平台承担了大部分“比特币兑换现金”和“现金购买比特币”的功能。2011 年 6 月,第一家在中国境内运营的交易平台 BTCChina(比特币中国)成立。它是中国最大的平台,也是全球交易量前三的公司化运行平台。此外,中国境内运营的交易平台还包括火币网、OKCoin 等。

2013 年,国内比特币交易平台 GBL 以遭黑客攻击为由突然跑路,用户损失 2000 多万元。2017 年 5 月,WannaCry 勒索蠕虫病毒实践中,黑客把比特币作为付款工具。与比特币相关的犯罪问题不断出现,挑战着大众和监管部门的神经。

(二)国内监管现状

2013 年 12 月和 2014 年 3 月,中国人民银行等五部委分别发布了《关于防范比特币风险的通知》(2013 年通知)和《关于进一步加强比特币风险防范工作的通知》(2014 年通知)。2013 年通知规定,比特币是一种特定的虚拟商品,不具有与货币等同的法律地位,不能且不应作为货币在市场上流通使用。2014 年通知规定,禁止国内银行和第三方支付机构为比特币交易平台提供开户、充值、支付、提现等服务。

2017 年 1 月 11 日,中国人民银行上海总部、上海市金融办等对比特币中国开展现场检查,重点检查该企业是否未经许可或无牌照开展信贷、支付、汇兑等相关业务;2017 年 1 月 12 日,央行营业管理部也在北京进驻"火币网""币行"等交易平台。

2017 年 8 月 4 日央行下发文件,明确要求非银支付机构网络支付业务由直连模式迁移至网联平台处理(非银行支付机构网络支付清算平台),并给出最终时间,要求至 2018 年 6 月 30 日时所有网络支付业务全部通过网联平台处理。

在“代币发行融资”大量涌现,投机炒作盛行之后,中国人民银行等七部委于 2017 年 9 月 4 日发布《关于防范代币发行融资风险的公告》,认为初始币发行(Initial Coin Offering,ICO)涉嫌从事非法金融活动,严重扰乱经济金融秩序。

2017 年 9 月 13 日,中国互联网金融协会发布《关于防范比特币等所谓“虚拟货币”风险的提示》,指出比特币交易平台涉众人数扩大、投机氛围浓厚,是洗钱、贩毒、走私、非法集资等违法犯罪活动的工具;各类所谓“币”的交易平台,在我国并无合法设立的依据。比特币等所谓“虚拟货币”缺乏明确的价值基础,日益成为洗钱、贩毒、走私、非法集资等违法犯罪活动的工具,投资者应保持警惕,发现违法犯罪活动线索应立即报案。

2017 年 9 月 14 日晚间,国内首家比特币交易所“比特币中国”发布公告称,比特币中国数字资产交易平台即日起停止新用户注册,并将于 9 月 30 日停止所有交易业务。9 月 15 日晚间,火币网、OKcoin 相继发布公告称,即日起暂停注册和人民币充值业务,并将于 9 月 30 日前通知所有用户即将停止交易。至此,国内三大比特币交易平台全部宣布将为交易业务画上休止符。①

(三)比特币监管成难题,世界各国态度不一

面对正在迅速成长的虚拟货币,各国监管机构却表现出不同的态度。有些国家的监管部门正在谨慎关注虚拟交易所带来的风险。其中,美国证券交易委员会日前宣布,新成立的网络部门已针对“初始代币发行”(ICO)发起诉讼,指控一家名为 Plex Corps 的私人控股公司及其两名高管涉嫌欺诈投资者,这也是美国金融监管部门首次对 ICO 非法集资采取法律干预措施。

日本金融厅继 2017 年 9 月首次审批通过 11 家加密货币交易所后,再次批准了 4 家加密货币交易所,允许其在日本国内合法经营比特币等数字货币交易业务。根据日本 2017 年 4 月 1 日生效的资金结算法,比特币被认为是合法支付方式。中国走下交易额的神坛后日本扛起了这一重担。日本对数字货币的态度很友好,前段时间给国内的 11 个交易所颁发了合法运营的牌照,这就意味着数字货币投资在日本是获得允许和法律保护的。

与美日两国不同的是,英国和其他欧洲国家政府正筹划对比特币进行打击。同时,韩国金融服务委员会发布声明称,政府正密切关注近期形势并表达“严重

① 《比特币的另一面:洗钱、贩毒、走私均用它来交易》,载《华西都市报》2017 年 9 月 18 日,A6 版。

关切”。因为韩国不认为加密货币是金融产品或是金钱。此外，韩国就加密货币召开特别会议后宣布相关计划，将采取措施抑制加密货币的投机行为，并提出相关法案监管加密货币交易所。①

三、各方观点

贝克·麦坚时国际律师事务所上海代表处合伙人律师　阮振宇：现在各国央行呈现出两种不同的态度，已有个别国家宣布将比特币认定为合法货币，但中国央行的态度正好相反。阮振宇认为，对于虚拟的资产以及对虚拟财产的定价，还要给予一个正式的法律地位。针对虚拟货币对现有法定货币的影响和冲击，各国央行需要花较长时间来探讨。从目前国内政策来看，其方向是正确的。因为与比特币相关的周边产业，对于促进经济发展是产生正面效应还是虚假繁荣仍是一个需审慎对待问题。而“从合规的角度来看比特币，站在央行的角度，无论是反洗钱还是反欺诈和反贿赂，比特币都存在一定的风险，它会被用于上述犯罪活动”。②

奋迅律师事务所合伙人、反垄断业务部主管　鲍治：这其中存在诸多风险。“比如，有些公司建立了虚拟货币交易平台，在当时的政策下确实可以正常运营，但后来出台了一系列措施，如外汇管制等，这些公司就将平台转移到海外，但仍然通过网络或其他途径来招揽投资者。其实，这里面的风险非常大。”他还表示，“首先，根据证监会的监管规定，类似于任何的撮合交易，如果没有牌照的话，都会被监管部门处罚。其次，如果有跨境炒汇的交易，作为运营商肯定会存在外汇上的逃汇风险，如果情节严重，将可能承担刑事责任”。③

北京邮电大学通信法研究中心教授　娄耀雄：现实中使用比特币，面临着法律地位和信用缺失、取证和补救困难、管辖冲突、交易风险、法律适用和政府监管不确定等问题。由于比特币匿名性的特点，其一直被质疑为洗钱提供了方便。比特币若想取得进一步的发展，必须澄清和此类违法行为的关系，否则无法得到各国法律的认同。④

---

① 李思：《比特币交易法律风险不容忽视》，载中国金融新闻网：http://www.financialnews.com.cn/shanghai/201712/t20171219_129978.html，最后访问日期：2017年12月19日。

② 同上。

③ 同上。

④ 《比特币面临哪些问题？监管如何进行？看专家怎么说》，载《法制日报》2017年5月17日。

工银国际研究部主管、首席经济学家　程实：货币需要具备三种本质属性，即普及性、稳定性和清偿性。然而，目前绝大多数人连比特币是什么都不知道，且缺乏必要的监管、缺乏对炒作的抑制手段，价格高起高落。此外，比特币不像金银那样有内在价值，也不像纸币有国家信用背书，因此“清偿可能性几近于无”。现在比特币还不是货币，未来进化为货币的可能性也正由于当下的炒作而受到致命打击。①

中国互联网金融协会区块链工作组组长　李礼辉：数字货币必须具备法定地位，国家主权背书，明确发行责任主体。而这区别于以比特币、以太币为代表的数字代币，数字代币没有国别、主权背书、合格的发行主体、国家信用支撑，不是法定货币，也谈不上数字货币。但在受认可的社区内，已经作为支付工具、记账单位，具有金融工具属性，可以定义为虚拟货币。

“我们需要分清法定数字货币和数字代币。由于可匿名等特性，代币容易藏匿较大的风险，金融诈骗时有发生。各国的态度不完全一致，总体上说比较谨慎，一般将代币定义为虚拟商品或资产。”②

四、笔者评论

自比特币进入大众视野以来，就受到各方质疑。冒险家们试图创建自己的财富帝国。仅凭一个概念，就能炒起各种稀奇古怪的币种，但有些甚至完全是诈骗、传销。此外，利用比特币进行洗钱犯罪等活动也层出不穷。因此，对比特币这类新生事物的监管迫在眉睫。

（一）比特币之罪

1. 比特币定性：商品还是货币

关于比特币定性，世界各国并没有给出统一的说法。至少目前在中国，比特币在法律层面上是不能被称为货币的。在中国，《人民币管理条例》第 3 条规定，中华人民共和国的法定货币是人民币。第 28 条规定，任何单位和个人不得印制、发售代币票券，以代替人民币在市场上流通。而根据 2013 年通知，比特币应当是一种特定的虚拟商品。比特币不具有法偿性和强制性等货币属性，不是

---

① 《警示与反思：被中国大妈看好的比特币，是美好未来还是一场骗局?》，载搜狐财经网：http://www.sohu.com/a/144759102_179557，最后访问日期：2017 年 12 月 22 日。

② 伊莉：《李礼辉：区分数字货币与数字代币，数字货币代表货币的未来》，载雷锋网：https://www.leiphone.com/news/201709/JQ988TH7ukMjGJXF.html，最后访问日期：2017 年 12 月 22 日。

真正意义上的货币,也不具有与货币等同的法律地位,不能且不应作为货币在市场上流通适用。

货币是以政府的信用作为保障,才可以实现其交易、流通、存储等功能的。如果把比特币视为货币,无疑是对国家货币主权的挑战。因此,各国对比特币的态度也很暧昧不明,一方面,对于新生的事物,抱着观察尝试的态度;另一方面又担心其有不良的后果。不过如果将其作为投资产品而言,在接受监管的前提下,让投资者自担风险,符合市场意思自治原则。

2. 持有比特币是否能受到法律保护

《民法总则》第 113 条规定,民事主体的财产权利受法律平等保护。民事主体依法享有股权和其他投资性权利。尽管比特币不能作为货币得到法律上的保护和支持,但作为投资商品,它具有相关的财产价值,理应受到法律的保护。不过,实践中要实现这种保护仍是一件难事。当比特币被盗,即比特币地址泄露,导致原主丧失所有权,但是由于其匿名性和不可逆性,原主无法证明比特币真正的归属。而且,即便是找到了流向,也没有办法进行可逆操作,挽回受害者损失。这些问题,也许需要等待及时的技术方面优化以及相应立法和监管配套设施对此作出规制。

3. 比特币为犯罪活动提供便利

比特币自诞生以来就处于法律监管的空白地带,游走于罪与非罪边缘。鉴于比特币的匿名性、去中心化,仅凭一个国家难以完整追踪资金链,这为洗钱、毒品、军火等跨境犯罪交易支付提供了便利。比特币诞生及流通等所依赖的技术本身是中立的,但是当比特币被广泛用来为犯罪服务时,就需要引起重视了。

(二)比特币之监管

1. 信用担保。比特币是一种没有任何主权或实体为其提供担保的纯粹虚拟的东西。一旦人们不再认为它有价值,比特币就会变得一文不值。早前对平台卷款跑路事件还存在将其认定为诈骗还是侵占的争论。从 GBL 卷款事件判决结果来看,在法律层面更倾向于定性为诈骗。平台运营者以非法占有为目的,采用了虚构事实、隐瞒真相的方法骗取公民财物,数额特别巨大,构成诈骗罪。

2. 举证问题。由于比特币的交易匿名性,比特币的所有权公示依赖秘钥,一旦秘钥泄露,所有权即丧失,再加上电子证据本身的效力问题,举证更是难上加难。监管部门如需打击犯罪,需要借助专门技术小组对其进行研究。

3. 管辖问题。对于比特币的定性不明,使得监管机关也无法明确管辖主体。

究竟是作为货币发行机关的央行来监管还是由证监会作为监管主体有待明确。由多个机关联合出台相关文件进行规制，是过渡阶段必然的举措。此外，当犯罪嫌疑人通过比特币进行洗钱等违法犯罪活动时，其使用的计算机、服务器可能在不同的国家和地区。笔者认为，应当适用网络犯罪案件管辖规定，网络犯罪案件的犯罪地包括用于实施犯罪行为的网站服务器所在地，网络接入地，网站建立者、管理者所在地，被侵害的计算机信息系统或其管理者所在地，犯罪嫌疑人、被害人使用的计算机信息系统所在地，被害人被侵害时所在地，以及被害人财产遭受损失地等。当然，为了打击减少犯罪行为，还需要加强国际间司法互助。

最后，虽然目前中国已经关闭了交易平台，但是比特币的全球性注定了它不可能彻底在中国销声匿迹，不排除日后监管措施到位后，重新开放交易的可能。在相关法律法规出台前，比特币仍旧会在灰色地带徘徊，相关监管机关要做的就是尽快明确监管方案，对其野蛮发展进行规制，使比特币的相应的功能得以合理运用。当然这还需要一段时间，让我们拭目以待。

（本文作者赵亮波，上海邦信阳中建中汇律师事务所合伙人）

（感谢倪柳青对本文的帮助）

“认罪认罚从宽办理”试点改革

——现代司法宽容精神和优化审判资源配置的双赢

一、入选理由

2017年12月23日第十二届全国人民代表大会常务委员会第三十一次会议上，最高人民法院院长周强作出了《关于在部分地区开展刑事案件认罪认罚从宽制度试点工作情况的中期报告》，报告显示，截至2017年11月底，18个试点地区共确定试点法院、检察院各281个，适用认罪认罚从宽制度审结刑事案件91,121件103,496人，占试点法院同期审结刑事案件的45%。其中检察机关建议适用的占98.4%。换言之，试点法院接近半数的刑事案件适用认罪认罚从宽办理制度审结。认罪认罚从宽办理制度是指对自愿认罪、悔罪认罚的犯罪嫌疑人、被告人依法从宽、从简、从快处理的制度。2016年9月，十二届全国人大常委会第二十二次会议通过《关于授权最高人民法院、最高人民检察院在部分地区开展刑事案件认罪认罚从宽制度试点工作的决定》，授权在北京等18个地区开展刑事案件认罪认罚从宽制度试点。最高人民法院、最高人民检察院会同公安部、国家安全部、司法部于2016年11月印发《关于在部分地区开展刑事案件认罪认罚从宽制度试点工作的办法》的通知，正式启动试点工作。回顾试点运行的一年，我们看到该项制度不仅适用在“郎永淳醉驾案”等轻微刑事案件中，也适用在了“李晨杀妻案”等重大刑事案件中。这一年，见诸报端的很多刑事案件都和“认罪认罚”挂上了钩，故此，我们将2017年全面铺开的“认罪认罚从宽办理制度”试点改革入选。

二、事件回顾

案件一：朝阳法院适用认罪认罚从宽办理制度审结郎永淳醉驾案

事件起因：2017年10月，关于央视前主播郎永淳因为醉驾被刑事拘留的消息在坊间广为流传，同时还谣传郎永淳案发的原因是被代驾连同他人故意

"碰瓷"。

事件经过:2017 年 11 月 3 日上午,北京市朝阳区人民法院公开开庭审理并当庭宣判被告人郎永淳危险驾驶一案,以犯危险驾驶罪依法判处其拘役三个月,罚金人民币四千元。并在审理后公布案件细节。法院查明,2017 年 10 月 5 日 22 时 40 分许,被告人郎永淳聚餐饮酒后自行驾驶机动车离开,与正常驾驶机动车行驶的宋某发生剐蹭事故。后宋某报警,郎永淳明知对方报警而在现场等待处理并归案。经检验,郎永淳血液中酒精含量为 207.9mg/100ml。经公安机关认定,郎永淳负事故全部责任。案发后,郎永淳赔偿宋某人民币 2 万元,并取得宋某的谅解。朝阳区检察院于 2017 年 10 月 25 日提起公诉,郎永淳自愿认罪认罚,签署了《认罪认罚具结书》。检察院建议适用速裁程序审理,郎永淳及其辩护人表示同意。法院认为,被告人郎永淳醉酒后驾驶机动车在道路上行驶,其行为已构成危险驾驶罪,依法应予惩处。被告人郎永淳醉酒驾驶机动车造成交通事故且负事故全部责任、血液酒精含量达到 200mg/100ml 以上,应从重处罚。同时,鉴于其明知他人报警而在现场等待,归案后如实供认犯罪事实,系自首,案发后积极赔偿对方经济损失并获得对方谅解,并自愿认罪认罚,可以从轻处罚。故作出上述判决。①

事件结果:宣判后被告人郎永淳表示服从法院判决,不上诉。在该案的官方通报中,我们明确看到了"郎永淳自愿认罪认罚,签署了《认罪认罚具结书》。检察院建议适用速裁程序审理"等内容,认罪认罚从宽办理制度的广泛适用也由此可见一斑。

案件二:广州中院适用认罪认罚从宽办理制度审结李晨杀妻案②

事件起因:2016 年 3 月 22 日凌晨,李晨在天河区租住的卧室中因家庭琐事与妻子杨某发生争执,争吵的原因是要不要回去给外公过寿。李晨夫妇结婚 9 年,育有一儿一女,两人在广州打工,儿女则留在老家由丈母娘抚养。眼看外公大寿将至,夫妻两人本商量好不回老家,只给礼金,以节省开支。可案发当晚,妻子却提出要回去祝寿,夫妻俩遂争吵起来。其间李晨用手掐住杨某脖子,致其当

---

① 《郎永淳犯危险驾驶罪,被判处拘役三个月并处罚金四千元》,载北京朝阳法院官方微博:https://m.weibo.cn/3957042973/4169941533702459,最后访问日期:2017 年 12 月 28 日。

② 钟亚雅、李春薇、彭勇:《广州首宗适用认罪认罚从宽制度的重大刑事案件开庭审理》,载正义网:http://www.jcrb.com/procuratorate/jcpd/201705/t20170518_1754570.html,最后访问日期:2017 年 12 月 30 日。

场窒息死亡。发后,李晨主动报警并在案发现场等待,并将妻子死后的视频通过微信发给丈母娘,告知死讯。公安人员到场后将其抓获。

事件经过:庭前,市检察院与被告人辩护律师完成了证据开示,李晨在辩护律师的见证下自愿签署了《认罪认罚具结书》。法院审理认为,李晨故意非法剥夺他人生命,其行为已构成故意杀人罪。公诉机关指控的事实清楚,证据确定、充分,指控的罪名成立。李晨犯罪后主动投案,如实供述犯罪事实,是自首,依法可从轻或减轻处罚。李晨自愿认罪认罚,依法从宽处理。案发后被告人与被害人的近亲属双方签订了调解协议书,被害人家属出具了刑事谅解书。另查明李晨还有6岁的儿子和8岁的女儿需要抚养,对此法庭表示将酌情综合予以考虑。

事件结果:法庭依法对李晨判处有期徒刑15年,剥夺政治权利5年。宣判后,被告人表示服从判决,不提起上诉。该案系由该市检察院检察长出庭支持公诉,法院院长担任审判长。"两院"院长、检察长同堂办案,在广州尚属首次,为该市全面落实司法责任制改革起到了很好的示范和推动作用。庭前,该案就引起了众多媒体和广州市人大代表、政协委员的广泛关注,开庭当日法庭更是座无虚席。

三、各方观点

(一)认罪认罚从宽改革有助于修复社会关系

中国人民大学法学院教授　李奋飞:我们常说坦白从宽,但一直以来没有形成具体机制。开展这项试点,有利于推动坦白从宽制度化,充分保障刑事被告人的各项权利,尊重其诉讼主体地位,同时让被害人也有效参与进来,修复被破坏的社会关系,减少对抗。①

(二)认罪认罚从宽制度能够提升诉讼效率

著名法学家、中国政法大学终身教授　陈光中:认罪认罚从宽制度在我国法律中已有所体现。如《刑法》第67条、第68条对自首和立功的从宽处理规定。刑事诉讼法则包括了简易程序、未成年人附条件不起诉制度、当事人和解的公诉案件程序以及正在试点的刑事速裁程序。认罪认罚从宽制度是我国宽严相济刑事政策中"从宽"这一面的体现,是惩治犯罪、分化瓦解犯罪团伙的有效手段,是

① 王逸吟、殷泓:《主动认罪认罚将可从宽处理》,载《光明日报》2016年9月1日,第8版。

实现繁简分流、提高诉讼效率的良好途径。①

(三)认罪认罚从宽改革可能带来刑辩危机

中国社会科学院法学研究所研究员、博士生导师,中国法学会刑事诉讼法学研究会副会长　王敏远:认罪认罚从宽制度推行以后,刑事辩护尤其是高质量的刑事辩护,可能不仅没有发展,反而更危机了,原因是什么呢? 认罪认罚了,那就不需要律师了,都认罪认罚给他从宽处理了还要你律师干什么呢? 不说高水平的大律师参与认罪认罚案件的意愿会不会降低的问题,仅说当事人聘请律师的意愿就可能会受到影响。如果犯罪嫌疑人或被告人认罪认罚是可以从宽的,不认罪不认罚,我们不说是从严,至少是不能从宽了。那么,当事人不仅是没有聘请律师为其进行辩护的意愿,而是有了一个反意愿,可千万不能请律师。因为无罪辩护率那么低,请了律师定罪的概率又那么的高,那我请律师干什么呢? 认罪认罚从宽制度原本应当是推动刑事辩护在数量跟质量上有很大提升的一个契机,但在实践当中,在当前的特定背景下,很有可能转变为当事人聘请辩护律师的意愿下降。②

(四)认罪认罚改革需避免"花钱买刑"式司法腐败

《人民日报》9 月 5 日的评论文章表示,当前社会公众对这一制度仍有许多疑虑,比如会不会变成"花钱买刑",怎么避免出现"被迫认罪"等情况,防止出现"权权、权钱交易"等司法腐败问题,这些并非杞人忧天。事实上,让从宽处理的司法导向由笼统含混走向具体清晰,正是这一试点的最大挑战,也是其价值所在。

四、笔者评论

迟来的正义非正义(Justice delayed is justice denied),这句古老的英国法谚深刻揭露出司法对效率的独特渴求。实际上,近年来我们越来越多强调的司法效率并非是对司法公正的轻视,而是我国司法改革道路上的一种探索,对在确保公正前提下如何提升司法效率的探索。在此情形下,"认罪认罚从宽办理制度"的试点无疑是带着使命应运而生,其对简易程序的再分层处理显然能够进一步

---

① 刘金林:《认罪认罚从宽制度仍应坚持常规证明标准》,载《检察日报》2016 年 8 月 25 日,第 3 版。

② 京都律师事务所:《中美法律专家对比解析"认罪认罚从宽"与辩诉交易》,载京都律师事务所新闻中心:http://www.king-capital.com/content/details11_12172.html,最后访问日期:2017 年 12 月 30 日。

优化刑事诉讼程序、和缓尖锐矛盾、修复被破坏的社会关系。

我国当前的刑事审判环境下,推行认罪认罚从宽办理制度改革,实际上是推动刑事司法的体系化变革,构建起繁简分流、高效宽容的刑事司法制度,这是对刑事诉讼程序多元化的一次试探。实际上,认罪认罚从宽处理在我国的刑事司法中并非无根之木,早在"建国初期,面对数量较大的历史反革命和现行反革命,为了维护新生的革命政权,既要严厉打击罪行严重的反革命分子,又要分化瓦解反革命营垒,所以提出了'镇压与宽大相结合'的政策"。[①] 因此,我们现在探讨的认罪认罚从宽办理,不是一种创新,而是一种继承和发扬。

试点运行的一年以来,认罪认罚从宽办理制度改革取得了良好的成绩,从周强院长作工作报告中看:认罪认罚案件犯罪嫌疑人、被告人被取保候审、监视居住的占42.2%,不起诉处理的占4.5%;免予刑事处罚的占0.3%,判处3年有期徒刑以下刑罚的占96.2%,其中判处有期徒刑缓刑、拘役缓刑的占33.6%,判处管制、单处附加刑的占2.7%,非羁押强制措施和非监禁刑适用比例进一步提高。对于认罪认罚案件,检察机关审查起诉平均用时26天,人民法院15日内审结的占83.5%。适用速裁程序审结的占68.5%,适用简易程序审结的占24.9%,适用普通程序审结的占6.6%;当庭宣判率为79.8%,其中速裁案件当庭宣判率达93.8%。试点法院审结的侵犯公民人身权利案件中,达成和解谅解的占39.6%。检察机关抗诉率、附带民事诉讼原告人上诉率均不到0.1%,被告人上诉率仅为3.6%。这些数据充分表明:认罪认罚从宽办理制度能够充分体现刑罚的谦抑性,在被告人服判息诉的情况下,也能够充分保障被害人的权益,实现社会矛盾的缓和;能够推动刑事诉讼效率的提升,一定程度上能够减少量刑倒挂的可能性,尊重保障了被告人依法享有的权利。

实际上,认罪认罚从宽办理一旦深入人心,实现的必然是现代司法宽容精神和优化审判资源配置的双赢,这并非是司法的命题,而是人性的选择。当前我国刑事案件总量不断攀升,对司法资源的需求也日益增强,当前的公检法机关中的案多人少压力不言而喻。在此情况下,鼓励犯罪嫌疑人如实交代犯罪事实、真诚认罪悔过具有强烈的现实迫切性,如此不仅能够实现侦查、起诉、审理全流程的简易、速裁化,降低在刑事诉讼程序中司法资源的消耗,也能够推动被破坏的社会关系得到一定程度上的修复。无论如何,一个死不悔罪的被告人和一个悔不

① 马克昌:《论宽严相济刑事政策的定位》,载《中国法学》2007年第4期。

当初的被告人,人们总是愿意看到后者。

当然,不可否认的是认罪认罚从宽办理制度的生命之源是正确的价值取向,生存之本却是相应的配套制度。离开整体诉讼制度改革讨论认罪认罚从宽办理制度无疑是不可采纳的,所以我们在不断深化改革的同时,也应当注重制度本身及配套制度的不断完善。唯此才能扬长避短,真正发挥改革的攻坚之能。

(本文作者郑莹,上海市虹口区人民法院刑庭法官助理)

用互联网思维创新司法体制

一、入选理由

浙江省是国内的电子商务发达地区，近年来，以阿里巴巴为代表的众多电商企业聚集杭州市，大量涉网纠纷不断涌现，从2013年的600余件到2016年的超过1万件，[①]这对法院提供司法保障提出了新要求。2017年8月18日，杭州互联网法院挂牌成立，作为全国第一家集中审理涉网案件的试点法院，其既是互联网司法规则制定的“试验田”，也是互联网审判方式变革的“先行者”。截至2017年11月7日，杭州互联网法院共收案5753件，正式立案3592件，通过在线方式立案占比82%，已关联当事人的案件中，实现100%在线庭审、在线裁判、网上送达。[②] 杭州互联网法院的成立，对于促进我国互联网法律制度和政策的完善、实现互联网与经济社会的高度融合具有深远意义。

二、事件回顾

杭州法院早在2011年就开始积极探索新型网络空间治理模式。2015年4月，浙江省高级人民法院确定由西湖、滨江、余杭三家基层法院和杭州市中级人民法院作为电子商务网上法庭试点法院，分别审理网上交易纠纷、网上支付纠纷、网上著作权纠纷及其上诉案件。当年8月浙江法院电子商务网上法庭正式上线，专门审理涉网纠纷案件。[③]

2017年4月，最高人民法院批复同意由杭州铁路运输法院集中管辖杭州地区的5类涉网案件，包括网络购物合同纠纷、网络购物产品责任纠纷、网络服务合同纠纷、在互联网上签订履行的金融借款合同纠纷和小额借款合同纠纷以及

---

① 李媛：《谢双成：建议设立杭州网络法院成为互联网审判方式的先行者》，载杭州网：http://ori.hangzhou.com.cn/ornews/content/2017-03/08/content_6486460.htm，最后访问日期：2017年12月28日。

② 李丹丹：《400多家企业汇集互联网之光博览会》，载《新京报》2017年11月17日，A6版。

③ 杨宜中：《应探索设立互联网法院》，载《人民法院报》2017年3月13日，第7版。

网络著作权纠纷。

2017 年 6 月 26 日上午，中央全面深化改革领导小组召开第三十六次会议，审议通过了《关于设立杭州互联网法院的方案》等文件。会议强调，设立杭州互联网法院，是司法主动适应互联网发展大趋势的一项重大制度创新。要按照依法有序、积极稳妥、遵循司法规律、满足群众需求的要求，探索涉网案件诉讼规则，完善审理机制，提升审判效能，为维护网络安全、化解涉网纠纷、促进互联网和经济社会深度融合等提供司法保障。①

8 月 18 日上午，杭州互联网法院在浙江杭州挂牌运行，今后，杭州地区涉互联网案件将全部在互联网法院审理，当事人从起诉到最后宣判，全部通过网络在线完成。杭州互联网法院集中管辖杭州市辖区内基层人民法院有管辖权的下列涉互联网案件：1. 互联网购物、服务、小额金融借款等合同纠纷；2. 互联网著作权权属、侵权纠纷；3. 利用互联网侵害他人人格权纠纷；4. 互联网购物产品责任侵权纠纷；5. 互联网域名纠纷；6. 因互联网行政管理引发的行政纠纷。②

杭州互联网法院第一案于当日揭牌后开审。原告为《后宫甄嬛传》作者，被告为网易公司，起诉案由是，网易未经授权，在其经营的网站“网易云阅读”上通过收费方式非法向公众提供《后宫甄嬛传》的在线阅读服务，属于侵害作品信息网络传播权纠纷。审理第一案，只花了不到半个小时。③

---

① 《习近平主持召开中央全面深化改革领导小组第三十六次会议》，载新华网：http://news.xinhuanet.com/politics/2017-06/26/c_1121211704.htm，最后访问日期：2017 年 12 月 28 日。

② 孙满桃：《杭州互联网法院集中管辖六类涉互联网案件》，载中国青年网：http://news.youth.cn/sh/201708/t20170818_10541870.htm，最后访问日期：2017 年 12 月 28 日。

③ 陆斯超：《全球首家互联网法院杭州揭牌第一案：“甄嬛”状告网易侵权》，载浙江在线：http://js.zjol.com.cn/ycxw_zxtf/201708/t20170818_4827295.shtml，最后访问日期：2017 年 12 月 28 日。

三、各方观点

（一）互联网法院非虚拟司法，当以推动电子商务健康发展为己任

中南财经政法大学教授　乔新生：互联网法院设立是为了解决互联网络法律纠纷，因此，既不是专业法院的复活，也不是建立虚拟世界的司法体制，而是要针对互联网络领域法律纠纷成立专门的司法机构，探索提高互联网络纠纷解决的效率，为互联网络经营者和互联网络的用户提供更好的司法服务。互联网法院不是电子商务企业的法院，也不是保护电子商务经营者的法院，而是维护社会公平正义的司法机构。互联网法院必须把维护消费者的利益放在至关重要的位置，必须在促进电子商务快速发展的同时着力解决我国电子商务发展中存在的深层次问题。①

（二）以互联网思维审理案件，司法更加便捷、高效、专业

华南理工大学法学院讲师　叶竹盛：杭州互联网法院不仅仅是归口管辖互联网类案件，如果只做到这一点，则不过是知识产权法院的翻版而已。互联网法

① 张帆：《互联网法院方便就行吗?》，载《北京晨报》2017 年 8 月 23 日，A31 版。

院最具有革命性的改革是以互联网方式和互联网思维来审理案件。从很多方面看,轻巧、便捷、包容的互联网世界和法院里高度程序化和严肃庄重的气息似乎格格不入。但是,互联网和法院这种精气神上的差距,并不影响两者在某些方面进行结合,最终催生出有利于互联网发展和法治建设的结晶。杭州互联网法院可以视为互联网思维在法院中的试验田,积累一些改革经验,可以帮助解决其他法院存在的部分痛点问题。①

中国政法大学副校长　于志刚:互联网时代的纠纷,当事人各方跨越时空而存在,案件管辖弱化了住所、纠纷所在地等地域因素。这使得管辖权异议升级为几乎所有案件都要经历的标准程序,耗费诉讼参与人、法官的心神和精力。建设专门的涉网案件专业法院,可以降低诉讼差旅费消耗等成本,有利于法官投入专业力量钻研互联网案件,提高网络案件的审判质量。比如,北京的网友因网购纠纷状告淘宝公司,可以不用到杭州起诉,淘宝公司也不用派人到北京应诉,双方可以自愿选择由杭州互联网法院在网上审理。以前,此类案件,双方几乎都要提出管辖权异议,希望案件在自己所在地法院审理,以节省诉讼成本,这耗费了双方和法院很多精力。现在,在网上就可以直接审理了。②

中国电子商务研究中心特约研究员、浙江垦丁律师事务所联合创始人　麻策:互联网法院的产生让涉网案件有了更专业的法院审理,可能直接促进或改进司法的专业化分工形成,当互联网法院成为生活的普及时,当地域对当事人的限制减弱或法院冲破属地管理的界限时,可能每一家法院都会是专一领域内的互联网法院,从而形成全国司法争议处理的专业化专门化法院,地方保护和回避制度再无市场。互联网法院将直接在线生成数据或信息,未来会让司法数据呈几何倍增长,而从互联网到数据时代,以及未来的算法时代,都离不开互联网时代数据的沉淀,一旦司法数据形成真正威力的大数据,未来人们对司法的想象脑洞才真正打开。③

(三)互联网给司法制度带来挑战,相关诉讼规则需要跟进

《法制日报》评论员　谢军:由于互联网环境及其纠纷案件给法学理论与司法制度产生巨大挑战,因此互联网法院既要在传统司法规则下“戴着脚镣跳

① 叶竹盛:《互联网法院能解决哪些实际痛点?》,载《新京报》2017 年 8 月 21 日,A4 版。

② 徐隽:《互联网法院:“键对键”打官司》,载《人民日报》2017 年 9 月 6 日,第 19 版。

③ 麻策:《杭州互联网法院会带给我们什么未来》,载电子商务研究中心:http://b2b.toocle.com/detail--6402931.html,最后访问日期:2017 年 12 月 28 日。

舞”,也要对诉讼规则与审理机制进行创新。互联网法院集中管辖网络纠纷案件,可以借助司法的示范性和包容力弥补法律空白,破解传统诉讼规则不适应互联网案件特点的难题。在“互联网+审判”框架内,互联网法院既要借助裁判经验对现有诉讼进行全流程改造,也要主动探索符合我国国情、与在线审判规律相符的新型网络审判模式,构建案件管辖、身份认证、视频法庭、电子证据、举证责任等诉讼规则,提升审判效率,让人民群众在方便中感受到公平正义。①

四、笔者评论

作为“互联网+司法”的一大创新之举,杭州互联网法院在全国、乃至全世界范围内开创了一条全新的互联网法治道路,其成立不仅能为日益蓬勃的电子商务产业保驾护航,更推动我国司法审判体制改革向前迈进了一大步,对于建立更加专业、高效、便捷的司法审判模式具有深远意义。然而,新事物的成长必然伴随着坎坷和“阵痛”,互联网法院的发展和推广仍面临着一系列严峻的现实问题。

(一)新技术可引发“新问题”,配套制度需尽快完善

网上在线立案、网络视频庭审等新技术手段是互联网法院诉讼程序创新的亮点,然而这些新技术也可能会给司法审判工作带来一系列“新问题”。

互联网法院对于网络技术十分依赖,全程在线庭审虽说满足了当事人足不出户即可“打官司”的便捷,却也对法院的互联网技术提出了更高的要求。例如,在诉讼主体的身份确认方面,基于互联网的匿名性和虚拟性,如何确保网络诉讼当事人的真实身份是一大难题。尽管现在已经有了网络实名认证,但在公民个人信息极易被盗用的当下,纯粹的在线网络立案难以保证当事人身份的真实,仍可能需要法院再次进行“线下认证”。再如,在举证、质证环节,如何实现对证据的认定?当事人通过拍照和扫描上传的电子证据的内容极易被修改,而实物证据又难以通过网络视频展示其全貌,如果法院的审核技术跟不上,则很有可能被人利用,不仅影响证据认定的效果,甚至可能改变审判结果。相应的,当事人、代理律师、证人的个人信息及隐私,也需要法院提升技术以避免信息泄露。同时,网络远程审判可能使司法原有的威严感和震慑作用有所减弱,如何避免恶意破坏法庭纪律、妨碍诉讼的情况发生,如何实现及时追责,这些问题都需要通

① 谢军:《互联网法院需技术与法律双轮驱动》,载《法制日报》2017年8月22日,第7版。

过尽快完善相关配套制度来解决。此外，网络庭审技术目前仅适用于杭州互联网法院，如果当事人对于法院判决不满提出上诉，那其在二审期间依然要从外地赶来杭州，这与互联网法院本身追求的“便捷高效”似乎有所矛盾。

面对这一系列的问题，互联网法院应当积极设计、完善相应的配套制度，如补充制定互联网法院法、对民事诉讼法证据规则相关部分进行完善、配套较好的软硬件设备及成熟稳定的网络、完善数字加密技术等。通过制度创新来妥善解决所面临的挑战，这不仅是保证互联网法院公正司法、彰显司法公信力的必然要求，也是互联网法院作为改革“先行者”的艰巨使命。

（二）“杭州经验”的推广当因地制宜，“互联网思维”是关键所在

在“互联网＋”大背景下，互联网法院不能仅是杭州的“专利”，其逐渐扩展是必然趋势。作为互联网司法规则制定的“试验田”，杭州互联网法院在一次次司法实践中累积的“杭州经验”，将为今后互联网法院在全国范围内逐步建立打下良好基础。

然而，经验的推广应当以考虑自身实际为前提，切不可为跟风而盲目“撮合”法院与互联网。杭州互联网的成功，有其得天独厚的优势。早在2011年，杭州法院就开始积极探索新型网络空间治理模式。杭州作为互联网经济发达地区，聚集着一大批著名互联网企业，拥有阿里巴巴、支付宝、淘宝、天猫、网易等众多知名电商企业，涉电子商务纠纷频发，现实司法需求大。并且，在2015年4月，浙江省高级人民法院便开始布局“互联网＋司法”的新模式，确定由西湖、滨江、余杭三家基层法院和杭州市中级人民法院作为试点法院，分别审理网络支付纠纷、网络著作权纠纷、网络交易纠纷及其上诉案件，多年来的互联网案件审判经验为杭州互联网法院的最终成立打下了坚实基础。[①] 此外，相关企业也向杭州互联网法院积极提供技术和硬件支援，群众所能看到的语音识别笔录、视频庭审、大数据分析，其背后不仅是先进的硬件设备在支撑，更是有法院领导的“互联网思维”在引领。

尽管“互联网法院”应当成为司法审判体制改革的潮流，然而必须要找准时机，因地制宜。要想让互联网与司法“亲密结合”，各地法院必须要先培养起“互联网思维”。所谓“互联网思维”，不是要求法院精通互联网或者专业技

① 肖菁、吴勇：《5分钟交诉状中国首家互联网法院为何选择杭州》，载浙江在线：http://hangzhou.zjol.com.cn/system/2017/06/27/021543495.shtml，最后访问日期：2018年1月3日。

术，而是要学会站在互联网的立场，对整个司法生态链进行审视。具体而言，“互联网思维”不是浅显地追求互联网形式，盲目照搬各种系统、平台，最终将互联网法院搞成只抄表面不论实质的“四不像”，而是立足于法院工作实际，结合地方特色，以服务人民为根本，让互联网技术为法院助力，在适当范围内创新审判体制，简化诉讼程序，从而让司法更加公正、高效、便捷。互联网法院的推广必须杜绝形式主义，不要让“互联网＋司法”成为政绩宣传的“一阵风”运动。

（三）技术不可取代人，“互联网＋司法”的终极在何处？

杭州互联网法院的诞生也引起了公众对法律与人工智能（artificial intelligence，AI）的思考。目前，人工智能技术也开始涉足法律领域。自2015年最高人民法院正式提出“智慧法院”的概念以来，司法系统就依托人工智能（AI）、大数据（big data）、云计算（cloud computing）等先进的“ABC”互联网技术，变得越发数字化、信息化、智能化。有学者指出，当AI法院发展起来后，还能像律师一样为当事人答疑解惑：比如还缺什么证据、胜诉概率多大、打赢官司执行难易等。而除了类案查询，人工智能助力法院之后，还能进行判案难度分析，预测审判结果，甚至是判罚趋势。①

从长远来看，互联网法院是传统法院发展的必然趋势，而当互联网法院发展到后期，数字技术会尽可能地取代传统法院中的各个繁杂角色，以更高科技的手段助力司法，让审理更快捷，降低诉讼成本，司法效率也将大大提升。或许在未来，现实和虚拟的界限会变得越来越模糊，人们在诉讼活动中会接触到越来越多的智能设备，看到越来越少的人。然而，这一现象究竟是好是坏？“互联网＋司法”的终极究竟在哪里呢？

其实，至少在司法层面，技术是难以完全取代人的。与人类相比，人工智能对于法律的理解、解释和运用都缺乏伦理层面的考虑，而完全的客观数据分析也不等于是公正理性的司法。或许AlphaGo可以穷尽一切算法来找到赢得围棋比赛的关键落子点，但它可能无法在复杂的人情社会中计算出“公正”的标准是什么，这也是人类相对于人工智能而言的重要优势。实际上，无论技术如何发展，它都应当以为人服务为前提。人情伦理为“互联网＋司法”划清了一条技术的

① 徐瑞哲：《人工智能AI法院：免费自动生成一纸诉状并不难，法官一年判300个案子也不算多》，载上观新闻：http://www.jfdaily.com/news/detail?id=70984，最后访问日期：2018年1月3日。

边界，而对于未来互联网法院可能产生的新的伦理问题，仍需要理论界和实务界共同研究和解决。

（本文作者彭桂兵，华东政法大学传播学院副教授）

（感谢陈煜帆对本文的帮助）

重要历史时期,引领全面进入依法治国的新时代

一、入选理由

中国共产党第十九次全国代表大会,是在全面建成小康社会决胜阶段、中国特色社会主义进入新时代的关键时期召开的一次十分重要的大会。《中国共产党第十九次全国代表大会关于十八届中央委员会报告的决议》指出,党的十九大报告"深刻阐述了新时代中国共产党的历史使命,确立了习近平新时代中国特色社会主义思想的历史地位,提出了新时代坚持和发展中国特色社会主义的基本方略,确定了决胜全面建成小康社会、开启全面建设社会主义现代化国家新征程的目标,对新时代推进中国特色社会主义伟大事业和党的建设新的伟大工程作了全面部署"。

党的十九大报告提出新时代中国特色社会主义思想和基本方略,把坚持全面依法治国确立为新时代坚持和发展中国特色社会主义基本方略的重要内容,对深化依法治国实践作出了全面部署,为建设中国特色社会主义法治体系、建设社会主义法治国家指明了前进的方向。

二、事件回顾

中国共产党第十九次全国代表大会于 2017 年 10 月 18 日至 10 月 24 日在北京召开。习近平总书记在十九大报告中用"民主法治建设迈出重大步伐"这十二个字介绍了十八大以来的法治建设工作和历史变革。习近平总书记指出,在过去的 5 年中,"民主法治建设迈出重大步伐。积极发展社会主义民主政治,推进全面依法治国,党的领导、人民当家作主、依法治国有机统一的制度建设全面加强,党的领导体制机制不断完善,社会主义民主不断发展,党内民主更加广泛,社会主义协商民主全面展开,爱国统一战线巩固发展,民族宗教工作创新推进。科学立法、严格执法、公正司法、全民守法深入推进,法治国家、法治政府、法治社会建设相互促进,中国特色社会主义法治体系日益完善,全社会法治观念明

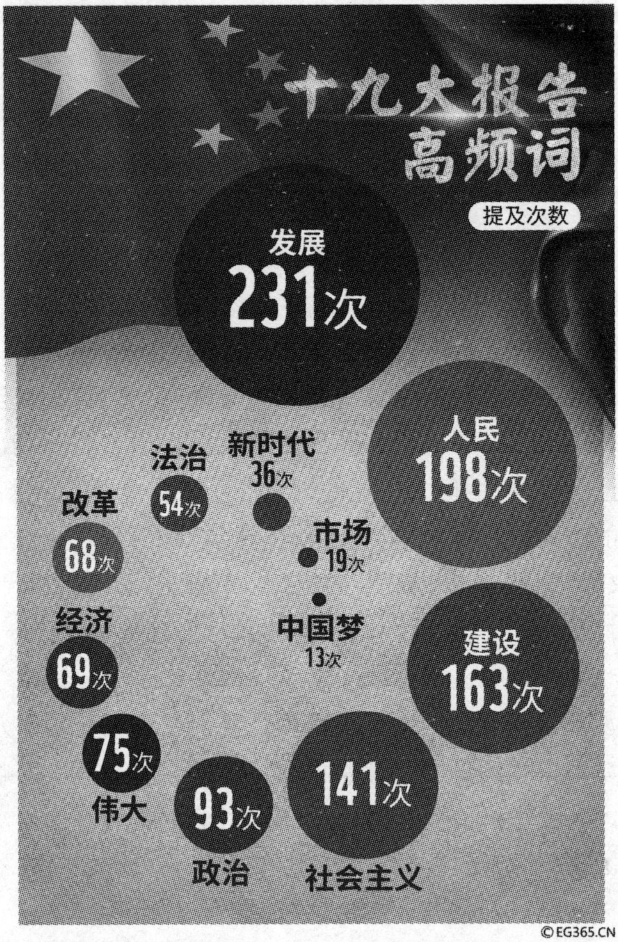

显增强。国家监察体制改革试点取得实效，行政体制改革、司法体制改革、权力运行制约和监督体系建设有效实施”①。

党的十九大报告明确将“坚持全面依法治国”作为新时代坚持和发展中国特色社会主义基本方略之一，报告指出，“全面依法治国是中国特色社会主义的本质要求和重要保障。必须把党的领导贯彻落实到依法治国全过程和各方面，坚定不移走中国特色社会主义法治道路，完善以宪法为核心的中国特色社会主义法律体系，建设中国特色社会主义法治体系，建设社会主义法治国家，发展中

① 习近平：《决胜全面建成小康社会　夺取新时代中国特色社会主义伟大胜利——在中国共产党第十九次全国代表大会上的报告》，人民出版社2017年版，第4页。

国特色社会主义法治理论,坚持依法治国、依法执政、依法行政共同推进,坚持法治国家、法治政府、法治社会一体建设,坚持依法治国和以德治国相结合,依法治国和依规治党有机统一,深化司法体制改革,提高全民族法治素养和道德素质"①。

党的十九大报告提出要"深化依法治国实践""深化司法体制综合配套改革",十九大报告指出,"全面依法治国是国家治理的一场深刻革命,必须坚持厉行法治,推进科学立法、严格执法、公正司法、全民守法。成立中央全面依法治国领导小组,加强对法治中国建设的统一领导。加强宪法实施和监督,推进合宪性审查工作,维护宪法权威。推进科学立法、民主立法、依法立法,以良法促进发展、保障善治。建设法治政府,推进依法行政,严格规范公正文明执法。深化司法体制综合配套改革,全面落实司法责任制,努力让人民群众在每一个司法案件中感受到公平正义。加大全民普法力度,建设社会主义法治文化,树立宪法法律至上、法律面前人人平等的法治理念。各级党组织和全体党员要带头尊法学法守法用法,任何组织和个人都不得有超越宪法法律的特权,绝不允许以言代法、以权压法、逐利违法、徇私枉法"②。

三、各方观点

中国社会科学院法学研究所研究员　谢增毅:党的十九大报告强调继续统筹推进"五位一体"总体布局、协调推进"四个全面"战略布局,对全面依法治国提出了一系列新的思路、新的战略、新的举措,描绘了新时代全面依法治国的伟大蓝图,是指导新时代全面依法治国的纲领性文件。谢增毅认为,报告科学总结了过去5年我国全面依法治国取得的辉煌成就,全面依法治国的战略地位更加突出,全面依法治国的基本方略更加成熟,全面依法治国的阶段目标更加清晰,全面依法治国的实践措施更加深化,全面依法治国的覆盖领域更加广泛,全面依法治国的具体任务更加明确。在此基础上,全面依法治国的时间表、路线图、任务书更加清晰、更加定型、更加成熟。在习近平新时代中国特色社会主义思想的指引下,法治中国的目标必将实现。③

---

① 习近平:《决胜全面建成小康社会　夺取新时代中国特色社会主义伟大胜利——在中国共产党第十九次全国代表大会上的报告》,人民出版社2017年版,第22~23页。

② 同上书,第38~39页。

③ 谢增毅:《新时代全面依法治国的伟大蓝图》,载《中国社会科学报》2017年12月27日,第4版。

国家行政学院教授　竹立家：“坚持全面依法治国”被纳入新时代坚持和发展中国特色社会主义的基本方略，这标志着我们党对建设法治中国的理论探索和实践发展都达到了新的高度。法治是社会治理的基本方式，也是社会安定与人民幸福的基本保证。应坚持法治思维、法治理念、法治规划，将全面依法治国体现在改革、发展实践的方方面面。①

中国社会科学院法学研究所研究员　支振锋：党的十九大作出了“中国特色社会主义进入新时代”的重大判断，并指出我国社会主要矛盾已经转化为人民日益增长的美好生活需要和不平衡不充分的发展之间的矛盾。在稳定解决十几亿人的温饱、全面建成小康社会之后，人民美好生活需要日益广泛，不仅对物质文化生活提出了更高要求，而且在民主、法治、公平、正义、安全、环境等方面提出了日益增长的要求。这些方面的每一项进步，都需要法治建设协同跟进，都需要依法治国予以保障。中国特色社会主义建设进入新时代，面临新形势、站上新起点，为我国法治建设提供了宝贵的历史机遇，必将引领我国社会主义法治建设进入新时代，从而更好实现全面依法治国总目标，更好维护国家法制统一、尊严、权威，更加强化人权法治保障，保证人民依法享有广泛权利和自由。②

中国社会科学院法学研究所研究员　莫纪宏：新时代中国特色社会主义思想明确全面推进依法治国总目标是建设中国特色社会主义法治体系、建设社会主义法治国家，有助于从理论上进一步增强走中国特色社会主义法治道路的自信。同时，坚持中国特色社会主义法治理论，全面推进依法治国，有利于为新时代中国特色社会主义伟大实践的其他领域和所有方面提供法治保障。坚持全面依法治国，作为新时代坚持和发展中国特色社会主义的基本方略之一，与其他基本方略一起，围绕着全面准确贯彻落实新时代中国特色社会主义思想，共同推进新时代中国特色社会主义的伟大实践。③

广州大学教授、中国社会科学院荣誉学部委员、著名法学家　李步云：“依法立法”可以从两个层面去理解。关于“依法”，过去我们通常将其与行政机关、司法机关联系起来，但对于立法机关如何在立法中依法恪守相关制度和程序强调

---

① 金园园：《新时代奏响“全面依法治国”最强音——访国家行政学院教授竹立家》，载《人民检察》2017年第21期。

② 支振锋：《十九大引领依法治国新时代》，载《人民日报》（海外版）2017年12月13日，第5版。

③ 莫纪宏：《新时代中国特色社会主义思想绽放法治光芒》，载《检察日报》2017年10月23日，第3版。

得较少,因此这一提法强调了将立法机关也纳入“依法”的范畴。在立法上过去多强调“科学立法”“民主立法”,现在将“依法立法”与前两者并列,说明我们党在新的历史时期对立法工作提出了更高要求。要实现“依法立法”,目前需要解决立法人才比较匮乏的问题。建议在人大系统全面开展立法工作培训,使从事立法工作的人员尽快掌握立法规律与规则。《立法法》修改后赋予了所有设区的市地方立法权,这让各地对立法人才产生巨大需求。通过培训与借助专家资源,让立法工作一方面依照“依法立法”要求杜绝越权立法、乱立法现象;另一方面避免不作为、不立法,让地方立法权真正能够发挥其制度潜力。①

中国人民大学法学院院长　王轶教授:中央成立全面依法治国领导小组具有深远的现实意义和历史意义。首先,这极大提高了全面推进依法治国战略的权威性和实效性,政治站位高,由党中央统一领导、全面推进法治战略落地;其次,有利于全面推进依法治国战略举措的顶层设计,体现了中央对法治建设全方位的统一领导,增强了制度定力。中央全面依法治国领导小组的成立,有助于依法执政与依法治国有机统一,党的意志与国家意志、人民利益更好实现统一,党内法规体系与国家法治体系协同发展,为建立统一权威高效的合宪性审查机构奠定基础。②

中国政法大学法学院院长　焦洪昌:加强宪法的实施和监督,十八届四中全会就已经提出来了,但是具体到如何加强宪法的实施和监督,当时是提出要强化宪法监督的体制机制建设,但是,体制机制核心涉及合宪性审查工作怎么推进的问题。十九大报告首提“推进合宪性审查工作”既是报告的一大亮点,也是对推进宪法实施和监督工作的具体落实和推进,同时也会是中央全面依法治国领导小组的重要工作内容。对于如何推进合宪性审查工作,焦洪昌认为主要应明确这几个方面的问题:第一,合宪性审查工作具体由哪个部门来推进实施,未来的机构配置应该尽快跟上;第二,推进合宪性审查工作,要明确合宪性审查的对象;第三,合宪性审查的工作机制问题,要明确具体由哪些机关来提起合宪性审查申

---

① 张璁:《以良法促发展保善治——法学家李步云谈“依法立法”》,载《人民日报》2017 年 10 月 21 日,第 10 版。

② 卢俊宇:《专家:成立中央全面依法治国领导小组意义深远》,载新华网:http://www.xinhuanet.com/politics/19cpcnc/2017-10/22/c_129724615.htm,最后访问日期:2018 年 1 月 23 日。

请;第四,对违宪的法律法规处理的问题,包括处理方式和处理时效的界定等。①

国家行政学院行政法研究中心副主任　张效羽:党的十九大报告“对于全面推进依法治国工作做了很多重要论述,这些论述将成为中国特色社会主义新时代全面推进依法治国的总纲领”。张效羽认为,十九大报告明确提出,全面依法治国是中国特色社会主义的本质要求和重要保障,这是新时代对于法治认识的进一步深化。十九大报告还指出,要增强依法执政本领,加快形成覆盖党的领导和党的建设各方面的党内法规制度体系,加强和改善对国家政权机关的领导。这一论述非常重要,也有很强的针对性和现实性。党的执政必须依法执政、科学执政、民主执政,这其中的底线就是依法执政。党如何依法执政、如何在宪法和法律的框架内实现领导、如何通过党内立法和国家立法的方式确保依法行政、科学执政、民主执政,是新时代法治建设的重大课题。

四、笔者评论

综合学术界及业界各方专家的观点,学术界和舆论界已经形成共识的是,十九大报告不仅清晰地绘制了新时代全面依法治国的蓝图,且其中关于“依法治国”的若干论述是新时代推进全面依法治国的总纲领,它将以高瞻远瞩的姿态为建设中国特色社会主义法治体系、建设社会主义法治国家指明方向。

党的十九大报告对依法治国的系统化论述是党的十八大以来以习近平同志为领导的党中央治国理政智慧的高度总结和概括,它不仅是中国特色社会主义法治理论的重要构成,更是习近平新时代中国特色社会主义思想的重要组成部分。全面依法治国是党领导人民治理国家的基本方略之一,党的十九大报告中关于依法治国及法治建设的若干表述,既有对过去五年来经验、成果的高度概括和提炼,又有对当前和今后一段时期内全面依法治国艰巨任务的系统化描述,有对建设中国特色社会主义法治体系、建设社会主义法治国家宏伟目标实践路径的细化。全面依法治国既是新时代中国特色社会主义建设的重要组成部分,又是中国特色社会主义建设的本质要求和重要保障。

在对十九大报告进行反复研读及对全媒体数据挖掘分析的过程中,我们发现“依法治国”这一表述一直是中国媒体和网民经常使用的表达,这不仅仅是中

① 黄玉琦:《焦洪昌:十九大报告提出要依法立法　即破除部门利益法律化问题》,载人民网:http://www.people.com.cn/n1/2017/1021/c32306-29600242.html,最后访问日期:2018 年 1 月 23 日。

国的舆论界和普通民众格外关注法治问题的体现,也从一个侧面反映出中国社会对公平、正义的强烈呼声。我们对“全面依法治国”这一关键词进行了全网数据的挖掘后发现,自2017年10月1日至12月31日,全网中至少有38.10万条/篇新闻报道或网民议论与此相关,其中微博的数据占比23.88%,微信占比16.59%,网站占比15.08%,并且从数据的总体走势上看与“党的十九大”这一议题高度相关。笔者认为:第一,“党的十九大”及“全面依法治国”均属于全网最具有影响力的重要话题,且两者具有很强的一致性,即全面依法治国是党的十九大精神的重要组成部分,而深入学习和贯彻党的十九大精神也需要不断宣传和推进“全面依法治国”深入人心,并使其转化为推动中国民主法治建设进步的重要力量;第二,从笔者的观察来看,“依法治国”一直是近年来媒体与网民传播、热议的高频关键词,其间除却十八届四中全会等重要的关键节点对于话题的传播有所提升之外,一些有较大社会关注度的涉法事件往往是撬动舆论热潮的重要支点,这意味着除却媒体需要认真宣传和传播十九大报告中所蕴含的丰富的法治精神之外,具体的法治实践在助推全面依法治国战略深入人心方面更具有阐释力。

(本文作者孙祥飞,华东政法大学博士)
(感谢李飞对本文的帮助)

儿童向左，世界向右

——浅议儿童救助案的隐私与保护

一、入选理由

互联网创造了便利，也给某些黑暗角落的生物提供了交流平台。

自2014年起，笔者先后在微博曝光了上百例的儿童虐待伤害案件，其中多数得到了及时处理。特别引起关注的有珠海公交猥亵女童案、南京李征琴虐待养子案、南京高铁猥亵女童案等。儿童虐待案中，儿童被性侵，则是最为棘手，曝光处理过程中最拿捏不准的案件。

这些案件的共同特点是，儿童被虐待的视频或照片，被偶然发现者拍摄，之后又出于各种心理动机，发布于网络上。

这些视频里，儿童或遭遇残酷的殴打，伤痕清晰，惨叫历历在耳，或遭到肆无忌惮的猥亵，猥亵者竟然在公开场合对儿童下手。

这些影像资料的共同点有三：一是出于偶然，让原本隐蔽在家庭保护外衣下的罪恶曝光。二是施害者与其说肆无忌惮，不如说是一种习以为常的麻木——他/她们已经这样做了很多次，以至于已经不在乎是不是在别人的视线里，最终得以被公众看到。三是都触目惊心，立即引发关注。

二、事件回顾

2017年8月，南京高铁车站候车厅里，两个女孩无意中看见了让她们瞠目结舌的一幕：对面，一个20岁左右的男孩，拿出手机，哄劝一个小女孩坐在他腿上，女孩专心地看着手机，男孩娴熟自然地把手伸进了女孩的胸口……

众目睽睽之下，他毫无顾忌。目睹这一切的两位女孩本素不相识，被这超级反常而当事人却若无其事的一幕完全震惊了，女孩们悄悄拍下了照片，并在一起窃窃私语，讨论该怎么办。

被猥亵的小女孩看起来不足十岁！

男孩在公开场合都这样对待她，背人耳目时，他会做什么？

小女孩的身份也很突兀，她和同行的两男一女看起来很熟，但绝对不像是亲生家庭。像是养女，也像是被委托给另外一家人同行的邻家女儿。

当那一行三人意识到对面有人在拍摄，年长的男子（后证实为猥亵者的父亲），明显也看到了自己儿子的不当举动，却没有斥责，而是匆匆带着一家人和小女孩离开了。

拍摄照片的女孩其中一个是在校大学生，也是笔者的微博粉丝。而那一阵，她一直关注笔者在微博上打击猥亵儿童的行为。

笔者根据多年的儿童救助经验和一些行为学分析，从这一家人的坐姿、座次分配，以及目击者描述的几人之间的互动，判断女孩不是这个家庭的亲生孩子，来历可疑（事后这一点得到了验证）。而猥亵者敢于公然这样下手，在无人处，很可能会有进一步的侵害。

最终，笔者决定将这张证据确凿的猥亵照片发布于微博，给女孩面部打码，但公开她周围的几个成年人和加害者的照片，并呼吁全网寻找这个女孩，尽快拯救孩子脱离魔爪。

网络搜索发挥了巨大的力量，同时南京高铁警方也在通过天网系统，积极查找对比这一家人和女孩。微博发布后不足 48 小时，来自河南滑县的猥亵儿童嫌疑人及其家人均被找到。而猥亵者旋即落网，被依法刑拘，并进入了司法程序。

女孩的身份随即被证实，是来历不明的“被收养”女孩，更有甚者，迅速有网友发现了疑似其养父的 QQ，在其 QQ 空间里发现了大量的女童的不雅照片和部分涉及幼女的色情视频。

据此，笔者和不少网友都向河南省公安部门进行了举报：一是女童是否非法收养；二是女童的不雅照到底是何人拍摄？在 QQ 空间里上传色情视频，而且是公开可见的，是否涉嫌传播淫秽色情制品？

据河南省公安部门反馈，河南省公安厅成立专案组，正在调查。相信应该会有一个结果公布。

三、各方观点

江苏三曦律师事务所律师　罗利军：即使是亲兄妹，出现如此事件，也可定性为猥亵。不过，在处罚上，公安机关可能会考虑到这种关系，会酌情减轻处罚。按照《刑事诉讼法》的相关规定，涉嫌猥亵 8 岁以下女童的，属于公诉案件，嫌疑人很难逃脱处罚。而 8 岁以上未成年女童被猥亵的，则属于自诉案件，原则上不告不理。①

凤凰评论：嫌疑人会受到何种惩处或许并不是最让人担忧的，警方已经表态将依照情形依法严肃处理。更令人不安的其实是小女孩身边“疑似父母”的人那两张麻木不仁的脸。

两张脸上的漠然、对猥亵的无意识，也许还有农村特有的对男丁的偏爱纵容，简直太难被言语展现出来。即便他们察觉到不妥，“家丑不可外扬”的文化思维又成为一种和稀泥的最好台阶。

监护人的漠然不语，无疑也是一种犯罪。家长对熟人“过分亲昵”的无视、轻忽，都是把天真的孩子推向了恶魔。甚至还有一些网友不负责任地说：“人家家长都没说，关你啥事?”恰恰是这样一些不懂法也不懂保护孩子的轻率之言，把那个小女孩推向无人可以求救、只能沉默的黑暗深渊。②

北京炜衡(成都)律师事务所律师　袁志：当“南京南站猥亵女童案”被曝光后，引发了如何保护、防范未成年被性侵害的广泛讨论，人们纷纷从制度、观念、教育等方面提出各种各样的建议，呼吁全社会关注未成年人被性侵害的问题。但这中间，却忽略了对一个很重要问题的讨论，那就是曝光者通过自己微博曝光是否妥当的问题。微博曝光能很快聚集舆论力量，引发公众对案件的关注，促使相关部门迅速介入处理。但这种方式会带来严重的负面影响，并不利于受侵害女童未来的成长。依法严惩性侵未成年的犯罪不是目的，更重要的是让受到性侵害的未成年人脱离阴影，健康快乐地成长。个人并不赞同曝光者通过微博曝光的方式，目击者完全可以向公安机关报案，既惩罚了犯罪，又尽量减少对受害人带来的不适感。③

中国社会科学院法学研究所研究人员　胡昌明：按照《刑法》第 237 条的规定，以暴力、胁迫或者其他方法强制猥亵他人或者侮辱妇女的，处 5 年以下有期徒刑或者拘役。聚众或者在公共场所当众犯前款罪的，或者有其他恶劣情节的处 5 年以上有期徒刑；猥亵儿童的，依照前两款的规定从重处罚。

---

① 梅建明：《涉嫌猥亵女童的男子被警方抓获》，载《扬子晚报》2017 年 8 月 15 日，A4 版。

② 安安：《南京猥亵女童事件：漠然无知也是一种“犯罪”》，载凤凰网：http://news.ifeng.com/a/20170814/51632611_0.shtml，最后访问日期：2018 年 1 月 1 日。

③ 袁志：《所有人的正义——换个角度看南京猥亵女童案》，载新浪网：http://news.sina.com.cn/sf/expert/ls/2017-08-18/doc-ifykcppx9126884.shtml，最后访问日期：2017 年 12 月 20 日。

猥亵,指以刺激或满足性欲为目的,进行性交以外的淫秽行为。就猥亵儿童而言,猥亵方式上则没有强制性的要求,只要有猥亵儿童的行为即可构成本罪。

该案嫌疑人在公共场所,当众将手伸进被害人的衣服内抚摸其胸部,而胸部属于性象征意义的隐私部位。应当认定为"公共场所当众猥亵"行为。该案发生在公共场所,人流量大,影响恶劣,且遭猥亵的女童未满 14 周岁。因此,段某某不仅构成了猥亵儿童罪,而且依律应当处 5 年以上刑罚。①

四、笔者评论

关心儿童,是人类一种最为朴素的情感。这些被虐待(猥亵)的儿童的境遇一经曝光,引起了地震一样的关注。

但是此案激起千层浪之后,有一种声音是否定公众及当事人的努力的。否定的理由就是,将小女孩的"养父母"和涉嫌猥亵她的"哥哥"曝光于网络,是否会最终导致女孩的身份曝光?是否侵犯了这家人的隐私?是否会对女孩的隐私造成损害?如果这家人儿子父亲都被抓起来了,女孩未来怎么办?这次曝光是否会对她的生活造成伤害?

这些问题都很有意义。

事实上,它也是世界儿童福利保障法不断进展中会遇到的共同问题。儿童虐待,躲藏在家庭的庇护伞下,尤其是儿童虐待中的性侵害,更为隐秘,很难被发现,却对儿童创伤巨大。

整个儿童保护的发展进程,从最早提出了"国家亲权"理论的英国儿童权利法案,到联合国的《儿童权利宣言》和几乎世界各国都缔约的《儿童权利公约》(除了美国和索马里),这个过程,说到底,是一个国家亲权—国家监护人和家庭亲权—家庭监护人之间权力制衡的过程。

在 21 世纪,儿童的人权前所未有的高涨,侵害儿童的事件在全世界范围里都会激起舆论。然而,只消把眼光朝不远的历史投去一二百年,就会发现,儿童被视为独立的人也不过是区区百年间的事情。

古罗马的法律规定,父亲可以合法地三次把孩子卖为奴隶。而古代苏美尔人的铜表法写得很清楚,一个人的女儿被杀了,他可以杀死凶手的女儿作为报

---

① 胡昌明:《南京女童猥亵案中你应该知道的法律问题》,载新浪网:http://news.sina.com.cn/sf/expert/fg/2017-08-17/doc-ifyixtym6556232.shtml,最后访问日期:2017 年 12 月 31 日。

复——在现代文明的评估里，这样的同态复仇野蛮而不合理，凶手的女儿应该是一脸懵——我做错了什么事？

而在中国漫长的历史里，父母卖掉儿女是一种常见的行为，以至于电视里一度把牵着插草标的孩子沿街叫卖作为重点的苦情戏。

上述种种，都是将儿童视为家庭的私有财产。

直到20世纪，儿童才开始作为独立的人被看待，而且也作为独立的人享有自己的权利。因此，20世纪被称为儿童的黄金世纪。在这个世纪里，经过漫长的百年博弈和实践，最终各国都纷纷出台自己的儿童保障权利法案，来保护儿童，预防性侵。如美国的《预防儿童虐待与忽视法案》，如日本的《儿童福祉法》，并设立儿童福利保障局这样的部门。法律即国家意志，儿童权益最终由最高监护人——国家通过明确法律，透过执法部门予以确立。从此，家庭的专制主义结束了。

回到南京高铁猥亵女童案，此案极其典型，是一个监护人侵害女童（养女）的典型案例。涉案的男子，据说年仅18岁，刚刚成年，从他的行为来看，他的侵害绝对不止一天。哪怕他父亲涉嫌拍摄女童不雅照的违法行为暂时不能证实，至少其父其母对女童都严重忽视，或纵容儿子不法侵害。

如果在有儿童福利保障局的国家，此案处理或许不会如此棘手。警方会与专业的儿童社工、儿童心理专家共同行动，第一时间将受害女童与家庭隔离，警方介入调查，在儿童社工的陪伴下对女童询问、送医检查。最终检方起诉后由法庭裁决是否剥夺监护权，如果剥夺，儿童进入社会福利系统重新安置，去寄养/领养家庭。

但在我国，因为整个儿童福利系统处于“九龙治水”的格局，民政、公安、法院、检察院等多达十多个部门都与未成年人保护有关，而真正出现了侵害案，各个部门却无法有效联动，关节不通，效率迟滞。

至于“儿童及家庭的隐私权”是否受到伤害？答案是肯定的。但是这是在“儿童利益优先”“儿童利益最大化”的前提下所不得不做出的努力。隐私权的价值位阶低于儿童的人身安全。因此，当确信儿童正在遭受人身伤害时，公权力及其他公民有责任义务立即采取行动保护挽救儿童。

由于侵害儿童的行为隐秘，儿童性侵案很难被发现。在非常尊重人权的欧美，对于这类案件，却常常使用“钓鱼执法”的形式，去搜寻潜在的儿童性侵罪犯。

FBI 有专门的警察会埋伏在疑似恋童癖出没的网站、聊天室，甚至伪装成未成年人，去和潜在的恋童癖聊天，一旦对方上钩，试图将“虚拟的女童”约出来见面，在汽车旅馆里等他的将不是“女童”，而是警察。

警方甚至会查抄登录过儿童色情制品网站的 IP 地址，一旦确认地址所在的用户登录过儿童色情制品网站或持有儿童色情制品，警方就会破门而入，查抄个底儿朝天。在欧美，单纯地持有儿童色情制品也是重罪。

前不久，德国打击网络犯罪中心接到一起举报，有一个男子将性侵女童的视频发布于网络，视频上可见，一个五六岁的小女孩独自在房间里玩，一个男子走进来对她开始不轨，孩子发出痛苦的尖叫和挣扎。更恶劣的是，男子还在暗网上悬挂了转让女童的布告。

事态紧急，却没有任何找到孩子的线索，警方最终决定不打码将女童的面部照片发布于网络，并且动员全国寻找这个正在遭到伤害的小女孩。很快，一个崩溃哭泣的母亲打通了警方电话——她承认，自己看到了照片，惊恐地发现，竟然就是自己女儿。而加害者是她的现任丈夫，也就是孩子的继父。她竟然不知道自己的女儿就在身边遭受了这样的侵害！最终，通过全网寻找女童下落，这个在家庭中身处魔爪的孩子最终被解救。这在严格保护未成年人隐私的德国，是一种自相矛盾的做法吗？

德国对未成年人保护隐私有多在意呢？他们出台过两个法律条款：一条是家长如果未经孩子许可将孩子的照片擅自发布于社交网络，可能会违法。另一条是德国禁止在幼儿园、小学使用儿童安全手表这样的电子仪器，理由是可能会触犯到儿童隐私。

然而，在一旦确信有儿童的人身安全遭到侵害时，即使没有其他依据，德国警方也不惜一切，包括发布儿童面部照片，去寻找受害孩子。这就是笔者在上一节所说的价值位阶的排序——儿童的人身安全大于儿童的隐私大于家庭的隐私。

儿童利益优先可不是一句空话，在整个社会系统里，处处都可以看到。

一个真正的法治社会，应该是遵循“儿童利益最高、最优先、最大化”原则的社会。世界正在不断地建立被称为“很左”，甚至“很苛刻”“苛刻到极端”的保护体系，来确保孩子的利益。

以美国的梅根法案、杰西卡法案和英国的莎拉法案为例，曾经的性侵儿童的罪犯，即使服刑完毕，重归社会，也要遭到多重限制。他们居住的房屋要有醒目的标记，以提醒周围的居民，这里住着一个曾经的儿童色情罪犯。他们不得接近任何儿童公共场所，接近则是违法。他们甚至有很长时间必须佩戴电子镣铐、跟踪器。他们还要定期向当地的治安官或警察报到。

不客气地说，一旦与儿童色情犯罪沾边，在欧美，基本上一辈子都毁了，绝无可能重新回到正常的社会序列里去生活。

儿童保护向左，而世界正在向右。

我们在儿童救助中经常听到的一句话："哪有不爱孩子的父母？"一句话就否定、隐瞒监护人可能会对孩子造成的侵害。所以，我们的救助常常对抗的不是个体，而是一个文化的惯性。

中国正在由传统型农业社会向现代法治社会转轨，光清洗"父为子纲""孩子是家庭的私有财产"的遗毒观念，可能就需要多年。而让公众接受国家监护人的概念，明白儿童保护不是家庭的事，而是全社会的责任义务，也需要持久努力。

而国家监护人和国家监护人建立的儿童福利体系，就是为了保护他们而存在。路漫漫，其修远，共同努力。

（本文作者陈岚，作家、电视评论员、儿童救助机构"小希望之家"创始人）

法治新闻

法眼

FAYAN

导 语

法治思维是基于法治的固有特性和对法治的信念来认识事物、判断是非、解决问题的思维方式，而法治方式是运用法治思维处理和解决问题的行为方式，国家机关及其工作人员运用法治思维和法治方式来化解矛盾，可以较少留有后遗症。面对矛盾，国家机关及其工作人员要善于用法律上的事实分清是非，用权利义务思维分清对错，在法律框架内明确权利、界定义务。“法眼”这个栏目，从法治思维的视角去观察过去一年中国法治新闻中一些具体的“法律案件”，旨在共同探讨对现有法律的理解，或者对法律制度建设提出建设性意见。

凡是第一案（法），自然会格外引发法律专业人士的探讨，法院在审理时也会特别谨慎。比如，“文著协提起信息网络传播权第一案”，它涉及我国现阶段信息网络传播权管理的价值取向和法律定位，因此，这个案件的审理就会有标杆和导向作用。又如，最高人民法院出台了《关于适用〈中华人民共和国公司法〉若干问题的规定（四）》，（以下简称《公司法司法解释（四）》），不仅为各级法院审理股东权利和公司法人治理纠纷案件提供了依据，而且有利于营造稳定公平透明、可预期的营商环境，推动我国经济持续健康发展。再如，最高人民法院、司法部联合出台《关于开展刑事案件律师辩护全覆盖试点工作的办法》。对于这些“第一”，栏目作者均以“法治思维”予以考量。

对进入法定渠道的矛盾问题，要严格依据事实、法律，公开公正处理，以依法解决矛盾问题的实际成效，让群众体会公平正义、信服法律权威，从而形成办事依法、遇事找法、解决问题用法、化解矛盾靠法的良好环境。

文著协提起信息网络传播权第一案

一、入选理由

凡是第一案，自然会格外引发专业人士的探讨。此类新颖案件，法院在审理时也会特别谨慎。在案件中显示出的网络经营管理者和作者、出版者之间的权利冲突并非是一个简单的是非判断课题，它将涉及我国现阶段信息网络传播权管理的价值取向和法律定位，因此，这个案件的审理就会有标杆和导向作用。

二、事件回顾

2017 年 7 月，由于未经许可在网络平台上向公众提供汪曾祺代表作《受戒》等作品，《中国学术期刊（光盘版）》电子杂志社有限公司（以下简称学术期刊）和同方知网（北京）技术有限公司（以下简称同方知网）被中国文字著作权协会（以下简称文著协）诉至法院。由于此案原告文著协系我国目前唯一的文字著作权集体管理组织，而被告则是为社会熟知的提供大量知识信息资源的网络平台的运营者，加之此乃文著协自 2008 年成立以来依法维护其会员信息网络传播权的第一案。案件一经报道，就引起了社会的广泛关注。

2017 年 9 月 20 日，北京市海淀区人民法院公开审理此案。据法院网站报道，原告文著协诉称，汪曾祺先生是中国当代著名作家，系涉案作品《受戒》的作者。汪曾祺先生去世后，《受戒》一书的著作权利由三名子女汪明、汪朗、汪朝共同继承。经汪明、汪朗授权，汪朝以自己的名义授权原告对《受戒》进行集体管理。根据规定，原告有权对作品法定许可获酬权、汇编权、信息网络传播权、广播权、表演权、复制权等相关事宜，进行维权诉讼。2017 年 6 月，原告发现，两被告未经授权通过电子化复制将《北京文学》《文学界》《芳草》《朔方》《雪莲》《阅读》《天涯》《可乐》《名作欣赏》九种期刊、杂志上刊载的涉案作品在被告学术期刊经营的中国知网、同方知网经营的“全球学术快报安卓客户端、IOS 客户端”平台通过单次付费、包月、包年服务等方式向公众提供，获取非法收益。原告认为，上述平台不属于期刊，不享有法定许可权。两被告未经许可，通过信息网络向公众提供涉案作品的行为，侵犯了信息网络传播权，且侵权行为时间跨度大，主观意图恶劣，给著作权人造成严重经济损失。故诉至法院，请求法院判令：二被告停止侵权，在中国知网及手机客户端（全球学术快报）删除涉案作品；二被告连带赔偿经济损失5万元；承担合理费用1万元（律师费）。

被告学术期刊辩称：第一，在网络法定转载期间（2006年12月之前）已通过刊载《受戒》一文的期刊杂志社按当时国家相关稿酬规定支付了该作品稿酬；第二，对于答辩人在网络法定转载期间按当时国家相关稿酬规定通过刊载《受戒》一文的期刊杂志社或自行支付作者报酬却因无途径而支付未果，愿补发此部分稿酬；第三，对于2006年12月之后延续网络法定转载期间通过刊载《受戒》一文的杂志社支付作者报酬却因无途径而支付未果，并代表该等期刊杂志社愿按国家有关规定补发稿酬；第四，愿意与原告协商处理诉讼费用。

被告同方知网辩称："中国知网""全球学术快报安卓手机客户端""全球学术快报苹果手机客户端（IOS）"三个端口的账户登录信息、下载记录、付费信息具有一致性和同步性、访问的数据库均来自学术期刊。安卓客户端、IOS客户端中付费途径的收款人为学术期刊，其仅提供技术支持，不参与中国知网和全球学术快报APP的运营。

庭审中，在合议庭主持下，原被告双方均确认本案的争议焦点为二被告传播涉案作品的行为是否侵权以及经济损失赔偿额的计算问题。在审理过程中，原被告双方围绕争议焦点，针对二被告所转载的期刊收录涉案作品是否符合法定许可构成要件、网络转载行为是否需要征得作者授权、二被告是否向作者支付了报酬、经济损失赔偿额的计算依据等问题充分发表意见。合议庭充分听取双方诉辩意见，案件事实得到了全面的审查。考虑到原告在保护作者知识产权、促进作品广泛传播方面的重要作用，以及二被告在行业内的市场影响和愿意向作者支付报酬的主观意愿，法庭建议双方在庭后进行充分协商，争取通过诉讼达成合作、实现互利共赢的良好结果。①

但是，据财新网2017年11月1日报道，目前原被告已终止协商，正等待法

① 《海淀法院公开审理首例文著协起诉维护作者著作权纠纷案》，载北京市海淀区人民法院网站：http://bjhdfy.chinacourt.org/public/detail.php?id=5008，最后访问日期：2017年11月30日。

院判决。①

三、各方观点

文著协总干事　张洪波：当前，我国知识资源数据库平台蓬勃发展，一些大的数据库平台收录了海量的期刊、报纸、学位论文及会议论文，进行数字化加工，通过网络平台、APP进行传播、提供下载，也采取打包、定制等方式对国内外的企业、高校科研机构、图书馆等用户进行销售。按照著作权法规定，知识资源数据库生产企业收录作品、在网络上传播和向国内外用户销售，应当获得作品权利人授权并支付相应的报酬。但是，一些数据库生产企业未经权利人许可，长期、大量收录权利人作品，引起了很多权利人的不满。目前，知识资源数据库生产企业通过向报社、期刊社购买报纸、期刊同期电子版的方式和其他渠道，获得新闻作品、学术论文、学位论文、会议论文、文学艺术科学作品等海量知识资源。但许多报刊社没有得到作者或权利人的许可，不能对作者的信息网络传播权进行转授。对于没有得到明确授权的作品，知识资源数据库企业在网络平台予以收录、传播、销售，涉嫌侵犯权利人的著作权。以知网为代表的知识资源数据库生产企业使用了海量未经许可的作品，持续时间已有数十年之久，一直没有妥善解决授权问题，损害了权利人的权益。作为国家批准设立的著作权集体管理组织，文著协自2008年10月成立以来，就以密切关注会员和其他文字作者的权益维护与作品传播，坚决维护著作权人的合法权益，力争让权利人利益最大化。文著协希望通过此案，提醒和警示相关企业合法经营，尊重作品权利人的权益，重视作品的著作权问题。

法院受理该案的消息一出立刻引发业内外的高度关注。包括海淀法院网、北京法院网、人民网、新华网、央广网、光明网、中国网、中华网、中新网、人民政协网、北青网、澎湃新闻、凤凰网、蓝鲸网、搜狐网、新浪网、中国知识产权资讯网、南方网、天津网、广西网、《中国日报》《中国文化报》《北京日报》《法制日报》《法制晚报》《文汇报》《京华时报》等数十家媒体对该案做了报道。②

媒体普遍认为，文字作品网络传播过程中版权问题频发，个体作者维权难度

---

① 《作家汪曾祺去世20年陷版权纠纷　文著协发起维权第一案》，载财新网：http://china.caixin.com/2017-11-01/101164250.html，最后访问日期：2017年11月30日。

② 《文著协提起信息网络传播权第一案　中国知网成被告》，载中国记协网：http://www.xinhuanet.com/zgjx/2017-08/02/c_136492754.htm，最后访问日期：2017年11月30日。

大,集体管理组织充分发挥法定职能,积极为作者维权值得肯定。各家媒体都对文著协的诉讼维权行动表示十分关注,并认为文著协可在数字版权领域发挥更大作用。

光明网:因为此案刚进入诉讼程序,作为被告人的《中国学术期刊(光盘版)》电子杂志社有限公司和同方知网(北京)技术有限公司是否构成侵权,是否需要赔礼道歉、赔偿损失等,还需要经法院认定裁判。但是,不难推想的是,由著作权集体管理组织提起诉讼,相比之前个体的维权之诉,结局可能要更为乐观一些。作为一个专门的非营利性组织,相比起"孤掌难鸣"的个人,文著协就作品法定许可获酬权、汇编权、信息网络传播权等相关事宜进行交涉和维权诉讼时,会更有底气,也更加便捷。

而横亘在法律人面前的困难在于:著作权人和网络数据平台之间、版权保护与网络信息传播之间的平衡问题,如何在保障网络媒体对作品的海量、高速传播带来的经济、社会进步的同时,又使著作权人的权益得到充分的保护,这始终是一个两难的判断及选择。该案庭审当天,原被告双方在法庭上展开激烈交锋,双方围绕刊载《受戒》是否属于网络法定转载以及网络转载行为是否需要取得作者授权等争议焦点发表了各自的观点。①

学术期刊代理律师:转载《受戒》一文属于网络法定转载,不侵犯该文信息网络传播权。信息网络传播权,控制的是上传作品的权利,作品一经上传,该权利就已经行使了,后续转载不需要再次授权。目前存在于中国知网和全球学术快报手机端上的《受戒》都是在网络法定转载期间完成的,作品适用的法律条款应该是它第一次上传时的法律条款。2006 年 12 月前,网络转载法定许可期间转载《名作欣赏》中《受戒》一文,已根据期刊收录协议取得作者授权并按当时国家标准支付稿酬,《名作欣赏》杂志社也已向山西省版权交易中心支付《受戒》稿酬;为保持期刊完整性,电子杂志社重复收录了其他八种期刊中的同一作品,且向《朔方》《北京文学》支付了网络转载稿酬;在网络法定转载取消之后,电子杂志社延续使用了《受戒》。

文著协代理律师:电子杂志社作为中国知网的运营者,将相关刊物登载的作品复制后,集中上传至其服务器,并通过 PC 端网页、iOS 客户端、安卓客户端供

① 欧阳晨雨:《文著协首诉维权:不应只是汪曾祺的幸运》,载光明网:http://guancha.gmw.cn/2017-08/02/content_25388027.htm,最后访问日期:2017 年 11 月 30 日。

用户付费下载的行为,已经构成网络内容提供行为,属于信息网络传播权的控制范畴。首先,根据《期刊出版管理规定》《电子出版物出版管理规定》,中国知网(包括PC端网页、iOS客户端、安卓客户端)并非期刊,不享有法定许可权。因此,四本杂志的转载行为并不能适用于当年的法定许可。其次,按照法定许可相关规定,作品的使用者必须支付给作者稿酬才可以不经作者许可使用其文章,而中国知网提供的证据并不具有说服力。同时,此前刊载汪曾祺作品的杂志无法通过发表声明的方式来剥夺作者授予网络转载的权利,对于杂志是否经过授权、是否向作者支付过报酬,中国知网有义务进行核实;对于找不到作者的"孤儿作品",中国知网必须尽到合理、勤勉的查找义务,并出具相关的证据证明其曾经查找未果。最后,在2006年最高人民法院修改司法解释取消网络转载的法定许可后,中国知网的侵权行为一直持续至今。这种情况下,不应该适用法定许可,应适用新的司法解释。

学术期刊代理律师:在网络转载法定许可规定下使用作品所采用的作者稿酬处理方式,在实施中存在困难。由于作者已经逝世、无法联络到作者的继承人以及版权保护中心不单独接受作者稿酬转付业务等原因,杂志社没能支付稿酬。但此部分稿酬一直记在其账上并列入应付账款科目,其愿意借法院审理本案的机会,在法院、原告和有关方面指导下,协同各有关期刊杂志社,共同研究制定更为符合相关法律、更为科学合理的解决办法,以更好地维护作者合法权益,更好地为国内外读者提供服务。

四、笔者评论

此案如不能调解结案,自然也会有个司法结论,但相关的争议和探讨却还会持续下去。信息网络一直在以人们难以想象的速度不断发展,人们越来越习惯从网络空间去寻找业已发表的各种文学作品。对于网络经营者,当然希望能以更便捷的方式获得已发表文学作品,更及时地提供给网络读者。前文已回顾了此案争议的过程和内容。在本案中,文著协在诉讼中提出了三项请求,其关键的实质性请求是第一项,即要求确认被告侵权。可以预见的是被告在法律上是十分被动的,因为相关法律的规定已十分明确,无论从2006年最高人民法院相关司法解释,还是2015年4月17日国家版权局发布的《关于规范网络转载版权秩序的通知》均表明法律已明确网络媒体的转载不适用法定许可制度。从我国相关立法和司法发展进程上看,立法者通过司法实践最终选择了抛弃网络媒体转载的法定许可制度,因此笔者相信在较长一段历史阶段,网络经营者和著作权人都将在这样一个法律框架中依法运作和维权。

文学作品价值的实现在于传播,若在网络媒体中也能如在传统媒体中一样确立法定许可使用制度,显然可以使作品的传播更快更广泛,但是在满足社会公众信息文化需求的同时,如果不能对作者的创作产生激励,反而增加了维权难度,这样的制度设计就会有失偏颇。如今,我国现行的相应制度是在原先的制度设计上略向后退了一小步,更注重对著作权人的保护。事实上,我国的《著作权法》早已将信息网络传播权列为著作权的一项具体权利,网络转载有别于传统媒体的转载,法律根据网络转载的特点给予了特别关注,其转载权与传统媒体相比大大缩小。笔者相信随着网络运作整体法律制度的完善,其相应的转载制度还会有一定的变化。

网络空间是一个开放的空间,在网络环境下作品的传播和使用最终很难由个人传播和控制,由文著协出面诉讼维权是十分正确的方式。然而也应看到,网络空间作品的使用者寻找作者的成本很高,因此将作者授权视为作品使用的前提是不够经济的。但这已经是我国目前的法律制度安排,在这种情况下我们就要尊重这样的法律制度,同时积极寻求网络转载授权的创新模式,我相信,相关的制度应仍在探索中。

在现代社会中,总是会有许多权利冲突,如何使各种权利的相处更合理,就要有更合理的法律制度,对任何权利的过度保护都是有弊端的,在这个意义上讲,汪曾祺作品网络传播权案中的权利冲突本身是有积极意义的,它会让我们深度思考,并最终催生出更合理的相关制度和相关法律。

(本文作者丁晓文,上海邦信阳中建中汇律师事务所终身合伙人)

影视产业发展呼吁全面行业生态治理

一、入选理由

影视产业是文化产业中颇具活力与生命力的重要组成部分,在文化产业中占有重要地位。大力发展影视产业,对于推动社会主义精神文明建设、弘扬民族文化和民族精神、推动国民经济结构调整具有积极意义。近年来,随着我国对影视产业发展认识的深化,在相关政策、技术、资金、人才等各方面的共同作用下,我国影视产业步入了快速发展的时期,并逐渐从影视大国向影视强国迈进,但在此过程中也出现了诸多亟待解决的重要问题。

二、事件回顾

(一)《电影产业促进法》正式出台

2010 年 3 月,国务院法制办拟定了《电影产业促进法》立法工作计划,并正式启动立法调研工作,标志着改法立法进程进入实质性操作阶段。

2011 年 12 月 15 日,《电影产业促进法(征求意见稿)》在国务院法制办公室公布,征求社会各界意见。

2015 年 9 月 1 日,国务院总理李克强主持召开国务院常务会议,通过了《电影产业促进法(草案)》。

2015 年 10 月 30 日,第十二届全国人大常委会第十七次会议初次审议了《电影产业促进法(草案)》。

2016 年 8 月 30 日,第十二届全国人大常委会第二十二次会议分组审议了电影产业促进法草案二审稿。

2016 年 11 月 7 日,经全国人大常委会三次审议,第十二届全国人大常委会第二十四次会议以 146 票赞成、1 票反对、8 票弃权,表决通过了《电影产业促进法》。

2017 年 3 月 1 日,《电影产业促进法》正式施行。

《电影产业促进法》是我国文化产业领域的第一部法律,将长期以来中国电影产业改革发展的成熟经验上升为法律制度,为未来电影产业持续健康繁荣发展提供了有力的法制保障,对电影产业的长远发展具有里程碑意义。

（二）全国票房违法第一案,米瑞酷被罚 20 余万元

2017 年 3 月 1 日,《电影产业促进法》开始实施后,北京市文化市场行政执法总队(以下简称北京总队)执法三队迅速出击,检查电影放映单位 100 余家,立案 4 起,罚没款 30 余万元。其中,北京米瑞酷公司的案件引发社会广泛关注,被称为新法下"全国票房违法第一案"。该案从 3 月 23 日开始立案办理,到正式

结案公布仅半个月。

据了解,3月23日,北京总队执法人员在对北京米瑞酷公司(日坛店)进行执法检查时发现,其存在涉嫌虚报瞒报电影销售收入(票房)的行为。对该公司负责人给出的"影院刚成立、财务管理混乱"等解释,相关执法人员认为不能成立,因为其电影销售收入账面数据与上报国家电影事业发展专项资金管理委员会办公室的数据不一致。

北京总队当即立案调查。经核实,该公司2017年3月1日至22日,通过第三方电子商务售票平台(猫眼、淘票票、微影、糯米、卖座、时光网)和影院计算机售票系统销售收入合计111,533元,但实际上报的销售收入为63,983元,已构成瞒报销售收入47,550元的违法行为,违法所得为23,299.5元。

后执法人员调取了6家网票公司电影销售收入凭证和国家电影专资办的电影销售收入凭证、该公司的销售收入凭证和上报国家电影专资办的数据凭证。最终,北京总队依据《电影产业促进法》第34条"电影发行企业、电影院等应当如实统计电影销售收入,提供真实准确的统计数据,不得采取制造虚假交易、虚报瞒报销售收入等不正当手段,欺骗、误导观众,扰乱电影市场秩序"和第51条第1款"电影发行企业、电影院等有制造虚假交易、虚报瞒报销售收入等行为,扰乱电影市场秩序的,由县级以上人民政府电影主管部门责令改正,没收违法所得,处五万元以上五十万元以下的罚款;违法所得五十万元以上的,处违法所得一倍以上五倍以下的罚款。情节严重的,责令停业整顿;情节特别严重的,由原发证机关吊销许可证",责令该单位立即改正,并予以罚没款20余万元的行政处罚。①

(三)"限酬令"发布,演员总片酬不能超过总成本的四成

2017年9月22日,为了引导制作企业合理安排电视剧投入成本结构,优化片酬分配机制,推动影视行业投入与产出的良性循环,中国广播电影电视社会组织联合会电视制片委员会、中国广播电影电视社会组织联合会演员委员会、中国电视剧制作产业协会、中国网络视听节目服务协会联合发布《关于电视剧网络剧制作成本配置比例的意见》(以下简称《成本配置比例意见》),对演员的片酬进行了限制,要求全部演员的总片酬不超过制作总成本的40%。

《成本配置比例意见》指出,各会员单位及影视制作机构要把演员片酬比例

① 林靖:《影院瞒报票房首案 米瑞酷被罚20余万》,载《北京晚报》2017年4月14日,第8版。

限定在合理的制作成本范围内，全部演员的总片酬不超过制作总成本的 40%，其中，主要演员不超过总片酬的 70%，其他演员不低于总片酬的 30%。如有超出 40% 的情况，需要相关单位备案并进行说明。

《成本配置比例意见》表示，希望各会员单位、影视制作机构及广大电视剧网络剧从业人员要把德艺双馨作为职业理想和目标追求，自觉抵制不合理高片酬等不良行业风气。①

三、各方观点

（一）《电影产业促进法》激发产业活力

《法制日报》　韩浩月：《电影产业促进法》是我国文化产业领域的第一部法律，其中关于审查权限、电影在内容审查、评审人数等方面的规定都迎来了宽松的可能性，给创作者带来更开阔一些的创作空间。另外虽然从字面上看，“限制”比“鼓励”的内容要多，但“限制”所指方向，多和一些原则性问题相关，而对电影创新、电影评价体系完善等涉及优化电影创作环境的方面都进行了积极性规定，给电影创作者和广大受众都提供了更大的参与空间，整体来看，《电影产业促进法》的出台，对电影业各方面的发展都具有明确的促进意义。②

《中国新闻出版广电报》　王晓林　李丽：《电影产业促进法》在起草、审查、审议、颁布施行各阶段均引起社会各界广泛关注和讨论，充分反映出社会各界对通过该法律来规范我国电影产业、促使中国电影蓬勃发展的强烈期望。在内容中可以看到立法对中国电影产业的方向性指引，包括坚持产业化发展方向、促进与管控并行、重视文化属性、坚持法律的基础性、框架性规范作用。在具体规则上，该法对主体准入门槛、剧本备案、审查等制度进行松绑，并将相关权力下放，通过制度来保障市场秩序，营造健康蓬勃的产业环境。《电影产业促进法》为中国电影产业乃至文化产业的发展打下坚实的基础，我们可以期待在依法治国的语境下，不仅中国电影将在产业化道路上不断前行，我国的文化产业及软实力也

① 《电视剧制作成本配比意见发布：演员总片酬不能超总成本的四成》，载新浪网：http://tech.sina.com.cn/roll/2017-09-23/doc-ifymenmt6146122.shtml，最后访问日期：2017 年 12 月 23 日。

② 韩浩月：《电影产业法规激活创作活力》，载法制网：http://www.legaldaily.com.cn/commentary/content/2016-11/10/content_6871633.htm?node=34256，最后访问日期：2017 年 12 月 23 日。

将上一个新台阶。①

全国人大法律委员会副主任委员　李连宁：《电影产业促进法》一方面加大了对电影产业扶持发展的力度，放宽和降低了电影摄制的管理门槛；另一方面又规定了电影内容审查的要求。这样既为促进电影产业的发展提供了法律依据和保障，又依法守住了国家文化安全和社会主义核心价值观的底线。同时，该法很好地处理了电影产业的促进和电影行业管理的关系，处理了弘扬主流价值观和促进电影艺术繁荣的关系。并且，《电影产业促进法》还从法治的角度合理地规范了国内电影市场中国产电影和外国电影放映时间的比例，既保护和扶持了国产电影的放映，又规范了外国电影无限制涌入国内电影市场的行业现状。既有利于保证国家的文化安全，又有利于保护国内电影产业的合法利益，促进国产电影的发展。因此，《电影产业促进法》是我国思想文化领域立法的一个成功范例，值得我们今后在相关立法中参考借鉴。②

(二)法律利刃直指市场乱象

清华大学教授　尹鸿：影院市场快速发展的同时，许多新的影院面临经营压力，因此在外部压力和利益诱导下导致了票房造假的结果，而这一行为对于市场秩序、产业链条运转、行业环境的危害是巨大的。这些问题在《电影产业促进法》施行之前缺乏有效的法律手段去制裁和威慑，但在《电影产业促进法》施行后，不到一个月已经给了电影市场上的乱象沉重的一击。此次打击瞒报票房只是开端，随着未来相应法律法规的落地，市场暗涌终将曝光，产业顽疾终将根治。在有了这样一个良好的开端后，希望每一个电影从业者能够意识到自己对整个电影行业的责任，意识到遵纪守法是最基本的底线和要求。③

《光明日报》　朱昌俊：电影票房造假现象，犹如笼罩在中国电影市场的一层雾霾。过去，由于制度规范缺失，一些电影的票房造假即便人尽皆知，也只是为舆论场增加了热点话题，很少受到实际约束，这实际上是对电影行业基础秩序的破坏。而要解决这个问题，强化监管、明确规则，加大对造假行为的打击力度，

---

① 王晓林、李丽：《〈电影产业促进法〉：政策松绑激发产业活力》，载《中国新闻出版广电报》2017年11月2日，第8版。

② 《促进产业持续稳定健康发展　共创中国电影辉煌美好未来——来自电影产业促进法宣传贯彻座谈会的声音》，载《中国新闻出版广电报》2017年3月2日，第8版。

③ 《126家违法影院停业整改　尹鸿：遵纪守法是底线》，载华龙网：http://ent.cqnews.net/html/2017-03/30/content_41129817.htm，最后访问日期：2017年12月23日。

是清除电影市场隐患的基础工作。而宏观地看，促进中国电影产业发展，一方面，需要进一步简政放权，减少不必要的行政干预，让电影创作更多地回归艺术创作和市场规律；另一方面，应构建制度规范体系，对票房造假的规制就是其中一部分。从根本上来说，这种行为的产生与电影行业的“价值观”有关，因此综合来看，票房造假行为不仅要从外部规制上加大惩治力度，更需要上升到整个电影工业的现代化角度去求解。①

（三）治理“天价片酬”仍需明确细则

南开大学　陈鹏：此次《成本配置比例意见》对电影、电视剧、网络剧领域明星天价片酬的规定是对包括国家新闻出版广电总局在内的国家五部门联合下发《关于支持电视剧繁荣发展若干政策的通知》的积极落实。《成本配置比例意见》的出台，能够在一定程度上改善目前的影视剧制作成本结构，缓解片方在片酬方面的过度经济压力，为提升影视剧工业水平提供可能的环境和资源；与此同时，创造条件，让电视剧回归正确的价值轨道，挣脱单纯依赖明星而牺牲其他环节成本的恶性循环。但由于市场需求与供给不匹配、片酬主要由市场主导、《成本配置比例意见》中缺少对应的惩罚措施等原因，具体落实情况还有待观察，因此应当据此完善对接措施，建立激励机制，形成实施细则，从而使《成本配置比例意见》能够更好落地，促进中国影视行业制作费用结构合理化。②

央视新闻　王健：一直以来，影视明星收入过高的现象备受诟病，在这种情况下多部门联合下发“限酬令”，有利于遏制明星片酬的无限膨胀，让影视剧把有限的资金用在编剧和后期制作等关键环节上。但同时，也不可认为“限酬令”的出台可以使全行业药到病除，行业内部关系错综复杂，限酬令的实施可能会导致明星大量减少工作量或采取其他方式规避的情况的出现，因此需要建立和完善科学合理的电视剧投入、分配机制。然而要想做到这一点，既需要铁腕治理和合理引导的结合，又需要改变盲目追捧的风气，向电影市场中注入理性力量。③

① 朱昌俊：《驱散电影票房造假的雾霾》，载《光明日报》2017 年 4 月 17 日，第 2 版。

② 《独家专访丨学者陈鹏解读明星“限酬令”》，载搜狐网：http://www.sohu.com/a/194715919_505774，最后访问日期：2017 年 12 月 25 日。

③ 王健：《遏制电视剧行业乱象，仅靠“限酬令”还不够！》，载搜狐网：http://www.sohu.com/a/194127719_717968，最后访问日期：2017 年 12 月 25 日。

中国视协主席　胡占凡：在影视制作中，明星为影视艺术做出了很大的贡献，明星报酬高于其他演员或工作人员是合理的，但明星片酬畸高就会影响电视剧行业的健康发展。而目前电视剧的大量资本都流向了明星，这是一种不正常的情况。而解决这个问题比较复杂，仅靠广电部门、电视台、电视剧制作机构等任何一个部门都解决不了，靠明星自身更不可能解决，因此需要多管齐下、共同发力，通过法律和政策进行约束。另外在具体实施上，五部委下发的通知仍需出台配套细则。①

四、笔者评论

大力发展影视产业，对于推动社会主义精神文明建设，弘扬民族文化和民族精神，推动国民经济结构调整，具有积极而重要的意义。近年来各类新兴媒体如雨后春笋，给传统影视行业带来了不小的冲击和改变。国家为了帮助影视行业更好地应对挑战，促进影视产业的健康发展，规范市场秩序，满足人民群众日益丰富的文化需求，制定并推出了我国文化产业领域的第一部法律——《电影产业促进法》，并于2017年3月1日起开始实施。

无疑《电影产业促进法》的实施对于推动我国影视产业发展是具有里程碑意义的：首先，它在在电影产业导向、创新、地方责任、类型题材等方面做出了明确规定，构建了体系完整、导向明确的法律框架，从而真正做到了使电影产业有法可依，切实地保障了我国电影产业的利益；其次，它作为一部专门法，其所确立的基本制度、基本原则以及立法经验是文化产业领域的宝贵财富，为之后文化产业立法提供了更多重要参考和有益借鉴；最后，该法直指我国电影产业中的诸多乱象，试图为我国电影行业营造公平公正、积极健康的发展环境，有益于进一步激发产业活力，推动文化产业的繁荣发展。

从实际效果来看，《电影产业促进法》的实施确实起到了一定整治影视市场乱象的作用，而这第一记重拳就打在了票房造假身上。票房造假由来已久，已经逐渐成为了我国影视行业发展的一颗“毒瘤”。票房是从根本上反映一部电影作品质量的标志，是电影市场的“晴雨表”。但近年来，影视行业各阶段的市场主体为了谋求自身的利益，减少缴纳国家电影专项管理资金和与出资方的分账，

① 《中国视协新任主席胡占凡：治理明星“天价片酬”需明确细则　多管齐下》，载新华网：http://news.xinhuanet.com/2017-09/22/c_1121709139.htm，最后访问日期：2017年12月25日。

不惜铤而走险瞒报票房数字或迫于数据平台监管压力贩卖手写票，不仅让票房丧失了质量衡量标尺的作用，更是侵犯了电影制作人的合法权益。但由于之前缺乏相关严格制度规范，尽管票房造假时常被曝，业内心知肚明，但很难形成切实可行的约束。

《电影产业促进法》的出台，相关规定得以明确。有了法律的支持，票房造假第一案因此打响，被告米瑞酷被罚 20 余万元。2017 年 12 月电影主管部门还对 2016 年来多起偷漏瞒报票房情况进行集中处罚，对相关影院进行限期停业整顿和罚金处罚。对于票房造假的整顿看似杀鸡儆猴，实则透露出未来严惩票房造假将会变成一种常态的信息。除了偷漏瞒报票房之外，票房注水、"幽灵场"等乱象将同样成为影视市场监管的重点。显然这对于我国影视产业的发展是一个好的开始，意味着票房重新成为国家评估电影市场、指导产业发展的主要依据之一，也预示着我国电影行业正在从混乱走向有序，良好的市场竞争环境正在形成。

此外，影视行业的另一病态现象莫过于演员的天价片酬。通常健康的演员片酬往往形成于艺术创作和市场的规律，而如今，影视制作过分追求阵容以及明星之间身价的攀比，颠覆了艺术创作和艺术市场的规律。2017 年《成本配置比例意见》的颁布，规定"全部演员的总片酬不超过制作总成本的 40%，其中，主要演员不超过总片酬的 70%，其他演员不低于总片酬的 30%"。

正是由于过度炒作和盲目追星导致市场对于明星过热的追求，让制片方在成本分配问题上更加注重明星热度而非剧本质量，这样的高需求下造就了明星的"天价片酬"。对明星片酬的限制，理论上可以优化制片方的制作成本，从而将更多的成本用于高质量的剧本与导演上，提升影视剧的质量，进而促进影视产业的良性发展。但是本质上《成本配置比例意见》不同于《电影产业促进法》，它只是一个临时性限制。在短期内也许可以一定程度地限制演员高片酬的状况，但长期来看这种限制是否能真正提高影视制作费的比例，或使剧组慎重选择演员，甚至刺激演员自降片酬，前景却并不乐观。《成本配置比例意见》的出台在具体细则上并不明确，很可能导致明星将片酬转化为其他形式，如投资、股权、分红等形式，使片酬支付更加"隐形"，因此后续的监管依然必不可少。

当前我国影视产业正处在繁荣发展的关键阶段，各种乱象也正趁着行业发展的势头滋生蔓延。票房造假、天价片酬、替身当道以及抠图制作等大行其道,从根本上侵蚀着影视行业的根基。立法的目的重在整治和培育,必要的行业自律机制也是不可或缺的。只有通过各方合力,全面治理影视行业生态环境,才能从根本上扼制行业乱象,抓住发展机遇和优势,培养中国影视文化世界级的竞争力。

(本文作者范玉吉,华东政法大学传播学院院长兼法制新闻研究中心主任)

(感谢朱雯婕、王英鸽对本文的帮助)

苏享茂自杀案:夫妻之间可以成立财产犯罪吗?

一、入选理由

对于苏享茂自杀案的记录与探讨,并不单是为了解决这个案件,更是解决法律本身的抽象问题。

二、事件回顾

2017 年 9 月 7 日凌晨 3 时 46 分,WePhone 创始人苏享茂在自己研发的产品 WePhone 上推送了一条“公司法人被毒妻翟某害死,WePhone 即将停止运营”的消息后,于当日凌晨 4 点多从西二旗的家中跳楼自杀。

据媒体报道,2017 年 3 月 30 日,苏享茂通过某婚恋网站与翟某相识,后迅速确定恋爱关系,在相处的 40 天里,一共消费 1300 多万元。两人商议于 2017 年 6 月 2 日领证,但是领证前一天上午,翟某告诉苏享茂,自己有过一段婚事,并需要到法院拿离婚调解书。两人因此发生口角,领证日期改到了 6 月 6 日。在此期间,苏享茂陪同翟某到海淀法院领女方之前的离婚调解书,并提出看调解书的要求,翟某以隐私为由不让他看,要看就给她 88 万元,苏享茂随即支付了该 88 万元并看到调解书。但看到调解书后,翟某又说由于要与苏享茂结婚,自己户口本状态不得不显示离异,暴露了她以前的婚史,而她以原本能请当警察的舅舅抹掉这段记录为由,向苏享茂索要 45. 8 万元。

2017 年 6 月 6 日,苏享茂和翟某登记结婚。

2017 年 7 月 6 日,翟某以居住在 15 楼恐高为由,提出让苏享茂把自己位于海淀区西二旗的房子卖掉,买一处更大的房子,否则就离婚。

苏享茂最终同意离婚。之后,翟某提出要求苏享茂赔偿其精神损失费 1000 万元,否则将举报他偷税。

2017 年 7 月 18 日,苏享茂转给翟某 660 万元之后,两人一起到朝阳区民政局离婚。离婚协议显示,男方同意将海南的一处房产过户给女方,一次性补偿女方现金 1000 万元。其中,首期支付 660 万元整,已支付完毕。剩余 340 万元在离婚后 120 天内一次性付清,每延期一天,赔偿 10 万元违约金。

2017 年 8 月底开始,翟某一直给苏享茂发微信,催促他还钱。

2017 年 9 月 7 日,苏享茂最终选择跳楼自杀。

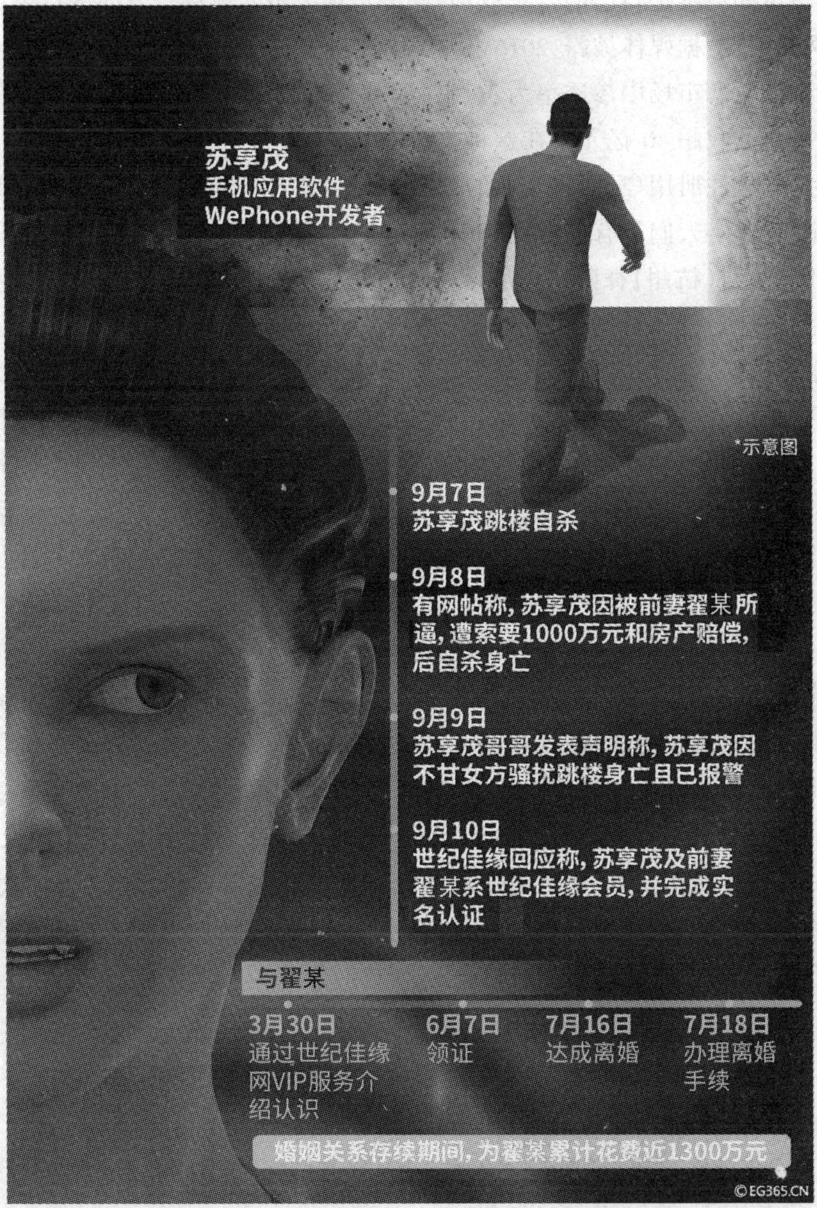

三、各方观点

该事件一经爆出,舆论一片哗然。网友对于翟某的行为多从伦理、道德上进行谴责,但是也有很多评论者从婚恋网站的社会及法律责任、翟某行为的法律定性、苏享茂如何维护自己的合法权利、进一步规范婚恋市场等方面进行了讨论。

凤凰科技:据媒体披露,2016 年中国网络婚恋交友行业市场营收为 34.4 亿元,在整体婚恋市场中渗透率为 36.5%,预计到 2018 年网络婚恋市场将保持稳定增长,总营收超 40 亿元。在这种情况下,世纪佳缘等网站是否只顾着飞速拓展业务、聚集注册用户,而将企业的社会责任感弃之不顾?无论是否属于婚恋网站的用户群体,人们都有权得到一个明确的答案。①

北京盈科(杭州)律师事务所律师　方超强:实名认证实质上是对于网络账户使用者真实身份的审核和认证。在实名认证的责任范围内,作为平台的义务仅限于审核账户使用者的真实身份。至于该用户的其他信息,比如婚姻状况、宗教信仰、学历、工作经验等均不在实名认证的责任范围内。因此,苏享茂自杀事件中,那个相识于世纪佳缘网的“毒妻”隐瞒短暂婚史的行为,不应当归咎于网站未尽到实名认证责任。②

北京蓝鹏律师事务所律师　张起淮:婚恋网站的经营者不能只关注从网站的经营中获取经济利益,却对网站存在的违法甚至是犯罪问题不管不顾。婚恋网站经营者应当承担起审查网站使用者身份信息和所发布信息并对侵权信息及时删除、屏蔽、断开链接等义务。③

中国人民大学商法研究所所长　刘俊海:婚恋网站的确没有义务确保会员一定能够结为秦晋之好,但婚恋网站有义务担保所提供的婚介信息是真实准确完整的,如果连这一最基本的居间人所担负的义务都履行不了,甚至违反义务、给消费者造成损害,一定要承担违约责任。建议相关部门将没有尽到信息审核义务的婚恋网站纳入“黑名单”,让这些网站一处失信处处受限。把婚恋网站纳入法治轨道,相关部门要形成监管合力。④

---

① 《媒体评程序员之死:婚恋网站不该对信息真实性负责?》,载凤凰网:http://tech.ifeng.com/a/20170911/44679307_0.shtml,最后访问日期:2017 年 12 月 23 日。

② 陈文婧:《苏享茂之死,世纪佳缘该当何责》,载《青年时报》2017 年 9 月 14 日,A13 版。

③ 杨利伟、童倩:《揭秘婚恋网站实名认证“生意经”》,载《中国青年报》2017 年 9 月 26 日,第 9 版。

④ 韩丹东:《婚恋网站纵容不实信息须担责》,载《法制日报》2017 年 9 月 13 日,第 5 版。

共青团中央、民政部、原国家卫生计生委：将依法整顿婚介服务市场。2017年9月4日，共青团中央、民政部、国家卫生计生委联合印发《关于进一步做好青年婚恋工作的指导意见》。意见指出，要协调推动工商、工信、公安、网监、机关职能等部门的协同联动，推动实名认证和实名注册在婚恋交友平台的严格执行，加强对个人用户信息保护的监督执法，依法整顿婚介服务市场，严厉打击婚托、婚骗等违法婚介行为。①

同济大学教授 金泽刚：当今社会，“傍大款”的现象屡见不鲜，但并不是任何在结婚时隐瞒一定事实和想法的行为就属诈骗罪的诈骗行为。根据我国《刑法》规定，诈骗罪是指以非法占有为目的，用虚构事实或隐瞒真相的方法，骗取数额较大的公私财物的行为。在本案中，自杀者的“遗书”不能证明翟某是为了达到非法占有苏某某财产的目的而与之结婚的，相反，苏某的死亡使本案认定犯罪的难度更大了。因为婚姻主要是两个人之间的事，一方死亡后，有的重要事实很可能已“死无对证”。②

上海社科院法学所研究员 刘长秋：2003年最高人民法院发布的最高人民法院《关于适用〈中华人民共和国婚姻法〉若干问题的解释（二）》（以下简称《婚姻法解释（二）》）第9条中明确规定了男女双方在财产分割问题上的“后悔权”，即双方协议离婚后一年内就财产分割问题反悔，有权请求变更或者撤销财产分割协议。而《民法总则》第148条、第150条也明确规定了民事行为人有权请求撤销因受欺诈、胁迫而违背自己真实意思表示实施的民事行为。这些法律规定实际上都可以成为苏某保护自己合法权益的重要依据。也就是说，苏某完全可以根据上述三个法条，用法律武器保护自己合法的财产权益。刘长秋研究员还指出，不管结婚还是没结婚的人，都应该好好看看这些规定，增强自我保护的意识。③

心理学专家 武志红：当事人自杀实际是因为不能理解亲人背叛对当事人

---

① 杨利伟、童倩：《揭秘婚恋网站实名认证“生意经”》，载《中国青年报》2017年9月26日，第9版。

② 金泽刚：《骗婚女方当事人违背诚实信用原则》，载南方都市报：http://toutiao.3g.oeeee.com/mp/toutiao/BAAFRD00002017091852607.html? tt_group_id=6466825821709353229，最后访问日期：2017年12月23日。

③ 王多：《婚姻法新规：离婚后财产分割可行使“后悔权”——苏享茂如果懂点法，或许不会跳楼自杀》，载上观新闻：http://www.jfdaily.com/news/detail? id=65893，最后访问日期：2017年12月23日。

带来的心理绝望。①

四、笔者评论

回归这件事的本身,在人们纷纷指责翟某“骗子”“敲诈”、苏享茂的亲人也向警察提出了诉求时,笔者主要思考这个事件涉及的一个很复杂的法律问题:夫妻之间可以成立财产犯罪吗?

根据人们的猜测,翟某有心计地选择了和有些钱的苏享茂结婚,然后再通过离婚分得对方财产,并且在过程中利用苏享茂的软肋狠敲一笔“离婚补偿”。笔者将在此基础上探讨本案中的刑事法律问题。

(一)骗婚可以成立诈骗罪吗?

此处的“骗婚”,特指内心并不爱慕对方,更不打算与对方白头偕老,却委屈心意与对方结婚,以谋取结婚时的彩礼和离婚时分割的财产的行为。这在表面上似乎满足人们对于诈骗罪的印象。

诈骗罪的构成要件包括诈骗行为、受骗人认识错误、受骗人处分财产、因果关联、财产损失和非法占有目的。

诈骗罪首先要求行为人有欺骗对方的行为。所谓欺骗指的是就事实进行欺骗。事实,指可以验证的、过去或现在的具体事件或状态,纯粹对将来的可能性预测以及纯粹的价值判断都不是事实。也就意味着,并不是所有的说假话都会成立诈骗罪,比如违心地夸对方“长得最美”之类价值判断的范畴就不是诈骗行为。对于骗婚而言,欺骗性的言行可以列举为:

1.“我爱你”类——纯粹的价值判断,个人情感层面的内容,就如商家给顾客推销商品时说“这是我最喜欢的一款”一样,不是就事实本身进行欺骗,而是就内心感觉进行欺骗,不是诈骗罪所要求的欺骗。

2.“会陪伴你一生”类——对未来开的支票。现代人既有结婚的自由,也有完整的离婚自由,对未来感情世界的任何承诺都不具有契约意义。有日常生活经验,拥有社会群体平均判断能力的人,都不会认为这句话本身能够代表超出情感表达以外更多的东西。

3.“会像妻子/丈夫一样陪伴在身边”——这种承诺是对夫妻进行结婚登记

① 《开发者之死和码农的群体困境》,载凤凰网:http://news.ifeng.com/a/20170911/51948550_0.shtml,最后访问日期:2017年12月23日。

并共同生活的承诺,包括对夫妻关系产生的基础——性的承诺。这是对现存事实或者基于现有的事实以后必定要实现的情况的描述。最高人民法院《婚姻法解释(二)》第10条中关于退还彩礼的规定,侧面说明了结婚登记是婚姻的法定形式要件,共同生活是婚姻的实质要件:"当事人请求返还按照习俗给付的彩礼的,如果查明属于以下情形,人民法院应当予以支持:(一)双方未办理结婚登记手续的;(二)双方办理结婚登记手续但确未共同生活的;(三)婚前给付并导致给付人生活困难的。适用前款第(二)、(三)项的规定,应当以双方离婚为条件。"所以如果对结婚登记或共同生活存在欺骗,则属于可以成立诈骗罪的骗婚。

回到本案,翟某并未在获取贵重彩礼或者其他名义的礼物后,没有进行结婚登记,她在结婚后也与苏享茂一起共同生活,所以她对于构成诈骗罪首先要求的最重要的事实并没有欺骗。

即使如有人指出的那样,翟某曾隐瞒了自己的婚史,但是一则苏享茂在结婚登记的最后关头还是知道了,相当于结婚并未受骗;二则就算苏享茂至死都不知道翟某的婚史,翟某的隐瞒也只是骗得了"结婚"这个结果,而不是直接骗得了"财产"结果,基于财产犯罪所要求的行为与结果之间的直接性关系,这种隐瞒不能满足诈骗罪的因果关联要求。《婚姻法》未将受骗的结婚登记规定为可撤销的婚姻,也说明了立法者的态度。

最后,即使人们对翟某心计的猜测为真,也不能更有力地推进诈骗罪的成立:因为客观的诈骗行为不存在,主观的恶毒在刑罚法规中无处容身。今天的刑法早已不再处罚一个人的思想,除非那种思想体现在一个被刑罚法规明确禁止的行为上。

所以,翟某与苏享茂进行了结婚登记,实现了夫妻共同生活,缺乏诈骗罪所必需的欺骗行为,不能成立骗婚型的诈骗罪。

(二)敲诈高价离婚分手费能成立敲诈勒索罪吗?

《刑法》规定,"敲诈勒索公私财物",数额较大的,可以成立敲诈勒索罪。在法律的执行和刑法教义学中,对敲诈勒索罪的成立进行了细致的解释:指行为人以非法占有为目的,采取恐吓的方式迫使对方基于恐惧交付财物或者处分财产上的利益,数额较大(2000元)或者多次敲诈(二年内三次以上)的行为。对行为人发出的威胁内容没有进行限制,威胁内容的实现可以是合法的,如"威胁贪官不给钱就告发"可以成立敲诈勒索罪。但是要求敲诈行为足以使他人产生恐惧心理:所恐吓的价值损失从客观上看适于驱使理性第三人实施胁迫者所要求的行为。

翟某抓住苏享茂“灰色经营”WePhone（可能涉嫌非法经营电信业务，成立非法经营罪）和偷漏税的软肋，以告到派出所相胁迫，逼使苏享茂给付1000万元，似乎也满足了人们对敲诈勒索罪的印象，不少律师也撰文称翟某的行为成立敲诈勒索罪。

但是，问题的关键不是翟某威胁的内容，即不在于她的行为是否可以归属于敲诈勒索罪的犯罪构成，而是作为妻子，敲诈丈夫的钱财，能否满足敲诈勒索罪对行为对象的要求？

《刑法》在“侵犯财产罪”一章中，从抢劫罪开始到故意毁坏财物罪终，犯罪对象都规定为“公私财物”，依据刑法的法益保护原则，此处的公私财物必然被解释为“他人的财物”（包括其他单位的财物），指在民法上行为人之外的其他民事主体享有财产权的有经济价值的物。而夫妻之间的财产关系，正如夫妻关系的本质一样，在法律中并不能得到清晰的回答，这是判断本案能否成为犯罪绕不过去的环节。

（1）对象为共同所有的财产

《婚姻法》第17条在列举了属于夫妻共同所有的财物范围后，特地增加一句“夫妻对共同所有的财产，有平等的处理权”，并且在司法解释里对夫妻一方要求分割共同财产的，原则上予以拒绝。这就意味着夫妻对于共同所有的财产，彼此都是100%的权益人，任何一方对共同财产的利用甚至损害，另一方都无法获得赔偿，进而夫妻任何一方也不是刑法上适格的受害人——因为刑法无法将此种情况确认为损害“他人的财产”。

举例：

例1：妻抱走小儿，对夫声称若不净身出户，永远别想见儿子。

对比：邻居抱走小儿，对小儿父亲说若不给所有家产，永远见不到儿子。

在邻居构成绑架罪的场合，妻的行为在中国并不按照犯罪追究。

例2：妻赌博上瘾，偷卖家中财物。

对比：邻居赌博上瘾，偷卖受害人家中财物。

在邻居构成盗窃罪的情况下，妻的同样行为仍然无罪。

在夫妻财产共同所有的情况下，法律认为组成社会权利的原子不单是个人，还包括夫妻，原子内部的财产关系不再是法律关心的范畴。

(2)对象为夫妻一方的个人财产

若夫妻侵害其中一方个人所有的财产,情况又会如何?照理对于个人财产法律是应该予以单独保护的,夫妻之间也应彼此尊重对方的财产。

例3:暴怒的妻砸坏了夫价值不菲的手机。

如果是别人实施,成立故意毁坏财物罪,但是未闻有司法机关以此罪追究妻子之行为的。同样,妻子自作主张进入属于丈夫婚前财产的房屋,即使丈夫明确拒绝其进入,也不成立非法侵入公民住宅罪。似乎关于夫妻个人财产的规定只在面对第三人以及离婚分割财产时才有意义。

备受争议的《婚姻法解释(二)》第24条规定,债权人就婚姻关系存续期间夫妻一方以个人名义所负债务主张权利的,应当按夫妻共同债务处理。但夫妻一方能够证明债权人与债务人明确约定为个人债务,或者能够证明夫妻对婚姻关系存续期间所得的财产约定归各自所有的除外。这条解释的出台理由是:既然夫妻一方的债权在离婚时会分享,那么债务也必须分担。其忽略这样一个重要的民法规则:分享好处不需要同意(如好意施惠),分担义务则至少要知情默认。对于夫妻一方完全不知情的、没有用于家庭共同生活的债务,无辜的一方在离婚后仍然承担超出共同财产范围的无限连带责任,既然夫妻一方的债务可以用另一方的个人财产来抵偿,那么夫妻的个人财产仍然没有什么民法上的独立意义。

在社会各界的推动与呼吁下,最高人民法院在2018年1月发布《关于审理涉及夫妻债务纠纷案件适用法律有关问题的解释》,事实上废止了《婚姻法解释(二)》第24条。根据新的司法解释,发生于婚姻关系存续期间不再是判断夫妻共同债务成立的充分条件。对于只以一方名义对外所负债务,法官需考察是否超出家庭日常生活的需要,并以此推定债务的性质——未超出的,推定为共同债务;超出的,推定为个人债务。再辅以“有没有合意”“有没有受益”的例外标准,构建起了认定夫妻共同债务的全新体系。

从目前来看,法律基本对夫妻之间的财产关系采取了视为“法外之地”的态度,这可能来源于法律对夫妻自治利益的尊重。对夫妻关系的本质的理解是在法律上解决夫妻财产关系问题的基本前提。从康德所揭示的夫妻乃伦理一体到黑格尔所论述的夫妻只是一种特殊的契约关系,人们可以得出不同的解决之道。历史上夫妻法律关系的演化,是从包括人身关系的自治到仅限于财产关系的自治的过程。随着个体意识的觉醒,必将发展到仅限于共同财产自治,甚至有一天,在夫妻关系中,不再存在共同所有财产——都是按份所有。

今天,立法的态度不明朗,并不意味着执法者也可以不表态:法律的创新其实都是从实践的需求引发出来的——或者引起立法,或者在实践中给予法律以新的解释。对于本案而言,如欲追究翟某敲诈勒索的刑事责任,首先必须解决的问题是:

第一,事实问题:翟某要求苏享茂处分的是夫妻共同财产还是苏享茂的个人财产?

第二,法律问题:刑法对个人财产是否保护其不受配偶的侵犯?

期待在这个案件中执法者能够有不一样的研究和说理。

(三)非法占有目的

取得型财产犯罪都要求行为人有一个主观超过要素——非法占有的目的。"非法占有目的"可以意思分解为:(1)"非法",根据民事法律规范进行客观判断,如果行为人对于获取的物品在民法上有正当的、无障碍的请求权(对方不享有抗辩权),不成立侵犯财产罪;(2)取得意思,行为人意图获取类似所有权人那样对财物的实力支配,并将相应物至少是暂时地视为自己所有的物;(3)排除意思,行为人意图长期排除权利人对相应物的实力支配。

不管意图追究诈骗罪还是敲诈勒索罪,都必须证明行为人的非法占有目的。具体到本案,就是要证明翟某在敲诈苏享茂时是否有民法上的请求权,也可以用反证法来说明:假如苏享茂没有自杀,他是否有通过民事诉讼要回自己先前交给翟某财物的权利。如果连民法都不支持苏享茂收回自己的财物,那么刑法在原则上不会保护该种财产利益(除非是民法不介入的"黑吃黑"领域)。刑法教义学上也有这样的观点:行为人为了行使自己的权利而使用威胁手段,原则上不成立敲诈勒索罪,如为了寻求法律不禁止的征地补偿款而威胁要上访。

在这种情况下,司法实践和刑法学界一直存在另一个巨大争论:对于行使自己的权利的行为,如果索取的款项数目超过法律的规定,是否就超过部分成立敲诈勒索罪?如发现饭店饭菜里有苍蝇,要求超过菜价 10 倍赔付否则就要告发的,能否认定为敲诈勒索罪?还是仅仅认为这是双方就赔偿价格自由竞争的结果?如果我们把"饭店苍蝇案"改编一下,应该能够得到准确的逻辑:甲发现饭店提供给他的饭菜里有苍蝇,知道法律保障消费者 10 倍菜价的赔偿权,于是:(1)甲当场发飙,要求老板赔偿相当于菜价 100 倍的金钱,否则曝光、告发;(2)甲当场发飙,要求并得到了相当于菜价 10 倍的赔偿,他日又来到饭店,再次以曝光告发相威胁索取菜价90倍的赔偿。两种情况很显然没有性质上的区别。第(2)种情况人们都愿意将甲的第二次索赔认定为敲诈勒索罪,那么就没有理由认为第(1)种情况下甲的行为在刑法上是完全无辜的。

本案中,若满足对象要求,还需要回答以下问题:

第一,翟某在离婚时是否有权利索取离婚赔偿(或补偿)?

第二,若有权利索取,数额是否过限?对过限部分刑法应否保护?

案件中苏享茂遗言不堪逼迫,羞愤自杀,假如时光倒转,给苏享茂另一个机会:苏享茂不堪妻子逼迫,怒而杀妻。此时法律能够将苏享茂的行为认定为正当防卫(或者防卫过当)吗?如果不能,那么翟某的行为还能被称为犯罪行为吗?(当然,此处的"逼迫"必须是像本案一样足以逼死苏享茂这样一个特定情绪的人的行为,否则夫妻之间没有超出团结关系的彼此侵害,基于伦理限制,不可以正当防卫。)

(本文作者韩友谊,北京大学刑法学博士、西南科技大学法学院兼职教授)

尴尬的“离婚冷静期”

一、入选理由

法院在离婚诉讼中设置“冷静期”，要求当事人在此期间不得提出离婚。是“柔性审判”的创新之举，还是“越俎代庖”的多此一举？挽救婚姻、维系家庭稳定的初衷，似乎难以遏制离婚率不断上升的现实。在这个日新月异、剧烈变革的时代，换个角度去看，也许会让我们对婚姻这个古老制度有新的认识。

二、事件回顾

2016年6月起，上海静安法院少年家事综合审判庭首创探索在离婚案件审理中设立“冷静期”。2016年6月至10月，进入“冷静期”的67起离婚案件中，静安法院用这个方法成功劝和了27起濒临破碎的婚姻家庭。每一起案件“冷静期”期限为45天。案件在进入“冷静期”后，有一套完整考核数据做配套考察，全程有各类数据实时监控案件进度。

2017年3月22日，一则《四川首份离婚冷静期通知书：“85后”夫妻离婚被喊停》的新闻在家事律师的朋友圈内广为流传，该新闻的主要内容是四川省资阳市安岳县人民法院针对一对“85后”夫妻闹离婚的诉讼，于3月8日发出了首份“离婚冷静期”通知书，限定这对夫妻冷静3个月，期间不得向对方提出离婚。

2017年10月，济南市中区法院在全市推行“离婚冷静期”制度，在3个月的期限内，双方需保持冷静和理智，原则上不准提出离婚，该冷静期对双方具有约束力，无正当理由不得拒绝。冷静期内，如果双方已和好，可到法院撤销起诉；倘若确实属于“死亡婚姻”，则按照流程进入审判程序。

此外，在河北、河南、山西、安徽、陕西等多地法院亦开始尝试在离婚案件中推行“离婚冷静期”制度，发出一定期限的离婚冷静期通知书，给予双方冷静期，期满后法院将根据双方情况做出最终裁判。

三、各方观点

最高人民法院《关于开展家事审判方式和工作机制改革试点工作的意见》：适应家事案件特点，全面保护当事人的身份利益、财产利益、人格利益、安全利益和情感利益，切实满足人民群众的司法需求。要在诊断婚姻状况的基础上，注意区分婚姻危机和婚姻死亡，积极化解婚姻危机，正确处理保护婚姻自由与维护家庭稳定的关系。①

最高人民法院审判委员会专职委员　杜万华：明确家事审判改革的三项重点内容，一是在家事审判中引入多元纠纷解决机制，动员社会各方面力量参与家事纠纷化解；二是设置专门的家事审判程序，探索设立离婚冷静期制度；三是以法官员额制和法院人员分类管理制度改革为契机，推进家事审判人员专业化，探索建立家事调查官和其他司法辅助人员制度。

河南高院负责家事审判的副院长　史小红：离婚冷静期制度可以让想离婚的当事人冷静下来，更加理性地思考离婚这件大事，作出一个正确的决定。另外，在冷静期间，家事法官可以委托社会调解员和地方组织与当事人进行沟通，降低当事人因冲动作出离婚选择的概率。法院建立离婚冷静期制度，符合我们

① 《最高人民法院关于开展家事审判方式和工作机制改革试点工作的意见》（法〔2016〕128 号），载最高人民法院网：http://www. court. gov. cn/fabu - xiangqing - 37372. html，最后访问日期：2017 年 12 月 1 日。

社会的道德伦理。[①]

上海市静安区人民法院少年综合审判庭庭长　杜鸣：设立离婚案件的"冷静期"，既是当前司法审判实践的需要，也是中国司法与国际接轨的需要。[②]

与司法者的支持大相径庭，"离婚冷静期"遭到了部分社会舆论的强烈抨击，认为限制了离婚自由，甚至说成是"公权力的任性"。

知名法律评论人　王琳：上法院之前，至少也得写个诉状，这需要时间。写了诉状，诉至法院，还要等待立案，立案后还要等待法院排期开庭，这也会耗费时间。如果夫妻双方可以冷静，在这段时间里，也应该冷静下来了。如果有的夫妻感情确已破裂而且是彻底破裂，没有挽回的余地，再强加一个"离婚冷静期"，那不是强化了双方的痛苦吗？离婚诉讼既是司法救济渠道，对当事人来说又有司法纠错的功能。离婚并不是坏事，是成年人的自主决定，司法应保持"冷静"[③]。

四川社会科学院社会学研究所副所长　胡光伟：从挽回婚姻的角度来看，设置"离婚冷静期"的初衷是好的。作为办事人员劝一劝是可以的，但要作为一个机制，可能还得考虑一下。法律提倡婚姻自由，也包括离婚自由，设置"离婚冷静期"有可能侵犯公民的婚姻自由权，找不到相关规定支撑，这个机制就显得有些不伦不类。"离婚冷静期"如果要成为一项长效机制，还需要实践，但实践是需要成本的，在司法成本有限的前提下，我们还需要慎重考虑。

《工人日报》：冷静期对于那些一言不合就起诉离婚的闪离族来说，还是有必要的。只是，把是否适用冷静期的权利交由当事人自由选择更好，否则，万一误将积怨已深甚至家暴已久当成一时冲动来冷静，不仅会折损司法公正，更会伤害那些本已伤痕累累的人。[④]

四、笔者评论

笔者对专门设置"离婚冷静期"总体上不支持。

---

① 《法院应建立离婚冷静期制度》，载齐家家事：http://baijiahao. baidu. com/s? id = 1562034562030096&wfr = spider&for = pc，最后访问日期：2017 年 12 月 1 日。

② 陈伊萍：《上海静安法院首创离婚案件"冷静期"，4 个月挽救 27 个家庭》，载澎湃新闻：http://www. thepaper. cn/newsDetail_forward_1560920，最后访问日期：2017 年 12 月 1 日。

③ 王琳：《给"离婚冷静期"泼瓢冷水》，载《检察日报》2017 年 6 月 21 日，第 7 版。

④ 韦洁：《离婚冷静期能做成"选择题"吗》，载《工人日报》2017 年 3 月 25 日，第 5 版。

第一，“离婚冷静期”的法律依据不足。“离婚冷静期”作为一项新的制度在各法院的家事审判庭开始适用，但究其适用的上位法依据，似乎只有《婚姻法》第32条“人民法院审理离婚案件，应当进行调解；如感情确已破裂，调解无效，应准予离婚”的离婚调解程序可能沾点边，可以说关于“离婚冷静期”在法律上尚未有明确的依据。尤其是从民事诉讼法的角度看，“冷静期”能不能被视为法院不予受理或是受理后中止审理，需要斟酌。而冷静期“原则上不准提出离婚”、当事人“无正当理由不得拒绝”，似乎有违民事诉讼法的相关规定，民事诉讼法明文规定的受理条件可算作“正当理由”否？

第二，现行离婚诉讼制度已给予当事人充分的冷静时间，再另设冷静期没有必要。离婚诉讼中，调解是必经程序且贯穿始终。而且，很多法院在正式立案之前，还有前置的“诉前调解程序”。从原告准备起诉材料，递交材料，诉前调解，法院正式立案，到开庭……这个期间并不短，第一次开庭前可能几个月已经过去。即使没有设置“离婚冷静期”，这个期间足以当事人考虑清楚；而且在这个期间调解员倾向于作“劝和不劝散”的调解，双方也可自行协商和解，如确有和好可能的，足够破镜重圆了。即使双方在此阶段未能达成一致，案件进入审判流程，当事人仍可以协商、和解。如果法院判决不准离婚，原告依法必须经过六个月之后才能再次起诉。可见，在现行离婚诉讼程序中，留给当事人深思熟虑的时间已足够长。在笔者的代理经历中，法院第一次判决不准离婚的案件，绝大多数原告会在法定的六个月期限届满之后再次提起离婚诉讼（印象中只有一个例外），可见大多数起诉离婚的当事人离婚态度之坚决；另外，如果法院认为确实没有达到夫妻感情破裂的程度，完全可以通过判决不准离婚使其冷静，法律又没有规定第几次起诉必须判决离婚。几次诉讼下来，时间甚至以年计。这个漫长的期间，其实都可以叫作“离婚冷静期”，是否有必要专门另设，值得思量。

第三，“离婚冷静期”可能有损当事人的利益。感情是否真正破裂，是否还有挽救的可能，只有婚姻当事人最清楚。婚姻关系并不仅仅是夫妻双方的身份关系和财产关系，还涉及父母、子女、家庭等因素，离婚的理由也千差万别，很多不足为外人道，当事人往往会有所隐瞒。法官查明的，也只是用证据证明的法律事实，与真实的客观事实不能等同。在这个基础上，司法者对婚姻是否能够挽救、值得挽救的评判未必正确。面对当事人复杂的心理，司法者还是应该保持谦抑——可以行使审判权认定感情没有破裂不准许离婚，却不宜认定原告起诉是基于一时冲动；可以对双方做劝和工作，但不宜强制原告冷静三个月到六个月。

尤其涉及家庭暴力、监护纠纷、婚内出轨、一方转移夫妻共同财产等离婚案件,就更需要法院快审、快判。一味强调为挽救婚姻适用“离婚冷静期”,反而可能损害当事人的利益,甚至造成一方因离婚不成罔顾家庭责任、做出极端行为的后果,此类报道时有耳闻,教训深刻。

诚然,“离婚冷静制度”作为家事审判改革试点的重要内容之一,其一些具体做法,如充分利用社会资源、引入心理咨询师、数据考核监控、法官回访、将“对抗性诉讼”转变为“柔性审判”等,在司法资源允许的前提下是可取的。笔者不能苟同的是为了挽救婚姻而挽救婚姻,为了降低离婚率而挽救婚姻的做法。

我们常常使用“挽救婚姻”一词,婚姻固然是美好的,值得营造、守护和挽救,这可能也是设计“离婚冷静期”的初衷。但从社会学的角度来看,婚姻只是一种社会制度,是私有制的产物,其形式和内容随着经济关系的变化而变化,在人类发展的不同历史时期呈现不同面貌,并且终将走向消亡。2017 年,一篇题为《婚姻制度:一个正在走向消亡的制度》的文章在微信朋友圈中广为传播,文中指出,传统的婚姻体系中,夫妻关系是从属关系——妻子从属于丈夫。尽管不人道,但有其合理性,在二次工业革命之前,男性是社会生产力的主要来源,女性无法创造财富,屈从于婚姻制度成为男性的附属,是女性唯一的生存方式。随着女性经济、社会地位的提高,婚姻双方的关系逐渐由从属变为合作。双方地位平等,互相协作,共担风险,共享收益。听上去和开公司差不多,“这不是很好嘛,比以前文明进步多了”,文中这样写道。观点也许有偏颇,但结合生活经验,婚姻对很多年轻人而言确实越来越不是“必需品”。成家才能立业?不一定;家和万事兴?这话没错,但有人认为避免“家不和”最彻底有效的办法就是不成家;更不要说养孩子带孩子,甜蜜的负担毕竟也是负担,某种程度上是会造成生活质量下降的。从国外情况来看,单身率高企、生育率低迷几乎已成为经济发展必然带来的副产品,但也并没有出现礼崩乐坏、国将不国的局面。

我们常说家庭是社会的细胞,家庭稳定才能社会稳定。笔者曾经以上海市民政局的数据计算过本市的“离婚数与结婚数比”①,发现从解放初期到现在,该数值基本呈“U”形,解放初期颇高,1953 年为 20.92%,随后逐年下降,20 世纪 70 年代最低到了 1% 不到,80 年代中期开始逐年上升,到 2014 年达到了 38.9%。其中的最低谷,出现在“文化大革命”期间和“文化大革命”后几年。从

① (当年的离婚登记数/当年的结婚登记数)×100%,可视为一种简单版本的离婚率。

上述数据来看,家庭解体数量和社会稳定程度似乎并没有必然的关联关系。从历史上看,中国古代对离婚最为包容的时期,恰恰是经济社会空前繁荣的唐朝。这其中固然有复杂的原因,但至少不能断言离婚少,社会就一定更稳定;离婚多,社会就一定更动荡。

所以,我们是否应该反思一下"挽救婚姻"这个概念。是否应该承认婚姻本身是中性的,婚姻的缔结与解除本无好坏之分,婚姻并不必然需要挽救。当事人既有选择婚姻的自由,也有不选择婚姻的自由,既有选择继续婚姻的自由,也有选择不再继续婚姻的自由。婚姻自由既包括结婚自由也包括离婚自由,这是法律人的常识。不论当事人作出何种选择,在一个开放包容的社会都应得到尊重,这是对个人权利的尊重,也是对社会利益的尊重。正如恩格斯在《家庭、私有制和国家的起源》中指出的,"如果说只有以爱情为基础的婚姻才是合乎道德的,那么也只有继续保持爱情的婚姻才会合乎道德。如果感情确实已经消失或者已经被新的热烈的爱情所排挤,那就会使离婚无论对于对方或对于社会都成为幸事"。当然,离婚时该照顾无过错方就照顾,该保护妇女儿童权益就保护,该判过错赔偿就判过错赔偿,这些不能含糊。

综上,笔者反对单纯以"挽救婚姻"为出发点的离婚冷静期。主事者看到了试点过程中通过冷静期和好的一些家庭,还应看到更多苦于所谓"第一次起诉判不离"惯例而被迫等待半年的丈夫或妻子,看到在这期间双方为隐匿财产无所不用其极、毫无道德底线的心机,看到为达到离婚或不离婚目的当街争抢孩子、阻扰另一方探望子女的闹剧悲剧,看到继续忍受父母无休止争吵的孩子的无助眼神,看到因离婚不成引发的暴力行为甚至流血事件,看到派出所民警为调处家庭矛盾而一次次耗费的警力……看到这些,我们应当认识到,"挽救婚姻"从来就不是法院的职能,法院是定分止争的裁判者,能够挽救婚姻的只有当事人自己。

与之形成鲜明对比的是,如果当事人到民政局协议离婚,流程更简单、耗时更少,反倒没有什么冷静期,当天去当天就可以领到离婚证。笔者管见,不妨在民政部门设置婚姻登记冷静期:既有离婚冷静期,与诉讼离婚至少数月的程序相对照,也给当事人一段时间考虑,还能在一定程度上避免为购房、拆迁利益而进行的所谓"假离婚";更要有结婚冷静期,在此期间开展婚前法律知识教育,让新人明白结婚登记之后在法律上的权利、义务和责任,慎重决定是否登记结婚。毕竟,很少听到当事人说离婚时没考虑清楚,却有太多当事人说自己结婚时没想明白。

最后,以敦煌石窟出土的一篇唐朝的《放妻书》(离婚协议)结尾:“凡为夫妇之因,前世三生结缘,始配今生为夫妇。若结缘不合,比是冤家,故来相对;即以二心不同,难归一意,快会及诸亲,各还本道。愿妻娘子相离之后,重梳婵鬓,美扫峨眉,巧呈窈窕之姿,选聘高官之主。解怨释结,更莫相憎。一别两宽,各生欢喜。”

(本文作者高兴,上海邦信阳中建中汇律师事务所合伙人;
郑彬彬,上海邦信阳中建中汇律师事务所律师)

侮辱国歌入刑　维护国家尊严

一、入选理由

国歌是一首歌曲，但又不只是歌曲。国歌声穿过时光，让人热血沸腾。国歌是国家的气质，也是国家的象征。在我国，历史的硝烟散尽，《义勇军进行曲》承载着中华民族的苦难与奋进，成为中国精神的化身。国歌作为国家主权与尊严的重要标志之一，是民族凝聚力的重要体现。我国《宪法》规定中华人民共和国国歌为《义勇军进行曲》，其凝结着我国人民争取民族独立、人民解放以及实现人民富裕、国家复兴的奋斗历史与美好愿景，成为鼓舞人民奋勇前进，强化人民爱国情怀，加强人民团结凝聚的力量源泉。一切公民和组织都应当尊重国歌，维护国歌的尊严。侮辱国歌的行为是对国家尊严、形象和爱国主义精神的危害，具有相当的社会危害性，应视其情节轻重由行政法或刑法加以规制。

国旗、国徽、国歌都是宪法确立的国家重要象征和标志，代表着国家主权、形象，凝聚着爱国精神。侮辱国旗、国徽罪在我国《刑法》中已先行设立，1997 年我国《刑法》修订，第 299 条规定了侮辱国旗、国徽罪，确认在公众场合故意以焚烧、毁损、涂划、玷污、践踏等方式侮辱中华人民共和国国旗、国徽的，处三年以下有期徒刑、拘役、管制或者剥夺政治权利。从而使侮辱国旗、国徽罪成为刑法中一项稳定的罪刑规范，但当时尚无“侮辱国歌”的罪名规定。随着《国歌法》的制定、实施，刑法的保障、威慑作用的体现就显急迫，侮辱国歌罪入刑的需求就应实现。2017 年 11 月 4 日第十二届全国人民代表大会常务委员会第三十次会议通过《刑法修正案（十）》，并从公布之日施行，在《刑法》分则第六章“妨害社会管理秩序罪”中增设“侮辱国歌罪”[①]，由此完善了法律规范体系，使侮辱国歌行为与侮辱国旗、国徽行为的刑法规制相协调，也与《国歌法》的处罚规定相一致，有利于刑法与宪法、行政法相衔接。

---

① 目前最高人民法院、最高人民检察院尚未对侮辱国歌的行为确定其罪名，为行文方便本书使用“侮辱国歌罪”。

二、事件回顾

我国在 1990 年和 1991 年分别制定了《国旗法》和《国徽法》，而国歌立法则一直是空白点。从 2002 年第九届全国人大五次会议起，历年全国两会期间不断有代表、委员建议制定国歌法。2004 年 3 月 14 日，第十届全国人大第二次会议通过《宪法修正案》，规定“中华人民共和国国歌是《义勇军进行曲》”。

2017 年年初，习近平总书记对国歌立法作出重要批示，全国人大常委会将国歌立法列入 2017 年立法工作计划。6 月，第十二届全国人大常委会第二十八次会议初审国歌法草案。8 月，第十二届全国人大常委会第二十九次会议再审草案，9 月 1 日全国人大常委会通过《国歌法》，10 月 1 日正式实施。《国歌法》针对实际社会生活中存在奏唱国歌不规范、参与者举止不得体等突出问题，建立了一系列制度，明确了国歌奏唱的场合、不得奏唱国歌的场合、奏唱国歌时的礼仪等。其中规定应当奏唱国歌的场合包括：党和国家机关的重大会议、重大仪典、重大外交活动及重大体育赛事还有举行升国旗仪式的时候。同时，明确了不得奏唱国歌的场合，即不得用于商标和商业广告，不得在私人丧事活动等不适宜场合使用，不得作为公共场所的背景音乐等。

《国歌法》的通过、施行，能够增强人民的爱国意识，以出台《国歌法》为契机，唤起人民心中的爱国情怀，维护国家民族的尊严。国歌是一个国家和民族尊严的象征，世界上很多国家对于本国的国歌都有相关的法律。无论是本国人民还是他国人民，当涉及侵犯到本国形象和尊严的时候，都应该对其有相应的制裁措施，唯有如此才能保证国家民族的尊严。国歌应该如同国徽和国旗一样，是神圣而不可侵犯的。以前在大家的印象里对国歌的重视程度却不及国徽和国旗，所以《国歌法》的出台把国歌的严肃性再次提升了一个高度，法律条款中也对相应的做法一一加以规范，保证了国歌严肃规范性。

《国歌法》第 15 条规定，在公共场合，恶意篡改国歌歌词、曲谱，以歪曲、贬损方式奏唱国歌，或者以其他方式侮辱国歌的，由公安机关处以警告或者十五日以下拘留；构成犯罪的，依法追究刑事责任。《国歌法》的制定，以国家立法的形式落实了宪法规定的国家标志制度。在《国歌法》审议过程中，就有一些全国人大常委会组成人员、全国人大代表提出，刑法应对如何追究侮辱国歌行为的刑事责任予以明确，以切实维护国歌的尊严。

《国歌法》通过后，有必要对《刑法》第 299 条作相应补充，明确侮辱国歌行为的刑事责任。2017 年 11 月 4 日，第十二届全国人大常委会第三十次会议通过《刑法修正案(十)》，增设“侮辱国歌罪”，就此侮辱国旗、侮辱国徽和侮辱国歌等行为都有了刑事法律的规范。《刑法修正案(十)》明确规定：“在公共场合，故意以焚烧、毁损、涂划、玷污、践踏等方式侮辱中华人民共和国国旗、国徽的，处三年以下有期徒刑、拘役、管制或者剥夺政治权利。在公共场合，故意篡改中华人民共和国国歌歌词、曲谱，以歪曲、贬损方式奏唱国歌，或者以其他方式侮辱国歌，情节严重的，依照前款的规定处罚。”

2017 年 11 月 4 日，全国人大常委会又通过了“在香港、澳门特别行政区基本法附件三中增加国歌法”的决定。这意味着，在港澳地区，对侮辱国旗、国徽、国歌的行为进行处罚，均实现了有法可依。

三、各方观点

中国法学会宪法学研究会副会长、中国政法大学法学院教授　焦洪昌：国家标志是对国家本质的一种彰显，对其进行立法保护是宪法精神的具体化。《国旗法》《国歌法》《国徽法》均是宪法性法律，它们是把宪法的相关规定具体化。随着立法实践的推动，我们对国家标志已形成比较完整的立法保护。相关内容加入《刑法》主要是为解决法律责任的问题。刑法强调法律后果，如果没有法律后果，只进行批评教育解决不了实际问题。当人们缺乏对国家标志的基本尊重时，刑法就必须要出面。侮辱国歌的行为发生后，如果只是说“严重声讨”“严重抗议”，却没有具体的举措，会对香港社会和国家主权造成严重危害。①

全国人大常委会法制工作委员会主任　沈春耀：国歌是《宪法》确立的国家重要象征和标志，制定一部专门的《国歌法》，通过国家立法对国歌的奏唱场合、奏唱礼仪和宣传教育等进行规范，维护国家尊严，提升公民的国家观念和爱国意识，是十分必要的。②

全国人大常委会法工委国家法室主任　武增：一直以来，国歌奏唱、使用总体情况是比较好的，但对国歌的奏唱和使用，以往出台过两个文件，但都属于党内规范性文件，对公民、组织的约束力不够。国歌法立法，意义重大。《国歌法》通过以后要适时地列入港澳两个基本法的附件三。国歌和国旗、国徽都是我们国家的象征和标志，这是《宪法》明确规定的。同时，《宪法》还有一个重要的规定，就是公民有维护国家安全、荣誉、利益的义务，不得有危害祖国的安全、荣誉和利益的行为，也就是说，维护祖国的荣誉是我们国家公民的宪法义务。所以《国歌法》第 3 条就明确规定，一切公民和组织都应当尊重国歌，维护国歌的尊严。所以说，尊重国歌、了解国歌、会唱国歌是对每一个公民基本的要求。维护国歌的尊严，也是维护每一个公民的尊严。把维护国歌尊严与所谓公民的言论自由、表达自由对立起来的观点是错误的，国家要对公民合法的权益予以保障，同时公民不得滥用自由和权益，对辱没国家尊严、损害民族感情、危害国家利益的行为，必须予以法律的追究和制裁。由于《国歌法》是对国家象征、标志进行规范的立法，根据香港、澳门基本法的规定，属于应当在特别行政区实施的全国性法律，将按照法定程序列入基本法附件三。根据基本法的规定，凡列入基本法附件三的法律，由特别行政区在当地公布或者立法实施，港澳回归以后制定了实施《国旗法》和《国徽法》的法律，是通过本地立法的方式予以实施的，所以通过《国歌法》以后，也将在今后适时将《国歌法》列入基本法附件三，两个特别行政

① 于潇、郭璐璐：《国歌法诞生！国家标志立法是宪法精神的具体化》，载正义网：http://news.jcrb.com/jszx/201712/t20171215_1825753.html，最后访问日期：2018 年 2 月 28 日。

② 朱宁宁：《维护国歌尊严权威奏唱国歌有法可依》，载法制网：http://epaper.legaldaily.com.cn/fzrb/content/20171024/Articel10003GN.htm，最后访问日期：2018 年 2 月 28 日。

区应当依照基本法的规定切实予以贯彻实施。[①]

全国人大常委会法制工作委员会副主任　王超英：国歌和国旗、国徽一样，都是国家的象征和标志。为了依法维护国旗、国徽的尊严，惩治侮辱国旗、国徽的犯罪行为，《刑法》第299条规定了侮辱国旗、国徽罪，明确了刑事责任。这一规定既与《国歌法》的规定相衔接，也与《刑法》关于侮辱国旗、国徽罪的规定相协调，体现罪刑法定原则。[②]

全国人大常委会委员　王乃坤：《国歌法》规定在公共场合的恶意行为要受到惩罚，并不是意味着在其他的场合，比如朋友聚会举行家庭仪式就可以不受处罚。任何人在任何场合下对国歌都不允许有这些行为。[③]

全国人大常委会委员　郎胜：不论是公共场合还是私人场合，还是网络空间、社交平台等，都不能有这样侮辱国歌的行为，这是很严肃的事情。在公共场合，指当众、公开的情境。不论是在现实的公共场所还是在互联网，都是通过公开传播的方式，当众公然侮辱国歌的行为，都构成了对国家尊严、公共秩序的损害，均应按照本法追究其法律责任。[④]

四、笔者评论

《国歌法》自2017年10月1日起施行，对应当奏唱国歌的场合、礼仪、规范等作出规定，同时鼓励广大人民群众唱国歌、爱国歌，还对侮辱国歌等行为作出处罚规定。这些都将有助于规范国歌的形式、内容、使用、宣传教育等，进一步捍卫国歌的尊严，促使人们更加珍视对于国歌的情感。《国歌法》以立法的形式对应当奏唱国歌的场合、礼仪规范等作出规定，它不仅仅维护一首歌，更是维护和平年代里中华儿女共同的心底之音，规范公民的日常生活，增强公民的国家意识、爱国意识。

"侮辱国歌罪"的增设使侮辱国歌行为的刑事处罚有法可依。目前关于国旗、国徽和国歌的立法，已形成以宪法为框架，各单行法和刑法为内容的国家标

---

① 李文姬：《国歌法将于10月1日起施行》，载千龙网：http://beijing.qianlong.com/2017/0902/1995636.shtml，最后访问日期：2018年2月28日。

② 邢丙银、曾雅青：《刑法修正案十草案：对侮辱国歌情节严重者最高可判3年》，载澎湃新闻：http://www.thepaper.cn/newsDetail_forward_1843801，最后访问日期：2018年2月28日。

③ 王姝：《国歌法草案二审，"侮辱国歌"拟追刑责》，载网易新闻：http://news.163.com/17/0829/01/CSVIG0V5000187VI.html，最后访问日期：2018年2月28日。

④ 同上。

志法律保护体系。这对规范国家标志使用,处罚侮辱国家标志行为,增强国家意识、爱国意识等方面意义重大。《国歌法》第 15 条规定,在公共场合,故意篡改国歌歌词、曲谱,以歪曲、贬损方式奏唱国歌,或者以其他方式侮辱国歌的,由公安机关处以警告或者十五日以下拘留;构成犯罪的,依法追究刑事责任。而我国刑法中关于侮辱国歌构成犯罪要追究刑事责任的规定尚付阙如,这样,完成侮辱国歌行为的刑事责任及《国歌法》与《刑法》的衔接问题,就非常有必要。因此,2017 年 11 月 4 日第十二届全国人民代表大会常务委员会第三十次会议通过的《刑法修正案(十)》规定,为了惩治侮辱国歌的犯罪行为,切实维护国歌奏唱、使用的严肃性和国家尊严,在《刑法》第 299 条中增加一款作为第 2 款,规定“在公共场合,故意篡改中华人民共和国国歌歌词、曲谱,以歪曲、贬损方式奏唱国歌,或者以其他方式侮辱国歌,情节严重的,依照前款的规定处罚”。

“侮辱国歌罪”的增设可以通过发挥刑法的威慑作用,指引公民的行为选择,规范公民的日常生活。由于此前的侮辱国歌的规范不明、处罚畸轻,在现实生活及网络空间中存在篡改、歪曲、贬损国歌的行为,例如,香港某校一批应届毕业生在毕业典礼演奏国歌时,举标语闹事,该校校长怒斥学生“侮辱国歌”;在体育赛事国歌仪式上,部分“球迷”对国歌报以嘘声。而网络上,将国歌篡改为“炒股歌”等行为时有发生,影响极其恶劣。鉴于侮辱国歌的行为是对国家尊严、形象和爱国主义精神的危害,在公共场合侮辱国歌具有相当的社会危害性,增设侮辱国歌罪既有利于对上述行为的进一步规制,也有利于增强公民法律意识、国家认同、民族认同和宪法认同。

各国对本国国歌都有一些法律上的规定予以保护。美国虽然没有专门的国歌法,但是美国国旗法中却有涉及国歌的具体条款。《美国国旗法》第 301 条规定:在国歌奏响时,如果有国旗展现(如升旗),穿制服的军人行军礼,其他人应该面向国旗立正,右手放在心口上;如果没有国旗展现,所有人应该面向音乐的方向,做法跟有国旗展现时一样。美国的国旗法虽然是联邦法规,但如果民众没有按照上述规定执行,虽不会有强制性的惩罚措施,但会受到舆论的谴责。例如在 2016 年里约奥运会上,美国女子体操选手加比·道格拉斯虽然带领美国队夺得女团金牌,但由于她在赛后的颁奖仪式奏国歌时,未将手放在胸口并注视国旗,成为美国媒体和网民口诛笔伐的对象。俄罗斯国歌法属于俄罗斯宪法的一部分。俄罗斯国歌法明确规定了俄罗斯联邦国歌的曲谱与歌词,并严格规定了必须播放国歌的场合,如总统就职典礼、议会开幕和闭幕、接见外国领导人等。

俄罗斯国歌法还规定,俄罗斯国内所有的电视和广播电台,在每天开始和结束播放节目的时候,都必须播放国歌。而对于奏国歌时的相关礼节,俄罗斯国歌法也有详细规定:在正式场合国歌响起时,所有人应起立致敬,男性应摘掉帽子。如果奏国歌的同时也在升国旗,那么所有人都应当向国旗行注目礼。澳大利亚国歌实际上是经历过数次变动而最终定下来的,在20世纪70年代之前,作为英联邦国家的一部分,澳大利亚一直使用英国国歌作为自己的国歌,直到1984年,澳大利亚总督签署告令,设定新的国歌。而是否会演唱澳大利亚国歌,在澳大利亚虽没有强制性的要求,但是当外国人申请入籍澳大利亚的时候,需要回答和国歌有关知识判断是否理解澳大利亚的价值观。而在入籍仪式上也会有高唱国歌的环节,平时作为礼仪的要求,在公众场合或者重大活动中,当听到澳大利亚国歌时,根据官方规定,需要肃立。①

侮辱国歌行为入刑,使侮辱国歌与侮辱国旗、国徽罪立法得以协调。依照我国宪法的规定,国旗、国徽、国歌都是国家的重要象征和标志,都应受到公民和组织的尊重与维护。而且,增设"侮辱国歌罪"有利于完善规范体系。通过修正案,将惩治侮辱国歌行为与侮辱国旗、国徽的行为进行一致性的评价,完整地形成了对国家象征与标志的法律保护体系。

(本文作者沈亮,华东政法大学刑法学教授;
毛玲玲,华东政法大学刑法学教授)

① 《国歌法要来啦,来看看国外对使用国歌有哪些规定》,载环球网:http://world.huanqiu.com/hot/2017-05/10658831.html,最后访问日期:2018年2月28日。

被二次碾轧的不是良心,而是法律的价值

一、入选理由

在一个时代里,被千万次呼吁的往往是这个时代里最为缺失的东西。近些年的社会新闻中,不乏一桩桩充满“负能量”的新闻,向我们印证着道德的缺失,每每此时,更不乏一声声对“当事人”义愤填膺的声讨。然而,这样的声讨却并未将渐行渐远的“道德”拉回我们的身边。如此,我们不禁反思,导致社会病了的根源到底是什么?仅仅是人们的良心病了,还是这背后本该为良心撑腰、为道德所依仗的法律病了?

二、事件回顾

惨剧发生在2017年4月21日,晚上7点多,河南驻马店驿城区的马某照例穿过解放大道和学院路的交叉十字路口,去位于马路对面自己开的羊汤店打理。让她未曾料到的是,今天,一场交通事故——确切地说应该是两起,将把她送上生命尽头的不归路。

在事发后网上流传的视频中可以清晰地看到,当晚身穿浅色上衣的马某,在过斑马线时被疾驰的车撞倒,肇事车辆随之逃逸,在马某第一次被撞后的一分多钟时间里,多位来往行人及车辆目睹了倒在地上的马某,但都采取了消极的避让,无一主动施救,直到第二辆车碾轧过她的身体。

第二辆从马某身上碾过的是一辆SUV,碾轧后女司机显然也受到了惊吓,车停下来之后,女司机被两个男人搀扶着下了车,围观人群中有人打电话联系医院、报警。

根据事件的目击者描述,在马某第一次被撞倒时,就有十几个行人拨打“110”“120”电话,但是无人敢轻易上前挪动伤者,也无人上前为倒地的马某阻拦过往车辆,以至于其一直躺在原地,被第二辆车再次碾轧,最终不治身亡。据参与抢救马某的医生描述,第二辆车直接轧到了马某的心脏。

三、各方观点

河南财经政法大学法学院宪法学与行政法学专业教师　袁冬冬：本案视频经公布之后，引起公众的极大愤怒，不少人主张追究路人不尽力救助受害人的法律责任。世界上很多国家，都对“见死不救”的行为设定了刑事和民事责任。比如，德国刑法就规定，见死不救者可判处一年监禁或科以罚款；法国刑法也规定，任何人对处于危险中的他人，能够个人采取行动，或者能唤起救助行动，且对其本人或第三人均无危险，而故意放弃救助的，处5年监禁并扣50万法郎罚金。

我国法律上的救助义务分为两种：法定救助义务和先行行为引起的救助义务。具有特定职务的人，在他人遇到危险的情况下有救助义务，比如警察、消防员就负有基于自身职务而产生的救助义务；具有特定身份的人，如夫妻、父子之间基于法定亲属关系，在另一方遇到危险时，也应当尽到相应的救助义务。同时，行为人的先行行为也会导致救助义务的产生。比如，在此次事故中，出租车司机将受害人撞倒在高度危险的机动车道上，其对受害人就存在救助义务，这个救助义务是由其先行行为——开车撞人所引起的。除了上述列举的法定救助义务和先行行为引发的救助义务之外，我国法律没有规定其他类型的救助义务。由此可见，在该视频中出现的路人是不用负法律责任的。①

中华网特约评论员　朱昌俊：舆论的谴责大多停留在路人的冷漠之上，但正如警方通报所示，该起事件首先是一起典型的交通肇事逃逸事故。斑马线女子的个人悲剧，首先源自那辆撞人之后扬长而去的出租车。如果第一次撞击之后，出租车司机能够停下来报警、救人，维护好现场，本没有二次碾轧之事的发生。所以，看不到肇事者的责任，将被撞女子之死的悲剧，完全推给路人的冷漠，有失焦之嫌。

当然，整个事件所照见的“路人心态”，还是值得分析的。从视频可以看出，第一次被撞后，视频右上角斑马线之外有两位行人，其中一位有明显把另一位推离“围观”现场的动作；而自始至终，斑马线两端的路人，和过往的车辆，对被撞倒在地的女子，都未表现出明显的反应，有人有疑似报警的动作，但却并没有直接施救或维护现场的倾向。而在女子二次被撞前，有辆黑色SUV曾短暂停留，

① 袁冬冬：《“驻马店女子被二次碾压”一案的法律问题分析》，载北大法律信息网：http://article.chinalawinfo.com/ArticleFullText.aspx? ArticleId=100039，最后访问日期：2017年7月2日。

却在二次碾轧后随即加速离开。这样的集体表现,当然可以追溯到对施救责任风险的畏惧,但一个原本完全可以被拯救的生命,却在各式围观之下走向终点,无论如何都应该进行反思。①

(香港)天大研究院资深研究员　杨恒均:大家都说到那个女子被碾轧后,为什么路人和司机都如此冷漠——很多人又说到什么救助后可能被诬陷,其实根本不用去接触救助,这种情况下,只要稍微有点责任心的人,立马站到女子两边的马路上,招手阻挡车辆驶入,或者把随身所带的东西作为阻止物放在马路上,然后打电话报警就可以了啊。这么简单的事,简单得不费吹灰之力就可以救下一条生命的事,竟然无一人去做!不知道的还以为视频上的动物不是人,而是装扮成人形的野生动物与畜生!②

法律评论员　舒锐:近年来,路人对遇险者作壁上观的类似新闻不断在各地反复上演,而每当类似新闻出现,"彭宇案"就会被再次纳入公共讨论的范围。一时间,"扶不扶"仿佛成了一个困扰人们多年的中国式难题,提供救助怕被对方反咬一口,不提供救助又将面临良心上的谴责,甚至这个话题还上了春晚。其实,在再次讨论这一话题之时,我们不妨重新回到"彭宇案"案情本身。

该案中,从法律真实看来,彭宇在第二次庭审时承认"我下车的时候是与人撞了",但否认是与老太太相撞。第三次开庭中,原告方提供了一份主要内容为彭宇陈述两人相撞情况的笔录照片,虽然这份笔录因警方失误丢失客观上无法提供原件,但也得到了当时做笔录的警官的确认。结合彭宇自述曾经与人相撞却说不清与何人相撞以及经警方确认的笔录照片,这就构成了优势证据,一审法院认定彭宇与老太太相撞并无不妥。而从客观真实看来,事别多年后,彭宇也承认了当年确实和老太太发生过相撞。

严格意义上,我国司法实践中,也并未发生过一起仅因扶人而让扶人者担责的判例,或许也正因此,每每发生类似事件,一些人只能拿出一件十年前被误读的"彭宇案"来唏嘘不已,感叹世风日下,乃至为冷漠寻找借口与出口。③

---

① 朱昌俊:《女子频遭碾压,小悦悦事件翻版?》,载中华网:http://news.china.com/zhsd/gd/11157580/20170608/30679672.html,最后访问日期:2017 年 6 月 30 日。

② 杨恒均:《从驻马店女子遭二次碾压想到的》,载搜狐博客:http://yanghengjun65.blog.sohu.com/324515852.html,最后访问日期:2017 年 7 月 1 日。

③ 舒锐:《女子被撞无人扶,不能让"彭宇案"成为借口》,载新浪网:http://news.sina.com.cn/sf/news/ajjj/2017-06-14/doc-ifyhfnqa4106386.shtml,最后访问日期:2017 年 7 月 1 日。

湖南天地人律师事务所交通事故团队律师　殷俊：法律上的救助义务，主要分为法定义务和先行行为引起的救助义务。前者比如警察、消防员的职责，以及夫妻、父子等法定关系之间的救助义务；后者跟行为人的行为有关，比如本次事故中的出租车司机，将受害人撞倒在高度危险的机动车道上，其对受害人就存在法定的救助义务。

本次事故发生时，路过的行人对受害者并无法定的救助义务。但人的行为不光要靠法律来约束，还需要道德来引导。在有能力救助的条件下选择不救助，不应当是社会所倡导的。不论是否存在法定的救助义务，在他人遭受危难时，旁人应该尽量施以援手，这样的话，像本次事故这样的悲剧就能避免了。①

中青在线评论员　王钟的：诚然，在女子被撞后的第一时间，如果有路人上前施救，引导后续车辆绕行，女子完全可能避免被二次碾轧。为什么视频画面中十几位路人都没有施以援手，有待更详细和准确的信息披露。不容忽视的另一个说法是：事故发生后曾有多名路人报警，但没有人敢轻易移动伤者。

然而，正如交通专业人士所分析的，事故责任要由两位肇事司机承担。我们更不能遗漏悲剧更重要的情境——女子是在斑马线上被撞，也在斑马线上被二次碾轧。《道路交通安全法》明文规定：机动车行经人行横道时，应当减速行驶；遇行人正在通过人行横道，应当停车让行。

看清楚了！即使斑马线上没有人，机动车也应当减速，如果斑马线上有人经过，机动车应该直接停下。但在实际公路生态中，不管是老司机还是新手，习惯性地将法律规定降格遵守——看到斑马线上有行人，能够减速让行就不错了，至于看不到人甚至可能加速通过。驻马店这起事故的视频清楚地显示，两辆肇事车经过时根本没有减速迹象。

不少司机忌惮闯红灯的处罚，却丝毫不顾忌行人的通行需求。这种情形引发了道路交通管理设施的“加码”现象。因为斑马线形同虚设，交管部门不得不添设红绿灯。有些几百米长的道路有好几个红绿灯，这种做法看似方便行人，实则只是对公路生态的无奈妥协。设置了交通信号灯，红灯一亮，不管有没有人，车都要停下来。除非在人流密集的路段，行人有频繁的通过需求，否则让车辆在红灯前空等，照样不利于道路通畅。

---

① 朱远祥：《法治课丨女子遭二次碾压身亡，肇事者和路人分别有何责任义务》，载澎湃新闻：https://www.thepaper.cn/newsDetail_forward_1704253，最后访问日期：2017年6月30日。

恶劣的公路生态是怎样造成的？于很多司机而言，他们怕的不是交通规则的管，更不怕道路文明的道德约束，却只怕法律法规的处罚。强力整治酒驾以后，喝酒不开车自然而然成了多数人的习惯；闯红灯扣分处罚加重以后，老司机看到信号灯也变得慎重几分。相信只要加大处罚力度，辅以有效的技术手段，同样可以治好车辆过斑马线不减速、不让人的毛病。①

四、笔者评论

马某在斑马线上遭车辆二次碾轧的视频震撼了国人，慈悲和勇敢在虚拟空间里汹涌而来，无数的国人都在手机屏幕上谴责事发现场路人的麻木和冷漠，表达自己莫名已久的愤怒和忧伤。

如果我们自己在现场，我们会做得更好吗？

当灾害突然降临到身边同类时，孱弱的动物种群往往会和4月21日晚上河南驻马店驿城区解放大道上发生危险时的路人表现出同样的反应——非洲的角马种群再庞大，一只狮子的攻击就可以驱散这些食草动物。当马某第一次在斑马线上倒下时，路人首先考虑到的，不是马某面临的致命危险，而是自己上前救助可能会面临的讹诈风险。这样的反应，和角马群面对狮子攻击时的反应没有什么本质的区别。而一些强大的动物种群，在面对同样的危险时，却可以有不同的表现。再不可一世的狮子群落，当面对一群大象或者野牛时，也不敢轻易动进攻的念头。因为狮子知道，野牛和大象在同类遇到危险时，它们会群起而上，保护自己的同类。是因为野牛和大象体型比角马更强大所以它们敢挺身而出保护同类吗？答案当然是。

那么人类的体型比野牛和大象更强大吗？答案当然不是。人类社会之所以比其他动物更强大，并不在于个体身体的优势，而在于人类社会的组织性。这种组织性，放在全球化的今天，就表现在法律规则的制定和遵守上。当互不认识的人们从各个乡村奔赴到城市里，当各个现代化的大城市在短短的三五十年里建立起来，调整彼此间关系的，不是乡情也不是血缘，而是法律和规则。

强大的现代人类社会是依赖法律规则生存的。建立良好的法律规则，遵守法律规则，才是人类社会比其他动物强大且能取得高度现代文明的秘密所在。

---

① 王钟的：《女子被车撞后遭二次碾压！不止冷漠，还有恶劣的公路生态》，载中青在线：http://news.cyol.com/content/2017－06/08/content_16167784.htm，最后访问日期：2017年7月3日。

回到悲惨的马某视频。

对于法律人来说,马某视频展示的悲剧再一次使我们陷入应当如何构筑法律与道德的边界这一法理难题的深刻思考之中。“法是善良和公正的艺术”,一方面,法律肩负着保障人类社会良善化发展的重任,通过法律这套评价体系引导人们的行为;另一方面,法律又是一套平衡体系,通过平衡各方主体的权利义务关系构筑实现公正的价值诉求。法律与道德既相互区别又相互联系,更多的时候,法律仅如同德国法学家耶林所说的那样,是“最低限度的道德”。

是的,在道德层面上,我们每个人都应该对于处于危难之中的人施予救助,但是在法律层面上,这却是一个需要考量的问题。如前所述,目前我国法律仅规定了法定的救助义务和先行行为引起的救助义务,前者主要基于特殊身份或关系而存在,后者则由先行为引发,都具有义务的承担基础,这样的规定完全符合“最低限度的道德”这一基础。但是法律是否应该要求路人在能够实施救助的时候均进行救助?要求路人均应进行救助的法律规范是否是一条权利义务平衡的规范?其是否会增加社会的守法成本?……这一系列的问题摆在我们面前,法律应该多大层度上介入道德的领域始终是一个令我们纠结万分的难题。

然而,对于普通民众来说,立法的保守、司法的克制往往使其深刻感受到法律的冰冷无情,而这使专业法律人和普通民众之间的鸿沟进一步扩大,甚至造成整个社会族群的撕裂。作为法律人,我从来不期待以法律人的一己之力妄想通过判决面面俱到弘扬美德,我只希望我们能够在理性与审慎中寻找到法律与道德的理想边界,寻到法律与道德良性互动的入口,那样我们才能在追求善良与正义的道路上会更进一步,让法律更具温情。

(本文作者洪流,上海邦信阳中建中汇律师事务所合伙人)

互联网言论的法律边界如何划定?

一、入选理由

互联网的高速发展为公众打造了众多开发性的交互平台。微博、微信、论坛在公众参与的推动下,有了一个华丽的转身。从人们记录、分享生活点滴的平台化身为社会的舆论场。综观2017年发生的事件,依托微博平台的热议发酵为社会高度关注的焦点不在少数。媒介在这里起到了一个推波助澜的作用。高度的民众参与度,人人关注,人人参与,是社会进步的体现。但社会舆论时常会呈现出非理性化和情绪化的特征。网络言论的生态环境正在逐渐影响社会发展的方方面面。国家陆续出台了《互联网信息服务管理办法》《网络安全法》、最高人民法院《关于审理侵害信息网络传播权民事纠纷案件适用法律若干问题的规定》、最高人民法院、最高人民检察院《关于办理利用信息网络实施诽谤等刑事案件适用法律若干问题的解释》等规范性法律文件来规制互联网的发展,网友言论领域也不例外。网友言论表达的界限一直是全社会关注的焦点,政府对网络言论的

管理也引起了学界和实务界关于合宪性问题的争议。

我们有必要就网友言论环境的现状进行观察和分析，以此为依据来讨论网民言论的边界问题，来明确政府应如何在保护公民表达权的前提下，更好地履行其管理社会秩序的职能。

二、事件回顾

（一）多家电商被有组织性地抹黑

2017年11月22日，阿里巴巴集团顾问律师——上海瀛东律师事务所高级合伙人惠翔律师发表了《阿里巴巴法律顾问——舆论异常操作，特向公众公布》一文，以回应近段时间来阿里巴巴集团遭遇的史上最严重的黑稿风波。除阿里巴巴外，北京金诚同达律师事务所律师陈曦受京东的委托，发表声明称京东同样时常遭遇被黑风波，并晒出部分经公证的，攻击和抹黑京东的文章。电商被刻意抹黑不再是个案，也不再是零星几句评论，而是有组织地、有计划地抹黑。除电商外，华为公司最近也深陷被诽谤安装监听软件的风波之中。[①]

（二）突发社会新闻中的谣言传播

2017年11月22日，北京朝阳区管庄红黄蓝幼儿园门口聚集数名家长，反映国际小二班的幼儿遭遇老师扎针、喂不明白色药片等情况，并展示了孩子身上多个针眼的照片。警方就此次事件介入调查。一时间，网络上热议不断。“园长家属系‘老虎团’”“有军人参与到对幼儿的猥亵事件中”等谣言肆意散布。11月24日，“老虎团”政委冯俊峰公布了初步的调查结果：涉事幼儿园与部队没有牵连，没有发现官兵涉及传言中的所谓的猥亵行为。如果最后证实这些传言是造谣污蔑，会依法追究恶意造谣者的责任。25日下午，北京朝阳区警方官微通报“红黄蓝幼儿园虐童事件”的调查结果：涉事幼师被刑拘，编造“老虎团”谣言者被抓获。[②]

2017年6月22日凌晨，杭州城东蓝色钱江小区某住户家中发生特大火灾，系保姆纵火，女主人与三个年幼的孩子命丧火场。6月23日晚，网名“婚恋情感专家凌子”发布了一则关于蓝色钱江放火案的虚假信息，称男主人与保姆有染，

---

① 《传华为手机被安装监听软件，官方回应：这是恶意诽谤》，载搜狐网：http://www.sohu.com/a/161413687_446632，最后访问日期：2018年1月2日。

② 孝金波：《“老虎团”政委冯俊峰回应红黄蓝幼儿园事件涉军传闻》，载人民网：http://society.people.com.cn/n1/2017/1125/c1008-29667426.html，最后访问日期：2018年1月2日。

保姆因情放火烧女主人及三个年幼的孩子。经证实，这是一条虚假的信息，发布信息者也受到了行政处罚。①

(三)“辱警”等侮辱性言论何时休？

时有网友辱骂民警的事件发生，有人认为这是公民泄愤的行为而已，有人则认为这是对于公权力的不尊敬，是扰乱社会秩序的不良行为，应当严厉禁止。

2017 年 1 月 27 日，大年三十，除夕之夜，黑龙江哈尔滨公安局道里分局太平庄派出所民警曲某、李某在处置一起斗殴纠纷时遭遇犯罪嫌疑人的袭击，曲某受伤后因救治无效而不幸离世，年仅 38 岁。1 月 28 日下午，微博号“@ 长春社会姐”公开发布侮辱民警曲某的帖文：“啊哈，太好了！他女儿没人保护了，大过年的，遭报应没？”另有网友“@ lukehcen0”在网上发布“打公安者皆为英雄”的言论。1 月 29 日，网民“@ lukehcen0”因其公开发布侮辱牺牲民警的言论被广州警方查获。1 月 30 日，网友“@ 长春社会姐”也被警方查获。②

近年来，类似的辱警事件时有发生，可见，网民辱警事件不是个案，而成了一种特定的社会现象。

(四)批评监督性言论亟待被重视

陕西渭南华州区一网民因不满强制捐款而在网络上发布“华州区强制所有工作人员捐款 200 元，请问是否合理？”的言论，并历数了华州区政府存在公款消费等多种违法行为，因而被行政拘留 5 日。这一事件在网上引起了热议。华州区政府对此作出回应称：李某涉嫌编造虚假信息，散布网络谣言，并对政府强制捐款一事解释道：“华州区委、区政府在号召募集中并没有对捐助数额作强制要求，是个别单位在组织募捐时急于求成，工作粗疏导致的误会。”③

无独有偶，2017 年 8 月，邯郸涉县一网民张某发帖质疑县医院的食堂价高难吃而被当地警方拘留。这一事件在网上引起热议，派出所的行为受到多方批判。迫于压力，邯郸警方回应称，根据复查结果已撤销公安局对张某的处罚决定，已对当地派出所所长停职处理，办案民警调离了执法岗位，并责令派出所向

---

① 《杭州纵火保姆与男主人有染？“感情专家”散布谣言被拘》，载中国青年网：http://media.china.com.cn/cmyw/2017-06-25/1077317.html，最后访问日期：2018 年 1 月 1 日。

② 《侮辱大年夜牺牲的哈尔滨民警　两网民被查获》，载封面网：http://www.thecover.cn/currentaffairs/228803，最后访问日期：2018 年 1 月 2 日。

③ 王磊：《质疑“强捐”也被拘，最近这些事儿我看不明白》，载新京报新媒体：http://www.bjnews.com.cn/opinion/2017/08/23/455309.html，最后访问日期：2018 年 1 月 2 日。

当事人赔礼道歉。①

三、各方观点

（一）大规模、有组织的恶意诽谤应当被遏制

北京师范大学刑事法律科学研究院常务副院长　卢建平：公众依法享有言论自由，监督阿里巴巴或马云当然也是言论自由。但是，前提是舆论监督、批评、投诉甚至控告必须基于客观事实，不能诬告、造谣中伤，不能突破法律和公序良俗的底线。②

浙江海浩律师事务所合伙人　沈永强：最高人民法院早在 2013 年就制定实施了《关于办理利用信息网络实施诽谤等刑事案件适用法律若干问题的解释》，对于利用信息网络捏造事实诽谤他人、在网络上散布虚假信息扰乱社会共同秩序、通过信息网络有偿发布虚假信息扰乱市场秩序等各类违法犯罪行为，分别以诽谤罪、寻衅滋事罪、非法经营罪等追究刑事责任，同时该类行为还可能构成损害商业信誉、商品声誉罪。

知名律师、商业分析师　赵继成：操纵舆论，污名化对手，轻则损害企业信誉，要承担民法上的侵权责任；严重者触及刑法，将受到刑法严惩。

（二）辱警有过，强力规制还是宽容以待？

知名时评人　陆敬平：侮辱牺牲民警不该成为“连续剧”，目前依然经常发生造谣惑众、扰乱视听等案件。由此可见，净化网络任重道远，还应加强超前防范工作，力争防患于未然。华声在线评论希望此次事件能够达到敲山震虎的威慑效果，警示网民在互联网上应该遵守道德和法律。中安在线评论称，对网络“喷子”们的乱喷切不可纵容，他们歪曲历史、罔顾事实，一旦超越了法律底线，必将为自己的乱喷付出惨痛代价。

西北政法大学行政法学院副教授　李大勇：随着社会的发展，政府调整的范围不仅是在物理空间当中，还逐渐延伸到虚拟空间，像朋友圈，实际上就是一个新型的人与人之间交流的平台，尽管在该平台上人们无法见面，但是它具有的社会功能和现实生活中朋友圈的功能是一样的，所以朋友圈也应该是受法律秩序

---

① 《邯郸警方回应网民称食堂难吃被拘：派出所所长被停职》，载中国新闻网：http://www.chinanews.com/sh/2017/08－21/8309516.shtml，最后访问日期：2018 年 1 月 2 日。

② 卢建平：《网络空间言论的法律边界》，载《人民法院报》2017 年 12 月 6 日，第 7 版。

来调整的,在朋友圈发言同样要遵循事实和法律规则。

(三)网络监督需要权力的谦逊

新京报评论媒体人　与归:从权利与权力的关系来讲,一个社会的开放包容与否、文明程度高低,在于普通民众有无吐槽、抱怨以及质疑的权利。说实话,如果这样的质疑也硬要往寻衅滋事上靠,那网络上的类似言论表达,有太多都可以"涉嫌",是不是都要被拘?打击恶意造谣,无可厚非,但如果只是因为触犯自身的正当权益,而发出合理的抱怨与质疑,哪怕这当中事实有瑕疵、措辞有不当,也应予以包容。权力应当尽量保持谦逊与克制,这样社会才会有活力,才会有前进的动力。

天津师范大学法学院副教授　郭明龙:言论自由是公民基本权利,但也有其边界,逾界言论应承担法律责任。之所以要给言论自由设定边界,是因为其可能给国家、社会或他人带来"外部性"。外部性,简单说就是一个人的行为给他人造成的影响。外部性有正有负,法律所处理的是较严重的负外部性。逾界言论的法律责任,应根据所造成的负外部性大小,为较小外部性配置私法民事责任,为较大外部性配置行政责任,为巨大外部性配置刑事责任。法律责任应当呈现一道光谱,从小到大,由松到紧,由私到公,不能无限上纲。

吐槽医院食堂的饭难吃,即便属于"虚构事实",也很难认定构成"扰乱公共秩序"。涉县公安机关所作拘留的处罚,显属适用法律错误。虚假信息,特别是网络谣言,如果对国家安全、社会稳定、人们日常生活等构成了严重威胁,造成巨大外部性,自然可追究行政甚至刑事责任。不过公法处理的一般界限应当是"明显而立即的危险"。利用这一界限对网络谣言进行治理,才符合法治比例原则的要求。①

北京师范大学刑事法律科学研究院讲师　孙道萃:在新形势下,强化检察机关对行政执法活动的检察监督,丰富检察监督的实际效力,也是全面推进依法治国的题中之义。

上海政法学院刑事司法学院副教授　陈丽天:公民要有法律意识,要勇于运用法律武器保护自己的合法权益。公民因不当行政行为而受到侵害时敢于合法维权,也是对行政机关的监督。

---

①　王学军:《吐槽食堂,扰乱社会秩序吗?》,载《今晚报》2017 年 9 月 6 日,第 8 版。

四、笔者评论

(一)自由言论理应受到合理的限制

自由对于一个社会而言是极其重要的元素,尤其是表达自由。哈钦斯委员会在报告《一个自由而负责的新闻界》中指出,“表达自由是各种自由权中是独一无二的,它促进和保护其他的所有自由”。[①] 我国《宪法》以根本大法的形式明文规定保护公民的言论自由:《宪法》第35条规定:“中华人民共和国公民有言论、出版、集会、结社、游行、示威的自由。”以及《宪法》第41条第1款、第2款规定:“中华人民共和国公民对于任何国家机关和国家工作人员,有提出批评和建议的权利;对于任何国家机关和国家工作人员的违法失职行为,有向有关国家机关提出申诉、控告或者检举的权利,但是不得捏造或者歪曲事实进行诬告陷害。对于公民的申诉、控告或者检举,有关国家机关必须查清事实,负责处理。任何人不得压制和打击报复。”民众可以自由发表言论,自由地参与公共事务。可以说,一个社会的自由程度,在一定程度上代表着这个社会文明的程度。我们将网络世界称为“虚拟”,但其切切实实也应当属于社会的一部分。网友言论的自由度,从侧面可以印证社会的自由度与文明度,还有社会的政治生态环境的健康度。

但言论自由是否是一个无边权利呢?关于自由,在天赋人权的自然法学派法学家们看来,表达自由是人与生俱来的权利,神圣不可侵犯,他们崇尚完全的自由。而功利主义的法学家们认为自由是有限度的,行使自由是“戴着镣铐跳舞”。密尔在《论自由》中指出,“在个人的行为只涉及自己的情况下,与他人无关时,个人无须向社会负责。在个人的行为有损害其他人的利益时,个人应当对此承担责任”。[②] 也就是说,自由在有可能损害他人利益的情况下是受到限制的。我国的《宪法》对于言论自由做了明确的限定。《宪法》第51条规定,“中华人民共和国公民在行使自由和权利的时候,不得损害国家的、社会的、集体的利益和其他公民的合法的自由和权利”。不仅仅是我国,其实各国都有对于言论自由的限制。美国有“明显而即可的危险”“衡平”等原则。日本法明确规定“不得

---

① [美]新闻自由委员会:《一个自由而负责的新闻界》,展江等译,中国人民大学出版社2004年版。

② [英]约翰·密尔:《论自由》,张书克译,中西书局2015年版。

违反公共福利”。[①] 所以言论自由并不意味着可以肆无忌惮地“自由言论”。在任何情况下鼓吹言论的“充分自由”的言论,笔者认为是不妥当的。自由需要得到充分的保护,但在特定情况下自由应当被合理限制,合理的限制是为了更好地实现自由。

互联网不是法外之地,言论自由是存在边界的。那么网民言论自由的边界又在哪里呢?政府应该在何种程度时对“自由”进行规范呢?边界过窄,可能会损害到公众的表达权的行使,侵犯了公民的基本人权;边界过宽,难以实现对相对法益的保护。

(二)“两高司法解释”等对互联网言论提供法律规制

2013 年由最高人民法院和最高人民检察院颁布的《关于办理利用信息网络实施诽谤等刑事案件适用法律若干问题的解释》(下文简称为两高《解释》)是对网友言论进行规范的专门法规。公安机关在处罚“不当言论者”时往往采用的法律依据是《治安管理处罚法》《刑法》和《人民警察法》等。就两高《解释》而言,它细化了“诽谤”的类型,并且明确了诽谤行为入罪的标准。从该法的立法出发点来说,是为了打击严重的网络诽谤行为,维护国家稳定,维护良好的网络舆论环境。但笔者认为,公法不宜轻易进入网友言论领域。网友言论对当事人造成的人身损害,以司法形式的人格权保护更为恰当。笔者认为政府对网友的言论应当抱有更大的宽容度,“因言获罪”本身就会让舆论一片哗然,更可能适得其反。并且,给予公安机关更宽泛的公权力,不利于对网友言论自由的充分保护。

以辱警行为而言,中国目前正处于经济社会转型期、贫富差距巨大,加剧了现代人的生活压力,客观上分析,这也是仇官、仇富、仇警察情绪存在的原因之一。民众需要理解政府的工作,一线执法人员也应理解民众的情绪。其次,笔者认为尊法、守法的法律意识的缺乏也是导致辱警事件普遍发生的原因,宣传教育或许比“杀鸡儆猴”更能起到净化网络空间的作用。总的来说,笔者认为对于一般性的言语不当行为,公法应谨慎介入。

笔者对两高《解释》持肯定态度。严重的网络诽谤会给他人权益带来较大的损害,诽谤行为本身并不属于宪法保护的范围。两高《解释》中最受争议的规

① 郑燕:《网民的自由与边界——关于微博公共领域中言论自由的反思》,载《社会科学研究》2012 年第 1 期。

定应当是第2条“利用信息网络诽谤他人,具有下列情形之一的,应当认定为刑法第二百四十六条第一款规定的‘情节严重’:同一诽谤信息实际被点击、浏览次数达到五千次以上,或者被转发次数达到五百次以上的”。有人会认为网络平台上的信息传播本身就是一个不可控的行为,将定性问题量化为标准,是不合理的。笔者认为这恰恰是对诽谤入刑提高了标准,给网络空间更多的容忍度。这一条的规定,首先必须是采用“诽谤性言语”,也就是说事实上必须诽谤;其次必须达到“被认为是真实”的程度,即经过多次传播后,让广大网名误认为是真实的程度。这里采用了双重标准即“证明真实”和“证明确信真实”[①]。而对于大规模的、有组织、有计划的诽谤行为,应当打击,以保护公众的合法权益。

综上,笔者认为:言论自由是需要法律规制的,没有法律的规制,也谈不上真正的自由。而网友言论的边界在于损及社会利益。网友言论侵犯他人利益,应当由私法来调整;网友言论触及社会公共利益时可由政府插手调整,甚至由公法规制入刑,但因秉持“一般不当予宽容,严重违法才出手”的准则。保护言论自由与维护社会稳定健康发展并重,才真正实现了全社会的期冀。

(本文作者彭桂兵,华东政法大学传播学院副教授)

(感谢王一阳对本文的帮助)

① 李会彬:《网络言论的刑法规制范围——兼评两高〈关于办理利用信息网络实施诽谤等刑事案件适用法律若干问题的解释〉》,载《法治研究》2014年第3期。

女职工隐孕入职事件

一、入选理由

如何对“三期”女职工这一特殊劳动群体进行管理，一直以来都是各用人单位关注的热点。对于“三期”女职工，法律法规一直有特殊的保护，令人熟知的即是给予怀孕女职工一定期间的产假并给予相应的产假待遇，而且，在女员工没有严重过错的情况下，用人单位不能解除“三期”内女员工的劳动合同。但是，法律的特殊保护有时也间接导致女职工，特别是已婚未孕的女职工更难获得就业机会：许多用人单位考虑到女职工若入职不久就怀孕生子，可能会对工作产生影响，增加公司的人员管理成本，因而不愿意雇佣女职工。本案讲述的正是在已婚未育女性面对职场已存在一定就业歧视的情况下衍生出的另一个选择——“隐孕求职”。针对该行为，用人单位是否可单方解除女职工的劳动合同，以及对求职过程中劳资双方权益保护的相关问题，无论从法律还是道德角度都值得进行探讨。

二、事件回顾

据新闻媒体报道，2017 年，浙江省宁波市某公司对外招聘文员，一名女性求职者在招聘会上看到信息后便进行应聘，并顺利通过面试。根据该公司负责人称，面试时，在说到婚育情况时，该女员工强调自己刚从广东来宁波，并没有结婚，短期也不打算结婚，随后某公司与该女员工顺利签订了劳动合同。

入职三天后，该名女职工向自己的部门主管称已怀孕，需要保胎休息，并且自此经常迟到早退以及请假，嗣后索性在家安胎不再上班。产假期间，公司照常发放了工资并交纳社保，产假结束后，该名女职工就提出了辞职。事后，该名女职工承认应聘时已经怀孕，而之所以“隐孕”，目的是能让社保不断档并且领取工资。

该公司负责人表示：“我们公司女员工多，各方面制度规范，对孕期女职工也

是照顾有加。可是,像这样‘隐孕’的员工真的挺让我们受伤的。一年多时间里,她几乎没有为公司创造劳动价值,单位却要照发工资、照交社保;如果她事先不知道自己已经怀孕,我们还好接受些。后来才知道,她是在知道自己怀孕的前提下才入职的,希望能在孕产期拿到工资并使社保不断档。”

三、各方观点

北京大学国家发展研究院教授　赵耀辉:类似事件属于比较极端的个例,女职工在工作转换期间可能怀孕,男职工也可能出现入职后生病需要长期进行治疗的情况。如果建立起育儿社会支持体系,企业为女职工提供福利却遭遇辞职的风险将会降低,女性也不再会因生育而面临职场劣势。①

中国法学会婚姻家庭研究法学会副会长　李明舜:法律并未规定怀孕的妇女不能工作,是否可以休产假与在用人单位工作的时间长短也没有关系,因此,从法律角度而言,该女员工的做法没有可指责的地方。但他认为,女员工隐瞒怀孕的事实,这种不诚信行为应该受到谴责。但他同时指出,女员工之所以隐瞒怀孕的事实有一定的社会原因,担心坦承怀孕一事用人单位会拒绝录用她,也情有

① 《女职工“隐孕”背后:二孩政策时代如何给企业减负?》,载微口网:http://www.vccoo.com/v/ys8j35,最后访问日期:2017 年 12 月 20 日。

可原。①

中国人民大学残疾人权益保障法律研究与服务中心副主任、妇女权益保障法专家、法学博士　李静：法律并没有规定怀孕的人不能找工作，是否怀孕与找工作没有任何关系，用人单位也根本无权过问，是否怀孕属于个人隐私。如果是法律所规定的限制或禁止孕妇从事的工作，用人单位也应该明确。②

南京大学法学院副教授　周长征：即使询问，求职者也可以不回答，甚至可以不正确回答，即便她的回答带有欺骗性，但也不会被认为是欺诈。单纯从怀孕的角度考虑，我觉得并没有涉及损害单位权益问题，针对怀孕员工，法律本身就是强化保护的。女员工怀孕后，在生育之前都是可以上班的，她们也在为单位做贡献，而产假的时间也有限，其间单位可以调整工作安排，或者招聘临时工来顶替，这些问题不难解决。③

资深劳动仲裁员　左祥琦：《劳动法》《劳动合同法》等法律的立法宗旨里，一定有"保护劳动者的合法权益"，但一定不会强调"保护用人单位的合法权益"，原因就是劳动者处于弱势，立法使用了"倾斜性立法技术"。倾斜性立法就是同样的权益分配给两方当事人的时候，一方给的多，一方就是给的少，因为少的一方处于强势地位。通过同样权益的不平均分配，追求的其实是一种实质上的公平。

法官　张江洲：孕期女职工因处于特殊的生理时期，可能被一些用人单位视为"负担"，而经常遭受调岗降薪、开除、辞退等不公正待遇。这也在客观上导致不少女职工在怀孕后，不敢及时告知用人单位，而往往采用"隐孕"的方式，消极地维护自身权益。④

《南方法制报》　斯涵涵：女员工"隐孕"入职的负面影响不容小觑。其一，这种行为损害了企业利益。在没有创造劳动价值的情况下，企业要给员工产假、病假，调整其作息安排。产假结束后就一走了之，让企业所有的成本投入都"打水漂"。其二，有的员工拿怀孕当"尚方宝剑"，敷衍了事，不好好工作。这是对

---

① 《"隐孕入职"背后的双向困境》，载中国青年网：http://gy. youth. cn/gywz/201709/t20170927_10794285_1. htm，最后访问日期：2017 年 12 月 20 日。

② 同上。

③ 《隐孕入职被指职场碰瓷法律过度保护还是女性无奈?》，载中国新闻网：http://finance. chinanews. com/sh/2017/09－15/8331396. shtml，最后访问日期：2017 年 12 月 20 日。

④ 《女职工隐孕背后的隐忧》，载凤凰资讯：http://news. ifeng. com/gundong/detail_2014_03/12/34701032_0. shtml，最后访问日期：2017 年 12 月 20 日。

企业严格管理的一种挑衅,也是对法律保障权的一种滥用。其三,随着二胎政策的放开,类似情况有增加的趋势,"隐孕"入职的人多了,必将影响其他女性在就业时得到公平待遇。企业在以后的招聘中就得格外强调是否生育,拒不招聘或录用女性或将日趋明显,会导致女性就业形势"雪上加霜"①。

智联招聘宁波分公司人力资源专家　陈芳铭:站在企业的角度,肯定是不希望员工"隐孕"入职的。如果员工刚入职就怀孕,给企业带来的损失其实蛮大,在没有怎么创造劳动价值的情况下,企业要给员工产假、病假,调整其作息安排。有的员工甚至拿怀孕当"尚方宝剑",认为企业不敢把怀孕员工怎么样,就很放纵自己的行为,不好好工作。②

网友声音:我觉得劳动法是应该保护怀孕女性,但是也应该明确欺诈行为不受劳动法保护;入职的时候如果真的正规起来是要提供体检报告的,如无问题才能正式入职,可能有些单位省略了这一步,往往因为这种现象,才致使我们女孩子找工作总被问有没有男友或者有没有结婚之类的。③

四、笔者评论

何为"隐孕入职"? 即在求职之初刻意隐瞒怀孕的事实以获取录用的机会。以往的"隐孕"更多的是一种无奈的选择,女职工因害怕被心仪的用人单位视为"负担"而以种种借口不予录用,所以不得不对怀孕一事予以隐瞒,而在本事件中,相关女职工是因希望能在孕产期拿到工资并使社保不断档而刻意隐瞒其怀孕事实,并且在产假结束后即辞去了工作。本事件之所以引发较大关注,是因为相较于"被动隐孕"而言,人们认为该女职工的恶意性更大,有"碰瓷"之嫌。但是,无论是因何原因隐瞒怀孕事实而入职,其涉及的系列问题都值得劳资双方以及社会进行深入了解和思考。

(一)"三期"的定义和长度

通常我们所说的"三期"女职工指的是处于孕期、产期或哺乳期的女员工,

---

① 《面试热点|"隐孕入职"凸显女性就业难题》,载搜狐网:http://www.sohu.com/a/193381521_754156,最后访问日期:2017 年 12 月 20 日。

② 王颖:《入职 3 天宣布怀孕产假结束就辞职"隐孕"让单位头疼》,载浙江在线网:http://cs.zjol.com.cn/system/2017/09/08/021591103.shtml,最后访问日期:2017 年 12 月 20 日。

③ 《宁波一女子隐孕入职 3 天怀孕产假结束辞职》,载凤凰资讯:http://finance.ifeng.com/a/20170911/15664999_0.shtml,最后访问日期:2017 年 12 月 20 日。

其具体长度如下：

孕期并非一个法律概念，而是生理学概念，是指妇女怀孕期间，约 10 个月。

产期是指女员工分娩后享受的产假期间，根据《女职工劳动保护特别规定》，从国家层面上看，女员工享有 98 日产假，其中产前可以休假 15 天；难产的，增加产假 15 天；生育多胞胎的，每多生育 1 个婴儿，增加产假 15 天。女员工怀孕未满 4 个月流产的，享受 15 天产假；怀孕满 4 个月流产的，享受 42 天产假。如地方性法规规定有其他产假有关的假期的，员工还可按当地法规规定享受相应假期，例如，针对劳动关系位于上海的女员工，除享受国家规定产假外，还可再享受上海市当地规定的生育假 30 天。

哺乳期是指产后产妇用自己的乳汁喂养婴儿的时期。通常从婴儿出生之日始至婴儿满一周岁为止。

（二）女员工在"三期"内的待遇

根据《女职工劳动保护特别规定》第 5 条的规定，公司不能以女员工怀孕、生育、哺乳为由降低女员工的工资。在前述基本原则下，不同地区的产假工资支付主体及数额不同，以上海为例，参加生育保险的用人单位产假工资由生育保险基金支付，由用人单位进行"两个补差"，具体如下：

1. 生育保险基金支付的生育生活津贴数额。

根据《上海市人民政府关于贯彻实施〈社会保险法〉调整本市现行有关生育保险政策的通知》第 2 条第 1 款和第 3 款的规定，参加生育保险的用人单位，生育保险基金按照女员工所在用人单位上年度职工月平均工资计发生育生活津贴（产假工资）。女员工生产或者流产时所在用人单位的上年度职工月平均工资高于上海市上年度全市职工月平均工资 300% 的，按 300% 计发；低于上海市上年度全市职工月平均工资 60% 的，按 60% 计发；但低于人力资源社会保障局规定的生育生活津贴最低标准的，按最低标准计发。

2. 用人单位的补差一：300% 和单位实际平均工资之间的差额。

根据《上海市人民政府关于贯彻实施〈社会保险法〉调整本市现行有关生育保险政策的通知》第 2 条第 2 款的规定，女员工所在用人单位的上年度职工月平均工资高于上海市上年度全市职工月平均工资 300% 以上的，高出部分由用人单位补差。

3. 用人单位的补差二：生育生活津贴和本人产假前工资的差额。

根据《上海市人民政府关于贯彻实施〈女职工劳动保护特别规定〉调整本市

女职工生育保险待遇有关规定的通知》第2条第2款的规定，女员工的生育生活津贴低于本人产假前工资标准的，由用人单位按照女员工的产假前工资标准补差。

（三）"三期"对劳动关系终止和解除的影响

在女员工没有严重过错的情况下，用人单位不能解除"三期"内女员工的劳动合同。

根据《劳动合同法》第40条、第41条、第42条的规定，女员工"三期"内，用人单位不得以医疗期满、不胜任工作、客观情况发生重大变化及经济性裁员等非员工一方过错的原因解除女员工的劳动合同。需要注意的是，员工不胜任工作在法律上并非过错。

在女员工有严重过错的情况下仍然可以解除劳动合同。

如上所述，《劳动合同法》第42条仅禁止用人单位在女员工没有过错的情形下解除其劳动合同。但如女员工存在《劳动合同法》第39条所规定的严重过错，用人单位仍然可以立即解除劳动合同。这些严重过错包括：在试用期间被证明不符合录用条件的；严重违反用人单位的规章制度的；严重失职，营私舞弊，给用人单位造成重大损害的；劳动者同时与其他用人单位建立劳动关系，对完成本单位的工作任务造成严重影响，或者经用人单位提出，拒不改正的；以欺诈、胁迫的手段或者乘人之危，使对方在违背真实意思的情况下订立或者变更劳动合同，致使劳动合同无效的；被依法追究刑事责任的。

在女员工劳动合同到期的情况下，应该续延至哺乳期满，根据《劳动合同法》第45条的规定，女员工"三期"内劳动合同到期，用人单位应续延至哺乳期满。在女员工劳动合同因除到期以外的其他原因终止的情况下，劳动合同仍然可以终止。

除劳动合同期满以外，《劳动合同法》第44条还规定了其他几种劳动合同终止的情况，例如，用人单位决定提前解散即是劳动合同终止的法定原因之一。除劳动合同期满需续延至女员工"三期"结束以外，用人单位采用其他劳动合同的终止原因终止劳动合同不受女员工"三期"影响。

（四）用人单位是否能以隐孕入职为由单方解除女职工劳动合同？

如前所述，除非女员工存在一定的法定情形，用人单位才能单方解除怀孕女职工的劳动合同。因此，在判断是否能解除隐孕入职员工时，应从两方面进行考虑：

1. 是否构成严重违反用人单位的规章制度

从诉讼证据角度分析，用人单位对于解除理由负有完全的举证责任，即用人单位需证明员工隐孕入职的事实以及该行为严重违反了企业的规章制度，由此将引出两种情况：一是用人单位在规章制度中并未对于不诚信行为的后果作出规定，或者并未对不诚信的行为进行具体罗列，在此情况下，用人单位难以援引规章制度支撑解除的合法性；二是用人单位在规章制度中已将不诚信行为定义为“严重违反用人单位的规章制度”，并定义提供虚假证明或个人入职信息属于不诚信的行为，但即使如此，仲裁委和法院在审查过程中也将从合理性角度对规章制度的效力进行审查和解读。从现有判决来看，司法机构更倾向于认为怀孕属于个人隐私，不影响劳动合同的订立与履行，其严重性未达到解除劳动合同的程度。同时，在实践中，用人单位往往也很难证明员工最初刻意隐瞒怀孕这一事实。据此，以违纪解除隐孕入职员工风险较大。

2. 是否构成“存在欺诈”情形

根据《劳动合同法》第 8 条，用人单位有权了解劳动者与劳动合同直接相关的基本情况，劳动者应当如实说明。据此，如谎报或伪造学历或工作经历等与岗位密切相关的信息内容，可能被视为员工以欺诈手段与企业签订劳动合同，企业可根据《劳动法》第 39 条解除双方劳动合同。但是，如果用人单位拟招聘的岗位不是孕妇禁忌岗位或者不适合孕妇从事的岗位，女职工的怀孕情况则属于个人隐私范围，女职工有权不予提供或不予告知相关信息，即使进行了隐瞒，也属于一种道德上的不诚信行为，法律上并不能当然导致劳动合同无效。

从事件本身看，“隐孕入职”折射出两种价值选择：女职工一方希望在实现生育权的同时实现自己的工作价值，用人单位一方则希望员工能在最大限度内为公司创造价值。尽管从法律上看，用人单位难以解除隐孕入职员工，但“隐孕入职”本身存在一定的欺骗性，不符合诚实原则，从长远来看最终会伤害女性求职者利益，进一步加重女性就业歧视。解铃还须系铃人，笔者认为，从宏观上看，单纯对于女职工个体的指责并无实质意义，解决隐孕入职的困境还需从就业歧视这一源头上探索，比如通过公共财政和社会保障的倾斜，降低企业对于使用女职工的人力成本，减轻企业的后顾之忧，从而给予女职工更多的工作机会。

（本文作者汪宇鹏，上海邦信阳中建中汇律师事务所律师）

司法有限介入公司自治的一次有益尝试

——评《公司法司法解释(四)》

一、入选理由

党的十八大以来,党中央就加强投资者保护、提高公司治理水平作出了一系列重要部署。《中共中央关于全面深化改革若干重大问题的决定》强调,要健全协调运转、有效制衡的公司法人治理结构。《中共中央国务院关于完善产权保护制度依法保护产权的意见》明确将股权与物权、债权、无形财产权并列作为依法保护的产权类型。正是在这一历史背景下,最高人民法院出台了《公司法司法解释(四)》。不仅为各级法院审理股东权利和公司法人治理纠纷案件提供了依据,而且有利于营造稳定公平透明、可预期的营商环境,推动我国经济持续健康发展。

二、事件回顾

我国的《公司法》首次颁布于 1993 年,那时的公司还是以计划经济时代的国有企业为主,旧公司法也留下那个时代的印记。2005 年,我国《公司法》进行了一次重大的修订。新公司法基本上适应了市场经济的主体现代公司的法治需求,放松了对公司的管制、强化对公司股东、债权人的保护,完善了公司治理结构,提高了围绕公司的各利益主体以公司法为依据的可诉性。人民法院受理的公司法诉讼案件逐年增多,近年来,公司法诉讼是紧随买卖诉讼之后的第二大类案由。最高人民法院于 2005 年随即出台了关于适用《〈中华人民共和国公司法〉若干问题的规定(一)》,主要解决了新旧法衔接适用的问题。2008 年和 2010 年,最高人民法院出台了《关于适用〈中华人民共和国公司法〉若干问题的规定(二)》《关于适用〈中华人民共和国公司法〉若干问题的规定(三)》,主要解决了股东的出资纠纷和公司解散清算纠纷案件审理的法律适用问题,均属于投融资及其退出的法律范围。随后,最高人民法院以股东权利保护和公司治理为主题，着手起草司法解释四，经历了 5 年多，于 2016 年 4 月 12 日公布《公司法司法解释四征求意见稿》，引起学界和实务界广泛讨论。2016 年 12 月 5 日宣布原则性通过《公司法司法解释（四）》，但并未公布正式的文件，直到 2017 年 8 月 28 日公布了全文。全文共计 27 条，内容涉及公司决议效力、股东知情权、公司利润分配权、股东股权优先购买权、股东代表诉讼五个方面法律适用中的问题。

三、各方观点

最高人民法院专职审委会委员、大法官　杜万华:准确把握股东与公司的关系,依法维护好股东的权利。股东是公司的投资者,是公司直接融资的主要对象。这次《公司法司法解释(四)》主要聚焦于股东权利保护,就是要让千千万万的投资人看到,他们投资形成的股东权利是有司法保障的。当然,也应当看到,股东与公司的关系,既是共生共荣的统一体,又是此长彼消的矛盾对立面。处理好股东与公司之间的权利纠纷,关键是要依据法律规定,按照当前与长远、个体与整体、少数与多数、特殊与一般的关系,认真把握好度,协调好二者之间的利益平衡。将公司的权利绝对化,让股东看不到自己实现利益的希望,甚至损害股东的利益,公司的资本来源将会逐渐走向枯竭。将股东的权利绝对化,公司作为法人主体忙于内部"灭火",难以形成统一意志,市场主体的灵活性丧失,竞争力降低,公司获取利益的能力也势必消减,最终损害的也是股东利益。这次《公司法司法解释(四)》公布后,人民法院在审判相关案件、维护股东权利时,如何准确把握股东与公司的关系,是案件能否取得良好的法律效果与社会效果的关键,商事审判法官不得不细心揣度。

准确把握公司自治与司法介入的关系,依法维护好司法治理机制。《公司法》首先是一部组织法,明确了公司的权力机构、执行机构和监督机构,规定了三大机构的职责、基本工作规则和相互关系。根据法律和公司章程的规定,公司内部各机构如何行使权力、履行职责,是公司治理的范畴,包括司法机关在内的公权力机关原则上不得介入。人民法院商事审判只有在公司治理机制被打破,股东或公司利益受到损害时,才能根据当事人的请求,依据法律规定介入。商事司法介入的目的,是要通过审判查清案件事实,依法维护当事人合法权利,治理破损的公司治理机制。正是基于这一目的,《公司法司法解释(四)》侧重于公司决议效力、股东知情权、股东利润分配权、股东股权优先购买权、股东代表诉讼等问题,对《公司法》的相关条款进行了解释。这些解释在司法审判中,应当发挥其在化解矛盾、定分止争中的作用,以期达到恢复公司活力的目的。如果法官在运用司法解释处理案件纠纷时,忘记了这一目的,一叶障目,不见泰山,那就可能抓住了司法解释的外壳,丢掉了司法解释的灵魂。这样的法官就绝不是好法官。特别值得注意的是,如果人民法院在审判中,直接介入公司内部自治事宜,代替公司作出决定,那就超越了司法的范围,侵害了公司的自治权。司法的职责始终是把守法律底线，保护合法民事法律行为，维护当事人合法权利，撤销违法民事行为，制裁侵权行为，而不是越俎代庖。

准确把握公司内部和外部关系，依法维护市场交易秩序。《公司法司法解释(四)》，主要解决的是公司的股东与股东之间，股东与公司之间，董事、监事与股东之间，董事、监事与公司之间的内部关系。但在实践中，有时会出现公司内部形成的民事法律行为违反法律、行政法规和公司章程规定，依法应当被认定无效或被撤销的情况。在此情况下，公司依据该行为与其他市场主体形成的民事法律关系，则通常不能认定为无效或者可撤销，除非与之订立协议的当事人与公司内部人员恶意串通，以损害公司利益为目的而缔约。在处理公司内外部关系的问题上，之所以要坚持内外有别的原则，主要目的是要维护我国的社会主义市场交易秩序，保证各种类型的市场主体能在良好的营商环境下有序地开展活动。①

北京大学法学院教授　邓峰：《公司法司法解释(四)》是我国第一次针对集体决策机制进行司法审查作出的司法解释，确立了具有中国特色的、理论上章法严谨、实践上张弛有度的规则体系。其所传递和表达的尊重公司自治，允许通过章程探索中国式的集体决策；要求公司尊重程序和权力分配形式，以体现集体决策所必需的公开、透明、规范；保护公司的集体利益和正常商业运作等方面的公司治理价值理念，是非常清晰的，也是值得充分肯定的。

对决议效力的司法审查，不仅仅对当下日益成为焦点的公司控制权力的商业争夺中公司的投资者、管理者乃至企业家们提供了一个司法救济的手段，而且对我国法院而言，也因为《公司法司法解释(四)》提供了框架并开放了诉讼，会对自身知识体系的完善提供强有力的激励。《公司法司法解释(四)》系统性地确立对决议效力的司法审查规则只是一小步，但对中国的商业界和法学界，却是重大的一步。

《公司法司法解释(四)》并没有过多地在各种具体细节上纠缠，而更多以留白的方式，抓大放小，允许各地法院进一步自行探索。既符合这一问题上的背景特点，更切合了这一问题在实践中具体情形的复杂、多变。《公司法》的规定本身比较粗疏，工商部门过去推行的“标准章程”，又加剧了这种粗疏，各种各样的章程细则、补充案、修正案、议事规则，对公司决议的程序、形式、步骤等有着多种

① 杜万华主编：《最高人民法院公司法司法解释(四)理解与适用》，人民法院出版社 2017 年版，序言。

多样的补充,如何在一个具体案件中作出判断,《公司法司法解释(四)》相关的六条虽少,但是把握住了决议作出的关键判断标准。从这个意义上说,这是一个既符合当下国情,又张弛有度,保持了开放性、包容性和灵活性的规则体系。

《公司法司法解释(四)》所传递和表达的公司治理价值观,也是非常清晰的:尊重公司自治,允许通过章程探索中国式的集体决策;要求公司尊重程序和权力分配形式,以体现集体决策所必需的公开、透明、规范;保护公司的集体利益和正常商业运作。这样的价值表达,不仅符合过往数十年整个国际范围内的公司法发展趋势,也和当下经济政策、商业环境和需求是一致的。[①]

中国人民大学法学教授　叶林:《公司法司法解释(四)》在坚持公司法现有规定的基础上,放松了对股东派生诉讼的过度限制,澄清了股东派生诉讼的程序规则,降低了股东提起派生诉讼的成本,明确了派生诉讼胜诉利益的归属,加强了对董监高依法履职的正向激励,有助于实现保护股东权利的公司法宗旨。在董监高违反法定职责或者损害公司利益时,公司有时不愿提起诉讼或者难以提起诉讼。此时,若不寻求替代性救济措施,必将放任董监高损害公司利益。《公司法》第151条规定股东有权提出派生诉讼,但为预防股东滥诉,在条文上仅规定股东的原告资格和派生诉讼的前置程序,未规定公司的诉讼地位,也未规定诉讼费用的承担和胜诉利益的归属。由此,股东既要自担全部诉讼费用和开支,又要面对诉讼结果不确定、胜诉利益归属不明等诸多困扰,遂失去提起派生诉讼的动力。就此而言,《公司法》因严格限制股东派生诉讼的条件,从而降低了股东派生诉讼的实用价值。

《公司法司法解释(四)》表达了最高人民法院对公司关系的新认识,奠定了股东派生诉讼的逻辑起点。公司是独立企业法人,公司利益独立于股东利益,但公司毕竟是股东结社而成,公司与股东利益在法律上虽然是独立的,在实质上却常常保持一致,彼此难以绝对切割。董事违反忠实或勤勉义务,直接损害了公司利益,也导致股东利益或股权价值的减损。而公司法赋权股东起诉公司董监高,直接保护了公司利益,间接保护了股东利益,从而维护了健康的公司秩序。当然,只要认可股东派生诉讼,就难免出现滥用问题。但从多年实践来看,《公司法》第151条的运用不足,远比股东滥诉更为严重。基于这种判断,司法解释四

① 《〈公司法司法解释(四)〉专家系列谈确立了商业集体决策司法审查的新规则》,载《人民法院报》2017年8月31日,第2版。

在坚持现有规定的基础上，放松了对股东派生诉讼的过度限制，澄清了股东派生诉讼的程序规则，降低了股东提起派生诉讼的成本，明确了派生诉讼胜诉利益的归属，加强了对董监高依法履职的正向激励，有助于实现保护股东权利的公司法宗旨。①

四、笔者评论

记得一位在法院专门审公司法案件的老法官说过："公司法案件就是内部人斗人"，这句话说出了表象外的公司纠纷实质。公司是创造社会财富的虚拟实体，所以《公司法》首先是一部组织法，其次是一部商法。以组织法定位，透明规范的公司治理结构是其目标，股东与公司的关系是基础。以商法定位，公司的逐利及资本的回报是其目标，交易的高效与安全是基础。与民法、合同法以公平诚信、等价交换等原则不同，公司法处理公司内部的权利和利益分配并给予指导评价。司法介入公司组织的运行，修正股东之间、股东与公司等利益关系，需要更多的考量因素。举例说，股东对公司盈余分配请求权，并不是公司有盈余股东就可以要求公司进行分配。一方面，法院并不能代替公司做出利润分配决定。另一方面，如果有证据表明大股东违反法律规定滥用股东权利导致公司不分配，法院可以介入，支持其他股东的分配请求。但介入之度如何把握，实非易事。近年来，公司法案件的增长迅猛，仅靠《公司法》条文常令法官无法下判，或对同一条文的理解不同做出不同的判决。最高人民法院从 2016 年 4 月 12 日公布《公司法司法解释(四)征求意见稿》，直到 2017 年 8 月 28 日公布了全文。我们注意到全文对征求意见稿有较大的删改，从中看出最高人民法院对司法介入公司自治的再三平衡。

(一)公司决议效力纠纷

公司决议是股东(董事)意志转化为公司意志的主要的形式，既是公司自治的体现，也是大股东或实际控制人被诟病以公司名义为一己之利的表现形式之一，公司效力之争实际是股东利益之争。这部分征求意见稿有 12 条之多，反映了各地司法实践中对公司决议案件困惑的问题。然而，正式的文件对决议效力纠纷的裁判规则做了大幅的删改，在增加了 2 条新规则的情况下，由 12 条改为 6

① 《〈公司法司法解释(四)〉专家系列谈股东派生诉讼规则之司法解释的逻辑和要点》，载《人民法院报》2017 年 9 月 5 日，第 2 版。

条。几个较大的改动:(1)决议效力瑕疵分为无效、可撤销和未成立三种类型,修改了意见稿中对瑕疵公司决议的诉请可以分为无效、有效、可撤销、不存在和未形成有效决议五种类型。(2)明确公司决议效力诉讼由股东、董事、监事作为原告提出,删除了意见稿中高管、员工及债权人的诉讼资格。(3)因公司法对公司决议无效的情形已有规定,且正式稿既已排除债权人在确认公司决议效力之诉中的原告资格,因此,正式稿删除了意见稿中股东滥用权利通过决议损害公司或其他股东利益、决议过分分配利润和关联交易损害公司债权人应当认定决议无效的情形。(4)增加会议"召集程序""表决方式"轻微瑕疵、对决议未产生实质影响的,不支持撤销决议。(5)增加了决议被法院确认无效或撤销后,公司依据该决议与善意相对人形成的民事法律关系不受影响。总体上看,体现了不提倡轻易否定公司决议、公司决议效力内外有别的思路。

(二)股东知情权纠纷

司法解释对于股东该项权利的保护较为完善,规定此权利作为股东的固有权不得在章程中予以实质性剥夺,同时股东可以要求未制作和保管公司文件的董事、高管赔偿损失,落实股东知情权。正式文件比征求意见稿的规定更加精细。重要的修改如下:(1)对起诉时不具有股东资格的原告在原持股期间的股东知情权亦可保护。(2)可以查阅或复制的是公司的"特定文件材料"。司法解释相比公司法规定的股东知情范围做了增加,股东可以根据章程规定查看或复制公司的特定文件材料。审判实务中,有股东请求查阅公司业务合同、劳动合同、收购兼并合同等,这些文件显然不在公司法规定股东知情范围内,但章程可以特别约定。(3)对公司以"不正当目的"为由拒绝股东查看会计账簿的,需要是股东为了用于同业竞争的目的,并强调股东为他人通报会计账簿信息可能损害公司利益或在三年内曾向他人通报有关信息即可认定为不正当目的。(4)股东查阅公司文件时,可以由会计师、律师等依法负有保密义务的中介机构辅助进行。(5)股东滥用知情权(包括中介机构)泄露商业秘密,公司可以要求股东(中介机构)赔偿相关损失。上述修改意在平衡股东知情权与公司商业秘密之间的潜在冲突。

(三)公司盈余分配权

如前所述,股东请求公司分配利润必须经过股东会或股东大会决议为原则,以滥用股东权利导致公司不分配利润为例外。正式文件也对意见稿做了一些重要的修改:(1)例外规则不再局限于有限公司的股东,删除了"有限责任公司的股东有证据证明”其他股东滥用股东权利,因此,股份公司(理论上也包括上市公司)股东在例外规则情形下也可利用例外规则提出利润分配请求。(2)例外规则中,删除了董事和高管存在欺诈行为导致公司不分配利润。最明显的例子是董事和高管做假账,利润虚假自然不能成为分配的理由。(3)盈余分配请求权,属于不告不理。正式文件中删除了意见稿中未参加诉讼的股东可以申请强制执行做出公司分配利润的判决的权利。司法解释对保护中小股东的利润分配请求权提供一条路径,特别是上市公司的中小股东要求公司分配盈余的诉讼可能会十分突出,并且众多股东提出不同的分配方案对法院将是较大的考验。

(四)股东股权优先购买权

这个股东权利一直处于可操作性差的保护状态,特别是“外滩地王案”追究规避股东优先购买权的案例最终以调解结案,更是引发此权利的社会关注。司法解释对此权利最意外的规定是转让股东可以反悔,在其他股东主张优先购买后,转让股东又不同意转让股权的,其他股东没有强制缔约权,但其他股东可向转让股东主张赔偿其损失。正式文件对意见稿作的主要修改如下:(1)明确了行使优先购买权的期限为知道或者应当知道行使优先购买权的同等条件之日起30日内或股权变更登记一年内。(2)明确了优先购买权的行使方式不仅要主张确认损害优先权的合同和股权变动效力,同时需主张按同等条件购买股权。如未主张同等条件购买,则法院不支持对合同或股权变动效力的请求。上述规定意在防止股东滥用股东优先购买权。

(五)股东代表诉讼

该权利主要围绕《公司法》第151条第2款、第3款。在董、监、高执行职务违反法律、法规或章程造成公司损失或者他人侵犯公司权益时,由于公司治理失灵,股东以自己名义代表公司通过诉讼方式要求追究董、监、高和他人的侵权责任。司法解释对于股东代表诉讼中的当事人地位、胜诉利益的归属、诉讼费用承担做了具体的规定。但是正式文件删除了意见稿中对董、监、高和他人的定义、公司替代股东诉讼和代表诉讼中的调解三个颇有争议的条款。特别是意见稿对董、监、高定义包括全资子公司董、监、高,实际上解决了集团股东对集团全资子公司的监督权利,即所谓的双重股东代表诉讼。

通过这五个方面相关股东权利的逐一对比分析,十分明显《公司法司法解释(四)》的正式文件对意见稿做了减法。被删除的内容并非意味着最高院持否定意见,而是这些规则并不成熟,还未上升至要求全国法院据以适用。法院在不能确信协调公司内部斗争的有效方法前，评判公司内部纠纷谁对谁错是危险的。正如最高院杜万华专委在最高人民法院《公司法司法解释（四）理解与适用》一书的序中提到，最高院是在习总书记要求“营造公平透明、可预期的营商环境”背景下出台此司法解释，司法有限介入公司自治是一次有益的尝试。

（本文作者孙黎，上海君伦律师事务所合伙人）

律师辩护全覆盖，渐渐明朗的法治愿景

一、入选理由

所谓刑事辩护，就是指每个公民在面对刑事指控时，都有权利针对被指控的罪行，进行无罪、罪轻、减轻或者免除处罚的辩解和辩论。作为司法制度的一项重要内容，刑事辩护制度是刑事诉讼制度的重要组成部分。在刑事辩护的过程中，专业律师的参与，相对于自行辩护而言，更有利于犯罪嫌疑人、被告人充分行使辩护权，同时，律师在法庭上提供的专业意见，能够有效促进法官准确、公正的裁判。但是目前，我国刑事诉讼案件律师辩护率仍然处于较低水平，这主要受我国刑事诉讼专业律师资源、相关律师的职业能力以及律师执业权利保障等的限制。

2017 年 10 月，最高人民法院、司法部联合出台《关于开展刑事案件律师辩护全覆盖试点工作的办法》，在北京、上海、浙江等 8 个省市试点律师刑事辩护全覆盖，可以说是为刑事辩护打了一剂强心针。律师辩护全覆盖，意味着刑事案件在审判阶段的辩护率将大幅度提升，刑事案件中的犯罪嫌疑人也不会再因请不起律师等原因而在法庭上无人辩护。

二、事件回顾

辩护权是犯罪嫌疑人、被告人的一项基本权利，也是一项基本的宪法权利，对于案件事实真相的查明，程序正义的实现以及基本人权的保障都有不可替代的作用。就我国而言，辩护制度也与我国法治化进程相同步。早在 1954 年颁布的第一部《宪法》中规定“被告人有权获得辩护”，同年颁布的《人民法院组织法》规定：“被告人除自己行使辩护权外，可以委托律师为他辩护。”60 余年，我国的刑事辩护制度得到了长足发展，为实现刑事审判公平正义做出了杰出贡献。但近几年来，聂树斌案和呼格吉勒图案等的翻案案件接连出现，不难发现这些都是在犯罪嫌疑人没有律师或者律师辩护权没有保障的情况下做出的冤假错案，这

更加说明了在我国的刑事辩护制度和实践中依然存在许多问题和漏洞:

1. 刑事辩护覆盖率低

据统计,从2014年1月1日到2016年12月8日,我国的刑事案件律师辩护率仅为14%,而刑事案件律师辩护率最高的上海市,也仅为22.9%。而从常见的律师辩护罪名来看,排在前三的罪名为非法吸收公众存款罪、受贿罪与挪用公款罪,分别为55.6%、49.78%和41.4%,而最有可能判死刑的故意杀人罪辩护率仅为9.03%,排在末位的是强奸罪,仅为3.93%,而聂树斌和呼格吉勒图最终均因强奸罪获死刑,这极大体现出我国的刑事辩护制度覆盖率是极低的,这对保障被告人人权存在极大威胁。

而对于刑事辩护来说,很大一部分由刑事辩护法律援助构成。在联合国《公民权利和政治权利国际公约》中规定的辩护权,特别强调通过法律援助使刑事被告人获得公正审判的基本权利。2012年《刑事诉讼法》修改后,我国的法律援助制度也开始兴起,正式建立了通过申请提供法律援助的制度。但出于被告人法律意识薄弱与审查制度的相对烦琐,实践中通过申请获得法律援助的案件比例明显偏低。同年12月,最高人民法院出台《关于适用〈中华人民共和国刑事诉讼法〉的解释》,其中第43条规定了部分法定援助的情形,但从司法实践中来看,即使扩大了法律援助的适用案件的范围,但申请法律援助的比例仍然较低。

从实践中来看,造成法律援助率低的原因主要有以下几点:(1)法律援助覆盖率依然较低。以往法律法规中对法律援助多以案件类型划分,可适用范围不大,且并未覆盖整个诉讼程序。(2)资金保障力度不够。2003年《法律援助条例》颁布后,法律援助不再单单是政府责任,但对部分律师来说,出于对经济利益的考量,往往会不接法律援助的案件,甚至"走过场""形式辩护"现象频发。(3)法律规定尚不健全。我国法律虽然规定了法律援助制度,但并未说明如果没有给予被告人应当赋予的法律援助利益时的后果,这导致在司法实践中很容易将法律援助制度架空,造成法律援助率低下。

2. 律师执业权保障难

在审判过程中,取证难、阅卷难、辩护难一直是阻碍律师实现辩护的几大难题。在我国已经出台的相关文件中,《律师法》、2012年《刑事诉讼法》及其司法解释等都明确赋予律师调查取证、阅卷和辩护的权利,并由相关部门予以配合。但在这些规定中,大部分情况又都列举了一些除外情况,这便给予其他机关一些自由选择的余地,以此作为借口限制律师执业权,而现行法律又没有制定具体细则用以切实规范排外的范围及自由选择的空间,因此,尽管出台许多文件,但律师执业难依然是难以完全解决的问题。

2017 年 10 月 11 日,为解决以上我国刑事辩护困难的现状,最高人民法院和司法部联合出台《关于开展刑事案件律师辩护全覆盖试点工作的办法》(以下简称《试点工作办法》),切实提高刑事辩护覆盖率,保障律师执业权,并于北京、上海等 8 个省(市)开展为期一年的试点实行工作。全文共涉及如下几项内容:

(1)审判阶段刑事辩护律师全覆盖

《试点工作办法》第 2 条规定人民法院应当通知法律援助机构指派律师为其提供辩护;除此之外,其他适用普通程序审理的一审案件、二审案件、按照审判监督程序审理的案件,被告人没有委托辩护人的,人民法院也应当通知法律援助机构指派律师为其提供辩护。这就将通知辩护范围扩大到法院审理阶段适用普通程序审理的所有一审案件、二审案件和按照审判监督程序审理的案件,同时适用简易程序、速裁程序审理的案件,被告人提出请求的,人民法院应当通知法律援助机构派驻的值班律师为其提供法律帮助。

(2)规定了未履行通知辩护职责的救济程序

《试点工作办法》规定:"第二审人民法院发现第一审人民法院未履行通知辩护职责,导致被告人在审判期间未获得律师辩护的,应当认定符合刑事诉讼法第二百二十七条第三项规定的情形,裁定撤销原判,发回原审人民法院重新审判。"强化责任追究,对人民法院未履行通知辩护职责,或者法律援助机构未履行指派律师等职责,导致被告人审判期间未获得律师辩护的,依法追究有关人员责任,给予被告人程序上的救济渠道。

(3)保障律师执业权利

《试点工作办法》对进一步保障刑事辩护律师执业权利作出了相应规定。一是保障知情权。人民法院作出召开庭前会议、延期审理、二审不开庭审理、宣告判决等重大程序性决定的,应当依法及时告知辩护律师。人民法院应当依托中国审判流程信息公开网,及时向辩护律师公开案件的流程信息。二是规定阅卷权。辩护律师提出阅卷要求的,人民法院应当当时安排辩护律师阅卷,无法当时安排的,应当向辩护律师说明原因并在无法阅卷的事由消除后三个工作日以内安排阅卷,不得限制辩护律师合理的阅卷次数和时间。辩护律师可以带一名至二名律师助理协助阅卷。律师发现案卷材料不完整、不清晰等情况时,人民法院应当及时安排核对、补充。三是规定调查取证权。辩护律师申请人民法院收集、调取证据的，人民法院应当在三日以内作出是否同意的决定，并通知辩护律师。人民法院同意的，应当及时收集、调取相关证据。人民法院不同意的，应当说明理由；辩护律师要求书面答复的，应当书面说明理由。四是规定申请出庭作证权。被告人、辩护律师申请法庭通知证人、鉴定人、有专门知识的人出庭作证的，法庭认为有必要的应当同意；法庭不同意的，应当书面向被告人及辩护律师说明理由。五是要求尊重律师辩护意见。人民法院应当重视律师辩护意见，对于律师依法提出的辩护意见未予采纳的，应当作出有针对性的分析，说明不予采纳的理由。六是完善律师执业权利救济机制。规定建立健全维护律师执业权利快速处置机制，畅通律师维护执业权利救济渠道，明确人民法院监察部门负责受理律师投诉，要求公开受理机构联系方式。

(4)提高刑事辩护律师辩护质量

《试点工作办法》一是保证律师辩护质量。规定辩护律师应当坚持以事实为依据、以法律为准绳，依法规范诚信履行辩护代理职责，勤勉尽责，不断提高辩护质量和工作水平，切实维护当事人合法权益、促进司法公正。二是维护律师辩护纪律。《试点工作办法》第 21 条规定了辩护律师应当遵守法律法规、执业行为规范和法庭纪律，不得影响公正审判。三是加强辩护律师监督指导。规定了人民法院、司法行政机关、律师协会、法律援助机构、律师事务所对辩护律师的监督指导职责。

三、各方观点

全国政协委员、金杜律师事务所创始人　王俊峰：律师辩护的核心是维护当事人的诉讼权利和其他合法权利，维护法律正确实施，保证无罪的人不受刑事追究。《试点工作办法》除规定被告人具有《刑事诉讼法》第 34 条、第 267 条规定应当通知辩护情形，没有委托辩护人的，人民法院应当通知法律援助机构指派律师为其提供辩护之外，对于其他适用普通程序审理的一审案件、二审案件、按照审判监督程序审理的案件，如果被告人没有委托辩护人的，人民法院也应当通知法律援助机构指派律师为其提供辩护。这就从更大范围、最大限度上保障了被告人的辩护权，这对于推进以审判为中心的刑事诉讼制度改革、提高办理刑事案件的质量、切实加强人权司法保障、努力让人民群众在每一个司法案件中都感受到公平正义,将产生深远影响。[1]

“建立多层次经费保障机制,加强法律援助经费保障,确保经费保障水平适应开展刑事案件律师辩护全覆盖试点工作需要”“有条件的地方可以开展政府购买法律援助服务”“探索实行由法律援助受援人分担部分法律援助费用”,这些规定都丰富和发展了法律援助制度。

当前正在研究筹建以刑辩律师为主体的组织平台,不断提升刑辩律师执业水准。

中国政法大学诉讼法学研究院副院长　顾永忠:《试点工作办法》确定了先在审判阶段开展,这是非常务实的。从三个诉讼阶段的比较看,审判是定罪量刑的重要阶段,较审前阶段更需要律师的参与,特别是在推进以审判为中心的诉讼制度改革和完善认罪认罚从宽制度的背景下更是如此。从律师发挥作用的条件和空间看,审判阶段的辩护律师会见被告人、查阅案卷材料的条件最便利,在庭审中举证、质证、辩论,进行辩护的空间最广阔。再从办案机关与辩护律师的关系及相互配合看,辩护律师参与刑事诉讼最早的办案机关是法院,双方合作关系最长,也比较成熟。这一切决定了律师辩护全覆盖的试点工作先从审判阶段开始非常务实。律师能够发挥的作用也最大。值得注意的是,在创新将提供法律援助作为实现律师辩护全覆盖的主渠道的同时,还提出“探索实行由法律援助受援人分担部分法律援助费用”的意见。这种做法在不少发达国家已经是成熟制度。在我国目前经济发展和个人收入水平下,进行此种尝试是有积极意义的。[2]

中国政法大学诉讼法学研究院教授　吴宏耀:《试点工作办法》还首次明确规定,第一审法院未履行通知辩护职责,导致被告人在审判期间未获得律师辩护的,应当认为是剥夺或限制了当事人的法定诉讼权利,可能影响公正审判,二审法院应当裁定撤销原判,发回重审。这个条款的意义很大,它首先是一种程序性制裁,也就是说如果你不遵守这个规定,它是有程序法后果的,强化了这个规定的生命力。这不仅仅强化了人民法院的通知辩护职责,增加了程序性制裁,更体现了一种公正审判观念的变化。现在的辩护律师已经变成了公正审判的结构性要素,如果没有辩护律师的参与,这个审判就是一种结构性的不公正。随着这些

---

① 赵颖彦、叶婉:《开展刑事案件律师辩护全覆盖试点　明确工作职责保障律师执业权利〈办法〉规定——不限制律师合理阅卷次数》,载《法制晚报》2017 年 10 月 13 日,A3 版。

② 《八省市试点刑事案律师辩护全覆盖》,载《北京晚报》2017 年 10 月 12 日,第 13 版。

年法学界对公正审判的研究加深，越来越认识到一个公正的审判是离不开辩护律师的参与的。

《试点工作办法》还要求建立多层次经费保障机制，确保经费保障水平适应开展刑事案件律师辩护全覆盖试点工作需要，同时探索实行由法律援助受援人分担部分法律援助费用。这种法律援助费用的分担制实际上是在司法资源有限的情况下让更多人获得法律援助服务，是一种积极有益的探索。但因为还是在一个试点阶段，以后还需要对相关机制进行细化。①

司法部律师公证工作指导司司长　周院生：提高刑事案件律师辩护率是检验以审判为中心的刑事诉讼制度改革成效的一项重要指标。只有大幅度提高律师刑事辩护率，推动更多的律师为犯罪嫌疑人、被告人提供辩护，才能促进以审判为中心诉讼制度的建立，更加有效地防范冤假错案。②

司法工作者　许辉：《试点工作办法》试行后，律师辩护全覆盖就成为人民法院办理刑事案件的硬性要求和基本义务。试点地区的人民法院再办理刑事案件，如果没有按规定履行通知辩护职责，将带来两重后果：一是案件将会因程序违法被发回重审；二是有关责任人员将被依法追责。被告人面临的，也不再是要不要辩护人的选择，而是由谁来进行辩护的选择。在这种情形下，指派律师能否真正担负起相应的辩护职责，就显得尤为重要了，从一定程度上甚至会影响此番试点的成效。

《试点工作办法》虽然在业务培训、评优表彰、激励机制等方面提出了要求，也规定司法行政机关和律师协会应当加强指导监督、实施奖惩，但在试点工作中，必须将这些措施细化到每一名担负辩护职责的指派律师头上，以及每一个刑事个案之中，防止被指派的律师消极怠工、走过场、应付了事，以免少数不称职律师影响试点整体成效。③

四、笔者评论

赋予犯罪嫌疑人、被告人全面充分的辩护权，是社会主义法治对公民权利给予公正保护的重要体现，而公正和保障人权也是贯穿刑事诉讼始终的基本原则。

---

① 黄丽君：《八省市试点刑事案件律师辩护全覆盖　深化律师制度改革》，载界面新闻网：http://www.jiemian.com/article/1681747.html，最后访问日期：2017年12月5日。

② 李万祥：《提高刑案辩护率　保障律师执业权》，载《经济日报》2017年10月31日，第11版。

③ 许辉：《刑案律师辩护全覆盖关键在不折不扣落实》，载《信息时报》2017年10月13日，A21版。

《试点工作办法》进一步完善了刑事法律援助制度,这更能让个案中的刑案当事人在案件的审理中直接感受到公平与正义。另外,基于保障律师充分执业,《试点工作办法》对刑事辩护中的各个环节都作出了明确的要求和规定,这些都为实现刑事案件律师辩护全覆盖提供了内在驱动力,对于进一步完善诉讼结构形态、查明案件事实真相、实现程序正义以及提高诉讼效率等方面,必将起到重要的促进作用。

但正所谓一分部署,九分落实。《试点工作办法》为刑事诉讼的有效辩护绘制了蓝图,下一步要考虑的就是如何把蓝图变为现实。这就需要相关的司法部门和审判机关,按照刑事案件律师辩护全覆盖的相关要求,与实际相结合,进一步制定细化的工作措施,为制度的落地落实提供充分保障,真正让刑事辩护实现从面上的全覆盖到内在的全覆盖,让制度改革成果惠及更广泛的领域。

"希望每一个被告人出庭时都能得到律师的辩护。"《试点工作办法》的出现让这个曾经看似遥远的法治愿景,慢慢成为现实。

(本文作者王凤梅,律新社创始人、CEO)

(感谢杨宇璇对本文的帮助)

法治新闻

人物

RENWU

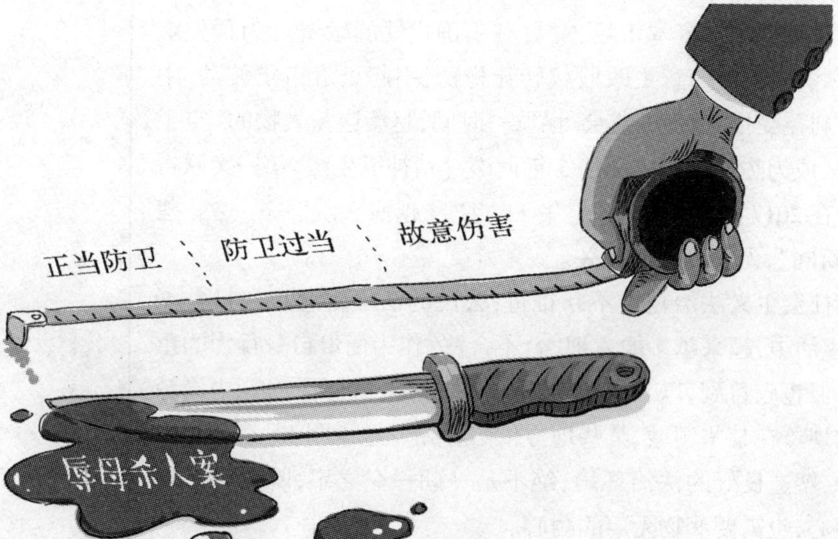

导 语

“人物”，从广义上讲就是公民。这个栏目以“人物”为契入，“讲人物故事”，是为了表明公民具有法治意识的重要性。

提高公民的法律素质是法治建设的基础。法治建设需要坚实的经济、政治、文化和社会基础，而公民的法律素质则是其不可或缺的主体基础。法律素质作为公民的内在观念和外在行为方式，不仅是公民作为“法律人”“政治人”存在的标识，而且构成了公民作为依法治国主体的主体基础。换言之，在人民主权的原则下，公民的存在是其应当成为依法治国主体的直接依据，而公民法律素质的状况则是其可以成为依法治国主体的基础条件。这个基础性条件越充分，公民在依法治国中的主体性就越容易实现；公民主体性实现得越充分，依法治国的本质——人民当家作主，就越能够得到体现和实现。从这个意义上讲，公民法律素质的高低好坏，直接影响着依法治国基本方略的实施，制约着社会主义法治建设的历史进程。

赵薇夫妇高杠杆收购万家文化案成为关注重点，龙薇传媒借用名人效应预借壳炒作资本市场，对具有不确定性的融资行为预先虚假披露，融资失败后随意更改股权转让份额，引起证券市场波动，中小投资者利益受损，遭受证监会处罚，一时间，赵薇这一人物的“空手套白狼”案成为热搜词条。历经 5 年诉讼，《精神卫生法》第一案原告徐为终于在 2017 年 9 月 27 日上午 11 点“飞越疯人院”……这一些人物的“新闻”，无不与法治相关。

随着社会主义法治建设不断推进，公民的法治观念也在日益增强，现实生活中，越来越多的人把“合不合法”作为衡量自身行为的重要标准。但也应看到，以言代法、以权压法、重人情轻法治等法治精神缺失的现象在某些领域、某些地方依然存在。这说明，提升公民的法治观念，塑造良好的法治环境，绝不是一朝一夕之事，既需要坚持不懈的恒心，也需要润物无声的耐心。

赵薇等证券市场“空手套”案

一、入选理由

2017年,赵薇夫妇高杠杆收购万家文化案成为关注重点,龙薇传媒借用名人效应欲借壳炒作资本市场,对具有不确定性的融资行为预先虚假披露,融资失败后随意更改股权转让份额,引起证券市场波动,中小投资者利益受损,遭受证监会处罚。一时间,赵薇“空手套白狼”案成为热搜词条。

二、事件回顾

2016年11月29日,万家文化(现更名为祥源文化)宣布因筹划重大事项停牌,停牌时股价为18.83元。

2016年12月9日,西藏龙薇传媒有限公司(以下简称龙薇传媒)代表赵政根据黄有龙的指派,与西藏银必信资产管理有限公司(以下简称银必信)的实际控制人秦博联系,称黄有龙与万家文化实控人孔德永谈妥拟收购万家文化控股权,拟向银必信借入15亿元。秦博要求银必信的借款需要有金融机构的资金配套。赵政则表示,如果金融机构的贷款在第二笔资金支付期限前审批,龙薇传媒将优先使用成本较低的资金,即金融机构的资金。

2016年12月23日,万家文化的控股股东万好万家集团有限公司(以下简称万家集团)与龙薇传媒签订《股份转让协议》,拟向龙薇传媒转让其持有的1.85亿股万家文化无限售条件流通股,占万家文化已发行股份的29.135%。交易完成后,龙薇传媒将成为万家文化的控股股东。

2016年12月27日,万家文化公告发布龙薇传媒提交的《万家文化详式权益变动报告书》,其中资金来源一节描述,股权收购资金来源为自筹资金。

2016年12月29日,万家文化收到上海证券交易所《关于对浙江万好万家文化股份有限公司权益变动信息披露相关事项的问询函》,要求龙薇传媒就通过股份转让协议以30.6亿元对价取得公司1.85亿股份成为公司股东事项作进一步说明和披露。

经万家文化实际控制人孔德永、财务总监王毅中介绍，同日，中信银行杭州分行的代表与龙薇传媒的代表洽谈融资方案。当天，经双方洽谈，中信银行杭州分行拟按照 30 亿元融资方案上报审批。

2017 年 1 月 9 日，中信银行杭州分行向中信总行上报万家文化股权转让融资方案，向总行申请为龙薇传媒提供不超过 30 亿元的融资资金以支付股权转让款。其中:首笔发放12亿元,由万家集团提供阶段性连带责任保证,待完成股权转让手续后解除;第二笔12亿元,以万家文化股权质押;第三笔6亿元,以万家文化股权质押。

2017年1月11日,万家文化向上海证券交易所提交了回复,根据公告,龙薇传媒实际控制人赵薇及其配偶黄有龙投资多家上市公司,股票市值截至2016年年底共计约45亿元。

2017年1月12日,万家文化复牌,连续两个交易日涨停,第三个、第四个交易日继续收涨,最高涨至25.00元,涨幅高达32.77%。

2017年1月20日,龙薇传媒接到中信银行通知,称融资方案最终未获批准。此后,龙薇传媒与其他银行进行多次沟通希望开展融资,均未果。

2017年2月8日,万家文化再次停牌,停牌期间公司公告,因无法完成融资计划,龙薇传媒股东股份转让比例由29.135%变更为5%,停牌时股价为20.13元。2017年2月16日复牌,当日下跌8.49%,第二个交易日下跌6.89%。

2017年3月31日,万家文化公告称,万家集团与龙薇传媒决定终止股份转让事项。原因为万家文化被证监会立案调查,存在无法预测的法律风险。次一交易日股价下跌2.39%,后续该股持续下跌。

2017年11月9日,证监会对祥源文化(更名后的万家文化)、龙薇传媒等涉嫌信息披露违法违规案进行行政处罚和市场禁入,指出龙薇传媒通过万家文化在2017年1月12日、2017年2月16日公告中披露的信息存在虚假记载、误导性陈述及重大遗漏。

具体为:

1. 龙薇传媒在自身境内资金准备不足,相关金融机构融资尚待审批,存在极大不确定性的情况下,以空壳公司收购上市公司,且贸然予以公告,对市场和投资者产生严重误导。

2. 龙薇传媒关于筹资计划和安排的信息披露存在虚假记载、重大遗漏。

3. 龙薇传媒未及时披露与金融机构未达成融资合作的情况。

4. 龙薇传媒对无法按期完成融资计划原因的披露存在重大遗漏。

5. 龙薇传媒关于积极促使本次控股权转让交易顺利完成的信息披露存在虚假记载、误导性陈述。

根据当事人违法行为的事实、性质、情节与社会危害程度,依据《证券法》第193条第1款的规定,证监会决定:

1. 对万家文化责令改正，给予警告，并处60万元罚款；

2. 对万家集团实际控制人孔德永给予警告，并处30万元罚款；

3. 对龙薇传媒责令改正，给予警告，并处60万元罚款；

4. 对龙薇传媒控股股东赵薇、赵薇配偶黄有龙及其代表赵政给予警告，并分别处以30万元罚款。

根据《证券法》第233条和《证券市场禁入规定》第3条、第5条、第6条的规定，证监会拟决定：对孔德永、黄有龙、赵薇分别采取5年证券市场禁入措施。

2017年12月6日，万家文化股价跌至最低点7.61元。

三、各方观点

经济学家、经济金融评论家　余丰慧：对于黄有龙、赵薇这样的富翁级人物来说，证监会作出的处罚确实不值一提。但从证监会对这件事情的查处来看，还是值得肯定的。

首先，它体现了法律面前人人平等。哪怕就是赵薇这样的影视明星、公众人物甚至富豪，证监会该查还是照样要查，不存在“老虎的屁股摸不得”的问题。不过，证监会对他们的经济处罚还是太低，但据说已经是顶格处罚。

其次，这件事带给我们两点反思：在IPO审批制情况下，是谁放纵了名人效应？因此要加快推进IPO注册制。对虚假信息披露、造势借壳、欺骗投资者的行为的处罚实在太低，当务之急是要修改证监法，大大提高违法成本。同时，这也给了投资者一个交代，为投资者的损失找到了买单人。一旦证监会的处罚决定正式作出，那么投资者就可以正式起诉万家文化，而龙薇传媒、孔德永、黄有龙、赵薇、赵政等也将承担连带责任。或许这才是证监会对该起案件作出处罚决定的真正意义所在。①

中国青年报　周俊生：此次赵薇受处罚，向市场发出了明确的信号：投资大佬再企图利用银行信贷的高杠杆谋利已经不能再走通。这一信号不仅是警告各种各样的“赵薇”，更应引发市场监管部门的反思。中国资本市场已经有了很大的规模，上市公司已经超过3000家，但是，企业上市更多地创造了个人富豪，对于实体经济所起的作用有待加强，更不要说中小投资者在市场里任人宰割的悲

① 巴九灵：《证监会已开始“捉妖”谁给了赵薇空手套白狼的胆？》，载凤凰网：http://finance.ifeng.com/a/20171111/15783884_0.shtml，最后访问日期：2017年11月20日。

惨局面了。监管部门应该从此次事件中看到对于市场制度改革的方向所在,特别是对"空手套白狼"的行径必须有明确的法律规范,不能再让股市继续成为资本大佬为所欲为的天堂。①

新果睿投资董事长　虞涤:龙薇传媒手上只有6000万,却想利用杠杆,控制价值超过100亿的上市公司,最终因为各种原因而失败了,给证券市场造成了很坏的影响,可以说是"空手套白狼"。

在整个事件中,上市公司对龙薇传媒的背景及实力,没有做好尽职调查,这中间还涉及中介机构以及信息披露问题,而证监会对上市公司的处罚,只有警告加60万元罚款,力度是否过低?光处罚还不够,如何完善相关法律法规制度、加强监管,从源头上杜绝这类事情的再次发生,才是关键。②

喜投网董事长　黄生:赵薇这次股市被撞腰,实际上就是利用高杠杆进行上市公司收购,大量的资金都是借来的,但是又没有披露资金的来源。现在股市监管越来越严,无论是大鳄,还是暴发户,在股市严厉监管下,都一个个显出原形。实际上,监管层对赵薇已经手下留情,仅仅是就高杠杆收购和披露不到位进行了惩罚,如果万一涉及内幕交易,那惩罚可就厉害了。希望赵薇以后不要再抱侥幸心理,不要一念成魔。③

浙江裕丰律师事务所律师　厉健:赵薇夫妇、祥源文化等信批违规情节恶劣,导致股价异动,投资者损失惨重,区区几十万元罚金根本不足以惩戒其违法行为,投资者依法索赔才是硬道理。④

四、笔者评论

龙薇传媒,200万元注册资本的小机构,持有资金6000万元,却想收购一个市值足足有100亿元的上市公司,这种利用51倍杠杆的行为,无异于"蛇吞象"。

---

① 周俊生:《赵薇"空手套白狼"被罚:股市不是资本大佬为所欲为的天堂》,载中青在线:http://zqb.cyol.com/html/2017-11/15/nw.D110000zgqnb_20171115_4-02.htm,最后访问日期:2017年11月20日。

② 巴九灵:《证监会已开始"捉妖"　谁给了赵薇空手套白狼的胆?》,载凤凰网:http://finance.ifeng.com/a/20171111/15783884_0.shtml,最后访问日期:2017年11月20日。

③ 黄生:《捉妖记,赵薇摊上大事了》,载搜狐网:http://www.sohu.com/a/203414337_618587,最后访问日期:2017年11月20日。

④ 《赵薇夫妇面临上百投资者索赔:正准备资料,律师对获赔有自信心》,载百家号:https://baijiahao.baidu.com/s?id=1583825754377990953&wfr=spider&for=pc,最后访问日期:2017年11月20日。

同时,在借款未落实到位情况下,即将有关信息公开,造成股价波动,干扰证券市场运行。事后,证监会对该事项立案调查,继而作出处罚,在资本市场意义重大。

(一)叫停"空手套"行为,引导资本脱虚向实

龙薇传媒此次进行高杠杆收购,严重违背了国家金融调控"去杠杆"的要求。近年来,这种利用银行信贷在资本市场上炒作的做法日益猖獗,其杠杆倍数越大,不确定因素越大,监管、审批、资金成本等都可能影响收购的成败。而由于杠杆收购的特殊性及对监管的"天然逃避",实务中不少杠杆收购出现后遗症,当资本市场向好时,高杠杆模式带来的高收益使人们忽视了风险的存在;待资本市场发生波动时,杠杆效应的负面作用开始放大。银行热衷于向投资机构借贷,导致大量资金流入房市、股市,整个宏观经济出现了脱实向虚的倾向。最近两年的中央经济工作会议都部署了金融"去杠杆"任务,严格控制信贷资金的流向,金融要支持实体经济振兴而不能助长虚拟经济中的泡沫。党的十九大报告提出了"深化供给侧结构性改革"的重要任务,强调去杠杆,引导经济"脱虚向实"发展。在此关口,证监会对龙薇传媒等进行处罚契合监管要求,也对资本市场规范运作起到良好的引导作用。

(二)打击虚假信息披露,保障证券市场正常运行

龙薇传媒在收购前才成立一个月,且由于尚未开展经营,所有财务指标都还是空白。公告的收购资金来源为:关联方借款 6000 万元,向西藏一家机构借款 15 亿元,另外 15 亿元则准备通过股票质押融资从金融机构借得。公告时,拟向金融机构借贷的 15 亿元资金还处于设想阶段,有严重的不确定性,但在公告中,它却已经作为真实存在的资金,而且将其作为真实信息对外披露。此后,龙薇传媒因为未能得到金融机构的贷款支持,不得不放弃了对万家文化的收购,证实了万家文化的信息披露失实。

对于龙薇传媒的背景及实力,上市公司显然没有做好尽职调查,后由于资金筹措无门,导致万家文化控股权转让事项不断变更,由控股权转让变更为 5% 股权转让,后又完全终止股权转让,且双方不追究任何违约责任。该信息披露失实及之后的股权转让变动行为,不仅造成万家文化股价大幅波动,更严重影响了市场秩序。对此,证监会对其予以罚款,并对其进行市场禁入的处罚,正是在行使监管机构保障资本市场正常运行的职能。无论是否从事证券业务,只要违反法律、法规或者国务院证券监督管理机构的规定,如上市公司公告的虚假记载、信息披露违法、操纵股价、扰乱市场秩序等,监管机构都可以对其采取证券市场禁

入措施,以打击违法违规行为,维护市场健康发展。从这点上来说,证券市场禁入制度所适用的对象范围是开放性的。

(三)制裁造势借壳炒作,维护中小投资者利益

龙薇传媒利用赵薇的名人效应为借壳上市进行炒作,对尚在审批中、具有不确定因素的融资计划以误导性陈述进行公告,引诱中小投资者跟进。在融资失败后,龙薇传媒与万家集团随意更改股权转让份额,至证监会对万家文化立案调查后,龙薇传媒又放弃股权收购计划,且万家文化不追究其违约责任。上述种种行为引发证券市场恐慌,使广大中小投资者利益受损。

对此,证监会对龙薇传媒等法人及自然人作出处罚,该处罚释放出一个明确的信号,即监管部门正通过强监管的手段重建A股市场。证券市场不再单纯满足企业融资要求,也不仅片面追求市场交易的繁荣,而是要真正成为一个公平、公正、公开的市场。市场的发展不能以国家经济安全受损、投资者利益受损为代价。处罚作出后,投资者就可以正式起诉万家文化,而龙薇传媒、孔德永、黄有龙、赵薇、赵政等也将承担连带责任。这是该笔处罚的司法意义所在,其影响将比罚金、市场禁入更为深远。

(本文作者黄凯,上海市虹口区政协委员、
上海市虹口区人民法院诉调对接中心主任)

舆论有理性、司法有自信

——评于欢案

一、入选理由

“于欢故意伤害案”因 2017 年 3 月 23 日《南方周末》“刺死辱母者”一文的报道而走入公众视野。经多家媒体转载后，在网络上迅速升温、持续发酵，引发大规模的舆论关注，也再一次将办理此案的公安、司法机关推向了舆论的风口浪尖。不过令人欣喜的是，此次相关政法机关的回应和对主流媒体与网民意见的理性化引导，都迅速及时、准确到位，不失为一次较为成功的危机处理。如今二审尘埃落定，法院通过全面的庭审直播、公开的释理说法、及时的文书公开，最大限度地化解了公众的疑虑；最终防卫过当的判决结果也契合刑法学界对正当防卫制度的传统理解，对主审法官而言亦可谓是最保守却又是最安全的路径选择。但该案所蕴含的深层次问题则必然不会因为终审判决而烟消云散，舆论与司法、法律与人情之间的平衡关系，仍将是新时代我国刑事司法必须解决的重大课题；而作为一种私力救济手段的正当防卫制度，在我们这样一个强调国家权威的国度中，究竟将走向何方仍值得持续关注。

二、事件回顾

2014 年 7 月，山东源大工贸有限公司负责人苏某及其丈夫于某向吴某、赵某借款 100 万元，双方口头约定月息 10%。至 2015 年 10 月 20 日，苏某夫妇共计还款 154 万元。2015 年 11 月 1 日，苏某夫妇再向吴某、赵某借款 35 万元。其中 10 万元，双方口头约定月息 10%；另外 25 万元，通过签订房屋买卖合同，用于某名下的一套住房作为抵押，双方约定如逾期还款，则将该住房过户给赵某。2015 年 11 月 2 日至 2016 年 1 月 6 日，苏某夫妇共计还款 29. 8 万元。吴某、赵某认为该 29. 8 万元属于偿还第一笔 100 万元借款的利息，而苏某夫妇认为是用于偿还第二笔借款。吴某、赵某多次催促苏某夫妇继续还款或办理住房过户手续,但苏某夫妇未再还款,亦未办理住房过户。

2016年4月1日,赵某与杜某、郭某1等人将于某上述住房的门锁更换并强行入住,苏某报警。赵某出示房屋买卖合同,民警调解后离去。同月13日上午,吴某、赵某与杜某1、郭某1等人将上述住房内的物品搬出,苏某报警。民警出警时,吴某称系房屋买卖纠纷,民警告知双方协商或通过诉讼解决。民警离开后,吴某责骂苏某,并将苏某头部按入座便器接近水面位置。当日下午,赵某等人将上述住房内物品搬至源大公司门口。其间,苏某夫妇多次拨打市长热线求助。当晚,于某通过他人调解,与吴某达成口头协议,约定次日将住房过户给赵某,此后再付30万元,借款本金及利息即全部结清。

同月14日,于某、苏某未去办理住房过户手续。当日16时许,赵某以欠款未还清为由纠集郭某1、程某、严某等十余人先后到苏某为法定代表的山东源大工贸有限公司催要欠款。当日20时许,杜某1驾车来到该公司,并在该公司办公楼大门外抱厦台上与其他人一起烧烤饮酒。约21时50分,杜某1等多人来到苏某及其子于欢所在的办公楼一楼接待室内催要欠款。杜某1用污秽语言辱骂苏某、于欢及其家人,将烟头弹到苏某胸前衣服上,将裤子褪至大腿处裸露下体,朝坐在沙发上的苏某等人左右转动身体;在他人劝阻下,杜某1穿好裤子,又脱下于欢的鞋让苏某闻,被苏某打掉;杜某1还用手拍打于欢面颊,其他讨债人员实施了揪抓于欢头发或按压于欢肩部不准其起身等行为。

22时7分,公司员工刘某打电话报警。22时17分,民警朱某带领辅警宋某、郭某2到达源大公司接待室了解情况,苏某和于欢指认杜某1殴打于欢,杜某1等人否认并称系讨债。22时22分,朱某警告双方不能打架,然后带领辅警到院内寻找报警人,并给值班民警徐某打电话通报警情。于欢、苏某欲随民警离开接待室,杜某1等人阻拦,并强迫于欢坐下,于欢拒绝。杜某1等人卡于欢项部,将于欢推拉至接待室东南角。于欢持刃长15.3厘米的单刃尖刀,警告杜某1等人不要靠近。杜某1出言挑衅并逼近于欢,于欢遂捅刺杜某1腹部一刀,又捅刺围逼在其身边的程某胸部、严某腹部、郭某1背部各一刀。22时26分,辅警闻声返回接待室。经辅警连续责令,于欢交出尖刀。杜某1等四人受伤后,分别被杜某2等人驾车送至冠县人民医院救治。次日2时18分,杜某1经抢救无效,因腹部损伤造成肝固有动脉裂伤及肝右叶创伤导致失血性休克死亡。严某、郭某1的损伤均构成重伤二级,程某的损伤构成轻伤二级。

山东省聊城市中级人民法院于 2017 年 2 月 17 日作出一审判决，认为被告人于欢面对众多讨债人的长时间纠缠，不能正确处理冲突，持尖刀捅刺多人，致一人死亡、二人重伤、一人轻伤，其行为构成故意伤害罪。于欢捅刺被害人不存在正当防卫意义上的不法侵害前提，其所犯故意伤害罪后果严重，应当承担与其犯罪危害后果相当的法律责任。鉴于本案系由被害人一方纠集多人，采取影响企业正常经营秩序、限制他人人身自由、侮辱谩骂他人的不当方式讨债引发，被害人具有过错，且于欢归案后能如实供述自己的罪行，可从轻处罚。最终以故意伤害罪判处被告人于欢无期徒刑，剥夺政治权利终身；判令被告人于欢赔偿附带民事诉讼原告人杜某 3 等各种费用共计 30, 598. 5 元，赔偿附带民事诉讼原告人严某各种费用共计 53, 443. 47 元，赔偿附带民事诉讼原告人程某各种费用共计 2231. 7 元。

宣判后，附带民事诉讼原告人杜某 3 等人和被告人于欢不服，分别提出上诉。山东省高级人民法院于 2017 年 6 月 23 日作出二审判决。判决认为，上诉人于欢持刀捅刺杜某 1 等四人，属于制止正在进行的不法侵害，其行为具有防卫性质；其防卫行为造成一人死亡、二人重伤、一人轻伤的严重后果，明显超过必要限度造成重大损害，构成故意伤害罪，依法应负刑事责任。鉴于于欢的行为属于防卫过当，于欢归案后能够如实供述主要罪行，且被害方有以恶劣手段侮辱于欢之母的严重过错等情节，对于欢依法应当减轻处罚。于欢的犯罪行为给上诉人杜某 3 等人和原审附带民事诉讼原告人严某、程某造成的物质损失，应当依法赔偿。上诉人杜某 3 等所提判令于欢赔偿死亡赔偿金、被抚养人生活费的上诉请求于法无据，本院不予支持，对杜某 1 四名未成年子女可依法救济。原判认定于欢犯故意伤害罪正确，审判程序合法，但认定事实不全面，部分刑事判项适用法律错误，量刑过重，依法应予改判。从而判决如下：(1) 驳回上诉人（原审附带民事诉讼原告人）杜某 3 等人的上诉，维持山东省聊城市中级人民法院(2016)鲁 15 刑初 33 号刑事附带民事判决第二项、第三项、第四项附带民事部分；(2) 撤销山东省聊城市中级人民法院(2016)鲁 15 刑初 33 号刑事附带民事判决第一项刑事部分；(3) 上诉人（原审被告人）于欢犯故意伤害罪，判处有期徒刑五年。

三、各方观点

中国法学会刑法学研究会名誉会长、中国人民大学法学院教授　高铭暄：(1)二审裁判文书对案情作出全面评判，一方面，结合防卫人面临的冲突烈度和环境情势，对防卫行为的手段、方式和强度是否为制止不法侵害所必需进行了评判；另一方面，对防卫行为所损害的法益与保护的法益种类、大小进行了权衡、比较。在此基础上，对于欢的行为是否超过必要限度进行了全面、客观的评价，认为于欢的行为属于防卫过当，这对司法实践在认定正当防卫限度方面具有重要的借鉴价值。(2)对防卫过当构成犯罪的，《刑法》第20条第2款规定“应当负刑事责任，但是应当减轻或者免除处罚”。考虑到本案之过当行为造成一死、两重伤、一轻伤的严重后果，对于欢不宜免除刑事处罚，而应当减轻处罚。至于减轻到什么幅度，由于考虑到于欢行为虽构成防卫过当，但系因被害人有重大过错，导致其精神紧张、情绪失控而处置过当造成的违法后果，所以对其所实施违法行为非难的程度应当降低，应显著减轻其责任。二审法院综合考虑于欢犯罪的事实、性质、情节和危害后果，判处其有期徒刑 5 年，笔者认为是适当的。这对今后司法实践处理类似案件，同样具有借鉴价值。①

北京师范大学刑事法律科学研究院教授　赵秉志：(1)杜某 1 等人为违法讨债所实施的严重侮辱、非法拘禁、轻微殴打等不法侵害，明显是违法犯罪行为，具有不法性；杜某 1 等人实施的不法侵害行为，侵害了于欢母子的人身自由、人格尊严、人身安全等合法权益，具有明显的侵害性且持续存在。在此情况下，于欢为了制止不法侵害，对杜某 1 等人实施反击行为可以减轻或者消除该不法侵害的威胁，其行为当然具备防卫的性质。因此，本案二审判决纠正了一审否定不法侵害存在、否定于欢的行为具有防卫性质的错误，认定于欢持刀捅刺杜某 1 等四人的行为属于制止正在进行的不法侵害，其行为具有防卫性质，是合乎本案事实，合乎法律情理的。(2)杜某 1 等人的主观目的是索要债务，他们的不法侵害手段相对克制，并未使用器械工具，也没有对于欢母子实施严重的致命性攻击或者暴力性伤害等行为。因此，杜某 1 等人实施的多种不法侵害行为，虽然满足了可以实施一般防卫行为的前提条件，但不属于“行凶、杀人、抢劫、强奸、绑架以及其他严重危及人身安全的暴力犯罪”，不具有实施特殊防卫的前提，故于欢只能实施一般防卫行为，而不享有特殊防卫权，不能适用特殊防卫条款免除其刑责。(3)相比于杜某 1 等人的侵害手段及程度，于欢使用致命性工具即刃长超过 15 厘米的单刃刀，捅刺杜某 1 等人身体的要害部位，造成一死、二重伤、一轻伤的严重后果，其防卫行为与不法侵害行为在手段、强度等方面明显不相适应，且造成了多人伤亡的“重大损害”后果，因而二审判决认定于欢的反击行为“明显超过必要限度”并“造成重大损害”，属于防卫过当，是合乎法律规定的、正确的。(4)考虑到本案之过当行为造成一死二重伤的严重后果，对于欢不宜免除刑罚处罚，而以减轻处罚为妥。综合被害方先行的不法侵害情节恶劣以及于欢具有坦白交代犯罪事实、赔偿被害人经济损失等法定、酌定从宽情节，对于欢可

---

① 高铭暄：《于欢案审理对正当防卫条款适用的指导意义》，载《人民法院报》2017 年 6 月 24 日，第 2 版。

予以较大幅度的减轻处罚。因此,二审法院认定于欢的行为系防卫过当基础上构成的故意伤害罪,对其适用减轻处罚判处其有期徒刑5年,这是适当的,符合罪责刑相适应原则。①

北京大学法学院教授　陈兴良:(1)一审法院对于于欢的行为根本就没有考虑他本身具有防卫的性质,直接认定是故意伤害致人死亡而判处无期徒刑。这样的判决结果是完全不分是非,只是简单地根据死伤后果定罪判刑,否定了在该案中的正当防卫制度适用。现在山东高院二审改判,承认在于欢案中存在正当防卫前提,这样的改判我认为是完全正确的。对于欢案中防卫性质的认定,可以说分清了是非。(2)对于欢案山东高院仍然认为于欢行为是过当,这是一个司法裁量的问题。刑法要求过当是明显超过必要限度,结合这点考虑,在考察于欢的行为是否过当的时候,以下因素需要考虑:一是人数对比,对方人高马大有11人,能够控制局面,于欢母子2人,处在弱势局面。二是存在严重侮辱行为。虽然侮辱行为在前,但明显会引发被告人的激愤,对后来于欢采取的反击措施在心理上有刺激作用。三是侵害的时间长达六个小时,不是一般的拘禁,是持续的殴打、侮辱。四是警察来了之后不能有效解除不法侵害,致使于欢感到绝望。私力救济是在不能得到公力救济的特殊情况下,为维护自己的人身财产安全而采取的措施。本案中公力救济来了,但未能有效制止不法侵害。此时,于欢才寻求的私力救济,这点必须考虑。五是于欢母子要出门时,对方强力阻止,有殴打行为,从而刺激了于欢。六是作案工具不是刻意准备的,而是随手从桌上拿的,说明具有随机性。如果当时没有这个刀,他就不会干这个事。所以,拿刀防卫具有一定合理性。七是将多人捅伤是在对方围上来拦他并要殴打他的情况下做出的,有一定的消极被动性。基于以上几点,我认为不能简单地以结果论,认为捅死捅伤人了就是过当。我倾向于于欢的防卫不构成过当,即使根据《刑法》第20条第1款普通正当防卫,也不能认为是防卫过当。(3)对于正当防卫是否超过必要限度的判断,应当是行为时的判断,而不是行为后的判断。在进行这种判断的时候,不仅要考虑防卫行为与侵害行为在客观上是否具有相当性,而且要考虑侵害行为对防卫人心理造成的恐慌、激愤,由此带来认识能力和控制能力的减

---

① 赵秉志:《解析于欢案法理问题:二审判5年符合罪责刑相适应原则》,载澎湃新闻网:http://www.thepaper.cn/newsDetail_forward_1716617,最后访问日期:2017年12月31日。

弱,因而不能十分准确地把握防卫限度这些主观因素,综合进行分析。①

北京大学法学院教授　梁根林:(1)围绕于欢行为的防卫性质这一问题的争议基本已经解决,现在的主要问题是对于欢的行为是否属于防卫过当存在分歧。在对正当防卫限度条件的把握这一操作层面,要强调注意这么几点:第一,对正当防卫的时间点以及这个时间点上不法侵害行为的性质、不法侵害行为的强度判断,不能拘泥于我们通常所理解的出手、反击的一刹那对方不法侵害行为的事实。在于欢案中,我们当然应当主要根据第三时间段(9:50 多分到 10 点之间)于欢拿刀捅人前讨债人的行为事实判断其不法侵害行为,但同时又必须综合考虑第一时间段(头天讨债人到于欢家里讨债,把于欢母亲苏某脑袋往马桶里摁的行为事实)、第二时间段(从当天下午到晚上警察出警到现场期间这些讨债人非法限制人身自由、对于欢母子进行人身侮辱、暴力推搡殴打的行为事实),把第一、第二、第三时间段的行为事实予以综合考虑。对于不法侵害事实的这一判断会直接影响我们对正当防卫限度的把握。第二,必须正确理解与认定警察到场以后又离开接待室的举动对于欢行为和心理的影响,由此提醒我们在判断防卫行为是否过当时必须具有设身处地、换位思考的意识。第三,必须正确对待防卫行为人使用刀具反击不法侵害人徒手实施的不法侵害,审慎地认定这样的防卫行为是否明显超过必要限度造成重大损害,特别是要强调避免陷入"对等武装论"与"唯结果论"的泥淖。(2)就于欢案以及类似的防卫案件而言,即便于欢的防卫行为或者其他类似的防卫行为"明显超过必要限度造成重大损害",具有社会危害性,构成了刑法上的不法,也不是当然地就构成犯罪,而是要进一步考察主观上是不是具有罪责。运用缺乏"期待可能性"这一规范责任论的核心概念和理论,完全可以达到阻却防卫过当行为的责任,因而对防卫过当行为予以出罪处理的效果。(3)再退一步讲,即便防卫过当行为构成犯罪。但其构成什么罪、构成什么性质的罪,是当然地构成故意犯罪还是一般情况下应当认定为过失犯罪,仍然是一个值得认真思考的问题。我个人认为,现在司法实践基本上奉行存在论思维,没有规范论意识。如果把规范论思维引进来,一般情况下防卫过当行为即便构成犯罪也只能构成过失犯,因为行为人不具备规范论视野

① 《陈兴良、沈德咏、周光权、刘宪权评说于欢案》,载网易:http://dy.163.com/v2/article/detail/CNSP9JT30516A92P.html,最后访问日期:2017 年 12 月 31 日。

中的故意罪责。①

中国社会科学院法学研究所研究员　邓子滨：知道于欢案以后，我一直就是坚决的正当防卫派，不存在过当的问题。当自由被限制时，应当是可以无限防卫的。这个判决最大的遗憾是——当然比原来好——承认有防卫前提但过当，"过当"在哪里？有一些说法，说用了武器，扎伤了这么多。最奇怪的是，这个期待不可能。警察的处置，不论是否规范，都必须承认在客观效果上使于欢感到公力救济无望，这就够了。②

四、笔者评论

（一）舆论与司法实现良性互动并非天方夜谭

网络技术的发展使越来越多的民众参与到社会热点事件的讨论，并对司法机关尤其是法院依法独立行使审判权事实上形成了一定的冲击。中国的司法机关面对汹涌舆情曾经手足无措进退失据，但实践是最好的老师，从于欢案的情况来看，司法机关显然已经较好地学会了如何面对舆论、面对压力展现出高度的司法自信与司法担当。从于欢案刚开始发酵，公检法系统就立即做出了回应：山东省高级人民法院受理此案后第一时间通报案件合议庭组成及审理进程；最高人民检察院派人赴山东对案件事实、证据进行调查，对媒体反映的警察渎职等行为进行调查；山东省人民检察院也组成调查组，对警察在此案中的失职渎职等行为进行调查；山东省公安厅派出工作组，对民警和案件办理情况进行核查；山东省聊城市成立了由市纪委、市委政法委牵头的工作小组，针对案件涉及的警察不作为、高利贷、涉黑犯罪等问题，全面开展调查；政法系统微信公号"长安剑"推出系列文章，以理服人、以情动人，有事实，有温度；二审全程微博直播，完整还原事实，打消公众对"暗箱操作"的忧虑；宣判后山东高院负责人出面释法说理，强调二审改判是因为一审存在事实认定不清，法律适用错误等问题，而不是所谓的"二审法院迫于舆论压力而改判"……最为可喜的是，有关宣传机构主管部门对于于欢案的正反两方声音都予以了尊重，没有人为干预，没有预设立场，保障了双方的畅所欲言。绝大多数网民的态度也迅速由激情回归理性，虽各持己见但

---

① 《陈兴良、沈德咏、周光权、刘宪权评说于欢案》，载网易：http://dy.163.com/v2/article/detail/CNSP9JT30516A92P.html，最后访问日期：2017 年 12 月 31 日。

② 同上。

就事论事。懂法的分析刑法条文,不懂法的诉求人伦情理。纵览于欢案从媒体报道到二审改判的整个过程,确实形成了司法接受媒体和社会舆论的监督,媒体尊重司法和程序正义的良性互动。当然,其中最关键的一环还是司法机关践行公平公正公开的司法理念,在案件办理的全过程中落实以审判为中心的原则,让控诉双方充分表达,让裁判建立在严密、准确、全面的证据体系之上。让司法暴露在阳光之下,舆论功不可没;让舆论回归理性,司法机关同样大有作为。

值得反思的是,在政法机关法治理念显著提升的同时,我们媒体人的法律素养是否在同步升华呢?于欢案得到公正处理,媒体与舆论在其中的推动作用功不可没。但媒体报道的事实毕竟来源于记者的调查采访,与经过严格的法律程序所采信的证据事实往往会有出入。如本案中,之前在媒体报道中最刺激读者神经的"辱母"情节,在庭审直播和判决书中都得到了澄清。根据二审查明的事实,案发当日 21 时 53 分,杜某 1 进入接待室后,用污秽语言辱骂苏某,往苏某胸前衣服上弹烟头,将裤子褪至大腿处裸露下体朝坐在沙发上的苏某等人左右转动身体。在双方人员劝阻下,杜某 1 穿好裤子,后又脱下于欢的鞋拿到苏某的鼻子处,被苏某打掉。其中脱裤子裸露下体的"辱母"情节虽然性质恶劣,但随即被双方人员共同制止,上述所有不法侵害行为在当晚 22 时 17 分民警进入接待室前也均已停止。由于杜某 1 当晚大量饮酒,血液酒精含量达 148 毫克/100 毫升,实际上处于醉酒状态,其对苏某的侮辱行为属借酒撒疯、酒后失德。网传"杜某 1 等十余人在长达一小时时间里用裸露下体等手段凌辱苏某""杜某 1 等脱鞋塞进苏某嘴里、将烟灰弹在苏某胸口"等与庭审查明的事实不符,于欢、苏某均未证实听到或者看到"讨债人员在源大公司播放黄色录像"。

通常而言,在刑事案件中,死者总是更容易得到社会公众的同情。中国人对于死亡有非常强烈的排斥和避讳的态度,"死者为大""死了人就占理"的观念根深蒂固,这也是司法实务中公检法机关不敢轻易认定成立正当防卫的主要原因之一。但本案却恰恰相反。一审法院或许还顾虑着"死了人就占理"这一陈腐观念,社会民众则对于死者杜某 1 毫不同情,舆论的天平没有任何争议地倒向于欢一方。这是因为本案在生死之外,还有人伦孝道的因素。孝道在中国传统文化上具有非常高的价值,对父母尊严的捍卫被视为人子义不容辞的责任和义务。于欢案,法律人关注的重心是防卫的前提、防卫的界限等专业性问题,而民众关注的其实是如何反抗"严重违法亵渎人伦的辱母行为"。社会公众事实上不在意刑法理论上各种复杂的学说理论,刺痛他们神经的仅是抽离了所有具体事实之后的抽象的"对极端辱母行为能否杀死对方"的问题。此时,辱母的情节成为影响公众判断的最重要因素。遗憾的是,我们的媒体记者在这方面的报道有意无意地添加了部分情节,明显加重了死者杜某1行为的恶劣程度,也使公众的讨论一定程度上偏离了本来的事实轨道。这样看来,媒体人的专业素养和法律观念都还有进一步提升的余地。

(二)准确理解和适用法律是司法工作人员的天职

一审判决认为"被告人于欢持尖刀捅刺多名被害人腹背部,虽然当时其人身自由权利受到限制,也遭到对方辱骂和侮辱,但对方均未有人使用工具,在派出所已经出警的情况下,被告人于欢和其母亲的生命健康权利被侵犯的现实危险性较小,不存在防卫的紧迫性,所以于欢持尖刀捅刺被害人不存在正当防卫意义的不法侵害前提,辩护人认为于欢系防卫过当以此要求减轻处罚的意见本院不予采纳"。可是,既然已经意识到被告人的"人身自由权利受到限制,也遭到对方辱骂和侮辱",又如何能否定其面临"正在进行的不法侵害"呢?判决书强调"对方均未有人使用工具",但是否"使用工具"什么时候成为能否正当防卫的前提呢?恐怕国内外任何一本刑法教科书都不可能给出这样的结论,否则拳击或武术运动员无故赤手空拳把人打死,对方还得自认技不如人死了活该。

二审判决认可于欢的行为具有防卫的性质,还原于事实的本质,值得肯定。在认可存在非法拘禁等不法侵害前提的基础上,考虑到毕竟难以认定具有严重危及人身安全性质的暴力犯罪仍在继续,其防卫行为造成了一死两重伤一轻伤的损害后果,最终认定于欢的行为属于防卫过当,对其适用减轻处罚判处其有期徒刑5年,也符合司法系统历来对防卫过当的把控标准。笔者对于欢构成防卫过当的结论也予以支持。但我国《刑法》第20条第2款规定的是"正当防卫明显超过必要限度造成重大损害的,应当负刑事责任,但是应当减轻或者免除处罚"。二审适用的是减轻处罚,但于欢案能否免除处罚呢?笔者以为,如果考虑到以下几个因素:第一,被害人一方恶意讨要高利贷,采取了非法拘禁、侮辱、殴打等非法行为,虽然没有致人伤亡的意图与行为,但已经严重地侵害了于欢母子的人身权利。于欢的行为是在反击非法拘禁时实施的,在不法侵害的限度范围内于欢行为的违法性得到减少。第二,长时间的侵害行为给于欢母子造成精神上和心理上的极大刺激,于欢的行为可以认为是基于恐怖、惊愕等心理状态而导致的过当,因此其可谴责性也相应减少。第三,于欢案事出有因,情有可原,其处罚必要性不大。即通过处罚于欢来实现特殊预防的必要性不明显(其不太可能再遇到类似的情景而重新实施致人死伤的行为),实现一般预防的必要性也有限(防卫过当是在心理的动摇状况下基于人性的弱点而实施的行为,他人一般不会模仿,社会公众遇到这种特殊情况的概率不高),而且从"一边倒"地同情于欢的舆论来看,处罚防卫过当的行为人以达到平息社会舆论的必要性也不大。综合以上因素,完全可以认为于欢的非难可能性与处罚必要性都在减少,对于欢给予免除处罚的处理完全合法合理。对于这么一个舆论聚焦的案件,法官选择保守而稳妥的结论,固然可以理解。但正因为其关注度高、政策因素强,才使本案有可能成为标杆性的指导性案例,一举纠正我国司法实务中正当防卫认定过严、防卫过当处理过苛的积弊。

(三)制度的设计需要思虑周全

于欢案所涉及的深层次问题在于正当防卫制度的构建。国家产生后,私力救济原则上被禁止。那么,为什么各个国家刑法都规定了正当防卫制度作为排除犯罪性事由呢？理论上对此有三种不同的意见:第一,保全自己利益说。即正当防卫是为了在紧急情况下保护自己的法益,而保全自己是基于人的本能的超越时代的自然法上的权利。所谓"正当防卫无历史"的格言就代表着这种个人主义的思维方式。第二,法确证的利益说。即不法侵害是对法的侵害,而正当防卫是对这种不法侵害行为的反击,以此来证明法律的存在及权威。这种观点来源于法治国家的思维方式,所谓"正当防卫是正对不正的关系"或"法没有必要向不法让步"的法谚就反映了这种思维方式。第三,二元说。认为应将上述两说结合起来说明正当防卫的正当化根据。上述三种观点,保全自己利益说反映了正当防卫个人权利的性质,而法确证的利益说代表着正当防卫中社会权利的性质,二元说则试图折中正当防卫的个人权利与社会权力的性质。归根结底,正当防卫的成立条件与成立范围反映了国家权力与个人权利之间的博弈与平衡。如果强调公权力与法秩序,可能会倾向于限缩公民私力救济的范围。如果注重私权利与法自由,就可能会倾向于扩张公民私力救济的范围。

在于欢案的讨论中,有不少学者乃至网民列举了美国类似案件的处理方式,并据此对我国的法律规定提出质疑。然而,在对国家与公民之间关系的理解上,美国与我国以及大陆法系国家显然是有巨大的差异的,这从美国宪法允许公民持枪,而我国原则上不允许公民持有枪支即可见一斑。从我国以及近邻的日本、韩国等的刑法规定以及司法实践来看,提倡哪怕是在紧急情况下仍需要尽可能等待国家公权力救济的规范意识非常浓厚,与提倡个人甚至可以防卫国家暴力的美国正当防卫思想存在较大差异，体现出较为鲜明的东方国家法治的特色。而且，由于在现代复杂的社会生活中，他者对自己某种程度上的不法侵害几乎不可避免，因而国家也不提倡个人对这种侵害无限制地加以防卫，而强调必须从社会整体的角度加以一定的限制。这是我们的国情和文化所决定的，无法简单地照搬美国的做法。

当然，这并不意味着我国现行的刑法规定就无可完善的余地。事实上1997年修改《刑法》时，对于超过防卫限度的处理问题，也有一些学者和部门提出，在实践中，由于许多不法侵害是突然的、急促的，而防卫人在仓促、紧张的状态下往往很难准确地判断侵害行为的性质和强度，因此不容易周全、慎重地选择相应的防卫手段，建议在关于防卫过当减免刑事责任的规定中再规定一款"防卫人因激愤、恐惧或慌乱而防卫过当的，免除处罚"，或者"防卫人因激愤、恐惧而超过防卫限度，主观上没有罪过的，不以犯罪论处"。立法工作机关考虑到实践中对激愤、恐惧或慌乱这些主观状态的认定具有复杂性，不宜匆忙作出规定，况且刑法关于防卫过当处罚的规定，本身就包含了"免除处罚"的内容，对于防卫人因激愤、恐惧或慌乱超过必要限度的情形，完全可以按照这两款的规定来处理，因此没有采纳上述建议。[①] 从现行刑法生效后这二十年来的司法实践情况看，基于我国司法机关的考核体制和错案追究制度，要求法官基于非法定情节来进行刑罚的免除非常困难，更遑论作无罪处理。而防卫过当免除处罚的规定与防卫人因激愤、恐惧而超过防卫限度不以犯罪论处的立法设想，在法律性质上也是截然不同的。因此，我国立法机构应以于欢案为契机，对于诸如"防卫人因激愤、恐惧而超过防卫限度"的情况究竟应该免罚还是彻底无罪展开深入调研，找到最符合中华文化和现实国情的结论，进一步完善我国的正当防卫制度。

（本文作者陈家林，武汉大学法学院教授）

① 高铭暄：《中华人民共和国刑法的孕育诞生与发展完善》，北京大学出版社2012年版，第200页。

榆林产妇跳楼事件

——为病人自决权而斗争

一、入选理由

与十年前的李丽云事件不同，这次的榆林产妇跳楼事件变成了对病人权利的全民大讨论。产妇纵身一跃，以“一尸两命”的惨重代价唤醒了人们对病人权利的觉知，印证了“为权利而斗争”的哲学，这是榆林产妇事件的最大意义。病人的自决权，即病人享有知道自己病情的权利，享有知道医疗措施的权利，并享有选择医疗措施的权利，这一权利任何人包括父母、子女、配偶等皆不可剥夺。这是中国社会在个体争取自我决定权的一次哀鸣，留给我们的法律及整个社会制度以深刻反思。

二、事件回顾

2017年8月31日20时许，在陕西榆林市第一医院（榆林一院）绥德院区妇产科，一名孕妇从5楼分娩中心坠下，因伤势过重，经医护人员抢救无效身亡。随即，榆林市卫计局和公安部门介入调查，警方初步排除他杀，涉事医师及相关责任人停职接受调查。2017年9月5日，榆林市公安机关勘查认定该名孕妇系自杀。

事件发生后，围绕“究竟是谁拒绝为产妇实施剖腹产”，医院和家属各执一词，上演“罗生门”。涉事医院于2017年9月3日发布声明，称“主管医生多次向产妇、家属说明情况，建议行剖宫产终止妊娠，产妇及家属均明确拒绝……最终产妇因难忍疼痛，导致情绪失控跳楼”。但孕妇家属并不认同这份声明，并称家属曾两次提出通过剖宫产减轻产妇痛苦，但医生回复说检查后产妇一切正常，不用剖腹产。涉事医院于2017年9月6日就此事件再次发布声明，称“产程中家属三次拒绝剖腹产”，并发布监控视频截图称“产妇下跪与家属沟通被拒绝”。

2017年9月7日，国家卫计委对此事件首次表态。国家卫生计生委新闻发

言人、国家卫生计生委宣传司副司长宋树立表示已责成当地的卫生计生部门认真调查核实，依法依规严肃处理。当晚，榆林市卫计局公布《关于榆林市第一医院绥德院区产妇坠楼事件有关情况的说明》，称产妇死亡与医院诊疗无因果关系，但暴露出医院相关人员防范突发事件的意识不强、监护不到位等问题。

2017 年 9 月 10 日，榆林市卫计局决定对榆林一院绥德院区主要负责人和妇产科主任停职，并责成医院即刻对管理方面存在的问题和薄弱环节进行整改。

2017 年 9 月 11 日，据媒体消息，榆林医院杨院长表示"院方已和家属方达成赔偿协议，但具体赔偿金额不便透露"。

三、各方观点

该事件引发了社会的广泛关注，在妇女、医疗、法律等各个社会圈层引发了广泛的讨论。舆论从讨论产妇要求剖宫产被拒绝孰是孰非，扩展至产妇生产方式选择、女性人身权益保护、手术签字制度改进、医疗法律法规完善等。有人同情产妇的无助，有人谴责相关当事人的冷漠，有人质疑医疗手术家属签字制度的僵化，有人为日益突出的医患矛盾担忧……

事件引燃了舆论场，并最终聚焦于法律上的规则问题。医院是否侵犯了产妇的权利?是不是家属不同意,医院就可以不做手术了?

许多医疗界人士甚至包括部分法律界人士拿出《医疗机构管理条例》第33条①作为"法宝"为医方辩护,认为第33条明文规定,医疗机构实施手术时,除征得患者的同意外,还必须取得家属的同意。家属不同意的,不得实施手术。

但也有更多的人引用《侵权责任法》第55条②予以反驳,认为医疗机构实施手术时,病人自己才是知情同意权的主体,家属的签字同意不是必需的。

南京大学法学院教授　邱鹭风:如果家属拒绝产妇剖宫产的情况属实,产妇家属有莫大的道德瑕疵,该被谴责。但是医院也应承担部分责任。因为在产妇自身清醒的情况下,就该让产妇自己签字。人身权是专属权利,夫妻人格并不合一,这是有明确法律规定的,所以《侵权责任法》的医疗损害赔偿方面,并没有授权医院剥夺产妇自身的生命和健康决定权。需要丈夫决定的情形,只能是妻子神志不清的情形。医院为了推卸可能的医疗风险和责任,擅自做主给一个具有完全民事行为能力的人设置所谓的监护人,是一种侵权行为。③

中国人民大学民商事法律科学研究中心主任　杨立新:从法律角度来看,无论是家属还是医院,都无权违背产妇意愿作出决定,否则就是违反民法的行为。医院过于机械地理解和适用《医疗机构管理条例》第33条规定,不执行《侵权责任法》的规定,也忽略了《民法总则》对自我决定权的最新规定。权利人以外的其他所有义务人,只要干涉了权利人自我决定权的行使,干预民事主体按照自己的意愿依法行使民事权利,就违反了自己绝对性的不可侵义务,就构成对自我决定权的侵害,就应当承担民事责任。④

除去关注现有法律制度层面上的问题,也有舆论对于该事件进行了价值反

---

① 《医疗机构管理条例》第33条:"医疗机构施行手术、特殊检查或者特殊治疗时,必须征得患者同意,并应当取得其家属或者关系人同意并签字;无法取得患者意见时,应当取得家属或者关系人同意并签字;无法取得患者意见又无家属或者关系人在场,或者遇到其他特殊情况时,经治医师应当提出医疗处置方案,在取得医疗机构负责人或者被授权负责人员的批准后实施。"

② 《侵权责任法》第55条:"医务人员在诊疗活动中应当向患者说明病情和医疗措施。需要实施手术、特殊检查、特殊治疗的,医务人员应当及时向患者说明医疗风险、替代医疗方案等情况,并取得其书面同意;不宜向患者说明的,应当向患者的近亲属说明,并取得其书面同意。医务人员未尽到前款义务,造成患者损害的,医疗机构应当承担赔偿责任。"

③ 《产妇坠楼悲剧中　剖腹产和法律责任六大权威答案来了》,载环球网:http://health.huanqiu.com/health_news/2017-09/11222080.html,最后访问日期:2017年12月18日。

④ 杨立新:《榆林产妇自杀的三个法律问题》,载财新网:http://opinion.caixin.com/2017-09-08/101142496.html,最后访问日期:2017年12月18日。

思。《人民日报》在《回归尊重　凝聚“产房里的共识”》的评论文章中如此谈道：制度的完善和落实不仅需要医患双方在医疗行为中承担起应有的责任，更应该在价值观念中凝聚起更多“产房里的共识”。不论是舆论在这起事件中关注的“产妇多次要求剖宫产但没得到相关方积极回应”，由此引发的关于患者自决权的争论；还是在医学界热议的剖宫产临床指征，以及无痛分娩技术在中国发展的困境，这些讨论背后都折射出一个关键性问题，就是家属、医院乃至社会对产妇的真正尊重。这种尊重，不仅是尊重产妇在面临分娩痛苦时的自我选择，更应该是对“人是目的而不是手段”这一人本精神的回归。①

四、笔者评论

病人自决权作为病人所有权利中最核心的权利，不仅是法定的，也是伦理的，更是哲学的。该事件折射出我们整个社会对于这一权利的理解与尊重的不足。因此笔者有必要在此强调：

（一）病人的自决权是法定的权利

从当前的法律制度上看，《医疗机构管理条例》第 33 条与《侵权责任法》第 55 条似乎产生了正面冲突。但笔者认为：其一，《医疗机构管理条例》第 33 条只是宣示性规定，不是严格意义上的权利义务性法律规范。该条款仅仅规定了医疗机构关于知情同意的行为模式，却未规定违反该行为模式的法律后果，其在第六章罚则中也未规定医疗机构违反第 33 条的罚则（法律后果），因此第 33 条只是宣示性的，无法律拘束力，这不是一条能够适用的法律规范。未规定法律后果的条款不能构成一项法律规范。但《侵权责任法》第 55 条则不同，该条第二款明确规定，“医务人员未尽到前款义务，造成患者损害的，医疗机构应当承担赔偿责任”。因此，从立法理论分析，《侵权责任法》第 55 条才是可被适用的法律规范。其二，从法律效力等级分析，《侵权责任法》属于法律，《医疗机构管理条例》属于行政法规，前者的效力显然高于后者。《立法法》第 97 条明确规定“法律的效力高于行政法规、地方性法规、规章”。

针对医院所称产妇已向丈夫签署了授权委托书，在未收回委托的情形下，医院无权改变分娩方式，并且产妇夫妇在产前已签署《产妇住院知情同意书》，确

① 桂从路：《回归尊重　凝聚“产房里的共识”》，载财新网：http://paper.people.com.cn/rmrb/html/2017-09/07/nw.D110000renmrb_20170907_3-05.htm，最后访问日期：2017 年 12 月 18 日。

认顺产意愿，且护理记录中三次记载家属拒绝剖宫产。笔者认为：

第一，产妇所签授权委托书具有《合同法》规定的委托合同的性质。产妇虽然在入院后签署委托书的同时按照一般常规签署了知情同意书且表达了顺产的意愿，但这只是一般的原则性签署，其在进入产房后鉴于新的具体情况已经改变了原来意愿，其指示的内容已变得具体而清楚，至于此指示是口头还是书面在所不问，即坚决要求剖宫产，此时作为受托人，其家属应当执行产妇新的意愿，而作为第三人的医院，在明知产妇意愿的情况下，亦应当执行产妇的意愿而不是受托人即家属的意愿。

第二，丈夫所签知情同意书欠缺生效的必要条件。知情同意书，顾名思义，应当先知情，然后再同意。可是仔细阅读医方公布的知情同意书原文，在丈夫签署“情况已知，要求经阴道分娩，谅解意外”之前，针对产妇“巨大儿、过期 2 周妊娠”之分娩困难情形，医方并未告知顺产与剖宫产对母婴风险之异同，亦未提出顺产或剖宫产之专业建议，更未直接提出剖宫产之建议，依一般常识理解，医方提出的建议应当是面对大多数产妇所提出的建议即顺产，故丈夫才会依一般情况选择顺产，其在不知情的情况下作出的“要求顺产”之选择，属于医方侵犯知情权后的选择，在法律上可归于重大误解或处于危困、缺乏判断能力，意思并不真实，属于可撤销或无效之法律行为。

第三，护理单所谓三次“家属拒绝剖宫产”之记录，仅是医方的单方记录，患方“拒绝”某一医疗措施系主动行为、积极行为，从证据角度，应当有患方的签字。在没有患方签字的情况下，仅凭医方的单方记录，不能得出患方拒绝的结论。

第四，笔者再列举一极端情况以进一步说明何为病人的自决权。设产妇因阵痛剧烈而陷入昏迷、谵妄，且无法表达意志，显然，此时只能由家属代产妇作出最终决定。那么此时何以体现病人的自决权呢？注意，尽管病人无法表达意志了，但家属代为决定的生理后果、法律后果仍然是由病人自己承担，故家属代为决定的权利基础仍然是病人，其必须符合病人的意志。但病人已经昏迷了，如何知道符合病人的意志？推定。一是家属的决定应当推定有利于病人的身体健康，这个推定应当从医学专业角度判断。比如，剖宫产或顺产，假如从医学角度可以判定剖宫产更有利于病人或者剖宫产后母婴健康的概率更高，则在医生建议剖宫的情况下，可以推定家属作出剖宫的决定有利于病人的身体健康，否则不利，不符合病人的意志。二是家属的决定应当推定符合病人昏迷前的意志。比如，病人在昏迷前曾以其行为或言行多次表达要剖宫的意志，则家属作出剖宫的决定可以推定符合病人昏迷前的意志，否则不符。如果家属的决定可以推定不符合病人的意志，则医生在有充分医学依据和病人行为学依据的情形之下，可以拒绝家属的决定，而径行选择更加符合病人意志的决定，当然这一选择的风险很大，尤其是当下中国要冒“医疗纠纷”或“医闹”的巨大风险。

因此，产妇的自决权是法定的，任何他人不可剥夺，医方的辩解从法律上、证据上难以成立，其侵犯产妇自决权的行为在法律上成立。

（二）病人的自决权是医疗伦理所要求的权利

医疗伦理，是指未上升到法律高度，但又为医疗界所普遍遵循的原则性规范。与法律规范不同，医疗伦理不具有国家意志力的强制性，但应成为医务人员内在的道德与行为规范。世界上著名的医疗伦理规范有《赫尔辛基宣言》、《纽伦堡法典》、世界医学协会《日内瓦宣言》、《国际医学伦理守则》、《希波克拉底誓言》、美国医学会《医疗伦理准则》等。从这些医学界公认的伦理规范中，可以概括出以下四个最为重要的医疗伦理原则：

1. 最佳利益原则，即一切诊疗措施，应当最有利于患者；

2. 不伤害原则，即一切医疗措施，应当最大限度地减轻对病人的伤害，或者一项医疗措施带给病人的伤害应当小于带给病人的利益；

3. 知情同意原则；

4. 保护病人隐私原则。

病人的自决权属于知情同意权范畴。关于知情同意权，著名的《纽伦堡法典》规定，“受试者的自愿同意绝对必要。这意味着接受试验的人有同意的合法权利；应该处于有选择自由的地位，不受任何势力的干涉、欺瞒、蒙蔽、挟持，哄骗或者其他某种隐蔽形式的压制或强迫”。

《赫尔辛基宣言》第9条规定，“在医学研究中，医生有责任保护研究受试者的生命、健康、尊严、完整性、自我决定权、隐私，并为研究受试者的个人信息保密”。

虽然《纽伦堡法典》和《赫尔辛基宣言》是关于人体试验和医学研究的伦理规则，但其基本原则如知情同意原则亦为临床诊疗所吸收，其中病人的自我决定权即是临床诊疗最重要的伦理原则之一。

（三）病人的自决权是哲学意义上的权利

为什么病人的自决权还是哲学意义上的权利？欲回答这个问题，首先要再问一个问题,为什么 2010 年《侵权责任法》在第 55 条已经明确规定了病人的自决权以后,在中国的临床实践中依然普遍存在家属代病人做手术决定的现象,甚至成为病人、家属、医生、司法人员日用而不知的习惯性准则,以至于在司法实践中,就一项手术的实施,当病人与家属的意见、家属与家属的意见不一致并因手术损害到病人的利益时,我国司法人员依旧会无视《侵权责任法》第 55 条关于病人自决权之规定而采信最损害患者利益的那位签字家属的意见？这一现象可谓适用 2017 年 10 月 1 日施行的《民法总则》第 10 条之规定:“处理民事纠纷,应当依照法律;法律没有规定的,可以适用习惯,但是不得违背公序良俗。”

榆林产妇事件刚刚爆出,笔者就曾在微博、微信中对这一现象进行了评述,现全文引用作为本文的结尾:“所谓家属代病人签署手术同意书,乃几千年家长制观念的作祟。这一观念之根深蒂固,足以动摇公民社会之建立。个体意识的独立、自由意识的产生,请从自己决定自己的生死开始。所有人,包括我们每个家属,每个医生,都应当充分尊重病人自己的自决权。这个权利既是法定的,也是伦理的,更是哲学的。”①

(本文作者刘晔,上海市海上律师事务所合伙人)

① 刘晔:《病人的自决权,为什么是法定的,也是伦理的,更是哲学的》,载正义网:http://liuye999.fyfz.cn/b/928533,最后访问日期:2017 年 12 月 18 日。

杭州保姆纵火案

——家政、物业双管齐下,共同营造雇主安心安宁安居环境

一、入选理由

随着国民收入的不断增长,人们生活水平的不断提高,家政业近年来得到突飞猛进的发展,但由于家政行业的配套设施跟不上发展速度,家政行业问题频出。

2015 年 12 月 23 日上午,广东女保姆何天带因涉嫌故意杀人罪,在广州市中级人民法院受审。检察机关披露,何天带在 2013 年 6 月至 2014 年 12 月,还涉嫌利用做保姆的便利,以类似手法犯下另外 9 件故意杀人案,其中 2 件未遂,7 件造成被害人死亡。何天带案件之后,广东媒体接连曝光了一系列保姆毒杀老人案件。毒保姆事件显露出家政行业的监管不善,导致雇主在雇用保姆时,对保姆的背景、性格等方面缺乏详细的了解,最终一而再、再而三地酿成惨剧。

2017 年杭州保姆纵火案再次震惊国人。据了解,保姆莫焕晶长期沉迷赌博,在之前的工作中,曾经有过偷窃雇主财产的行为。在被害人朱某家工作期间,更是多次窃取雇主贵重物品,或以盖房为名向雇主借钱。据莫焕晶自己供述,她本打算以纵火后再救火的方式,博取雇主感激,再次借钱,却最终造成一家四口在大火中丧生的惨剧。

本案把家政服务行业入职门槛低以及保姆信用体系不健全等乱象再度拉入媒体聚光灯下。家政行业人员混杂,尤其是背景调查稀缺,这是导致杭州保姆纵火案发生的重要原因。

此次杭州保姆纵火案除了暴露出家政行业的乱象外,也暴露出高楼住宅防火系统薄弱的问题,这无疑给建筑方、监管部门和物业管理者敲响警钟。在高层建筑密集的大城市,消防安全是消防部门与物业部门共同的课题。

因此,本案无论是对家政行业的整治还是对物业、消防行业的管理都有极大的教育警示意义。

二、事件回顾

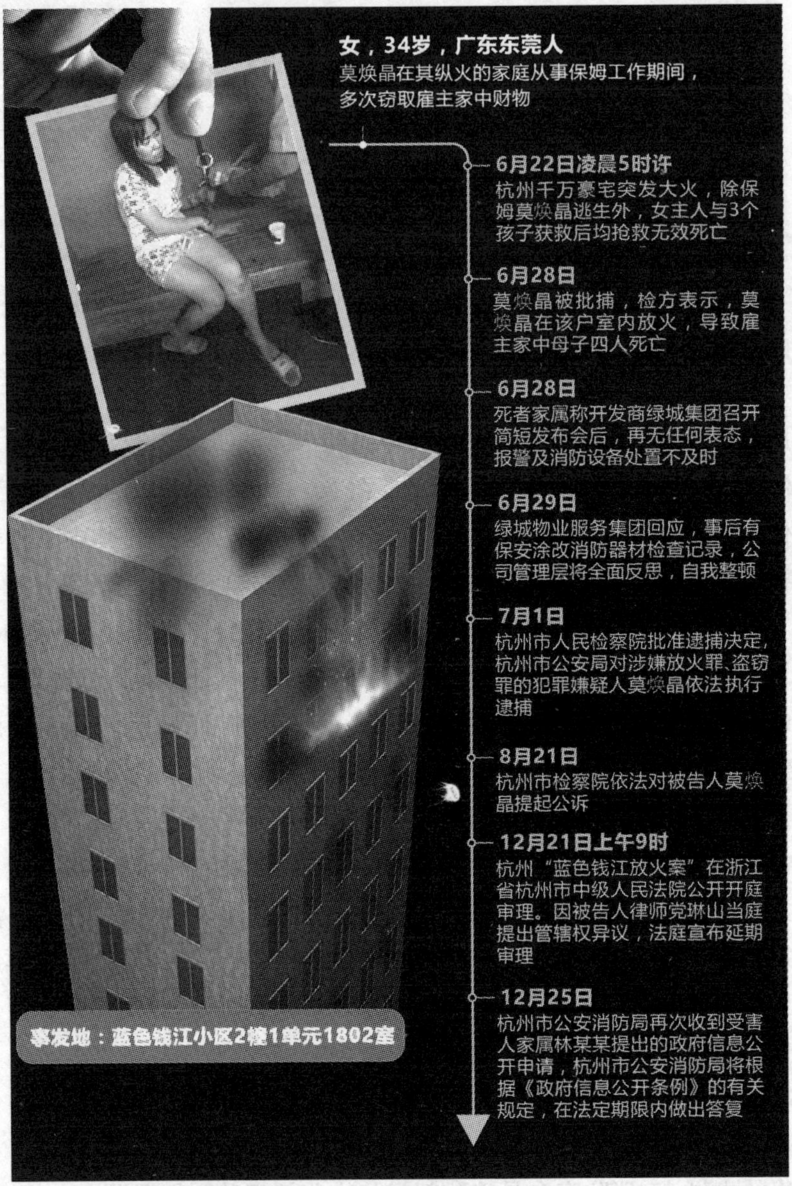

2017 年 6 月 22 日凌晨 5 时许，杭州上城区鲲鹏路的蓝色钱江小区里发生一起恶性纵火事件，火灾致一位母亲和她的 3 个孩子不幸身亡。经杭州市、区两级

公安机关缜密侦查,6月28日,杭州市公安局以犯罪嫌疑人莫焕晶(女,34岁,广东东莞人,被害人家庭保姆)涉嫌放火罪、盗窃罪两项罪名,向杭州市人民检察院提请批准逮捕。

8月21日,杭州市人民检察院以放火罪、盗窃罪,依法对"蓝色钱江放火案"被告人莫焕晶提起公诉。

起诉书指控:被告人莫焕晶长期沉迷赌博,在杭州市上城区蓝色钱江公寓2幢1单元1802室从事家庭保姆工作期间,多次窃取雇主朱某家中贵重物品典当、抵押,或以买房为由向朱某借款,所得款项均被其用于赌博并挥霍一空。案发前一晚,莫焕晶又用手机进行网上赌博,输光6万余元。为继续筹措赌资,莫焕晶决意采取放火再灭火的方式博取雇主朱某的感激以便再次开口借钱。6月22日凌晨5时许,莫焕晶用打火机点燃书本、制造火灾,导致朱某和三名子女死亡,并造成被害人房屋和邻近房屋损失257万余元。另据查明,莫焕晶之前在浙江绍兴、上海从事保姆工作期间,在三名雇主家有盗窃行为,均被雇主发现退还财物后被辞退。

2017年12月21日9时,杭州市中级人民法院在第二法庭依法公开开庭审理被告人莫焕晶放火、盗窃一案。

但庭审刚刚开始,被告莫焕晶的律师党琳山就提出了管辖异议,指出不只杭州中院有管辖权,要求最高人民法院调换法院审理,同时要求等待最高院答复后再审理。

审判长以犯罪地人民法院管辖,杭州中院依法有管辖权为由,四次予以回绝。由于被告律师无视法庭纪律,擅自离庭,法官宣布休庭,本案延期审理。

另外,此案中暴露出来的物业、消防问题被被害人家属和小区业主诟病。火灾之后,遇难者家属和小区业主在网络上公开质疑,火灾发生后没有听到警报,消防栓不出水等;事后消防设备检查中也出现消防栓五分钟打不开,水管接不上,消防设备检查记录被篡改等问题。

绿城物业对这些问题进行了回应:(1)消火栓出水是正常的。(2)关于小区业主在网络上曝出"消防栓无法打开"的视频,是因为"视频中消火栓无法使用,系业主未掌握使用方法"。(3)在蓝色钱江住户楼道里共有消火栓1088个,案发后对消火栓进行检查,检查中发现少数消火栓存在巡检遗漏、消火栓门开启困难、业主鞋柜等遮挡消火栓等现象。(4)火灾后,公司承受巨大非议,保安员心理压力巨大,个别保安员在发现漏检消火栓后擅自涂改了消防器材检查记录。[①]

三、各方观点

(一)在此案件中,莫焕晶所挂靠的家政中心有无责任

北京慕公律师事务所律师　刘昌松:我国在刑事责任上采取"罪责自负,不株连他人"的原则,因此,其他单位和人员包括家政公司不对莫焕晶的放火行为承担刑事责任,当然民事责任另说。涉案被烧房屋面积约 300 平方米,房屋价值过千万元,这次火灾过火面积约 50 平方米,财产损失一定也是巨大的。而据了解,莫焕晶还存在生效民事判决所确定的 3 万元借贷债务及其利息的民事责任,在当地还欠有一屁股债,估计其没有多少赔偿能力。如果那家上海家政公司提供保姆中介服务时存在严重不负责任的情况,不对保姆的基本人品和平时表现做任何考察或者已经了解到莫某晶有嗜赌、被债主四处追查的劣迹却仍然介绍,是存在一定过错赔偿责任的,尽管不会是主要责任。[②]

内蒙古昭乌达律师事务所　王庆杰律师:与家政服务提供者签订的中介服务合同属于居间合同,是居间人向委托人报告订立合同的机会或者提供订立合同的媒介服务,委托人支付报酬的合同。根据《合同法》第 425 条的规定,报告义务是居间人在居间合同中承担的主要义务。

作为居间合同的一方当事人的中介机构,在履行合同过程中,必须实事求是地将自己所实际掌握的信息,如实地向消费者提供,并保证提供的信息是真实和可靠的,不能有任何隐瞒欺骗。对于保姆这种需要深入消费者个人家庭中的服务者,关系到消费者家庭成员的人身安全和财产安全,中介机构更有义务认真收集相关信息,尽可能地做到全面、真实、可靠,尤其服务者的品行方面的信息应该作为重点收集的内容。

家庭保姆因其具有深入消费者个人家庭内部生活的特殊性,因此《家庭服务业管理暂行办法》第 20 条规定:"家庭服务员应符合以下基本要求:(一)遵守国家法律、法规和社会公德;(二)遵守职业道德;……"

该办法中已经明确了保姆的基本条件。据有关报道称,犯罪嫌疑人到案后,

---

① 《绿城物业集团回应"保姆纵火案"五大疑点》,载东方网:http://news.eastday.com/eastday/13news/auto/news/society/20170630/u7ai6895038.html,最后访问日期:2017 年 12 月 30 日。

② 刘昌松:《"杭州保姆纵火案"中的法律责任》,载《南方都市报》2017 年 6 月 26 日,A15 版。

侦查机关曾对其涉及的犯罪事实进行了全面细致调查。

调查发现,犯罪嫌疑人长期沉迷于赌博,负债累累,2015 年年初外出避债打工,先后在浙江绍兴、上海从事保姆工作,为获取赌资曾盗窃三名雇主家中财物,均被发现后辞退。

显而易见,从以往的表现看,犯罪嫌疑人是不适合做家庭保姆的,中介公司在接收该服务者时,有义务对其工作经历进行了解。如果中介公司在审查保姆的过程中没有尽到必要的谨慎义务,或者由于工作疏忽,导致把不符合家庭服务员基本要求的人员提供给消费者从而导致恶性事件发生,是需要承担相应责任的。①

(二)在此案件中,绿城物业是否存在责任

北京东易律师事务所律师　侯德隆:纵火的保姆涉嫌放火罪已经被批捕,但是对于物业公司来讲,其也存在失职问题,物业本身就有对管理区域内的公用消防设备进行维护管理、提供消防安全防范服务等责任。②

京衡律师集团上海事务所律师　邓学平:《浙江省消防条例》第 16 条明确了物业公司的部分职责,主要包括对消防设施、器材的维护和管理等。如果违反了这些职责,且限期不改正的,会对有关责任人员给予处分或行政处罚。物业与业主之间有物业合同的关系,在物业合同中往往会有对消防安全的职责的规定,因此,业主可以根据物业合同中的具体规定,向物业索赔。与此同时,由于物业负有合理注意的义务(义务来源既有法律规定也有合同约定),也可以要求它承担侵权责任。③

杭州市公安消防局参谋长　陈骏华:物业的消防管理确实存在一些问题。

一是物业消防安全管理落实不到位。物业管理单位未按规定严格落实巡查制度,事后有关人员补填部分消防器材检查记录表;消防车道被绿化覆盖,影响消防车辆通行、停放;火灾发生时,消控室值班人员中有一人未取得建构筑物消防员职业资格证书,属无证上岗;火灾发生时,水泵房的消火栓泵控制开关未处于自动状态;室内消火栓箱门用大理石装饰包裹,部分开启不便。

---

① 王庆杰:《杭州保姆纵火案最后的判决结果可能是什么?》,载悟空问答:https://www.wukong.com/answer/6501434395193245966/,最后访问日期:2017 年 12 月 30 日。

② 《绿城物业集团回应"保姆纵火案"五大疑点》,载东方网:http://news.eastday.com/eastday/13news/auto/news/society/20170630/u7ai6895038.html,最后访问日期:2017 年 12 月 30 日。

③ 同上。

二是物业管理单位应急处置能力不足。火灾发生后，消控室值班人员对消火栓泵控制开关处于手动状态的使用方式不掌握，5时7分确认火警后未及时启动消火栓泵；5时40分现场消防员按下消火栓按钮后，仍未启动消火栓泵；5时44分，消控室值班人员接到物业负责人通知后启动消火栓泵。工程部值班人员处置不及时，5时10分工程部负责人通知工程部值班人员，要求查看消防水泵运行情况，工程部值班人员于5时36分到达水泵房，将消火栓泵控制开关转为自动状态，未启动消火栓泵。①

（三）在聘请保姆过程中，雇主如何保障自己的权益

中国互联网协会信用评价中心法律顾问　赵占领：在选择和签约保姆时，出于对雇佣双方的保护，应以合同等形式提前做好约定。而雇主有权利要求保姆提供真实准确的身份证信息，也应该提供包括家庭住址、联系人等信息，写到合同里。必要的时候可要求雇工出示户口簿，或者提供无犯罪记录证明。此外，工作内容和范围也应该约定清楚，包括工作时间、每月休息几天、是否住家、是否包括餐饮食宿等。

对于可能发生的财产人身损害，合同里一般都要有所约定，但即使不写，雇主也可以追究保姆和保姆所在机构的责任，最好是写在合同里。可以有两种约定方法，描述方式大致是：乙方保证所安排的家政人员，应妥善尽到相应义务，工作中要严谨认真，避免对甲方的财产造成损坏，如果造成损坏，应依约定赔偿；造成损坏由保姆赔偿，如果保姆无能力赔偿，由保姆所在机构赔偿等。

对于雇主来说，保姆合同应尽量选择与家政公司来签订。一旦发生纠纷涉及责任追究甚至赔偿，签约公司应承担相应的违约责任。比如在此次“杭州保姆纵火案”中，保姆将被判刑坐牢，而对于造成的伤害又没有偿付能力，则可以追究签约公司来承担赔偿责任。②

湖南省万和联合律师事务所律师　李健：首先要找正规的家政公司介绍保姆，其次是要签订服务合同。此外，在用工过程中雇主也应注意，存放重要物品的钥匙不能随意放置或交予保姆，妥善保管家里贵重财物，不要在保姆面前谈论家庭经济收支，辞退保姆时收回钥匙或更换门锁。

---

① 黄丽君：《杭州保姆纵火案开庭在即，男主人：望法律严惩之后将起诉绿城物业》，载界面新闻：http://www.jiemian.com/article/1827311.html，最后访问日期：2017年12月30日。

② 任笑元：《惨案为大众敲响警钟　调查称找保姆想查过往不易》，载中工网：http://city.workercn.cn/28144/201707/03/170703083523697_3.shtml，最后访问日期：2017年12月31日。

雇请保姆一定要到经注册登记的中介机构，千万不能通过非正式渠道，要详细了解保姆的真实身份。家政公司也有审慎的审查义务，来保证所提供信息的真实性。①

（四）怎么看待莫焕晶代理律师在庭审过程中提出管辖权异议

中闻律师事务所律师　赵虎：从法律规定来看，杭州市中院对此案具有法定管辖权。根据《刑事诉讼法》规定，普通的刑事案件，在司法实践中一般适用“级别管辖”与“地域管辖”，前者是指，根据案件严重程度、后果、影响及可能量刑等因素，划分给基层法院、中级法院或高级法院甚至最高法院一审管辖；后者是指犯罪发生地与被告人住所地的法院对案件进行管辖。首先，杭州中院是犯罪发生地的法院，犯罪发生地一般是罪证最集中存在的地方，也便于案件中其他当事人和证人参与庭审。其次，法律规定在级别方面可能判处无期徒刑、死刑的案件一审由中级人民法院管辖，杭州中院符合上述两项条件，具有管辖权。就被告人律师所申请的异地审理，这是管辖中非常特殊且少见的情况。此前一些高管职务犯罪会采取异地审理的形式，确保案件公正裁判。在一般刑事案件中很少发生异地审理的情况，律师有权提出申请，但大多不会被采纳。②

上海市海华永泰律师事务所律师　严嫣：保姆纵火案被告人辩护人提出的管辖权问题，主要是基于该案件的社会影响问题，辩护人希望更高级别的法院来审理。这样的管辖异议，对案件本身其实并不会产生太多影响。

党琳山律师作为被告人辩护人，提出的是“刑事诉讼审判管辖异议”。关于刑事案件管辖权的问题，按照现行的《刑事诉讼法》，刑事案件被告人提出管辖权异议，或者提出审判管辖异议，是缺乏相应规定的。这也是目前法律界争议比较大的一个问题。首先，在立法上虽然《刑事诉讼法》专设了“管辖”一章，但只是规定了不同机关的“职能管辖”，上下级法院的“级别管辖”，不同地区的“地域管辖”，以及上下级法院的管辖权变通和法院的移送管辖、指定管辖等内容，对于当事人不服法院管辖时的“异议”制度只字未提。其次，在司法中，人民法院对于当事人提出的管辖权异议也通常当庭予以排除。③

① 任笑元：《惨案为大众敲响警钟　调查称找保姆想查过往不易》，载中工网：http://city.workercn.cn/28144/201707/03/170703083523697_3.shtml，最后访问日期：2017年12月31日。

② 《“杭州保姆纵火案”辩护律师中途退庭，家属质疑“拖延时间”》，载搜狐网：https://m.sohu.com/a/211857875_410494/，最后访问日期：2017年12月31日。

③ 王丹：《直击杭州保姆纵火案庭审前后》，载《新闻晨报》2017年12月22日，A5版。

北京著名刑事辩护律师　金晓光：律师退庭应冷静看待，党律师对管辖权有异议，他退庭放弃辩护权，影响的是被告人的辩护问题，对法庭的影响只是开庭的时间问题。党律师对管辖有异议，不能完全或机械地说无正当理由，虽然不赞成退庭，但也不认为党律师是在用拖延战术，拖延并不能改变审判结果。①

中国政法大学终身教授、刑诉法领域著名法学家　陈光中：最终庭审程序取决于合议庭，不是说律师坚持怎么样怎么样。从目前的信息看，律师行为属于纠缠不清。管辖权异议可以提，法院也应该给予处理，但不是说非要照你的意见办，不能干扰法庭秩序。②

四、笔者评论

（一）当前家政服务行业乱象丛生

随着"二孩"和人口老龄化时代的来临，我国家政服务需求呈现爆发式增长，随之而来的是家政服务行业的繁荣景象，但是繁荣背后却存在巨大的隐患。一是保姆素质参差不齐，家政中心难以保证保姆水平。目前，对于保姆这个职业来说，处于供不应求的状态，家政中心为了招揽更多的人，对于保姆的要求相对来说很低，导致雇主难以选择到自己满意的较高水平的保姆。二是缺少保姆信用体系平台，无法查找信用信息。很多家政中心没有很好地履行自己的义务，保姆信息审查不严格，缺乏对"有前科"的保姆的相关记录，导致有的保姆"连续作案"，极大地损害了雇主的权益。

（二）此案件对于家政行业的监管有警示意义

经调查了解，本案的被告人莫幻晶长期嗜赌，在东莞老家流连赌场、身陷高利贷漩涡，并在之前的雇主家做保姆时，因为盗窃被辞退过……假设莫焕晶所在的家政中心在对莫焕晶进行登记时，通过莫焕晶周围的朋友以及之前的雇主知悉相关情况，就能及时阻止莫焕晶继续留在家政行业，进而也会避免惨案的发生。这个案件给家政行业的监管很大的警示作用，政府部门需要出台具体法律政策以实现对家政行业的有效监管。比如制定保姆准入制度，如果保姆不符合条件，家政中心不允许对相关保姆登记在册；家政行业建立保姆个人信用平台，

---

① 付松等：《管辖权异议？杭州保姆纵火案中止审理，辩护律师半小时退庭，留下一堆问题》，载《成都商报》（电子版）2017 年 12 月 22 日，第 6 版。

② 同上。

平台联网作业,一旦保姆因为恶性事件被某一家政公司除名,则整个行业都禁止其进入。

就这个纵火案件而言,犯罪的保姆毫无做家政工作的职业道德。在一个人的职业资质中,除了专业技术之外,还需要相应的职业道德。

法律完全可以规定,家政公司有义务在培训员工职业技能、职业道德的同时,建立档案制度,将有犯罪前科的人排除在家政服务人员行列外,以避免其有机会屡次在不同的雇主家庭中作案。一旦家政人员在为雇主提供家政务服的过程中出了问题,家政公司就负有连带责任。这就需要家政公司联合公安部门,联手避免有违法前科的人从事家政工作。

(三)雇主自身在雇用保姆期间要提高法律观念

雇主在雇用保姆时,要全方位了解保姆的个人情况,除了基本的姓名、年龄、籍贯等问题,还可以要求家政中心出具更为详细的内容,比如性格、特长、前雇主评价等。此外,当雇主发现保姆有偷窃、虐待家人等行为时,不要得过且过,不好意思处理,一定要诉诸法律,对坏人的纵容就是对自己的残忍。倘若本案中的女主人在得知保姆莫焕晶偷窃时及时解雇她并通知家政公司或报案,想必惨剧就不会发生了。此外,在选择和签约保姆时,最好与家政公司签合同,而不是与保姆签。因为出现问题需赔偿时,保姆一般没有能力赔偿,这时可以追究与雇主签约的家政公司的责任。

(四)物业管理的本质应该是为业主资产的保值增值提供服务

因为保姆纵火案,物业公司也被推到了风口浪尖。这几年也是物业公司上市的高峰时期,特别遗憾的是,物业公司没有在上市之后改变经营理念,变得更为现代、公开、透明。物业公司是公共服务公司,服务所有的有产者。物业公司要想得到一席之地,必然要提高公司的物业服务水平,才能创造公司更大的经济效益。

物业管理的本质应该是为业主资产的保值增值提供服务,内核性质应该与公共事务的收费形态相似,是一个长期性目标。而遗憾的是,目前国内大多形成连锁规模的物业公司,都在时代的大背景下,其他商业公司一样,为追求企业利润的最大化,通过在资本市场讲故事,在短期内刺激股价上涨。

目前国内物业管理服务市场空间十分巨大,且行业集中度较低,这给未来提供了很大的整合机会。不过在整合之前要解决的问题是:物业公司如何在口碑和利润之间、服务和控制成本之间,找到巧妙的平衡点。

(五)当前我国各城市内小区的消防设施配备不完善

在这起纵火案相关报道的留言区,许多网友纷纷吐槽自己所在小区由于物业管理不到位,而出现的安全隐患。如小区常年未进行消防验收;小区消防系统多存在老化、损坏现象,且无人负责维修、更换;甚至某些住宅楼内的公共区域并未配置灭火器。基于以上种种,有网友建议,应将补齐小区住宅建筑消防隐患上的短板列入《消防法》,并规定违反的法律后果。由此看来,我国的很多小区内的消防设施配备不完善,或者即使设施配备完善,也未能有效运作。这对人民的人身财产安全是极不负责任的表现。

(六)加强物业公司消防设施建设

根据《物业管理条例》第 35 条、第 46 条第 1 款和 47 条的规定,物业公司在住宅小区内的安全保障义务,一方面来源于物业服务合同的约定,另一方面来源于法律法规的规定。而法律法规规定的义务又分为两类:一是物业自身负有的采取应急措施和协助有关部门做好救助工作等义务,二是物业公司雇用保安人员,基于雇主责任所负的安全保障义务。所以,物业公司有责任做好小区的消防设施建设,加强消防演习,并加强安保人员关于消防知识的学习以及消防器材的使用,制定一系列火灾来临时的应对措施。

(本文作者江跃中,《新民晚报》主任记者)

(感谢刘梦磊对本文的帮助)

《精神卫生法》第一案:法治建设的进步

一、入选理由

2017 年 7 月 6 日,上海市普陀区人民法院委托的司法鉴定机构出具了鉴定意见:徐为(化名)被评定为具有完全民事行为能力。历经 5 年诉讼,《精神卫生法》第一案原告徐为终于在 2017 年 9 月 27 日上午 11 时“飞越疯人院”。

二、事件回顾

1989 年,23 岁的徐为留学去了澳大利亚。据媒体报道,因迷恋赌博,他输光了打工的积蓄,在当地慈善机构接受救济。后来,他申请澳大利亚永久居留证遭到拒绝,2000 年被遣送回国。

回国后的徐为对澳大利亚移民局耿耿于怀、四处维权,甚至到澳大利亚大使馆申诉。徐为的父亲、大哥据此认为他有精神病。2001 年,徐为第一次被送到上海市普陀区精神卫生中心治疗,一年后出院。

2003 年,徐为因琐事动手打了父亲,被送入上海市青春精神病康复医院,诊断为精神分裂症。2008 年父亲去世后,居委会为其指定了监护人,即大哥徐兴(化名)。

徐为自称,入院后一直积极配合治疗,病情没有反复,认为“可以出院了”。但大哥徐兴坚持不让他出院,理由是自己长期在广东打工,无法监护徐为。康复院也认为“谁送来,谁接走”,如果监护人不允许,不能放徐为出院。

徐为表示其兄徐兴因经济原因极力阻止他出院,徐兴长期在外经商,对他一直不管不问,连住院的费用都是他自己本人支付。为了出院,徐为用尽各种办法,包括试图从精神病院中逃出,但最终失败。他也已经为此打过一场官司了。徐为时年 75 岁的母亲为接其出院,曾向法院起诉要求变更监护人。2012 年 12 月 4 日,上海市普陀区人民法院判决不同意变更监护人,理由是徐母刘桂英年龄太高收入有限,不适宜变更监护人。

2012 年,徐为曾联系了一名律师,尝试通过变更监护人的方式出院,结果败诉。当时,上海市普陀区人民法院委托鉴定机构对他进行精神状态鉴定及民事行为能力评定,结果为患有精神分裂症,处于残留期,评定为具有限制民事行为能力。

据徐为介绍,2013 年 3 月,他委托律师致函上海市青春精神病康复医院,再次要求出院,但院方以徐兴不同意为由再次拒绝,并且声称要取消徐为会客通信的权利。

徐为在康复院一住就是十年,但他始终不甘心。2013 年 5 月 1 日,我国《精神卫生法》正式施行。5 月 6 日,徐为将医院和作为监护人的哥哥徐兴起诉至上海市闵行区人民法院。代理律师表示,此案是依据《精神卫生法》起诉出院的首起案件。

徐为状告大哥和康复院不让其出院侵犯了人身自由。上海市闵行区人民法院以徐为没有民事能力,不具备诉讼主体资格,当场拒绝立案。对此,律师说:"徐为曾经患精神疾病并不等于就没有民事行为能力,且监护人和徐为之间存在利益冲突,监护人明显不可能代理徐为起诉监护人自己,在此情况下,即使徐为存在民事行为能力方面的瑕疵,其诉讼权利也不应该被剥夺。"

根据我国《精神卫生法》第 82 条,精神障碍患者或者其监护人、近亲属认为行政机关、医疗机构或者其他有关单位和个人违反本法规定侵害患者合法权益的,可以依法提起诉讼。也就是说,不论精神障碍患者有无民事能力,其作为诉讼主体的资格是法律明确赋予的。2013 年 12 月 20 日,徐为接到法院通知,已经正式立案。

经过两次开庭,闵行区人民法院于 2015 年 4 月 14 日一审宣判,驳回原告徐为的诉讼请求。法院认为,徐为属于非自愿住院治疗的精神疾病患者,不适用《精神卫生法》关于"自愿住院"的规定,其是否出院,仍然需要得到其监护人同意。故被告康复院以未经监护人同意为由拒绝原告提出出院的要求,并无不妥。经历了法院的一审、二审,徐为的诉讼请求均被驳回。

2016 年 6 月,在更换了四次案由后,上海市普陀区人民法院正式立案。律师说:"徐为的父母早年离婚,母亲在他很小时就离开了。这次,我们找到了他的母亲,2016 年年底,其母亲以申请撤销徐为大哥的监护权提起诉讼。"2017 年 4 月,法院再次对徐为进行司法鉴定。7 月 6 日,法院委托的司法鉴定机构出具了鉴定意见:徐为被评定为具有完全民事行为能力。据此,康复院同意在律师到场的情况下，徐为可以出院。[①]

三、各方观点

衡平机构创始人、律师　黄雪涛：《精神卫生法》实施后，很多符合出院条件的精神障碍患者因为家庭和社会拒绝接纳而滞留医院，徐为不是特例。人身自由是宪法权利，接受非自愿治疗的人应当有权获得司法救济，无救济则无权利。《精神卫生法》第82条规定了精神障碍者享有诉权。住院病人的诉权落实，第一道关卡就在于是否立案。法院受理徐为案，对落实精神障碍者自愿住院原则和提供司法救济，在司法实践中实现了历史性的突破。对于仍在非自愿住院者提起的诉讼，当事人如何出庭；如何实现在法庭上为自己辩护的权利；司法是否为这类案件提供必要便利，这些后续问题在徐为案中，值得观望和期待。[②]

复旦大学法学院教授、医事法研究中心主任　刘士国：这一案件从起诉到立案再到判决，历时两年，法院深入了解各方面情况，组织讨论与协调，判决患者不能出院是正确的。不过，本案的关键是监护权与患者权利的冲突问题，而非患者是否符合"自愿住院"的规定。

我国《精神卫生法》第30条规定："精神障碍的住院治疗实行自愿原则。诊断结论、病情评估表明，就诊者为严重精神障碍者并有下列情形之一的，应当对其实施住院治疗：（一）已经发生伤害自身的行为，或者有伤害自身的危险的；（二）已经发生危害他人安全的行为，或者有危害他人安全的危险的。""自愿"应该有两种情况，一是自己要求住院，说明本人有相应行为能力，因此出院也完全取决于自己的决定。二是强制住院，经治疗符合出院条件，本人可要求出院，但作为限制行为能力人须经监护人辅助同意。

徐为住院前，有不听其父劝解并动手打人的情节，送其住院治疗是必要的。但是，对法律上"自愿住院"例外情形的规定，是以住院时的情况为标准，还是经治疗后的现实情况为标准？笔者认为，应以现实情况为标准。住院治疗既包括发病之时，也包括治疗一定时期后是否继续住院治疗。徐为经鉴定机构鉴定，结论为患有精神分裂症，目前症状基本缓解，有诉讼能力。那么，对于症状基本缓

① 刘士国：《精神卫生法第一案背后》，载《光明日报》2015年6月1日，第10版。

② 张维：《有人送无人接住院十年出院成难事，专家称成年监护制度成精神病法实施障碍》，载《法制日报》2013年7月30日，第6版。

解的徐为,如能得到有效监护,是完全可以出院的,徐为的要求是合理的,其享有出院的自己决定权,法院应予肯定。

与此同时,本案又涉及监护人的监护权。监护权行使的正当性以有利于被监护人利益为衡量标准。徐为的大哥辩称,自己常年在外打工无力监护,不能接其回家。徐为大哥决定徐为继续住院治疗,法院认可这是正当行使监护权。法院的这一认定是完全正确的。因徐为出院需人监护,而其哥哥无力承担日常监护之责,住院治疗是别无选择的行使监护权方式。这应是法院判决徐为继续住院治疗的理由,而非徐为不享有出院的自己决定权。也就是说,徐为自己决定权的效力不及监护权效力,或者说徐为作出出院决定须由监护人辅助,未经监护人同意,被监护人作出的出院决定不发生效力,因而法院认可监护人的意见,让徐为继续住院治疗。

《精神卫生法》施行后不久,民政部于 2013 年 12 月印发了《关于加快民政精神卫生福利服务发展的意见》,提出进一步发展民政直属精神病院、精神病人社会福利院、智障人员社会福利院、农疗站、工疗站、社区精神康复机构等社会福利机构,面向复原退伍军人、城镇“三无”、农村“五保”、贫困人员等特殊困难精神障碍患者开展救助、康复、护理和照料等服务。徐为属于可以出院,出院后需救助、康复、照料的精神障碍患者。建议有关行政部门为其提供诉讼外救助,希望像徐为这样的患者尽快走出精神病院,在精神病人社会福利院或社区精神康复机构得到康复治疗,回归社会,自由幸福地生活。①

四川大学华西医院精神病学教授　刘协和:徐为在治疗期间,拥有其监护权的哥哥没有尽到监护责任。在徐为治疗得到好转,并且医院也认为他可以出院,院方还主动联系居委会,商议其出院事宜的情况下,徐为的哥哥一直拒绝接纳,这也是涉嫌遗弃的。徐为可以在这方面,起诉哥哥。在国外,家人拒绝接纳的患者,由政府负责。在我国,各种条件和制度还没有完善到这个程度。但只要病人病情稳定,医院可以送回去。有一种最通常的观点,甚至是很多专业人士心里所持的观点,要在这两个选择之间找一个平衡,但这是大错特错的。刘协和说,如果公众因为惧怕,就将精神病人隔离起来,司法机关迫于舆论压力,就施以刑罚。这不仅有失法律的公允,也是社会道德和责任的缺失。社会只有先保护好病人,

① 刘士国:《精神卫生法第一案背后》,载《光明日报》2015 年 6 月 1 日,第 10 版。

才能更好地保护公众。“精神病人是弱者,因病犯罪需要的是治疗,而不是刑罚。”①

《中国司法》杂志总编辑　刘武俊:该案开启了精神病患者主动运用司法诉讼手段出庭依法维权的先例,打通了精神病患者权利救济的司法通道。精神病人是病人,是和其他身体有病的人一样的病人,同时也是普通的公民,必须尊重和呵护作为公民应有的权利和尊严。进精神病院治疗应当遵循自愿原则、无害原则,应在尊重患者权利的前提下,建立必要的救济与纠错机制。

《精神卫生法》确立了“非自愿住院的危险性原则”,除非达到“危险性”程度,精神障碍患者有权拒绝住院;因有“危害他人安全的危险”而住院的,患者或其监护人可要求再次诊断和鉴定;“患者”受到侵害可向法院提起诉讼。这对防止“被精神病”做了比较充分的法律规定。《精神卫生法》规定,精神障碍患者住院治疗实行自愿原则,自愿住院治疗的,可随时要求出院。

根据《精神卫生法》,徐为想出院本来是一件有理有据的事。但医院方面辩称,徐为是在《精神卫生法》出台前由监护人送医的,“并非自愿住院治疗”,因此其出院也应当由监护人提出申请并接走。法院支持医院的这一说法。

《民法通则》中有关监护人制度的规定,与现行《精神卫生法》存在冲突。前者规定无民事行为能力人、限制民事行为能力人的监护人是他的法定代理人,而精神病人即为无民事行为能力人或者限制民事行为能力人。我国《民事诉讼法》规定,无诉讼行为能力人由其监护人作为法定代理人代为诉讼,现实中精神病患者往往被想当然地视为“无诉讼行为能力人”,结果就是精神病患者无法自行提起诉讼,不能立案,法院要其找监护人,律师也会要其父母来委托律师。徐为案的核心就在于精神障碍患者的民事法律能力能否得到承认。徐为案件能够进入实质的审理程序,已经打破了“在精神障碍治疗问题上患者没有自主权”的传统,促进了对现行成年人监护制度的反思,特别是对权利受到一定约束的人,其他还拥有的权利是否能得到保障?当所谓的监护人不能作为当事人的最大利益代表,是否还需要所谓的监护?

建议最高人民法院对限制民事行为能力人尤其是精神病患者的“能力限制”出台具体的司法解释,明确哪些能力是可以依法被限制的,哪些能力是依法

① 程渝:《精神卫生法第一案原告败诉　立法起草人:告错了》,载中国新闻网:http://www.chinanews.com/fz/2015/04-15/7209141.shtml,最后访问日期:2017年12月5日。

需要监护人授权的，不能将限制民事行为能力人和无民事行为能力人完全等同视之，更不能凡事都由监护人擅自主张，将精神病患者的命运完全系于监护人的意志。在国外，对限制民事行为能力人的权益保障包括“分散授权”和“定期审查”两种制度。前者将被限制人的一些权利分散开来，不同的权利由不同的监护人负责保障；后者对被限制人的监护人进行定期审查，每隔一段时间查验其是否尽到监护义务，并征询被监护人意见适时合理更换监护人。①

四、笔者评论

舆论把这个案件称为《精神卫生法》第一案，其关注点多在于这个案件涉及的是“被精神病”这一敏感话题。

尽管目前一些人对《精神卫生法》解决“被精神病”问题有多大效果持质疑，甚至是比较激烈的批评。但笔者还是认为，《精神卫生法》的出台是我国法治建设的一个进步，同时也表明，发展中的问题，只有在发展中解决。

2012 年 10 月 26 日，全国人大常委会以 142 票赞同、1 票反对、2 票弃权，表决通过了第 3 次送审的《精神卫生法》。我国精神卫生领域的第一部法律于 2013 年 5 月 1 日起正式实施。

从 1985 年卫生部在四川、湖南选派专家起草《精神卫生法》算起，历经 27 年，中国有了自己的第一部《精神卫生法》。这部历经 27 载，被寄予保护精神病人权利、厘清精神科医生权力边界的法律的出台，是世界卫生组织与医学界与法学界共同推动的结果。该法确立的“自愿性治疗”，得到了医学界与法学界的普遍认同，该法虽然仍有不足，却是中国的精神卫生立法迈出的第一步。

《精神卫生法》这部法律的宗旨是促进全面的精神健康，关键还在于保障精神病患者的合法权益。在整个立法中，防止“被精神病”只是一个方面，但为什么很多人在谈及《精神卫生法》时，往往只关注“被精神病”？一个重要原因是，“被精神病”事件发生的概率虽然很小，但它们的影响力却很大。随着一系列的“被精神病”事件，这一当初不受关注的内容到后来成为立法的核心关照。它告诉我们，“促进全面的精神健康”必须解决好发展中的问题，包括“被精神病”，唯有此，才能够真正保障精神病患者的合法权益。这些都是相辅相成的关系。

长期以来，我国精神病卫生系统一直存在对收治标准过低、范围过宽的问

① 刘武俊：《真实版“飞越疯人院”倒逼监护制度变革》，载《证券时报》2015 年 4 月 20 日，A3 版。

题。在《精神卫生法》出台之前，精神卫生机构的行业规则中并没有对收治程序的要求，一些医院甚至在收治前都未见过当事人，更谈不上对其进行收治前的医学评估，收治时更不会听取本人的意见。仅仅凭借其家属或其他送治人的描述，一些医院就将当事人强行收治，这种本质上与非法拘禁、非法限制人身自由无异。当医院成为唯一拥有权力宣判某人是否为精神病人的特权时，当事人一旦被送治，就丧失了为自己辩解的话语权，几乎无法通过有效途径证明自己并非精神病患者，从而成为任"监护人"宰割的对象，这无疑加重了"精神病人"的痛苦和伤害。因此，徐为的"第一案"，无疑是在破解"被精神病"问题上迈出了法治性的一大步。

判断一名当事人是否应该被以精神病人的身份加以行动限制，一是要从其是否有暴力危害上来判断，如果没有明显现实的暴力危害，则不可强行收治；二是在不危害社会的情况下，应该听从患者自己的意见，是否入院治疗由患者自主决定。精神障碍患者的收治，涉及强制医疗、人身自由、名誉降低等各类问题，是关系人的基本权利的大事，因而，认真执行《精神卫生法》不仅要从源头上杜绝"被精神病"，而且还应组织第三方权威机构定期检查，发现问题及时纠正，对"被精神病"事件责任人进行法律追究。

综上所述，尽管当前《精神卫生法》这部法律本身还存在一些不足之处，但其所确立的各项原则，如能得到医学界与法律界的认真执行，对中国精神科医疗界来说，已经是一次难能可贵的转型。法律虽然有这样那样的不足，但是有这个法律，替代现存更落后的零散规则，总是一个进步。

（本文作者陈向阳，新民晚报高级编辑）

（感谢王雪雁对本文的帮助）

法治新闻

事件

SHIJIAN

导 语

面对突发的法治事件，不是在未知真相的情况下，一哄而上抒发不理性的情绪，而是首先想到法律调查的结果到底怎么样，到底合不合法，依照法律到底是谁的责任。这是理智公民的体现。本栏目旨在从透视事件的真相中，传递法治观念。

真相是认识事物、化解一切矛盾的基础。面对任何事件，不要仅凭一点点表象"迫切归因"，人云亦云，而要在别人停止思考的地方多问几个为什么，是不是符合常规逻辑。正如有评论所言，"一事当前，先问真假，再说是非，后说利害"。

本栏目中的一系列事件，都有一个真相的还原。高德诉滴滴不正当竞争案，实质上是8个诉讼的系列案件，涉及的人员自主择业、创业过程中可能出现的侵犯商业秘密等不正当竞争行为，以及不正当竞争行为和竞业限制等劳动法问题的联系区别问题；以豫章书院为代表的民间矫治机构，一方面以粗暴的方式限制未成年人的人身自由，另一方面也暴露出在对待问题少年上，家长的软弱与无知和政府相关部分的缺位；校园贷事件中，为了追求物质享受，甘愿"裸贷"的女大学生，与其说是她们个人的价值观畸形，不如说是当今社会的大环境的出了问题。"时代之痛"，是贯穿本栏目的主线，栏目作者以负责任的态度，用法理由表及里作了梳理。

在传播过程中，一些媒体为了博取眼球，违背新闻事实，大搞标题党、标签化，甚至屏蔽一些重要的新闻事实，断章取义、添油加醋。有的为了媒体私利，扮演不光彩的角色，为不法者代言，为歪曲事实者当传话筒。作为信息接受者，一些人不经思考，没有是非标准，没有言行底线，无原则地同情"弱者"，不自觉地憎恨"强者"。因此，在纷繁芜杂的网络时代，在节奏快得让人窒息的当下，要避免这种"大跌眼镜、大逆转"的事件发生，除了要坚守法律、真相、责任意识外，不妨让自己的思考慢下来，让自己的内心慢下来，也许这一慢，会让你看到更多真相。

松江警察粗暴执法事件

——权力边界在监督中明晰

一、入选理由

在全面推进依法治国的大背景下，党的十八届四中全会明确指出，各级政府机构必须坚持在党的领导下、在法治轨道上开展工作，创新执法体制，完善执法程序，推进综合执法，严格执法责任，建立权责统一、权威高效的依法行政体制。2017 年 9 月 1 日，松江交警粗暴执法的视频迅速占据了舆论焦点。在整个事件中，“警察”“女子”“儿童”这些字眼被媒体和公众不断提及，字里行间也传递着社会不同的感受和态度。在多元阶层的诉求表达中，我们不仅要把执法者的执法行为、公众的法治意识当成思考的落脚点，更要意识到执法者权力和公民权利边界何在？对此的分歧又何在？

二、案件回顾

2017 年 9 月 1 日，一条警察执法视频在网络上迅速传播，引发了网友们激烈的争议。视频的画面是一名民警在与一个穿红色上衣、怀抱孩子的中年女子争执时，突然上前将女子撂倒，让人心惊的是女子抱着的孩子也因此被重重地摔到了地上，哇哇大哭。对于民警在控制过程中没有顾及儿童安全的行为，网上舆论爆发了大范围的不满。据网友称，视频内容具体发生在上海市松江区。

但是，很快便出现了颇具影响力的微博博主发声，来质疑视频的真实性，其声称这个警察执法视频是一个 2015 年发生在其他地区的旧视频。整个事件在真假难辨和众说纷纭中不断发酵，在网络和现实中都引发了舆论热议。

9 月 1 日下午 14 时 7 分，上海市公安局松江分局官方微博（@警民直通车－松江）称，"松江公安分局交警支队民警带领辅警在九杜路涞坊路附近开展违法停车整治时，遭一名违停女性车主暴力阻挠，民警在控制该女子过程中未顾及其手中怀抱儿童的安全，致使女子与儿童倒地。目前，警方已将该女子与儿童送医检查。此事发生后，松江警方高度重视，涉事民警当即被停止执行职务并接受警务督察部门调查"。①

但是网络上舆论并没有因此平息。不断有现场的视频在网络上曝出，关于视频中民警和中年女子间争执的细节也被挖掘了出来，很多人把关注的焦点集中在了上海市公安局松江分局微博公告中对于"暴力"的定性，质疑一位中年妇女在一手怀抱孩子的情况下，另一手和民警推推搡搡，能够有多大程度"暴力"地阻挠？

在 9 月 1 日晚上 18 时 33 分，上海市公安局在官方微博回应，该事件中民警为制止当事人无理纠缠而粗暴执法的行为是错误的。在回应中详细地阐述了整个事件的前后经过，把民警的行为定性为"粗暴执法"。并且强调"警方始终坚持依法从严治理，始终要求民警坚持理性、平和、文明、规范执法。针对这一本不该发生的事件，将进一步强化全警法治意识，规范全警执法行为，努力提升整体履职能力和服务群众水平"。②

---

① 《交警整治违停绊摔抱娃女子，涉事民警被停职》，载人民网：http://legal.people.com.cn/n1/2017/0901/c42510-29510021.html，最后访问日期：2017 年 12 月 1 日。

② 李欢：《上海市公安局：松江粗暴执法事件民警行为错误》，载东方网：http://sh.eastday.com/m/20170901/u1ai10826377.html，最后访问日期：2017 年 12 月 1 日。

至此,整个松江警察粗暴执法的案件事实有了定论。然而在具体事件追责的过程中,网络舆情始终众说纷纭、莫衷一是。

三、各方观点

《人民日报》评论　金苍:在法治社会,警察执法应当遵循"比例原则"。而在此事中,无论是从适当性的角度,还是从必要性的角度看,警察都用了一个显然过重的执法手段去制止一个显然轻微的违法行为,不合比例,更不合人之常情。说到底,比例原则这一公法中的"帝王条款",根本目的就在于,促使执法者尽可能采取与违法行为相适应的执法手段,从而既规范警察权力,又保障公民权利。

毫无疑问,警察的权威是公共秩序的保障,公民有配合警察执法的义务。一方面,警察需要在执法中"知止"——知道自己行为的界限,不能让自己的执法方式,受被执法者的行为或情绪影响,更不能被自己的冲动左右。另一方面,主张权利的民众也要懂得自身权利的界限,不能视法律为儿戏,在警察正常执法时"理直气壮"地无理取闹。女车主违法停车、抵制执法,不能被法律接受。只有这样的行为同样受到训诫和处罚,才不会让警察执法的失当掩盖了被执法者行为的非法,从而最终形成自觉守法和文明执法的和谐局面。①

央视评论特约撰稿人　王健:在我们的社会当中,执法民警偶尔会遇到抗拒执法的行为,类似新闻也隔三岔五见诸报端。但每每碰到类似新闻,很多人习惯于将矛头指向警察,天然同情"弱势群体"。甚至在警方澄清之后,很多人仍然不会改变自己的看法。这种不理性的声音来源于部分民众对民警执法有一种根深蒂固的惯性思维。这起事件之后,舆论场上很多人发出的是理性的声音,在同情孩子的时候也不忘违停女性的责任,在批评警察暴力执法的同时,也没有放弃对违停女性抗拒执法的批评,这种理性的舆论本身就是法治的土壤。公平公正不光是针对被执法者,同样针对执法者。只有不枉不纵,不偏不倚,才是真正践行法治精神,也才会促使法治的脚步不断向前迈进。②

---

① 《松江警察粗暴执法:滤除情绪才有更多法治共识》,载搜狐网:https://www.sohu.com/a/169129053_617281,最后访问日期:2017 年 12 月 1 日。

② 王健:《上海警察绊摔事件:对孩子的同情不能"绊倒"对责任的划分》,载央视网:http://m.news.cctv.com/2017/09/02/ARTIOM25FiMk98XtevH5aqvE170902.shtml,最后访问日期:2017 年 12 月 1 日。

《环球日报》　单仁平：中国社会既要规范警察执法，又要非常努力地维护警察的权威。像视频中所显示的女子对执法警察采取蛮横态度的表现就不应该发生，公众面对警察执法时，哪怕执法并非100%准确，大家的第一个反应也应该是尊重，而不是激烈地讨价还价。警察必须把保护人民群众的安全作为执法的第一宗旨，公众对警察的执法的第一反应应当是配合，这两个原则是不能相互冲抵的，哪个方向出了问题，舆论都应声讨之。①

星伦律师事务所律师　曹志平：推搡警察女子涉嫌妨碍执法，该事件是因女子张某违法停车引起的，警察朱某按照规定对张某车辆开具罚单，但张某采取扒车门、拉扯后视镜、用身体顶住副驾驶车门等形式阻止警车驶离，并推搡、威胁民警执法这才引起了后面的事情。无辜的孩子因此受连累是我们都不愿意看到的事情，但大家首先要明白法律尊严不容侵犯，既然已经违反法律规定，就应该接受相应的惩罚。②

北京伟博律师事务所律师　李伟民：公权力执法要根据处罚对象所处的环境、时间、地点，还有危害性以及危害法益的紧迫性来决定处罚措施。本案中，被处罚人一是妇女，二是老人，三抱有小孩，四在公共场所，结合这四点就要求，公安人员在采取执法措施时，特别是限制人身自由时，应当有女警在场，并且要事先安抚好小孩，要保护儿童的合法权益才能采取进一步的强制措施。因为，孩子是无辜的，本案中该妇女确有违法违规行为，但民警执法也要按行政法的原则行事，在该案中，怀抱小孩的妇女没有现实紧迫危害性，警察全然不顾小孩安危的执法行为，明显违反行政法的"比例原则"，涉事警察应该受到相应处罚。我国行政法中的比例原则就是要求行政主体实施行政行为应兼顾行政目标的实现和相对人权益的保护。有多种可供选择的手段可以达到行政目的时，执法者应尽可能采取对相对人损害最小的手段。③

中国社会科学院法学研究所法治国情调研室主任、研究员　吕艳滨：对于上海警察事件的处理是得当的。一方面，对警察的处理不是以往那种为了甩包袱而直接开除，没有包庇而是记大过；另一方面，对受害人也给予了警告处分，有理

---

① 单仁平：《松江警察应追究，涉事女子该批评》，载环球网：http://opinion.huanqiu.com/shanrenping/2017－09/11205738.html，最后访问日期：2017年12月1日。

② 张玮：《松江粗暴执法民警已被记大过》，载《滨海时报》2017年9月5日，第11版。

③ 徐艳红：《关注上海松江警察执法事件　民警执法要掌握好度》，载《人民政协报》2017年9月5日，第12版。

由、有依据,而不是和稀泥。

虽然近年来,公安系统规范执法水平在逐年提升,但每年哪怕只有一两例不当执法的个案,就会牵累到整个公安系统的权威,使公信力受到质疑,公众就会否定整个系统的规范化,这对公安公正执法提出了更高要求。但也应当注意的是,民警的职责是维护秩序,保障群众安危,面对突发事件过度苛求现场民警遵循比例原则未免有些不切实际。此次事件,一方面应该防止公安系统与公众形成情绪对立,另一方面,也不能让广大民警因此产生负面情绪,受到束缚而缩手缩脚。应当以此为契机,与民众形成良性互动,进一步加强公安执法规范化建设,通过更好更规范地执法来保护公众的安全和利益。①

华东政法大学法律学院副教授　陈越峰:有人说,这样的父母,陷孩子于危险境地,应当剥夺其监护权。好吧,这是一个值得讨论的问题。因为中国还没有这个制度。剥夺了监护权,目前也没有相应的机构来行使监护职责。其实,我们有过因父母被强制戒毒导致孩子无人抚养而最终活活饿死的惨痛事件。如果真能好好讨论一下制度建设问题,也是一件好事。当然,这与执法者是否违法不是一个问题。当事人是否妨碍公务和警察(辅警)是否违法执法,这是一个事件中的两个案件,两组法律关系,不存在、也不应当选边与站队。两者都应当依法处理,这就是法治。②

网友 Yusp:我是民警,也是父亲,不顾孩子的安全这个行为肯定是错的,"泼妇"不顾孩子的安危,我们也不顾孩子,那民警和"泼妇"有什么区别?车上还有其他辅警,可以等他们下来再动手。

网友　喵你的咪咪:我们不会怀疑警察的执法权,但是执法的同时就可以不顾无辜的小孩啊?如果这样把小孩摔断手脚,摔死了,那执法意义何在?

四、笔者评论

"其兴也勃也,其亡也忽也。"1945 年黄炎培在延安时向毛泽东谈到一个国家一个政府的兴亡周期律问题,对此毛泽东认为"只有让人民起来监督政府,政府才不敢松懈;只有人人起来负责,才不会人亡政息"。在法治社会,任何人的任

---

① 徐艳红:《关注上海松江警察执法事件　民警执法要掌握好度》,载《人民政协报》2017 年 9 月 5 日,第 12 版。

② 陈越峰:《"推搡"与"绊摔"的依法处理——评上海松江警察事件》,载搜狐网:http://www.sohu.com/a/168947482_657048,最后访问日期:2017 年 12 月 2 日。

何行为都必须有法可依、有法必依。公权力的行使需要严格遵守法律规范,个人权利的行使也不是可以任意为之的。具体事件的处置或尘埃落定,但我们的审视和反思不能就此缄默。

如何客观地评价警察的执法工作?如何规范执法行为,厘清权力边界?对大众而言,如何增强法治意识、维护法律权威?这一场大探讨,关乎执法机关的公信力建设与整个社会的和谐稳定。

(一)权力与权利的认知偏差

在媒体、网友和大众的热议中,警察、中年妇女、儿童等关键词被公众赋予了传递各种各样的心理情绪和利益诉求的职能。在不同的意见表达背后,究其根本,是对于事件涉及各项主体的权力与权利存在认知偏差。

"松江警务事件",警察作为执法者,其运行的公权力是为了保护公众利益,但不能就此忽略对公众合法权利的保护。能否正确把握执法之"度",不仅考验着执法者的水平,还检验着整个社会的法治意识。

当年伏尔泰说得好:"我不同意你说的每一个字,但我誓死捍卫你说话的权利。"一方面,目前执法方式和执法程序有待规范。警察查处违法行为、制止妇女推搡行为都是在执法权限内,但不顾儿童安危而控制妇女却是超越了权力行使的"过度"。所有的执法人员都必须审慎使用手中的权力。另一方面,全社会法治意识的树立和法治精神的内化并未赶上公众权利意识提升的脚步。"法者,天下之程式也,万事之仪表也。"有些人在法律面前想的并不是遵守法律、敬畏法律,而是千方百计地钻法律空子,逃避法律的处罚。

(二)审慎执法:有权勿任性

2017 年 10 月 18 日,习近平总书记在党的十九大报告中指出:"要加强对权力运行的制约和监督,让人民监督权力,让权力在阳光下运行,把权力关进制度的笼子。"权力必须真正地为民所用,树立正确的权力观,审慎用权,将权力用到实处。

警察的执法工作是为了维护社会秩序和公共安全,但是在此次松江事件中警察的行为超越了权力运行的边界,视频中的执法行为冲击了公众的心理底线。事实的认定也确实如此,"该事件中民警为制止当事人无理纠缠而粗暴执法的行为是错误的。"粗暴执法,无益于冲突的妥善解决,更无益于构建稳定和谐的法治社会。

（三）尊法守法：树法治意识

卢梭曾经说过："一切法律中最重要的法律，既不是刻在大理石上，也不是刻在铜表上，而是铭刻在公民的内心里。"一个社会法治化程度的重要衡量标注是当中的公众是否真正地将法治意识内化于心。

通过视频不难发现，该中年女子在已经违法停车的情况下，不仅拒不遵循执法警察的要求，还有带有攻击性地推搡警察。毫无疑问，中年女子挑战了法律的权威，我们不能因为对孩子的同情就忽视其违法行径。任何人在法律面前都是一视同仁的，从当下中国语境出发，我们更应明白法治意识的重要性，要使法治精神深入人心，每个公民都必须成为法律的践行者和捍卫者，让法治意识和法治精神成为"慢慢诞生的风尚"，成为"不可动摇的拱心石"。

（四）权力边界在监督中明晰

法国著名的社会学家孟德斯鸠在《论法的精神》一文中说过："一切有权力的人都容易滥用权力，这是万古不易的一条经验。"要把权力关进制度的笼子里，任何权力滥用都会像洪水一样泛滥成灾。特别是伴随着公民权利意识的增强，警察执法工作必须有界可循，需要兼顾维护治安和保障人权。

在不断的舆情争议之下，视频中每个人的行为都在被公众用放大镜细细审视，整个意见市场呼唤理性来厘清权力与权利的界限，谁的错误都不是为对方错误开脱的借口，警察和妇女的错误各自责任明晰，需要我们分别来讨论：警察粗暴执法是错误的，应该依法论处；中年妇女违章停车并阻挠执法也应依法论处。

"徒善不足以为政，徒法不能以自行。"保障规章制度的有序实施，关乎法律的权威性。保障人民群众的合法权利，关乎体制的向心力。明晰权力与权利的边界，二者缺一不可。在互联网时代，舆论监督拥有更为广阔的舞台，在某种程度上，一次次的网络围观和争论质疑背后是潜在法治意识的日益觉醒，是为了让每个人都能真正理解我们所追求的"法治的真谛"，而法治的真谛就"在于全体人民的真诚信仰和忠实践行"。

（本文作者胡展奋，资深媒体人、著名记者、作家、前《新民周刊》主笔）

（感谢何瑞鹏对本文的帮助）

豫章书院事件

——对"问题少年"矫正工作的反思

一、入选理由

近年来,"戒网瘾"学校备受舆论关注。以山东临沂"网瘾治疗中心"为代表的各地"戒网瘾"学校多次被媒体曝光,学校采用关禁闭、体罚,甚至电击手段来"治疗"有网瘾的"问题少年",不仅对少年身心造成严重伤害,更涉嫌违法。2017 年 10 月 26 日,网络上曝出江西南昌豫章书院修身教育专修学校(又名青山湖阳光学校)(以下简称豫章书院),为学员"戒网瘾"长期存在体罚、囚禁、暴力训练等诸多问题,再次让此类民间教育机构进入到公众视野。

豫章书院事件所反映的不仅仅是民间教育矫正机构失范的问题,更多的是引发公众对管理部门失察,及中国教育对"问题少年"矫正工作的深度思考。政府管理部门监管不力、父母监护能力缺乏、监护职能缺失,相关制度建设疏忽等问题,使对"问题少年"的矫正工作长期未步入正轨,也难以达到预期效果。如何通过政府、社会、家庭、学校等各方联动,找到"问题少年"矫正工作中的突破口,是解决此类问题的关键所在。

二、事件回顾

2017 年 10 月 26 日,知乎网友"温柔"在知乎社区发表了名为《中国到底有多少个杨永信?》的文章。文章称,一名曾在江西省南昌市豫章书院就读的孩子向其爆料,豫章书院以国学修身为名,长期接收由父母送来的"问题少年",对学生采取关小黑屋、鞭打、虐待等措施,甚至有性骚扰学生的情况。有学生因受不了严酷生活而尝试自杀,也有学生出来后患上严重的精神疾病。该文章很快引起了网友关注,甚至留言中还有称自己曾在豫章书院受到过这类体罚。

10 月 27 日,江西省南昌市青山湖区官方微博"南昌青山湖"回应称,已成立联合调查组对此事进行调查核实。10 月 30 日,其公布了对豫章书院调查处理情况，称网贴所反映的豫章书院为南昌市青山湖区豫章书院修身教育学校，系2013 年 5 月 16 日成立的民办非学历教育培训机构；2014 年 1 月，经有关部门批复，增加一般不良行为少年转化工作职能。经调查，网贴反映的问题部分存在。书院确有罚站、打戒尺、打竹戒鞭等行为和相关制度。对此，青山湖区已责成区教育科技体育局依法依规对该教育机构进行处罚，对于相关责任人员进行追责。稍晚，南昌市青山湖区教育科技体育局在其微信公众平台“青山湖教育”上发布文章，称已对该机构下达了限期整改通知单并予以了警告，责令其 1 个月内整改到位，同时对相关责任人员进行追责。

11 月 2 日下午，豫章书院发布消息称，学校已申请停办，待政府部门批准后，对在校生逐步分流。

11 月 5 日，在豫章书院最后一个开放日当天，资深媒体人王志安在微博上发布了一组照片，称“豫章书院今天请来了许多学生家长和毕业的学生，这些家长在门口拉起了各种横幅标语，坚决支持豫章书院办学，不信谣不传谣”，现场还附上了木用戒尺和“龙鞭”的实物，称“网传的钢筋戒鞭实为竹碳纤维材质的戒尺”。王志安称：“校方负责人在逐条反驳网上的爆料，讲到动情处，下面的家长掌声雷动，高呼，书院加油！书院挺住！”不过，也有网友认为这可能是书院请的“托”。[①]

① 《家长竟拉横幅支持豫章书院继续办学：感谢老师的辛苦教育》，载观察者网综合：http://www.guancha.cn/Education/2017_11_05_433572.shtml，最后访问日期：2017 年 12 月 10 日。

12月8日，江西省南昌市公安局青山湖分局决定对豫章书院原学生罗某“被非法拘禁一案”立案侦查。此前罗某称，2013年9月，其父母串通“假警察”将他“骗”到了豫章书院。2017年11月，他前往江西省南昌市青山湖区罗家派出所报案，称自己在豫章书院遭受非法拘禁和体罚，希望警方立案调查。①

三、各方观点

（一）未成年人合法权益不容侵犯，豫章书院行为涉嫌违法

北京京师律师事务所律师　张新年：这种“戒网瘾”学校属于民办学校，依据《民办教育促进法》，民办学校应当依法保障受教育者的合法权益，包括未成年人权益保护、受教育者生命健康权保护、受教育权、人格尊严权等权益保护。如果豫章书院在矫正网瘾学生时确实存在文章所列的种种恶行，则相关涉事人员的行为已然涉嫌行政违法，甚至构成犯罪。同时学校作为独立主体，如果其办学方式与对外宣传出入较大，结合其高额收费的现实，也涉嫌诈骗；从侵权角度看，因学校未尽到学生的安全保障义务，亦应构成对受害学生的侵权，应当承担侵权责任。如果涉案学生系未成年人，则其不法行为亦属于侵犯未成年人合法权益，情节更为恶劣，无论是在民事赔偿方面，还是在行政、刑事处罚方面，均应更重。②

（二）暴力教育应被禁止，“问题少年”不宜被送入此类机构

媒体人　与归：国学里的修身，修的原本是心灵，是行为方式和思想观念，而不是对身心的“修理”。豫章学院跑偏的“国学教育”，显然背离了初衷。棍棒之下的“心理干预”不是辅导，而是创伤。而这样的暴力教育模式，更是在毁弃豫章学院的品牌。体罚违规甚至违法，早已是常识和共识。然而，按照当地官方的表述，罚站、打戒尺、打竹戒鞭等行为在豫章书院是有着“相关制度”的，并不是偶然的、隐性的、个体的行为。那么，有关部门在批复办校、监督办学时，眼睛是不是要睁大些？退一步说，具体到“不良行为”，舆论也早已澄清：网瘾也好，厌学早恋也罢，都不是一种“病”，更不能通过“物理攻击”制造身体伤害的方式，来

---

① 何利权：《学生状告豫章书院“非法拘禁”，江西南昌警方已立案侦查》，载澎湃新闻：http://www.thepaper.cn/newsDetail_forward_1898075，最后访问日期：2017年12月10日。

② 赵朋乐、曾金秋：《“戒网瘾”学校被指体罚学生》，载新京报网：http://www.bjnews.com.cn/inside/2017/10/31/462280_2.html，最后访问日期：2017年12月10日。

达到所谓的“治疗”目的。①

上海市法学会未成年人法研究会会长、上海政法学院教授　姚建龙：无论是专门学校还是普通学校，任何形式的未成年人教育机构都不能体罚和虐待学生。《未成年人保护法》第21条明确规定：“学校、幼儿园、托儿所的教职员工应当尊重未成年人的人格尊严，不得对未成年人实施体罚、变相体罚或者其他侮辱人格尊严的行为。”很多国家对未成年人暴力实行“零容忍”原则，任何名义的暴力管教都是被禁止的。我国的传统文化认为，孩子不打不成器，对于管教孩子，现行法律对于家长还是留有一定的空间——法律禁止家长虐待孩子，但没有明确禁止体罚。

学校老师表面上是没有惩戒权的，但是实际操作中老师不可能不管学生。豫章书院的案例中暴露出来的问题就是，老师惩戒权的边界在哪里？法律的界限比较模糊。对于有网瘾、心理问题、品德不佳和学业不良的学生不应被纳入类似豫章书院这样披着专门学校外衣的机构进行干预和矫治，这些本来就是普通学校该管的。如果学生有严重不良行为，符合法定条件，才可以进专门学校。家长应该承担起监护责任，不能把管教孩子的责任丢给类似豫章书院这种学校。这类所谓的学校、书院更不能为所欲为。②

（三）教育“问题少年”，父母家庭责任更重

山东大学（威海）外语教学部副教授、媒体特约评论员　刘天放：事实上，“网瘾”究竟是不是“病”，目前国家权威机构并没有给出明确答案，尚在探讨之中。也的确有网络成瘾的少年，有些还很严重，究竟以什么方式使其改正，就非常值得探讨，而不是将看似有“网瘾”的孩子都送到类似的网戒中心或学校了事。而那些送孩子去这些地方的父母更糊涂，去那种地方无疑是害了他们。不要因为孩子一时网络成瘾，就不分青红皂白地把孩子往那里送。网戒机构目前鱼龙混杂，甚至不少都打着“网戒”的名义，实则只为了赚钱，哪怕是有资质的，也必须特别谨慎。③

北京市少年法律与心理咨询服务中心主任　宗春山：像豫章书院这样的特

① 与归：《把八百年“豫章书院”办成戒网瘾学校，是一种怎样的堕落》，载新京报网：http://www.bjnews.com.cn/opinion/2017/10/31/462320.html，最后访问日期：2017年12月10日。

② 章正：《南昌豫章书院拷问差生教育》，载《中国青年报》2017年11月13日，第9版。

③ 刘天放：《“戒网瘾”的豫章书院，全国还有多少?》，载齐鲁网：http://pinglun.iqilu.com/weipinglun/ruiping/2017/1101/3730163.shtml，最后访问日期：2017年12月10日。

训学校在全国很多,原因在于父母把所谓"问题孩子"制造出来后,无力解决,就想找一个"速效救心丸",把孩子改造回小时候那样听话的状态。孩子出现问题,99%以上是父母所致,但父母不愿意面对,不愿意改变,只希望孩子改变,所以这类特训学校就应运而生了。

如果说,父母一感到孩子不听话了,就着急,并开始打压,其实这样的父母自己也没有长大,他们想通过控制亲子联结来获得安全感。如果抛开法律和道德的因素,这其实是一种强行"断奶"。碰到这样的情况,父母要反思自己是否存在问题。家庭功能缺失的要调整,教养方式有问题的要敢于跟孩子道歉并改正。①

四、笔者评论

随着豫章书院终止办学并被警方立案侦查,豫章书院事件暂时告一段落。然而,对于"问题少年"民间教育矫正机构的讨论,并未结束。"问题少年"何以产生,父母应当怎样管教这类孩子,民间教育矫正机构是否有存在的必要,"问题少年"该如何纠正?教育部门有没有更好的规划和管理?这一系列问题仍有讨论的必要。

(一)豫章书院事件是对家庭教育的考问

根据当事人在网上的爆料,这些"问题少年"在被送往豫章书院前大多不知情,他们要么是被父母以旅游的名义"骗"去南昌,要么就是直接被书院的人从家里强行带走。然而,在孩子进入书院前,父母会与书院签"合同"。也就是说,父母对于孩子被送往豫章书院是完全知情并且同意的。对于豫章书院的实际情况,大部分家长签约前都没有进行全面了解,甚至还有家长认为孩子所描述的"体罚"是谎言。不少孩子在离开书院后性情大变,对任何人和事都充满恐惧,更有孩子甚至直言"怨恨"父母的行为。

孩子是父母的缩影,每一个"问题少年"背后,无不反映了家庭教育的悲哀与无奈。已有大量研究结果表明,孩子的性格塑造与家庭教养方式有着莫大的关系,不良的家庭环境和错误的教养方式,往往会使子女学业失败、道德缺失和

① 《送孩子进戒网瘾学校的父母:曾想把儿子送进看守所》,载网易新闻:http://news.163.com/17/1204/22/D4RI3QEF0001875P.html,最后访问日期:2017年12月10日。

行为异常,对子女的心理健康将产生消极作用。①

由此可见,所谓的“问题少年”,其产生根源都在于不适当、乃至失败的家庭教育。当豫章书院被曝光后,有家长直言:“如果书院没出事,还会把孩子送进去。”这种几近偏执的想法让人匪夷所思。当孩子产生问题后,家长不反思问题从何而来,不耐心寻找解决问题的方法,而是盲目地将孩子送往像豫章书院这样的民间教育矫正机构,这种父母、家庭“生了病”却要让孩子去“打针吃药”的做法是无法让人接受的。

此外,父母将孩子送往封闭式的管教机构,也违背了自身所应当承担和履行的法定监护人的职责。《未成年人保护法》第10条第1款明确规定:“父母或者其他监护人应当创造良好、和睦的家庭环境,依法履行对未成年人的监护职责和抚养义务。”父母将孩子送往豫章书院的做法,无疑是在逃避本应由自己来履行的教养子女的法定义务,如果其明知书院中存在体罚、虐待等不法行为仍执意将孩子送去,其行为不仅涉嫌违法,甚至会成为刑事犯罪的“帮凶”。

(二)“问题少年”应被送往何处

有观点指出,“问题少年”有其自身的特殊性,对其管教方式应当与普通少年相区别,因而类似民间教育矫正机构在某种程度上讲,依然有存在的必要。笔者对这一看法持保留意见。何谓“问题少年”?在一般父母和老师的眼中,有诸如逃学、早恋、打架、上网打游戏等一般“不良行为”的孩子都可以被称为“问题少年”,那这类孩子都应当是豫章书院的接纳对象吗?其实不然。

对于那些品行恶劣、甚至涉嫌违法犯罪的少年,国家一直有相应的管教机制。早在20世纪80年代末,我国已出现了“工读学校”教育制度。《预防未成年人犯罪法》第35条第2款规定:“对有本法规定严重不良行为的未成年人,其父母或者其他监护人和学校应当相互配合,采取措施严加管教,也可以送工读学校进行矫治和接受教育。”而对于“严重不良行为”,该法第34条规定:“本法所称‘严重不良行为’,是指下列严重危害社会,尚不构成刑事处罚的违法行为:(一)纠集他人结伙滋事,扰乱治安;(二)携带管制刀具,屡教不改;(三)多次拦截殴打他人或者强行索要他人财物;(四)传播淫秽的读物或者音像制品等;(五)进行淫乱或者色情、卖淫活动;(六)多次偷窃;(七)参与赌博,屡教不改;

① 刘素珍、张丽:《社区部分“问题家庭”家庭环境质量测评及相关研究》,载《心理科学》2008年第5期。

(八)吸食、注射毒品;(九)其他严重危害社会的行为。”可见,被送往工读学校的学生,应当是有严重危害社会的违法行为的学生。

豫章书院在2014年的时候就被当地选定为“阳光学校”,承担不良青少年的转化工作,其实质上已具有了工读学校的性质。在媒体报道中,当事人称豫章书院中不乏有过违法、犯罪行为的少年,而父母只需要交“学费”就可以将孩子送往豫章书院,没有任何审查门槛。作为这样一所具有“半公”性质的矫正机构,无差别地接受所有被父母送来的“问题少年”,显然是不妥的。在管理混乱的豫章书院里,被父母送去的孩子与涉嫌违法犯罪的少年共同生活,“交叉感染”难以避免。同样,如果仅因孩子逃课、打架、有网瘾,父母就把他们送往工读学校,这更是无法让人接受的。

其实,对于未成年人的教育本就是父母、家庭、学校不容推卸的责任,把孩子送往豫章书院绝不是一劳永逸的做法。对于这一类孩子,重视其内心需求比通过外在手段强制进行所谓的“纠正”要更有效。家庭和学校本就是未成年人成长的最好港湾,强制其离开成长环境,生活在与外界隔绝的封闭环境中,接受与同龄人不一样的“矫正教育”,在叛逆心的作用下,其效果往往适得其反。正如之前的专家所谈到的那样,管教有一般不良行为的“问题少年”本就是家长和普通学校共同的责任,在孩子尚未触及违法犯罪的情况下便将其送往豫章书院这种专门学校进行“矫正”,未免是做过了头。

(三)豫章书院事件暴露我国“问题少年”教育“短板”

那对于这类“问题少年”的矫正,除了家庭和学校,是否还有其他的补充措施?其实,像豫章书院这样的民间教育机构如果能正当合法运行,本应当是填补了我国现有教育领域的一大空缺。长期以来,我国的“问题少年”转化工作一直处于困境当中,而豫章书院事件的曝出,则再次暴露了我国教育体制的“短板”。

对“问题少年”的矫正工作,我国在立法层面存在很大的空缺,法律保障仍不充分。以工读教育为例,工读学校存续了六十多年之后,至今仍然没有出台专门的法律法规,除了《未成年人保护法》《预防未成年人犯罪法》中的零星法条规定外,还在生效的仍是20世纪80年代出台的国家教委、公安部、共青团中央《关于办好工读学校的几点意见》。[①] 而针对像豫章书院这样的民办教育机构,在立法上尚没有对其具体职能的详尽规定,这也是各类民办“戒网瘾”机构乱象丛生

① 周颖:《我国青少年工读教育制度的困境与重构》,载《青少年犯罪问题》2017年第5期。

的一大原因。在制度管理上,相关部门的监管不力,也给了这些机构可乘之机。在豫章书院事件中,豫章书院作为工读学校是经过相关部门批准的,但这一资质的正当性并没有得到合理的解释,而对于学生反映的“体罚”,相关部门表示并没有接到投诉。提及对于豫章书院的监管,相关部门承认应有一个“督查”工作,但行动得很少。立法的空缺,管理的不力,使得对于“问题少年”的教育矫正工作缺少应有的保障,留下诸多问题和隐患。

此外,如何更好地实现对“问题少年”的转化,也是影响着教育工作发展的一大难题。对于仅有一般不良行为的青少年,如果能在民间成立较高水平专门教育的机构,以此作为对家庭和公办教育的有益补充,则可以在一定程度上解决此类问题。类似豫章书院的民办学校,可以成为家庭教育和学校教育的一个补充,而非替代,让这类孩子在多方联动的关照中成长,才能做到避免对其“标签化”,更有利于培养其健全人格。对此,国家应出台详细的教育标准,规范民间办学力量,才能更好地实现对“问题少年”的矫正和帮扶。

(本文作者陆黛,东方网新闻督察主任编辑)

(感谢陈煜帆对本文的帮助)

常州“毒地”案
——环境公益诉讼的困惑

一、入选理由

常州“毒地”案是我国社会公益组织提起环保公益诉讼的第一起败诉案件,它受到了社会各界的极大关注,也引起了全国纸媒、网络的普遍议论。随着我国生态文明建设的不断推进,未来公益组织介入环境监督并提起公益诉讼将会越来越多,作用也将会越来越重要。我们热切地期待,通过这起案件,可以将环保公益诉讼从简单的道德批判拉回到诉讼对决层面,使我国的环保公益诉讼走出困境,纳入法治化轨道。

二、事件回顾

2015 年年底开始,江苏省常州市外国语学校先后有 641 名学生被送到医院进行检查,有 493 人出现皮炎、湿疹、支气管炎、血液指标异常、白细胞减少等异常症状,个别的还被查出了淋巴癌、白血病等恶性疾病。学校紧邻三家化工企业——江苏常隆化工有限公司、常州市常宇化工有限公司和江苏华达化工集团有限公司,其生产克百威、灭多威、异丙威、氰基萘酚等剧毒类产品,将有毒废水直接排出厂外,危险废弃物偷偷埋到了地下,给环境带来了很大隐患。

“毒地”事件经媒体曝光后,环保部与江苏省成立了联合调查组,对相关责任人员追究责任。2016 年 4 月 18 日,常州市相关部门对“毒地”事件做出回应,称:该校空气质量达标,附近的化工企业没有发现大规模填埋危废。同一天,常州外国语学校国际部发布公开信,称:充分理解家长及师生的关切,但也想表达自己的立场,并指出央视的报道存在“硬伤”,包括引用的数据、观点,甚至镜头、语言,都带有强烈的导向性。不过,官方的“安抚”并没得到家长们的认可。

2016 年 4 月 29 日上午,民间环保组织“自然之友”、中国生物多样性保护与绿色发展基金会就“毒地”事件正式提起环境公益诉讼,请求常州市中级人民法院判令被告三家化工企业消除其原厂址污染物对周围环境的影响，并承担生态环境修复费用，同时在国家级、江苏省级和常州市级媒体上向公众赔礼道歉，并承担原告因本诉讼支出的各种费用等。5月16日，“自然之友”、中国绿发会起诉上述三企业一案被正式立案。“自然之友”提供的民事起诉书中指出，三被告在生产经营过程中，严重污染了原厂址常隆地块后搬离，但均未对该污染场地进行妥善修复，严重损害社会公众利益，其行为违反了《环境保护法》《固体废物污染环境防治法》等法律法规，应承担环境侵权的法律责任。原告要求法院判令被告企业消除原厂址污染物对周围环境的影响，并承担生态环境修复费用等。

2016年12月21日，此案在常州市中院一审开庭。

2017年1月25日，常州市中级人民法院一审宣判，驳回原告诉讼请求。“自然之友”提供的判决书显示，由于常州市新北区政府已于涉案地块依法开展环境污染损害修复工作，环境污染风险已得到有效控制，并且后续的环境污染检测、环境修复工作仍然正在实施，原告方提起本案公益诉讼维护社会环境公共利益的诉讼目的已在逐步实现。因此，对原告的诉讼请求不予支持，案件受理费189万余元由原告方承担。

2月7日，常州“毒地”案原告之一——中国生物多样性保护与绿色发展基金会（以下简称“绿发会”）收到江苏常州市中院的民事判决书，并表示将积极准备上诉，并提请审计署对污染地块流转、处理中所涉及的资金问题进行专项审计。对于一审判决要求原告支付的189万余元“天价诉讼费”，中国绿发会已进行公开募捐，但每个个人限捐2元。

三、各方观点

叶泉：原告方“绿发会”和“自然之友”完全可以依法向上诉法院要求减免诉讼费，而法院也应该予以支持。根据国务院《诉讼费用交纳办法》，上诉案件由上诉人向上诉法院预交诉讼费用。常州“毒地”案已进入了上诉程序，按法律规定，诉讼费用应该由原告方与上诉法院协商解决。笔者猜测，如果“绿发会”向常州中院要求减免诉讼费，那可能是找错了对象。也就是说，就目前案件的整体进展情况看，还没有到必须要交诉讼费的程度，即使必须要交，原告方“绿发会”和“自然之友”也完全可以依法向上诉法院要求减免诉讼费，而法院也应予以支持。

所以，就常州“毒地”案本身来讲，所谓诉讼费用其实根本不成为问题，完全可以依法解决,“绿发会”更是没必要大张旗鼓地搞什么网上募捐,这种行为的目的有些让人无法理解。主观上虽然我们不好判断,但其客观结果就是引起了媒体的夸大和炒作。很多人在不了解相关信息的情况下,认为中国的法治不健全,或者对法院产生了误解,甚至因此动摇了人们对环保的信心。[①]

蔡守秋:

(一)认定事实自我矛盾即认定事实错误。常州法院判决书一方面认为“本案诉讼标的具有公益性”,另一方面又认定因为“涉案地块正在实施环境修复过程中”,所以“环境公共利益的诉讼目的已在逐步实现”。显然这两种事实认定是互相矛盾的。法院认定“本案诉讼标的具有公益性”,认为涉案地块不仅损害了土地使用人的利益,而且损害了公共利益,这表明作为本案诉讼标的的环境是公共环境利益的载体,即环境属于公众共用物,而不是涉案地块即某块特定的土地。法院认定,因为“涉案地块正在实施环境修复过程中”,所以“环境公共利益的诉讼目的已在逐步实现”,这表明法院将涉案地块作为本案的诉讼标的,将涉案地块使用权人的利益当作环境公共利益。显然,体现在环境这种公众共用物上的利益与体现在涉案地块这种特定物上的特定利益是两种不同的利益,常州法院判决书一方面认定了原告所诉的环境公共利益,另一方面又用涉案地块的特定利益代替公共利益,这既是认定事实上的自我矛盾,也是认定事实的错误。其实,原告的诉讼请求是要求被告消除对公共环境的污染危险,而不是土地使用权人是否治理自己土地上的污染;即便土地使用权人不治理自己土地上的污染、不消除自己土地上的污染危害,只要消除了对公共环境的污染危害,也达到了原告提起公益诉讼的目的。而常州法院判决书却用其认定的“涉案地块的土地使用权人正在实施环境修复”、“正在实施环境修复的过程中”这一事实,来代替“公共环境正在修复”,显然是认错了事实。

公益组织之所以提起本诉讼,是因为被告污染了作为公众共用物的环境,损害了不特定多数人的利益。涉案地块仅仅是污染公共环境的源头地,涉案地块的环境治理或环境修复不等于公共环境的治理或修复。常州法院判决书用其认定的大量事实,仅仅表明污染者损害涉案地块特定利益的问题已经得到解决,但不能说明被告污染公共环境的问题已经得到解决。环境公益诉讼不是原告想诉就能够在法院立案的诉讼,而是必须经过管辖法院立案审查后才能立案的诉讼。

---

① 叶泉:《常州“毒地”案,诉讼费不是问题》,载《法制日报》2017 年 2 月 8 日,第 7 版。

如果常州法院的立案审查法官认为,原告的诉讼请求属于“涉案地块土地使用权人的利益”,而不属于环境公益,就应该在当初原告提起公益诉讼时,明确通知原告,其提起的诉讼属于涉案地块使用权人的事情,没有提起该诉讼的资格,因而法院不予立案。这样才能体现法院受理案件即立案审查的作用,才能避免原告和法院花费大量人力物力财力而打错了官司。如果法官自己也弄不清什么是公益诉讼和私益诉讼,那么在经过审理弄清楚后,就应该实事求是地判决,由于法院立案审查错误,由法院和原告共同承担因错误立案而产生的诉讼费用,或者免除原告的诉讼费用。

(二)适用法律自我矛盾即适用法律错误。例如,常州法院判决书一方面适用“污染者承担责任”的法律,另一方面适用“土地使用权依法转让的,由土地使用权受让人或双方约定的责任人承担相关责任”的“法律”。显然这两种法律适用定是互相矛盾的。“污染者承担责任”不仅是确定责任的基本准则、“王冠条款”,而且是法律效力最强的上位法律。“土地使用权依法转让的,由土地使用权受让人或双方约定的责任人承担相关责任”的“法律”,不仅是法律效力较弱的下位“法律”,实际上是一些不属于法律法规范围的政策性文件;而且是在“污染者承担责任”的法律原则下,具体处理污染者(或污染者权利)发生变化演变时的一种处理办法。因此,决不能用“土地使用权依法转让的,由土地使用权受让人或双方约定的责任人承担相关责任”的“法律”,来否定或篡改“污染者承担责任”的法律。在环境公益诉讼中,原告只能依据“污染者承担责任”的法律,抓住始作俑者的污染者提起诉讼;至于污染者如何说明和确定在其发生演变后的责任,那是污染者自己的事情,污染者有权向其承继人进行责任追诉,法院也应该根据污染者的演变情况,合理确定污染者及其承继者的各自责任。法院不能要求原告去理清污染者自身或内部的责任转移。常州法院判决书适用“土地使用权依法转让的,由土地使用权受让人或双方约定的责任人承担相关责任”的“下位法律”,来否定“污染者承担责任”的上位法律,这既是适用法律的自我矛盾,也是适用法律的错误。

另外,“土地使用权依法转让的,由土地使用权受让人或双方约定的责任人承担相关责任”的“法律”的正当性和合法性值得研究。特别是在污染者为了其利益,而通过权利变更方式将其责任转移给全体人民或公众时,不仅没有正当性,而且具有违法性。为了捍卫“污染者承担责任”的法律的权威,只有国家法律才能作出“由土地使用权受让人或双方约定的责任人承担相关责任”此项规定，其他行政法规、行政规章和地方法规等下位“法律”无权作出此项规定。如果有其他规范性文件作出“由土地使用权受让人或双方约定的责任人承担相关责任”的规定，公众可以对其违法性提起司法审查之诉或环境行政公益诉讼。

（三）判决结论自我矛盾即判决结论错误。常州法院判决书一方面认为“本案诉讼标的具有公益性”，“两原告的起诉具有公益性”，另一方面又判决“两原告请求三被告消除危险或赔偿环境修复、赔礼道歉的诉讼请求不能成立”，显然这两种判决结论是互相矛盾的。“本案诉讼标的具有公益性”，“两原告的起诉具有公益性”，表明三被告存在污染公共环境的事实和行为，而且这种行为的后果和影响至今还没有消除，根据这种认定，两原告请求三被告消除危险或赔偿环境修复、赔礼道歉的诉讼请求应该成立，至于赔偿多少金额或由谁赔偿（是由三被告或其传承人或承继人）那是另外一件事，而且应该由法院在三被告或其传承人或承继人中公平分担赔偿责任。“两原告请求三被告消除危险或赔偿环境修复、赔礼道歉的诉讼请求不能成立”表明，三被告没有污染公共环境的行为和责任，所以不需要消除危险或赔偿环境修复、赔礼道歉。显然，后一种判决是对前一种判决的否定，是自己打自己的耳光。

根据法院审理认定的事实，法院起码应该判决三被告消除危险和赔礼道歉，即满足原告的部分诉讼请求，这样就可以判决由被告承担原告的诉讼费用或仅承担少量诉讼费用。这样的判决才是公平合理的判决。①

王彬：原告在提交免交诉讼费的合理申请被当地法院拒绝后，依然选择继续上诉，并直言若再败诉将坚持打到最高院。还通过公开募捐交“天价诉讼费”，让更多公民参与进来，扩大公众参与环保诉讼的热情。原告不仅没有被吓跑，还与公众一起直面难题，这样的态度确实值得肯定。之所以有如此坚决的态度，是因为其背后站着的是热爱环境并致力保护环境的社会公众，代表的是公共利益，而与其相对抗的是地方私利。孰优孰劣，一目了然，所谓的拦路虎自然也就成不了气候。

虽然“天价诉讼费”在热爱环境并致力保护环境的社会公众面前，显得十分渺小。但毕竟“天价诉讼费”本身不合理，地方相关的司法行政化仍存在不少问

---

① 蔡守秋：《常州“毒地”案一审判决书是判决书中的一朵奇葩或者怪胎》，载中国生物多样性保护与绿色发展基金会官方网站：http://www.cbcgdf.org/NewsShow/4936/1028.html，最后访问日期：2017年12月3日。

题,环境公益诉讼在现实中也步履维艰,这就需要国家层面在立法、司法上进行顶层设计,并给以相应的明确与完善。最高法院应推出相关的司法解释来明晰现有争议,并摸索环境公益诉讼制度由上及下的规范设计,让“天价诉讼费”这样的与环境保护不相容之物早日去除,让环境公益诉讼能拥有明天。①

《检察日报》　何勇海:从环境公益诉讼的受益或获利角度看,向败诉的社会公益组织收取“天价诉讼费”,也不尽合理。公益诉讼利益归属于社会,因此即使公益组织败诉,也不宜按照普通民事诉讼收取案件受理费,使其付出高昂的诉讼成本。此前有地方规定,提起环境公益诉讼的原告一律缓缴案件受理费,如果原告败诉,法院一般应免收案件受理费。这才是对社会组织“公益心”的应有呵护。

“天价诉讼费”还会加剧环保公益组织的运营负担。在公益组织本身没有雄厚财力支撑的窘境下,面对“天价诉讼费”,谁敢轻言承担社会责任,冒着高风险提起公益诉讼?这恐怕正是公益诉讼在司法实践中举步维艰的根源。

期待这起“天价诉讼费”案,能成为完善环境公益诉讼制度的重要契机:在环境公益诉讼中,原告起诉时可缓缴案件受理费,若原告败诉可免缴案件受理费。同时,可探索建立对胜诉原告给予奖励的激励措施,探索建立环境公益诉讼基金,使社会组织的起诉、调研、取证的费用得到支持。如此,才能真正鼓励更多组织积极参与环境公益诉讼,环境公益诉讼也才能拥有美好的明天。②

中国政法大学污染受害者法律帮助中心主任　王灿发:该案对于原告起诉的公益性做了支持,确认了原告起诉为公益诉讼,这值得肯定。对于污染事实的认定,认为这个地方确实受到了污染,并且有进一步的污染危险,对这个事实的认定,法院做了肯定,这为公益诉讼确立提供了好的前提。③

中国人民大学法学院教授　肖建国表示:“公益诉讼中关于诉讼条件的规定要比私益诉讼高很多,需要提供证据证明公共利益已经受到损害或者已经受到损害的风险重大。这部分举证要求就已经把相当一部分可能要泛诉的公益诉讼

① 王彬:《天价诉讼费莫成　公益诉讼“拦路虎”》,载中国质量新闻网:http://www.cqn.com.cn/zgzlb/content/2017-02/10/content_3913155.htm,最后访问日期:2017年12月9日。

② 何勇海:《公益诉讼难以承受之重》,载正义网:http://news.jcrb.com/jxsw/201702/t20170208_1713844.html,最后访问日期:2017年12月10日。

③ 张明敏:《天价诉讼费环境公益诉讼案追踪》,载公益时报:http://www.gongyishibao.com/html/yaowen/11297.html,最后访问日期:2017年12月10日。

案件挡在了法院大门外。""公益诉讼已经有相当高的门槛来梳理过滤一部分案件,没有必要通过高诉讼费用来遏制潜在的公益诉讼者。目前,环境公益诉讼成本,案件受理费或者诉讼费应采用一个有利于保护原告主权这样一个原则,尽量鼓励原告提起公益诉讼,建立美丽中国,判决高额诉讼费用并不妥当。"①

上海交通大学法学院教授 王羲则认为:该案的诉讼目的是为了消除"毒地"污染。当地方政府拥有"毒地"所有权并已经开始治理污染的时候,原告应该做的是监督地方政府的污染治理工作是否到位。另外,从道理上看,地方政府有权要求所有在该土地上经营过的企业承担治理责任,如果找不到污染者或污染情况严重而紧急时,地方政府可以亲自进行治理。但与此同时,地方政府保留向所有原污染者追索治理费用和其他相关责任的权利。社会组织应当关注地方政府在履行职责方面的情况。他建议:"社会组织应当对如何推动环境行政公益诉讼制度的建立给予更大的关注,环境行政公益诉讼才是环保社会组织更能够发挥作用,而且代价更小的途径。"②

四、笔者评论

2015 年是新《环境保护法》实施的元年,也是社会组织参与环境公益诉讼主体资格被正式确认的元年。但是,环境公益诉讼并未出现"井喷"。据《法制日报》披露:2015 年,由 9 家社会组织所提起、14 地法院受理的环境公益诉讼仅有 37 起。③ 2016 年法院受理的环境公益诉讼略有小幅提升。虽说环境公益诉讼的个案数量比新《环境保护法》实施之前有了明显增加,但相较我国严重的环境污染现状,这个数量太微不足道了。更为令人唏嘘的是,竟然出现了像常州"毒地"案环保组织败诉这样的咄咄怪事。它向世人昭示:我国环境公益诉讼依然存在着困惑,并未走出困境而亟待"破茧",实施这一制度依然是任重道远。

《民事诉讼法》第 55 条第 1 款规定:"对污染环境、侵害众多消费者合法权益等损害社会公共利益的行为,法律规定的机关和有关组织可以向人民法院提起诉讼。"2015 年实施的《环境保护法》更是把社会组织环境公益诉讼提到了制

① 张明敏:《天价诉讼费环境公益诉讼案追踪》,载公益时报:http://www.gongyishibao.com/html/yaowen/11297.html,最后访问日期:2017 年 12 月 10 日。

② 同上。

③ 郄建荣:《环保组织称立案标准存在不统一问题》,载法制网:http://www.legaldaily.com.cn/index/content/2016-12/18/content_6922070.htm?node=20908,最后访问日期:2017 年 12 月 10 日。

度的层面。从立法的意义上说,我国已开启了环境公益诉讼的司法程序。然而,反观现实,近年来,能够进入这一司法程序的民间组织环境公益诉讼案甚少,一些环境公益诉讼案如常州"毒地"案虽然法院立案且判决之,却被判败诉,且要原告"自然之友"和中国绿发会承担189万元的诉讼费。

常州"毒地"案一审判决引发舆论的诸多质疑,最为令人不解的是"毒地"转让责任的问题。常州市中级人民法院判决认为:"毒地"转让后,地方政府已经代为履行了"毒地"修复责任,污染控制了,原告的目的也已实现了,三被告因此也不用承担污染修复赔偿等责任了。且不说"已修复'毒地'"与事实不符,毕竟一批学生还是被污染而发病,就说地方政府越俎代庖,主动承担修复责任,却使得原先造成"毒地"污染、理应承担修复赔偿责任的三被告逃避了法律的制裁,这也是大谬矣!何况用巨额的诉讼费让环保组织对环境公益诉讼知难而退,如此判例的导向作用无疑是负面的。

尽管环境污染现象和事件日益增多,且受到社会的广泛关注;但每每遇到社会公共利益遭到严重损害,却又普遍存在无人起诉或无法追责的问题,这是我国的环保领域多年来一直存在着一个怪异现象。新《环境保护法》的实施让人们短暂地看到了一缕曙光,寄希望于公益诉讼。但现如今,社会组织环境公益诉讼尚未在全国铺开,似乎环境公益诉讼的现状仍蒙有一层"雾霾",前途并不明朗。如果说,新《环境保护法》实施以前,环境公益诉讼面临无法可依的境地,那么,如今已实施新《环境保护法》,公益诉讼又为何仍旧步履维艰呢?

造成这一尴尬局面的症结从司法实践中看在于:环境公益诉讼缺乏必要的司法解释作为支持,相关社会组织未被充分激活,使个别践行公益诉讼的组织孤掌难鸣。按照新《环境保护法》规定:可以向法院提起环境公益诉讼的是"法律规定的机关和有关组织",但对与"有关组织"的具体范围却规定的十分模糊,无明确的界定和详细的说明,致使法院在司法操作中很难认定原告是否适格。据民间环保组织"自然之友"的不完全统计:目前,在各地从事环境保护相关公益活动的民间环保组织中约有30余家符合环境公益诉讼起诉资格,而其中有意愿提起环境公益诉讼的组织并不多。倘若再加上各地法院对《民事诉讼法》、《环境保护法》及相关司法解释中的环境公益诉讼主体资格的规定理解不一,使得这类诉讼仍有门槛。这显然是有悖新《环境保护法》立法初衷的。

新《环境保护法》关于公益诉讼的部分被架空,导致社会上的大多数环保组织想要提起环境公益诉讼,也多半名不正、言不顺。目前除政府外,社会上依旧缺乏能够监督和制衡排污企业的力量。鼓励民间社会力量来打击污染、破坏环境的行为，是国外环境治理中的一个典型经验和有效做法，它看似很美好、很理想化，并且有着一些来自西方国家的成功示范：国外很多影响力大的环保案例，几乎都少不了民间环保组织的参与。他们从支持公民与环境违法行为作斗争，到对政府不利环境治理的行为提出抗议，也有时直接以原告的身份提起环境诉讼。作为社团，这些国外的民间环保组织之所以能在环境治理中发挥出重要作用，其实与这些国家在环保领域建立公益诉讼制度密切相关。这种制度的设立，让环保组织能在司法系统的支持和帮助下，拥有与大企业或者政府相抗衡的权力，使环保组织敢于对损害环境公益的行为提起诉讼，对保护环境起到了良好的促进作用。常州"毒地"案，环保组织被判败诉，从制度层面而言，我国的环保公益诉讼还是存在着某些缺陷和"短板"的。

截至本文发稿时，常州"毒地"案还处于上诉阶段，尚未终审。此案能否得以一个公正的结局，世人拭目以待。

（本文作者沈栖，上海市作家协会会员、《上海法治报》高级编辑）

（感谢曹青云对本文的帮助）

校园贷事件

——谁为大学生的超额消费买单？

一、入选理由

2009 年 7 月银监会印发《关于进一步规范信用卡业务的通知》，对信用卡的适用对象做出明确规定，要求银行业金融机构不得向未满 18 周岁的学生发卡（附属卡除外），对于不符合条件但确有必要发卡的特殊情况，必须落实第二还款来源。这项规定进一步加强了信用卡各业务环节的操作规范和风险管理，但是也让民间借贷盯上了大学生这个消费市场的主力军，不规范的借贷市场引发了一系列的社会问题。本文希望通过对校园贷行业乱象进行分析梳理，从法律角度、金融角度和媒体角度等对解决校园贷问题提出建议，引导校园贷走向规范化发展道路。

二、事件回顾

（一）全国首例“裸贷”被刑拘案件

2016 年 3 月，赤峰市一家公司在校园里发的传单上说 800 元钱能买到苹果手机，但需要学生们用自己的身份信息在“爱学贷”“优分期”等专门针对大学生的贷款平台上贷款购买，而且一次购买不能少于两台。这家公司会跟学生们签订一个合同，合同约定由该公司替学生们还两部手机的贷款。正是因为有这个合同，用 800 元的价格，就可以买到市场售价 6000 元左右的手机，由此吸引了很多学生的参与，不少学生最后贷款购买了两部手机。拿回来手机之后，学生们把手机寄到该公司，该公司会给学生一个，自己留下一个。这家公司在替学生还了三期贷款后，贷款平台却催学生还贷。学生在遭到平台的催款电话和短信后，怕影响自己的个人信用记录，不得不自己还剩下的贷款。该公司的实质是：通过承诺替学生还款的形式，以学生的身份证和学生证这些信息在六家贷款平台，进行分期付款购买手机，然后把手机骗到手，将手机套现。然后还款，它只给学生还两到三期,以这种形式骗取学生信任,然后再套取大量学生的手机。①

2017 年 2 月 5 日《21 世纪经济报道》发表文章《男子向女大学生裸条放贷威胁肉偿被刑拘　为全国首例》引发民众对于校园贷的关注。文中报道称,甘肃定西警方于 1 月 19 日抓获一名“裸条”放贷者,并以敲诈勒索罪对犯罪嫌疑人杨某刑事拘留,这或是全国首例“裸条”放贷人被刑拘案件。

2016 年 12 月 20 日,本案报案人小惠(化名)遭遇网络诈骗还钱心切,通过 QQ 软件与昵称为“校园放贷中心”的放贷者杨某取得联系,杨某以小惠的裸照和手机通讯录作为抵押,通过微信转账,借给小惠 1000 元(扣除利息实际到手 850 元),商定周息 15%。在还款 300 元后,无力偿还的小惠被杨某威胁前往定西见面“肉偿”,否则将向小惠的朋友公布裸照。绝望的小惠向媒体求助。由于被部分“裸贷”放贷者作为中介平台,借贷宝陷入舆论旋涡,适逢借贷宝成立“用户权益保护部”并设立“百万打裸基金”,媒体将线索转给借贷宝。

经沟通,小惠的“裸贷”交易并非通过借贷宝平台发生,而是通过 QQ 与放贷者建立的联系,资金交易则是通过微信支付完成。但为避免小惠受到进一步侵害,借贷宝派出工作组前往甘肃帮助小惠收集证据。随后,定西警方对杨某实施抓捕,并在其手机中发现大量裸贷照片。在后续的审讯中,杨某向警方交代,已经用相同手段,对两个甘肃省内女孩实施“肉偿”。

利用当事人担心裸照曝光的心理,“裸条”形式成为民间借贷一种独特又奇葩的风控手段。但是,当事人即便还清借款,裸照仍然可能会被传播甚至被再次勒索。同年 4 月 11 日再次爆出华厦学院大二女生如梦(化名)因卷入校园贷自杀身亡。人生才刚起步便戛然而止,令人不胜唏嘘。

伴随“校园贷”而出现的社会问题多不胜数。据不完全统计,2017 年 3 月 16 日至 4 月 9 日期间,有 4 则校园贷相关的悲剧被媒体报道。这或是冰山一角,因借贷而被套,举步维艰,甚至走上不归路的大学生究竟有多少,不得而知。如何不让校园贷的悲剧重演,应是我们必须思考的问题!

(二)教育部等多部门联合发布新规

随着校园贷引发的社会问题愈加严重,政府相关部门开始高度重视这个社会问题。2016 年 4 月教育部和银监会联合发布《关于加强校园不良网络借贷风

① 《889 名大学生被骗九百万竟然是 800 元苹果手机惹的祸》,载重庆晨报上游新闻:http://www.cqcb.com/headline/2017-04-26/302071_pc.html,最后访问日期:2017 年 12 月 17 日。

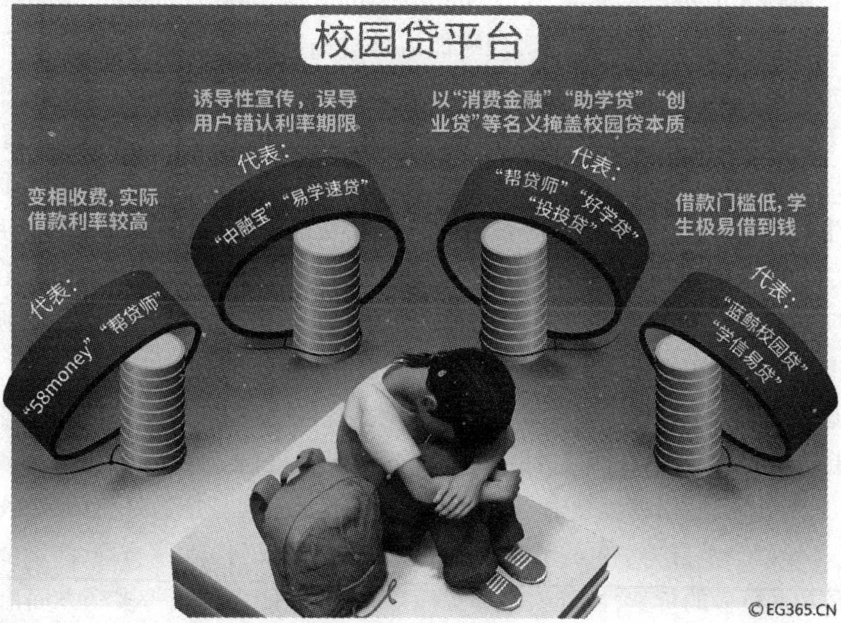

险防范和教育引导工作的通知》，通知要求各地各高校加强组织领导，加大不良网络借贷监管力度，加大学生消费观教育力度，加大金融、网络安全知识普及力度，做好本地本校工作分层对接和具体落实，及时将工作中发现的问题和相关经验做法报送教育部、中国银监会。

三、各方观点

（一）主流媒体关于校园贷问题的社评

欧阳洁：校园贷市场一方面要开正门，补服务，另一方面要加强治理，防风险。《关于进一步加强校园贷规范管理工作的通知》鼓励商业银行和政策性银行进一步针对大学生合理需求研发产品，提高对大学生的服务效率，补齐面向校园、面向大学生金融服务覆盖不足的"短板"。经银行业监督管理部门批准设立的机构在风险可控的前提下，根据大学生群体的风险特点，开发既能满足大学生融资需求，又能有效控制风险的校园金融产品。①

秦宁：校园贷沦为"校园害"的背后，既有社会层面的问题，也有容易被忽略

① 欧阳洁：《网贷机构一律停发校园贷》，载《人民日报》2017年6月29日，第10版。

的教育命题。正如有人所言,我们的大学生还缺少财商教育。例如,金融被誉为“现代经济的核心和血液”,金融理财能力被称为“公民实现富裕幸福生活的基础”,金融常识这堂课应该在大学生中普及,尤其是网上借贷流行、电子支付普及的今天。试想,如果高校能够与时俱进,多一些金融常识方面的教育,在普及知识中提升学生的认识水平,在剖析案例中提升学生的防骗能力,在培养财商中提升学生的理财才能,那么学生哪怕看不穿校园贷的套路,也会有所警惕。目前,教育部已要求各高校重视金融知识教育,加强对不良校园贷的警示教育,无疑具有鲜明的现实针对性。非法校园贷走了,但换个马甲的新骗局还可能登场。加强财商教育,就相当于为大学生披上抗击诈骗的盔甲。①

聂日明:这个事件中,大学生之所以会跳楼自杀,一方面是他自控能力不强,恶性超前消费,挖东墙补西墙,甚至冒用同学的身份证借贷。但这不应该成为“一刀切”禁止校园贷款、普惠金融的理由。因为还有很多自控能力好、有兼职收入的学生,不该因为不自觉学生的负面案例而剥夺他们的权利。另一方面,涉事金融机构发放如此巨额的贷款,在贷款人真实性审核、还款能力评估等多个方面出了纰漏,正常来看,风控如此糟糕的贷款机构早就应该倒闭了。他们没有倒闭的关键在于他们笃定这些学生的家长不会坐视这些学生信用破产、拿不到毕业证。光鲜的校园金融,最后用威胁、连坐等非常规手段来搞“风控”,这就与高利贷无异。②

辛闻:民间借贷有合理的市场需求,不仅不能一棒子打死,还应该建立健全更加完善的监管机制,使之变得可控。现在舆论场上有一种极端化的观点认为,无论高利贷的规则如何苛刻,欠债还钱,天经地义。这是已经过时了的对民间借贷的惯性误解。无论如何,借贷行为当在法律框架内行事。普法释法工作也有待加强。③

(二)不同领域的专家学者对校园贷问题的反思

教育部财务司副司长　赵建军:为满足学生金融消费的需要,应鼓励正规的商业银行开办针对大学生的小额信用贷款。据我了解,不少银行已经开办了这项业务,像中国银行、建设银行等。同时,我们还要求各高校要认真做好学生的

---

① 秦宁:《别让校园贷成为“校园害”》,载《人民日报》2017 年 9 月 8 日,第 5 版。

② 聂日明:《“校园贷”不能一刀切,但“高利贷”得有人管》,载和讯网:http://opinion.hexun.com/2016-03-17/182813118.html,最后访问日期:2017 年 12 月 30 日。

③ 辛闻:《暴力催债:血腥化的校园贷让大学生走向不归路》,载人民网:http://finance.people.com.cn/n1/2017/0418/c1004-29217793.html,最后访问日期:2017 年 12 月 30 日。

教育工作，加强对学生金融知识的教育，加强不良校园贷的警示教育，引导学生不要上当受骗。①

全国政协委员　戴晓凤：现在一些提供贷款的机构、从业者不择手段，道德缺失，向没有任何收入来源的学生提供非生产性的贷款，因相对高的利率，构成典型的高利贷，并且存在恶意催收，导致裸照、跳楼等恶劣后果。再加上长期以来，我们国家对于放贷机构及从事放贷业务的行为人没有有效的准入及管理办法，导致不法分子乘虚而入的情况屡禁不止。②

中国人民公安大学教授　王大伟：要区分正常的银行借贷和这些网络借贷平台，甚至小广告的高额利息的借贷陷阱，首先公安机关要加强监管，加强对这方面的控制，一旦发现涉嫌违法犯罪，要给予一定的打击。学校、家长也好，学生个人也好，都要树立这种观念，要向这种高额借贷的陷阱说不。③

浙江大学光华法学院教授　李有星：各监管部门应守土有责，高校要认真落实教育部和银监会的《关于加强校园不良网络借贷风险防范和教育引导工作的通知》精神，建立风险预警和危机应对机制；教育部进一步强化学生群体的金融知识和风险意识，监督高校工作的落实情况；金融监管部门要对放贷机构虚假片面宣传、误导出借人或借款人行为、资格审查失职等加强监管。④

（三）校园贷内部人士对规制校园贷的看法

网贷天眼 CEO　田维赢：针对无信用记录的学生群体，平台应该积极做好风控，公司之间应该加强数据共享与合作，并与征信机构实现联网，防止学生拆东墙补西墙。在授信贷款前，应严格审核贷款人条件，控制贷款额度，服务消费需求明确的学生，或与授信学生父母的收入进行绑定，防范信用风险。⑤

（四）相关部门对校园贷的提示

教育部：郑重提醒广大青年学生，要充分认识网络不良借贷存在的隐患和风

---

① 《开学季校园贷“复活”？教育部：任何网贷机构不得开展相关业务》，载凤凰财经：http://finance. ifeng. com/a/20170906/15657050_0. shtml，最后访问日期：2017 年 12 月 30 日。

② 《政协委员戴晓凤：管好校园贷，先得普及大学生金融常识》：载中国新闻网：http://www. chinanews. com/cj/2017/04 －26/8209660. shtml，最后访问日期：2017 年 12 月 31 日。

③ 《“校园贷”乱象调查：大学生因无力偿还高额借贷自杀》，载央视网：http://m. news. cctv. com/2016/11/13/ARTIcUDaTNM2rZEncArVfo47161113. shtml，最后访问日期：2017 年 12 月 31 日。

④ 李彤：《“校园贷”监管缺执法依据，亟待划清业务“红线”》，载人民网：http://money. people. com. cn/n1/2016/0602/c42877 －28404411. html，最后访问日期：2017 年 12 月 31 日。

⑤ 张盖伦：《舆论旋涡中“校园贷”能否走出“泥潭”》，载《科技日报》2017 年 2 月 13 日，第 6 版。

险，增强金融风险防范意识；要树立理性科学的消费观，养成艰苦朴素、勤俭节约的优秀品质；要积极学习金融和网络安全知识，远离不良网贷行为。

银监会："校园贷"整治首先是为规范校园网贷行为提供制度保障。从加大校园网贷业务整治力度、加大违法犯罪问题的查处力度、加强风险警示和教育引导工作、强化网站监测管理、做好舆论监测引导、加强工商监督力度六个方面对校园网贷整治工作提出明确要求。其次，开展分类整治，将校园贷纳入 P2P（互联网融点对点借贷平台）网贷专项整治重点对象，制定整治方案，梳理风险隐患，重点对涉嫌恶意欺诈、暴力催收等违法犯罪活动加大打击力度，切实规范校园网贷平台的营销展业行为。最后，加大对"裸贷"等风险事件处置力度，会同公安部、教育部等相关部门建立协调联动监管整治工作机制。

四、笔者评论

校园贷是借助"互联网＋"的发展开始在高校校园中发展起来，主要是指贷款机构、放贷人针对大学生学习、生活、创业支持等基于的大学生个人信用提供贷款。主要以分期乐、人人贷、趣乐期等多家民间网络借贷平台开发的互联网金融产品为代表，成功地打开了我国二三线城市的高校金融市场。校园贷主要分为三大类：一类是国家为资助广大贫困学生完成学业设置的政策性助学贷款，利息低且风险小；一类是银行对大学生给予的信用贷款；一类是目前颇为流行的各种各样的校园网贷。

近年来，随着校园贷逐渐在高校中流行，贷款学生越来越多，校园贷的各类问题相继出现，利息过高、手续费名目多、追债方式野蛮暴力和裸贷等问题最终导致了 2016 年郑州牧业经济学院被爆出有学生因在网络借贷平台上贷款身负巨额债务，最终不堪重负跳楼自杀。这是主流媒体首次曝光校园贷问题。随之而来的是各地不断出现各类大学生因无法偿还贷款而自杀的事件。这些血淋淋案例背后反映出的是校园贷行业内乱象横生，大学生作为金融市场的潜在消费群体缺乏正确的金钱观和价值观。

现今校园贷所面临的困境也不是自我演变的结果，而是社会环境所决定的。我们不能对校园贷采取"一刀切"的态度，打压校园贷的发展空间。我们应该从不同的角度去探讨这个问题。大学生作为特殊的消费群体，暗含着巨大的消费市场和消费能力。这种消费市场吸引了金融业、互联网等行业的关注，吸引大学生进行消费有利于促进整个行业的积极发展；这种消费能力缺乏有效的引导和监督，导致这种消费能力被盲目放大。自2009年央行禁止对在校大学生发放信用卡之后，这种非理性的消费行为和超前性的消费市场结合，最终导致了类似于上文中提到的那些被迫出卖肉体还贷的悲剧。

校园贷的悲剧从本质上来说并不是一个纯粹的法律问题，寄希望于国家出台相关的法律法规并不能从源头上彻底解决这个问题。我们必须正视校园贷为一个社会问题，这个社会问题的出现与社会的方方面面都有关系。笔者从四个方面对如何更规范地管理校园贷提出建议，希望全社会都能重视这个问题，并聚社会之力去解决。

1. 校园贷作为提供金融服务的平台，必须要清楚其经营具有一定公益性，重视其目标客户群体即在校大学生。校园贷具有门槛低、利率高、风险大等特点，尤其要规范平台自身的经营模式，尊法守法，增强平台工作人员的法律意识和风险意识，避免在催款过程中使用非法手段侵害他人利益。同时，借贷平台要在行业内构建借贷人信息及时分享系统，防止不法分子在多个平台上利用他人信息假借贷款。加强对于借贷人的资质审查，与各大高校加强合作，共同为大学生创建合法化的借贷环境。

2. 校园贷的借贷主体特殊，仅凭校园贷网络平台自身的努力和监督对于防范出现恶性校园贷现象是远远不够的，国家必须在法律上给校园贷网络平台规范经营和用户管理提供法律依据。首先，完善民间借贷中关于校园贷问题的法律法规，提高金融业法律法规的法律位阶，强化对金融机构资质的审查，为校园贷网络平台构建开放合法的融资渠道和融资环境。其次，削弱法律法规的滞后性，针对现代社会出现的互联网金融犯罪问题，出台相应的刑法修正案和指导性案例，以国家暴力手段打击数据化时代的金融犯罪。同时，还要推进公安、检察院、法院和工商局等多个兄弟部门的联合执法、技术化执法，指导金融业行业内部形成完善的行业自治。

3. 大学生这一群体和其他消费群体不同，大学生虽然脱离了父母的庇佑，但是社会经验少，缺乏丰富的风险预测经验。2016年4月，教育部与银监会联合发布了《关于加强校园不良网络借贷风险防范和教育引导工作的通知》，明确要求各高校建立校园不良网络借贷日常监测机制和实时预警机制，同时，建立校园不良网络借贷应对处置机制。作为与大学生群体最密切的监护人就是学校。高校也应当承担起引导大学生树立正确的消费观念的责任，对于家庭困难的学生应该时时关注，也应该关注消费情况异常的学生，帮助大学生对于现代五光十色的物质社会保持平稳心态,避免成为跟风消费的群体。

4. 校园贷事件引起全民关注中大众媒体也发挥了重要的作用。2016 年 3 月 18 日,《新京报》首次刊登《第五次自杀:河南大学生因赌球陷“校园贷”巨债跳楼》的文章,校园贷第一次正式走入公众视野。《新京报》作为一家专业性媒体具有较强的影响力,此文在业界引起轰动。随后,2016 年 6 月《人民日报》发表《校园网贷,别让便利变隐患》的经济时评,痛斥校园贷的行业乱象。2017 年 4 月 20 日,央视《新闻 1 + 1》栏目针对“校园贷”市场乱象进行了专题报道。节目中提到,“校园贷”原本能够帮助学生更好地度过校园生活,只是越来越多的平台被欺诈分子利用,不仅学生的利益受损,其实平台也是受害者之一。要解决问题,还是要回到加强监管上来,同时也要提高学生的信用安全意识,警惕校园金融欺诈行为。各大主流媒体对于校园贷问题的持续关注与跟踪报道也促使相关政策的出台,对整治校园贷问题起到了积极作用。但是,校园贷问题固然借助大众媒体受到社会重视,但是也应当警惕被大众媒介牵着鼻子走。校园贷作为一种新生的金融服务业,固然存在很多乱象需要人们去关注,但媒体对待校园贷也不应当一棒子全打死,对校园贷问题进行过度消费和错误引导。大众媒体对于舆论的引导应当是积极的,既要对校园贷中存在的弊端发挥媒介作为社会监督者的作用,也要看到校园贷确实为有特殊情况的大学生解了燃眉之急。大众媒介应当引导公众对校园贷持一种宽容且理性的态度,不能把校园贷视为洪水猛兽。

在笔者看来,校园贷这个社会现象之所以引发社会关注是因为其主体的特殊性。但是就其本质而言,校园贷仍是一种隐形的高利贷。基于对人性的考虑,我们不能因为校园贷的目标群体特殊就限制该行业的发展。现代社会是一个消费型社会,身处其中的每个人都避免不了消费行为,大学生刚刚开始独立,欠缺风险预测经验,且渴望财务独立,对于大学生们的这种心态我们应当朝向积极的方面引导,鼓励大学生通过自身技能去实现自身价值。我们支持大学生选择靠谱平台合理借款,树立风险观念和信用意识,合理使用校园贷并将借款用于正当途径。同时,也应当避免对校园贷矫枉过正,在引导校园贷网络平台走上规范化发展道路的同时也不断对其进行完善,构建国家金融机构和民间借贷平台共同呵护大学生成长的良性社会环境。

(本文作者巢立明,华东政法大学副教授;王志权,上海国定律师事务所律师;刘慧,上海市民生律师事务所律师)

(感谢孙燕对本文的帮助)

斯维尔诉广东省教育厅行政垄断案

一、入选理由

行政垄断是我国普遍存在的现象，一直是《反垄断法》规制的难点和重点。本案作为反行政垄断第一案，为今后反垄断诉讼起到了灯塔式的指示性作用。本案中的主要争议焦点是“行政垄断行为”如何认定。这个问题，常常是处理行政垄断诉讼中的法律焦点问题。对于如何在行政垄断中适用《反垄断法》，如何认定行政垄断行为，广州中院以及广东省高院的判决给出了明确的回答和解释，为未来反行政垄断诉讼奠定了有力的法理基础，具有很强的指导意义。该案审理颇有特色的地方在于首次在行政垄断诉讼中引入法律专家证人出庭这一环节。由于这是司法领域第一次受理涉及行政垄断的行政诉讼，涉及专业问题很多，法院允许了反垄断法领域和行政诉讼法领域的知名专家发表专家证言。法院能够在法律专业问题上，参考部门法专家学者的专业意见，对提高法院的审理水平有着重要的意义。

二、事件回顾

工程造价学是教育部根据国民经济和社会发展的需要而新增设的专业，也是业内职业培训及相关技能比赛的热门项目。利用计算机软件计算建筑工程造价已经成为行业内的一般做法，而本案的原告深圳市斯维尔科技有限公司（以下简称斯维尔）、第三人广联达公司是市场上主要的两家建筑工程造价专业软件的生产企业。

2014 年 2 月 15 日，全国职业院校技能大赛组织委员会公布《2014 年全国职业院校技能大赛赛项规程编制要求的通知》，该通知公布了 2014 年全国职业院校技能大赛赛程实施的具体方案和政策规定，并要求在本次大赛中拟设赛项的申办单位组织专门团队，按照本要求精心编制赛项规程，于 2014 年 3 月 15 日前报执委会。①

2014 年 3 月 11 日，被告广东省教育厅下发《广东省教育厅关于开展 2014 年全国职业院校技能大赛高职组广东省选拔赛的通知》，成立由被告、行业企业、高职院校组成的“2014 年全国职业院校技能大赛”高职组广东省选拔赛组织委员会（以下简称广东选拔赛组委会），统筹负责本次比赛，组委会下设秘书处负责具体相关事宜。该通知还明确工程造价基本技能为其中的比赛项目之一。

2014 年全国职业院校技能大赛高职组广东省选拔赛工程造价基本技能赛项组委会经报送广东省教育厅审核通过后发出《关于举办 2014 年全国职业院校技能大赛高职组广东省选拔赛工程造价基本技能赛项的通知》。该通知明确要求在广东省选拔赛工程造价基本技能比赛中独家使用广联达的软件。②

同为生产工程造价专业软件的斯维尔公司认为，广东省教育厅限定只能使用广联达的软件，侵害了企业公平竞争的权利。于是，斯维尔公司于 2014 年 4 月 29 日起诉广东省教育厅，广联达公司被列为此次诉讼的第三人。同年 6 月 26 日，该案在广州市中级人民法院进行一审开庭审理。广州中院于 2015 年 2 月 2 日作出判决，判决斯维尔公司胜诉。后广东省教育厅、广联达公司不服一审判决，提起上诉，广东省高院于 2017 年 6 月 28 日作出判决，判决驳回上诉，维持原判。

本案主要争议焦点集中在“行政垄断行为”应该如何认定以及行政机关发布的“通知”能否属于行政诉讼受理范围。

斯维尔公司认为，被告广东省教育厅以《工程造价基本技能赛项规程》为由，滥用行政权力限定或变相限定参赛者购买、使用其指定的广联达公司独家软件和相应设备，涉嫌违反公开、公平和公正的法定程序，该指定行为不具有任何法律依据，严重扭曲工程造价相关产品行业的市场竞争秩序，违反了《反垄断法》，构成行政垄断。

广东省教育厅认为：（一）行为不构成行政垄断。理由如下：1. 涉案赛项中选用广联达公司软件是以教育部的文件作为依据。2.《反垄断法》第 32 条规定

① 《2014 年全国职业院校技能大赛赛项规程编制要求的通知》，载全国职业技能院校大赛网：http://www.nvsc.com.cn/2014/home_0220/16535.html，最后访问日期：2017 年 12 月 10 日。

② 《斯维尔公司诉广东省教育厅侵犯公平竞争权案——广东省高级人民法院行政判决书》，载法治政府网：http://fzzfyjy.cupl.edu.cn/info/1075/8239.htm? urltype = tree. TreeTempUrl&wbtreeid = 1345，最后访问日期：2017 年 12 月 10 日。

的“使用”，是指日常使用，即经常性使用，而本次比赛仅短时间使用比赛软件，并不符合《反垄断法》所称的“使用”规定。3. 比赛选用广联达公司软件后，很多学校仍使用斯维尔公司的软件，未影响到软件行业的市场竞争。4.《行政诉讼法》只规定人民法院对行政行为进行合法性审查。由于目前法律法规未明确规定教育部门应遵循何种程序组织和管理职业教育赛事，因此，省教育厅组织赛事的程序不违反法定程序。（二）本案不属于行政诉讼受理范围。由于举办该类型比赛项目不是省教育厅的法定职责，是权力之外的行为，不属于行政行为。此外，该行为不是政府采购行为，也未限制各学院日常购买和使用软件，对斯维尔公司的实体权利不产生实际影响。

广联达公司认为：（一）行为不构成行政垄断。1.《反垄断法》适用于经济活动中的垄断行为，而涉案赛事属于文化教育活动，不属于《反垄断法》的适用范围。2. 构成行政垄断行为的要件中缺乏排除、限制竞争的要件，要以是否排除、限制竞争为目的或动机，以及是否产生排除、限制竞争的后果来进行判断。3. 省教育厅选用赛事软件的行为，其目的是进行赛事组织，而非干预市场的行为，不具有排除、限制竞争的目的和动机，也没有产生排除、限制竞争的后果。（二）不能以省教育厅未能举证证明“其在涉案的赛项中指定独家使用第三人的相关软件经正当程序，系合理使用行政权力”为由，认定省教育厅滥用行政权力。1. 人民法院对行政行为程序合法性的审查标准为“是否符合法定程序”，省教育厅组织赛事的程序不违反法定程序。2. “正当程序审查原则”不应该适用于对省教育厅举办赛事的行政行为的审查。3. 对省教育厅组织赛事的行为进行“合理性审查”，违反了《行政诉讼法》确定的“合法性审查”原则。4. 不能以省教育厅未能证明其合理使用行政权力而认定其滥用职权。

广州中院认为：涉案的工程造价基本技能赛项系由被告广东省教育厅主办，且上述赛项技术规范和竞赛规程在经被告审核通过后才予以公布，故在涉案的工程造价基本技能赛项中指定独家使用第三人相关软件的行为系被告行使行政职权的行政行为。行政机关滥用行政权力排除、限制竞争行为应具备三个要件：一是主体为行政机关和法律、法规授权的具有管理公共事务职能的组织；二是行政机关及相关组织有限定或者变相限定单位或者个人经营、购买、使用其指定的经营者提供商品的行为；三是行政机关及相关组织在实施上述行为过程中滥用行政权力。本案中，作为行政机关的广东省教育厅在涉案的赛项技术规范和竞赛规程中明确指定涉案的赛项独家使用第三人的相关软件，该行政行为已符合上述法律规定的行政机关排除、限制竞争行为的前两个要件。根据《行政诉讼法》第 34 条规定，广东省教育厅应对上述行政行为的合法性负举证责任，但广东省教育厅提供的证据不能证明其在涉案的赛项中指定独家使用第三人的相关软件经正当程序，系合理使用行政权力，应承担举证不能的责任。所以被诉的行政行为符合上述法律关于行政机关滥用行政权力排除、限制竞争行为的规定。

广东省高院认为：涉案的工程造价基本技能赛项系由广东省教育厅主办，上述赛项技术规范和竞赛规程经广东省教育厅审核通过后才予以公布。且广东省教育厅具有对职业技术院校举办赛事活动进行管理的职责，因此，涉案行为系广东省教育厅行使行政职权的行政行为。斯维尔公司以广东省教育厅上述指定使用行为侵犯其公平竞争权提起的诉讼，属于最高人民法院《关于执行〈中华人民共和国行政诉讼法〉若干问题的解释》规定的行政诉讼受案范围。对于指定使用行为是否构成滥用行政权力，产生排除、限制竞争的效果，损害市场公平竞争秩序问题，应该由广东省教育厅进行举证，举证不能，理应承担败诉后果，且广东省教育厅指定使用广联达公司相关软件行为会导致参赛院校师生在使用习惯方面产生依赖，并且提升广联达公司产品的知名度，从而导致广联达公司软件在市场占有份额的上升，同时导致了斯维尔公司等同类竞争者的产品在市场占有份额方面的下降，进而损害市场公平竞争秩序，产生了排除、限制竞争的效果。①

反垄断法领域的专家证人是北京大学法学院教授盛杰民。他认为，广东省教育厅在省赛的相关规程、通知中明确指定所有参赛者只能使用广联达公司的软件，这种具体限制的交易行为是通过直接方式给相对人设定了具体的权利义务，直接对参赛单位施加了影响。因此，这种行为属于限定交易中滥用行政权力排除、限制竞争行为。

行政诉讼法领域专家证人是北京大学法学院教授湛中乐。他认为，省级选拔赛的通知涉及三十多个学校及学生以及参赛过程中使用软件的生产经营公司，虽然人数众多，但却是特定的。抽象性文件的特点是可以反复适用，而此次赛项的通知只适用 2014 年广东省工程造价基本技能选拔赛。因此，“指定独家参赛软件”的通知，虽然具备了抽象性文件的“外壳”，但其实质是可诉的具体行

① 〔2014〕穗中法行初字第 149 号，斯维尔诉广东省教育厅行政垄断案一审判决书。
〔2015〕粤高法行终字第 228 号，斯维尔诉广东省教育厅行政垄断案二审判决书。

政行为。①

三、各方观点

前国务院反垄断委员会专家咨询组副组长　对外经济贸易大学法学院教授黄勇：该案的审理其实对普及《反垄断法》主张的竞争文化是一次很好的示范。它再次彰显行政行为不得无正当理由介入市场竞争领域这一中央精神。党的十八届三中全会提出使市场在资源配置中发挥决定性作用、处理好政府和市场的关系、进一步破除各种形式的行政垄断。在此案之前，对于行政垄断，救济渠道只有当事人举报和执法机关查处，缺失重要的一环就是司法诉讼。因为只有通过诉讼渠道，以司法审判的形式来说明行政垄断的不合理性，才具有非常好的普世意义。行政垄断司法诉讼也从一个层面倒逼公平竞争审查制度的贯彻落实。迫使行政机关在作出行政行为时首先要有个自我的事前审查。而且本案也给市场发出了一个信号，就是对于每一个市场主体，当面临行政权力和一些经济势力相关联危害自身生存或发展利益时，都可以拿起法律武器来进行维权和救济。此前，各级政府通过红头文件、行政命令等形式清理、整顿行政垄断，效果有限。现在，《反垄断法》为破除行政垄断提供了一个强有力的法律工具，真正成了“有牙齿的老虎”。②

北京大学法学院教授　盛杰民：作为首个行政垄断诉讼案例，此案对于贯彻公平竞争审查制度、进一步推进反垄断执法意义重大。更重要的是该案为今后行政垄断诉讼的证据审查提供了范本，也对今后公平竞争审查提出了明确要求：那就是行政机关在作出任何行政行为时，即使是法律没有明确规定其行政行为该遵循哪种法定程序时，也应当通过公开、公平的竞争性选择程序来实施行政行为，同时这种公开、公平的程序还需是实质性的，不是走过场。③

北京大学法学院教授　王锡锌：反行政垄断常态化，将迫使各地政府部门收敛权力，不再随意插手干预市场，而是转变身份，做市场秩序的监管者和裁判，让

① 万静：《广东教育厅指定赛事软件　院判决构成行政垄断》，载法制日报：http://law.southcn.com/c/2015-02/16/content_118565983.htm，最后访问日期：2017年12月11日。

② 张玮：《观察|全国首起反垄断行政诉讼案“民赢官输”》，载辽宁法制报：http://www.sohu.com/a/166264408_355244，最后访问日期：2017年12月11日。

③ 万静：《我国首个行政垄断案例频创多个“第一”》，载法制日报：http://www.sohu.com/a/162686072_120809，最后访问日期：2017年12月11日。

市场竞争走向正常化。同时，首例反行政垄断诉讼的突破，亦提醒企业和社会机构，在遇到行政垄断的时候，不妨主动拿起反垄断法律的武器，维护自己的合法利益，遏制政府部门的违法行为。①

南开大学法学院教授　何红锋：斯维尔诉广东省教育厅涉嫌行政垄断一案，如果国赛中相关部门是通过公开招标等公开竞争方式选出了供应商，且省赛所用软件必须与国赛软件一致，否则系统不兼容，这种情况下，省赛时可以依据上级部门文件限定供应商，否则，属于滥用行政权力。

自 1993 年《反不正当竞争法》实施、2008 年《反垄断法》颁布、2014 年《行政诉讼法》修订至今，类似滥用行政权力的现象少了很多。未来，更为公平的市场氛围，值得期待。②

斯维尔代理律师——北京大成律师事务所律师　魏士廪：此案最终能够胜诉，除了两级法院公正而又高水平审判外，还和目前国内整个公平竞争的环境进一步改善有关系。众所周知，近两年来国家发改委等部门查处、公布了很多行政垄断案件。2016 年 6 月 1 日，《国务院关于在市场体系建设中建立公平竞争审查制度的意见》正式发布。目前从部委到地方政府，公平竞争审查制度都在朝着系统完善地建立方向发展。部委已经有了部级联席制度，地方也有了很多公平竞争审查联席会议。再加上 2017 年《行政诉讼法》的修改，以上种种外部条件，也是促成此案最终胜诉的大势。③

四、笔者评论

我国正处于社会转型期，破除行政垄断一直是一个社会焦点问题，2008 年实施的《反垄断法》，将行政垄断纳入《反垄断法》规制范畴，近年来反垄断执法机构也做了大量的努力。然而随着各项改革制度的深入，改革渐入深水区，各种利益格局错综复杂，行政垄断依然是阻碍我国经济发展，影响公平竞争环境的一个突出问题。

---

① 万静：《反垄断之难在于"反行政垄断"》，载法治周末：http://m.hexun.com/news/2015-03-04/173705341.html，最后访问日期：2017 年 12 月 11 日。

② 《从全国首例行政垄断诉讼案看部门规范性文件作为供应商资格条件的合法性》，载中国政府采购报：http://www.ccgp.gov.cn/dfcg/jingyan/201507/t20150727_5614484.htm，最后访问日期：2017 年 12 月 13 日。

③ 万静：《我国首个行政垄断案例频创多个"第一"》，载法制日报：http://www.sohu.com/a/162686072_120809，最后访问日期：2017 年 12 月 11 日。

2016年6月14日,国务院发布了《关于在市场体系建设中建立公平竞争审查制度的意见》;2017年5月10日,公平竞争审查工作部级联席会议召开第一次全体会议;2017年10月23日,国家发展改革委、财政部、商务部、工商总局、国务院法制办五部门印发《公平竞争审查制度实施细则(暂行)》。在政府内部,公平审查,清理现行排除、限制竞争政策的行动已经在逐步展开。而这种从体制内部进行的自上而下的改革,如果能与斯维尔诉广东省教育厅案这种对行政垄断行为自下而上的挑战相结合,破除行政垄断指日可待。

综观本案判决书主文内容,笔者注意到,广州中院以及广东省高院对于本次案件核心争议——"行政垄断行为"如何认定这一问题主要通过三个要件进行判断:

1. 主体要件,行政行为主体,是行政机关和法律、法规授权的具有管理公共事务职能的组织。

2. 实施法定行为要件,即行政机关或相关组织有限定或变相限定单位或个人经营、购买、使用其指定的经营者提供商品的行为。

3. 行政机关或相关组织在实施上述行为过程中滥用行政权力,并且产生了排除、限制竞争,损害市场公平竞争秩序的后果。需要说明的是,广州中院以及广东省高院均认为要件三的证明责任根据《行政诉讼法》第34条"被告对作出的行政行为负有举证责任,应当提供作出该具体行政行为的证据和所依据的规范性文件"之规定应该属于作出行政行为的行政机关,如无法证明,则应承担举证不能的责任。且法院对要件三的证明责任要求比较高,仅组织专家组会议评议这种看似合理的单方面选择的程序不能确保决定的合法性,必须通过公开、公平的竞争性选择程序,才能避免构成行政垄断的风险。

专家证人的使用也是该案的一大特色,以往专家证人只适用于与法律无关的专业领域,从技术上或实践经验上为法官提供事实依据。实际上,法官长于对案件事实的把握与判断,对于法律本身的研究往往不如部门法的专家,尤其是"行政垄断"这样不常见的案件。在法律问题上使用专家证人,能够给法官提供更专业的法律意见,使法官能够在更充分地理解部门法的基础上作出水平更高的判决。不仅有助于提升法官审判能力,更能够提高司法公信力。

综上所述,本案作为反行政垄断案件第一案,判决的诉讼思路以及使用法律专家证人的诉讼模式都具有标杆式的积极指导意义。笔者认为,该案只是反行政垄断诉讼的一个起点,行政机关职能的转变已经成为社会的一大趋势,反行政垄断诉讼将在未来的几年里出现井喷式的爆发,该案的指示性作用不言而喻。另外,笔者还认为这种"民告官"的形式将对倒逼行政机关全面推进公平审查制度有着积极的作用。

(本文作者田小丰,上海邦信阳中建中汇律师事务所合伙人)

(感谢孙逸对本文的帮助)

高德诉滴滴7500万元不正当竞争案

一、入选理由

“大众创业、万众创新”的时代是资本竞争的时代，更是人才、知识和信息激烈竞争的时代，其中人员的流动带动了知识、信息和资本的流动。因此，对“人”的争夺是这个时代关注的焦点，也是这个时代法律关注的重要问题。高德诉滴滴不正当竞争案，实质上是8个诉讼的系列案件，其吸引眼球的地方当然包括原告高德总额高达7500万元的求偿额，但该案事实所涉及的人员自主择业、创业过程中可能出现的侵犯商业秘密等不正当竞争行为，以及不正当竞争行为和竞业限制等劳动法问题的联系区别问题，更应该加以关注和研究。虽然目前本案因管辖权异议已上诉至二审法院，对于案件的下一步走向还不得而知，大部分涉案事实仅是媒体报道，但并不妨碍我们对该案背后的典型问题加以分析。

二、事件回顾

因认为北京嘀嘀无限科技发展有限公司（以下简称“嘀嘀公司”）、北京小桔科技有限公司（以下简称“小桔公司”）虚假宣传，并伙同中智项目外包服务有限公司(以下简称“中智公司”)及公司原高级经理胡某,拉拢公司掌握核心商业秘密的6名员工为嘀嘀公司、小桔公司提供服务,侵犯商业秘密,构成不正当竞争,高德软件有限公司(以下简称“高德软件公司”)、高德信息技术有限公司(以下简称“高德信息公司”)提起8起不正当竞争诉讼(以下合称“本案”),索赔7500万元。

高德软件公司、高德信息公司诉称,该公司发现胡某从高德软件公司离职后,在竞业限制期内入职与高德有直接竞争关系的嘀嘀公司。嘀嘀公司为了帮助胡某规避竞业限制责任,与胡某本人、中智公司串通将胡某的劳动关系放在表面上与高德无直接竞争关系的中智公司,后又迁回嘀嘀公司。

高德软件公司、高德信息公司称胡某利用职务便利,与嘀嘀公司、小桔公司劝诱公司另外6名高级工程师或资深工程师在很短时间内相继离职,上述员工在高德任职期间或离职后几乎同时开始为嘀嘀公司、小桔公司服务,上述人员在高德工作时均属于胡某团队或与其有紧密业务联系的部门,是公司重要研发人员,均掌握公司商业秘密,部分工程师在离职前还大量拷贝了公司商业秘密,严重损害了公司权益。

高德软件公司、高德信息公司认为嘀嘀公司、小桔公司、中智公司、胡某及另外6名员工,单独或共同在明知的情况下,诱使公司众多员工成建制的同时或相继离职并且违反竞业限制约束为嘀嘀公司、小桔公司提供服务,通过将劳动关系放在中智公司掩盖上述行为。以上行为有违商业道德和诚实信用原则,致使该公司正常经营秩序被干扰和破坏,导致其竞争优势在短时间遭遇不正当侵蚀,侵害了公司利益和消费者利益,损害了市场竞争秩序,使公众无法享有公平竞争所带来的社会福利,违反了《反不正当竞争法》第2条的规定。嘀嘀公司、小桔公司伙同中智公司、胡某,拉拢公司另外6名掌握核心商业秘密的员工为其提供服务的行为,侵犯了公司商业秘密,构成不正当竞争,应承担连带赔偿责任。

为此,高德软件公司、高德信息公司将嘀嘀公司、小桔公司、中智公司、胡某及另外6名前员工分别诉至法院,要求判令立即停止不正当竞争行为、分别辞退上述7名员工,公开赔礼道歉,并分别索赔经济损失和合理支出1000万元,共计7000万元。

此外,高德软件公司、高德信息公司还以虚假宣传为由,对嘀嘀公司、小桔公司另案提起不正当竞争诉讼。高德软件公司、高德信息公司在起诉书中称,嘀嘀公司、小桔公司在公司官网、微信公众号、微博等宣传中,称其为“全球最大的一站式多元化出行平台”“本地 O2O 落地承载的最简单方式”“滴滴师傅最好”,称“滴滴拥有 87% 以上的中国专车市场份额;99% 以上的网约出租车市场份额……”高德软件公司、高德信息公司认为,嘀嘀公司、小桔公司对企业规模、市场份额、服务提供者等使用了最高级用语和虚假数据进行夸张和引人误解的片面宣传,对其专业水平、社会影响力等未在科学上定论的内容作定论性宣传,误导消费者、属于虚假宣传,对消费者购买决策产生影响,扰乱市场竞争秩序,给高德造成巨大损失,应承担赔偿责任。为此,高德软件公司、高德信息公司诉至法院,要求判令嘀嘀公司、小桔公司立即停止不正当竞争行为,公开赔礼道歉,索赔经济损失及合理支出 500 万元。①

三、各方观点

中国政法大学知识产权法研究中心研究员　李俊慧:高德离职员工在加入滴滴公司前或后,是否不当披露了掌握的相关商业秘密给滴滴公司,或者将其掌握的商业秘密用于滴滴公司相关产品或技术的研发,是本案最大关注点所在。②

上海汇业律师事务所合伙人　洪桂彬:高德公司要想获得商业秘密侵权案件的胜诉,须举证商业秘密的客观存在、“滴滴”公司侵权行为的存在、实际损失大小、侵权行为与实际损失之间存在必然因果关系。根据对过往的商业秘密侵权案件的观察,高德公司举证难度较高,获得巨额赔偿概率相对较低。侵犯商业秘密是《反不正当竞争法》所规定的不正当竞争行为类型之一,如果高德公司能够举证证明他们公司有商业秘密而且几位被告实施了披露、许可他人使用前雇主的商业秘密,并且给高德公司造成了损失,这几个要件同时具备,那么包括 7 名员工在内以及新雇主滴滴公司都要承担侵权赔偿责任。这对于高德公司的举证义务要求比较高。第一,现实中往往很难证明实际损失,第二很难证明侵权行为成立,泄露商业秘密行为非常隐蔽,第三有没有造成损失,两者之间有没有因果关系难以证明。

对于高德方面在诉讼中提出的其前员工“违反竞业限制义务”的理解,简单

① 张蕾:《高德诉滴滴不正当竞争　索赔 7500 万》,载中国新闻网:http://www.chinanews.com/cj/2017/02-16/8151539.shtml,最后访问日期:2017 年 2 月 20 日。

② 王逸群、孙莹:《高德起诉滴滴不正当竞争索赔 7500 万　举证难度高》,载中国法院网:http://www.chinacourt.org/article/detail/2017/05/id/2884058.shtml#__sinfor=appid:801368793,最后访问日期:2017 年 5 月 30 日。

来说在事先有合同约定的情况下,竞业限制义务要求员工离职之后在一定期限内,不能够去与原单位有竞争关系的公司工作。但是竞业限制纠纷属于劳动争议,本案高德公司提起的是不正当竞争纠纷,无法处理竞业限制协议下的违约责任。现行的《反不正当竞争法》罗列的11种不正当竞争行为没有对此规定,所以对于违反竞业限制义务,员工可能违约(要判断此前劳资双方是否有约定),但并不代表员工必然构成法律规定的不正当竞争行为,因为《反不正当竞争法》第2条的规定是一个原则性规定,法院在援引时相当谨慎。①

四、笔者评论

因为本案截至本文起草时仍然是未决案件,案件因为管辖权异议问题,甚至还未正式就本案事实部分进行法庭调查、举证质证,也因为如此目前能够看到的各方对本案的评论也少之又少,但本案目前已知事实及其背后的法律问题却相当值得分析,除了上述各方关于商业秘密界定的观点外,还至少包括以下几个方面:

(一)侵犯商业秘密和竞业限制之间的关系

高德起诉的8个案件中,除已知一案案由为虚假宣传不正当竞争外,其余7案均为员工"跳槽"引发的纠纷,所涉及的案由均包括了"侵害商业秘密"。与此同时,我们也看到了原告两高德公司所主张的案件事实还包括,本案被告为了达到相关员工"安全离职"的目的,以"劳动关系放在表面上与高德无直接竞争关系的中智公司,后又迁回嘀嘀公司"的方式帮助相关人员规避"竞业限制"。

本案的这节事实充分说明了劳动法领域的"竞业限制"和反不正当竞争法中"侵害商业秘密"内容的部分重合及天然联系。就两者的关系来看,无论是竞业限制还是"跳槽"引发的商业秘密纠纷,其必然是以存在商业秘密为前提。而两者在保护同一种法益时却采取了不同的路径:

1. 法律性质及约束对象不同

竞业限制一般通过竞业限制条款或者协议,以违约责任来保护经营主体的商业秘密,其通过前述条款和协议直接约束的对象为劳动者,即在劳动关系存续

---

① 王逸群、孙莹:《高德起诉滴滴不正当竞争索赔7500万　举证难度高》,载中国法院网:http://www.chinacourt.org/article/detail/2017/05/id/2884058.shtml#__sinfor=appid:801368793,最后访问日期:2017年5月30日。

期间接触到公司商业秘密的“个人”。

但不正当竞争关系中侵害商业秘密的责任主要是侵权责任，追究的是与商业秘密权利人存在直接竞争关系的其他经营主体，这里的主体一般是法人、其他组织，并不包括个人。

因此，在本案中我们看到本案事实部分谈及“竞业限制”协议、高德跳槽人员中的胡某也存在帮助滴滴“拉人”，怂恿原单位人员跳槽的行为，但却未被列为被告，这正是因为《反不正当竞争法》所调整的关系为市场竞争主体之间的公平竞争关系，即便相关主体对打破这种“公平”平衡提供实质性帮助，但只要其不属于市场竞争主体，也就不在《反不正当竞争法》调整之列。

2. 支付报酬及约束期限的不同

对个人劳动者附加竞业限制的义务，本质上是限制个人的择业、执业自由，因此《劳动合同法》等法律规定，对以“竞业限制”约束个人来达到保护商业秘密的目的的市场主体，必须以支付竞业限制补偿为前提，约定补偿但不支付或未约定未支付补偿的，劳动者不受竞业限制的约束。此外，法律还明确规定竞业限制的最长期限为员工离职后的 2 年。

而就《反不正当竞争法》所保护的商业秘密而言，该保护不以商业秘密的权利人对外支付补偿为前提，即任何竞争主体均必须无条件地不侵害其他竞争主体的商业秘密。此外，竞争关系中的商业秘密保护也没有期限限制，只要相关经营信息、技术信息本身具有非公开性、保密性、实用性等商业秘密的特点，其就能够一直获得《反不正当竞争法》的保护。

顺便一提的是，2017 年 11 月修订的《反不正当竞争法》对商业秘密的“保密性”已经从“采取保密措施”修订为“采取相应保密措施”，其中“相应”两字能否降低当事人举证责任、放松措施的标准要求，非常值得关注。当然本案在新法实施前已经立案，仍然应当适用旧法进行裁判，但新法的精神会不会影响本案法官自由裁量，也颇值得关注。

（二）以原则性条款和商业秘密条款同时对侵权行为和侵权结果进行调整

本案原告高德公司在主张被告“成建制”挖走其员工时，既对引起侵害商业秘密的结果进行了追责，同时也对两被告引诱、拉拢相关人员的行为以《反不正当竞争法》第 2 条的原则性条款提起侵权主张。

自最高人民法院于 2011 年 4 月发布《知识产权案件年度报告（2010）》中对（2009）民申字第 1065 号“海带配额案”进行点评，确立了适用《反不正当竞争法》第2条原则性条款的基本条件，包括：(1)该种不正当竞争行为不属于法律所明文规定的11种不正当竞争行为范围；(2)其他经营者的合法权益确因该竞争行为而受到了实际损害；(3)该种竞争行为因确属违反诚实信用原则和公认的商业道德而具有不正当性或者说可责性。

而本案中引诱、拉拢员工的行为，是导致“商业秘密”被侵害的前提性行为或者说必经行为，“商业秘密”泄露是由引诱、拉拢员工行为所引起。这时就产生了一个问题，即侵权行为是否必然地被由其导致的结果吸收。

笔者更倾向于认为对已经诱发具体“结果”的“行为”，应当统一地以“结果”为基础进行维权，仅有在行为未导致法律规定结果但其本身可予以追责的情况下，才可以对行为进行单独维权。但是，对高德公司“诉不厌精”的诉讼“剖解”精神，笔者还是表示嘉许，也期待本案法院对此问题的说理和判断。

(三)不正当竞争侵权是否不以“竞争关系”为前提

本案中为被告提供劳务派遣服务的中智公司也被列为了被告，而中智公司和本案两高德公司之间不存在直接的竞争关系。目前本案未披露更多原告对中智公司的责任描述，而客观上原告可以直接主张的被告的侵权行为无非为“直接侵权”及“间接侵权(帮助侵权)”两种。

虽然《反不正当竞争法》及其实施条例或司法解释并未明确调整主体之间必须存在竞争关系，其第2条仅仅规定“本法所称的不正当竞争行为，是指经营者在生产经营活动中，违反本法规定，扰乱市场竞争秩序，损害其他经营者或者消费者的合法权益的行为。本法所称的经营者，是指从事商品生产、经营或者提供服务(以下所称商品包括服务)的自然人、法人和非法人组织”。但“直接竞争关系”似乎已经约定俗成地成为不正当竞争纠纷中必须优先查明的问题。

如果本案原告主张中智公司行为构成直接侵权，则原告诉情将直面“竞争关系”的考验，如果原告仅仅主张中智公司行为构成间接侵权，表面上来看似乎可以援引《侵权责任法》等法律来解决责任认定问题，但其认定结果毕竟是在“反不正当竞争”的环境中，如果在没有“直接竞争关系”的情况下仍然认定构成“间接侵权(帮助侵权)”，对目前的实践也是一种突破。

(四)网络侵权管辖规定莫衷一是

目前本案被告已经对本案提起了管辖权异议，其中对于网络虚假宣传一案的异议理由是《民事诉讼法》及其司法解释中关于网络侵权的“结果发生地”包括被侵权人所在地的规定并不适用本案，仅限于信息网络传播权案件。

事实上本案对网络侵权的争议代表了最高人民法院《关于适用〈中华人民共和国民事诉讼法〉的解释》(法释〔2018〕5 号)将“被侵权人所在地”直接规定为侵权行为地后,实务界对此问题认识的分歧。按照上述司法解释第 25 条的规定,“信息网络侵权行为实施地包括实施被诉侵权行为的计算机等信息设备所在地,侵权结果发生地包括被侵权人住所地”。随着这条规定的出现,大量网络侵权纠纷由原告选择在其住所地进行管辖,与之相对应的就是被告提出管辖权异议时对上述司法解释的规定进行“扩大”或“缩小”解释。

本案被告抗辩相关解释应当仅限于“信息网络传播权”案件是典型的缩小解释,用以排除包括本案不正当竞争行为在内的侵权案件适用本条规定。但同时我们也看到另一种扩大解释,即关于“信息网络传播权”司法管辖,最高院所颁布并仍然有效的《关于审理侵害信息网络传播权民事纠纷案件适用法律若干问题的规定》(法释〔2012〕20 号)中规定“侵权行为地包括实施被诉侵权行为的网络服务器、计算机终端等设备所在地。侵权行为地和被告住所地均难以确定或者在境外的,原告发现侵权内容的计算机终端等设备所在地可以视为侵权行为地。”

如果适用上述规定,则原告住所地并不包括在侵权行为地中,而且适用与原告存在直接关联关系的管辖地,必须以无法查明侵权行为地及被告所在地为前提。但实践中相当一部分案件并未说清法释〔2015〕5 号与法释〔2012〕20 号规定之间的关系。

本案管辖权异议部分在二审中将如何认定,能否完全明确法释〔2015〕5 号司法解释关于网络侵权关系条款的适用范围,也是值得关注的地方。

(本文作者陈斌寅,上海邦信阳中建中汇律师事务所合伙人)

“e 租宝”案尘埃落定:P2P 平台何去何从

一、入选理由

2017 年 9 月 12 日,北京市第一中级人民法院依法公开宣判被告单位安徽钰诚控股集团、钰诚国际控股集团有限公司以及被告人丁宁、丁甸、张敏等 26 人集资诈骗、非法吸收公众存款案;处罚金人民币 18.03 亿元,丁宁以集资诈骗罪、走私贵重金属罪、非法持有枪支罪、偷越国境罪判处无期徒刑。2017 年 11 月 29 日“e 租宝”案二审宣判:驳回上诉维持原判。轰动一时的国内最大互联网金融诈骗案件尘埃落定,涉案金额高达 762 亿元,受害投资人遍布全国 31 个省区。

截至 2017 年 11 月底,网贷行业的月报显示,P2P 网贷行业累计平台数量已有 5962 家,在这 5962 家平台中就有 4008 家平台出现停业及其他的问题,而正常运营的平台数量不达 2000 家。[①] 12 月 18 日,北京市第三中级人民法院在与中国互联网金融协会、北京市金融工作局联合召开的通报会上透露,P2P 纠纷案件在 2017 年达到“高峰”,截至 12 月中旬,已收案近一万五千件。[②]

二、事件回顾

“e 租宝”是“钰诚系”下属的金易融(北京)网络科技有限公司运营的网络平台。2014 年 2 月,钰诚集团收购了这家公司,并对其运营的网络平台进行改造。注册资金为 1 亿元,2014 年 7 月,钰诚集团将改造后的平台命名为“e 租宝”,打着“网络金融”的旗号上线运营。

2014 年 6 月至 2015 年 12 月,安徽钰诚控股集团、钰诚国际控股集团有限公司及其负责人丁宁等人违反国家法律规定,控制、组织、利用安徽钰诚融资租赁有限公司等多家公司,在其建立的“e 租宝”“芝麻金融”互联网平台发布虚假的

---

① 《理财记整理 e 租宝,金豆包,诚信贷等多家 P2P 问题平台最新进展》,载凤凰网:http://news.ifeng.com/a/20171211/54065386_0.shtml,最后访问日期:2017 年 12 月 19 日。

② 陈鹏:《P2P 纠纷案件 2017 年达到“高峰”》,载《新京报》2017 年 12 月 19 日,B06 版。

融资租赁债权和个人债权项目，以承诺还本付息为诱饵，通过央视等媒体途径向社会公开宣传，非法吸收公众资金。

2015年12月3日，公众号"金融视界"爆出，"e租宝"深圳分公司被经侦突查，40余人被警方带回调查。12月8日晚间，新华社发文称"e租宝"涉嫌违法经营活动，正接受有关部门调查。随后"e租宝"官微确认被调查，并声明暂停业务。接着，北京和上海两地的"e租宝"办公室被警方入驻调查，包括"e租宝"总部所在的北京呼家楼安联大厦。据当时在附近的朋友反映，公安人员很快锁上大门并接管现场，对员工展开问话，直至当晚9点后警车仍未离开。同时，广州和佛山的分公司办公室也被公安局经侦支队贴上了封条。12月9日晚间，多方消息证实"e租宝"母公司钰诚集团的总部牌子已经被摘。

2016年1月，北京市检察机关依法批捕逮捕涉案的21名犯罪嫌疑人。全国各地检察机关对本案其他犯罪嫌疑人同步批准采取强制措施。4月27日，公安部、最高人民法院、最高人民检察院等14部委组织召开了防范和处置非法集资法律政策宣传座谈会，根据材料显示，"e租宝"总共涉及用户ID 901294个，累计充值581.75亿元，累计投资745.11亿元。其中约有15亿元被实际控制人丁宁用于赠予妻子、情人、员工及个人挥霍。其中，实际控制人丁宁涉嫌集资诈骗罪、非法吸收公众存款罪、非法持有枪支罪、非法组织他人偷越国（边）境罪四宗罪，已在今年1月14日被批准逮捕。8月16日下午，北京市人民检察院官网发布公告，公告称，"e租宝"实际控制人钰诚国际控股集团有限公司涉嫌集资诈骗罪，董事长、董事局主席丁宁、总裁张敏等11人涉嫌集资诈骗罪，党委书记、首席运营官王之焕等15人涉嫌非法吸收公众存款罪一案，由北京市公安局侦查终结移送审查起诉，北京市人民检察院第一分院于2016年8月15日依法受理。

2017年9月12日，北京市第一中级人民法院依法公开宣判被告单位安徽钰诚控股集团、钰诚国际控股集团有限公司以及被告人丁宁、丁甸、张敏等26人集资诈骗、非法吸收公众存款案，对钰诚国际控股集团有限公司以集资诈骗罪、走私贵重金属罪判处罚金人民币18.03亿元；对安徽钰诚控股集团以集资诈骗罪判处罚金人民币1亿元；对丁宁以集资诈骗罪、走私贵重金属罪、非法持有枪支罪、偷越国境罪判处无期徒刑，剥夺政治权利终身，并处没收个人财产人民币50万元，罚金人民币1亿元；对丁甸以集资诈骗罪判处无期徒刑，剥夺政治权利终身，并处罚金人民币7000万元。同时，分别以集资诈骗罪、非法吸收公众存款罪、走私贵重金属罪、偷越国境罪，对张敏等 24 人判处有期徒刑 15 年至 3 年不等刑罚，并处剥夺政治权利及罚金。11 月 29 日北京市高级人民法院对“e 租宝”案二审宣判：驳回上诉维持原判。

三、各方观点

中国华融资产管理股份有限公司博士后科研工作站、中国人民大学财政金融学院博士后流动站博士后　陈文：“e 租宝”是不是 P2P。P2P 的概念界定在国内还存在一些模糊的地方。官方文件中，P2P 最早见诸银监会办公厅在 2011 年 8 月发布的《关于人人贷有关风险提示的通知》，由于其将 P2P 翻译为“人人贷”，似乎界定 P2P 仅为个人对个人的网络借贷行为。随着 P2P 在国内模式的嬗变，实际上 P2P 早已突破了个人对个人贷款的限制，越发成为企业融资的渠道，尤其在中小企业融资中发挥了一定作用。越来越多的 P2P 平台开始与小额贷款公司、担保公司、保理公司、融资租赁公司合作，开展企业端的授信服务。在 2015 年 7 月央行等十部委下发的《关于促进互联网金融健康发展的指导意见》（以下简称《指导意见》）中，P2P 被翻译为“个体网络借贷”，“个体”的指代范围无疑大大超过“个人”，可以解读为自然人，也可以解读为企业法人。“e 租宝”在其宣传中就明确定位以融资租赁收益权转让为基础业务。单纯从业务模式角度看，“e 租宝”没有问题。在各种金融非标资产中，融资租赁项目算是有现金流支撑的较为优质的项目。鉴于国内实体企业“轻资产”的大方向，融资租赁业务也具有较为广阔的市场空间。“e 租宝”的真正问题在于其根本没有实际的业务支撑。在“e 租宝”平台上，大量的融资项目标的为虚假标的，实际资金流向并不明晰。在真正的 P2P 模式中，无论项目端对应个人还是企业，借款主体必然是真实存在的，借款项目也必须保证真实性，投资人根据项目风险自行决策是否予以投资。而“e 租宝”的模式中，资金流向不明，项目标的虚假捏造，因此背离了 P2P 的本质。从这层意义上讲，“e 租宝”并非 P2P。

尽管我们可以判断“e 租宝”并非 P2P，但很难否认“e 租宝”是互联网金融。按照《指导意见》的定义，“互联网金融是传统金融机构与互联网企业（以下简称从业机构）利用互联网技术和信息通信技术实现资金融通、支付、投资和信息中介服务的新型金融业务模式”。互联网企业的界定并不清晰，由于“e 租宝”借助互联网技术和信息通信技术进行了资金融通（尽管资金融通的去向不明），因此，无法从这个定义上将“e 租宝”从互联网金融从业机构中排除出去。事实上，

“e 租宝”事件的爆发为我们理性反思互联网金融提供了良好契机。互联网金融本身无法界定为好还是坏,健康有序发展的互联网金融有助于提高金融服务实体经济的能力,背离服务实体经济宗旨的互联网金融则可能带来金融的系统性风险。以“e 租宝”事件为代表的各种互联网金融领域问题的集中爆发必将推动监管层加快建立健全相关监管体系的步伐,但在具体构建监管体系前,必须先明晰互联网金融从业机构的定义。①

中国人民银行武汉分行　刘小二:非法集资又被称为非法吸收公众存款,是指法人、其他组织或个人未经有关机关批准,向社会公众筹集资金的行为,属于典型的涉众型经济犯罪。根据《刑法》第 176 条规定,违反国家金融管理法规,吸收公众存款或变相吸收公众存款,扰乱金融秩序的,构成非法吸收公众存款罪。非法集资等涉众型经济犯罪具有涉案主体复杂、涉案地域广、金额大、欺骗手段多样化和隐蔽化的特征,如有的非法集资打着“支持地方经济发展”“倡导绿色、健康消费”等旗号开展诱骗;有的编造“天上掉馅饼”、承诺高回报的故事;有的用所谓产权式返租、电子商务、电子黄金、投资基金等新名词、新概念蒙骗群众;有的则利用亲戚、朋友、邻居、同事等社会关系,编造中标、项目开发、做生意急需资金周转等虚假理由诈骗等。

近年来,随着大众理财投资意识的增强,非法集资又出现了新型手法:一是设立与金融机构名称近似的空壳公司,诱导社会公众投资。犯罪分子故意注册与银行名称近似的空壳公司,并设计类似的金融业务,极具欺骗性。二是以私募股权投资基金、黄金、上市公司股权、高新技术为名非法集资。三是以会员组织名义诈骗公众资金。犯罪分子以某国外知名企业为幌子出售会员卡,理财产品,博取公众信任。四是以实业投资或银行抵押贷款为名非法吸收公众资金。犯罪分子为骗取社会公众信任,多以合法公司为掩护,采取投资实业项目、签订合同、虚拟银行贷款等方式进行非法集资活动。②

中国刑事警察学院经济犯罪侦查系教授　王全:表面上“e 租宝”会与某些企业建立融资租赁关系,即“e 租宝”的核心运营企业按照某企业的需要和要求出资购买诸如轮船或挖掘机等大宗设备,然后交付并由该企业使用,该企业按

① 陈文:《“e 租宝”事件,折射 P2P 现实及未来》,载《金融博览(财富)》2016 年第 1 期。

② 苏永乐:《反洗钱视角下涉众型经济犯罪案例特征与风险防范——以“e 租宝”非法集资案为例》,载《金融经济》2016 年第 24 期。

照约定向“e 租宝”支付租金。据此,“e 租宝”取得了对该企业的租金债权,然后再把该债权拆分成若干份额通过“e 租宝”的网络平台转让给不特定投资人。在整个交易过程中,一般会出现两种法律关系:一是投资人与“e 租宝”核心运营公司 A(咨询公司)之间的投资咨询服务关系;二是投资人与“e 租宝”核心运营公司 B(融资租赁公司)之间的债权转让关系。这两种法律关系在形式上会体现为两类协议,即《债权转让咨询服务协议》和《债权转让协议》。例如,根据某市经侦支队对“e 租宝”某分公司的调查显示,《债权转让咨询服务协议》是投资人与上海钰申金融信息服务有限公司签订的;《债权转让协议》是投资人与安徽钰城融资租赁有限公司签订的。这两家公司都是“e 租宝”核心运营公司。

这一系列交易行为的本质就是将资产证券化并向社会公众发行,即使不存在虚构融资租赁项目的情况,在未取得监管部门(中国人民银行和证监会)许可的情况下,如果达到 2010 年《关于审理非法集资刑事案件具体应用法律若干问题的解释》中规定的追诉标准(个人:数额 20 万元以上或吸收对象 30 人以上;单位:数额 100 万元以上或吸收对象 150 人以上)也将涉嫌非法集资犯罪。但事实是,“e 租宝”向投资人推荐的融资租赁项目存在大量的虚构问题。“钰诚系”依托“e 租宝”等平台,虚构融资项目向社会公众吸收巨额资金的行为已经涉嫌非法集资犯罪。①

四、笔者评论

网贷平台迅速发展带来的法律风险,通过此次的“e 租宝”事件再次暴露。相较于传统金融行业,网贷平台与生俱来不可避免地存在更大的风险。但与此同时,网贷平台利用互联网的灵活与便利,突破了时空限制,使资金提供方与资金需求方通过平台直接对接,进行投融资活动。为更多的群体提供可得、便利的普惠金融服务,进一步实现了小额投融资活动低成本、高效率、大众化,为大众创业、万众创新提供便利,因此,监管部门仍然坚持“鼓励创新、防范风险、趋利避害、健康发展”的总体要求。

① 王全、陈祥民、李盛楠:《互联网非法集资犯罪“加盟型”共犯的认定与证据规格——以“e 租宝”互联网非法集资案为研究视角》,载《中国刑警学院学报》2016 年第 4 期。

(一)出借人应理性维权,投资前知晓风险

直到现在,一些在"e 租宝"事件中蒙受损失的出借人还受谣言影响,而未到公安机关登记损失,以为一旦被查处,国家将没收所有投资款。但实际上,部分出借人不登记的这种行为,将会直接导致公安机关所掌握的登记出借金额低于实际金额,这将会给公安机关调查案件带来不利影响。另外,部分出借人采取非理性方式维权,这些行为阻碍公安机关的调查,还可能构成违法犯罪。

此次"e 租宝"事件,也为其他网贷平台的出借人敲响了警钟,使人们普遍对投资理财的风险有了更深刻的认识。在此重申一个常识性的道理:明显高于市场平均水平的收益率是不可持续的,"当大潮退去,才知道谁在裸泳",面对投资风险,切莫抱有侥幸心理。出借人应在投资理财时,充分知晓融资项目的资金用途、偿债方式、担保措施等具体信息。

(二)网贷平台加强信息披露和风险告知

及时披露借款人的主体信息、融资项目情况及经营管理信息,不仅是对投资者负责,也是对网络平台自身的保护。让投资者在充分知晓投资风险的前提下,根据融资项目情况和自身风险承受能力情况,自主理性地选择融资项目,可以有效避免虚构融资项目、欺骗投资者的法律风险。

(三)推进网络借贷行业自律

2016 年 8 月 17 日,中国银监会、工业和信息化部、公安部、国家互联网信息办公室制定的《网络借贷信息中介机构业务活动管理暂行办法》(以下简称《暂行办法》)开始施行。《暂行办法》中规定了省级网络借贷行业自律组织的职责,教育会员遵守监管规定,维护会员合法权益,调解纠纷,受理投诉举报,开展自律检查等。网络借贷行业鱼龙混杂,外部监管滞后,亟待强化行业内部的自律管理。现有行业自律组织一方面公信力不足,难以吸引网贷平台加入,另一方面作用有限,难以发挥全面的行业自律功能。《暂行办法》以规范性文件形式确立行业自律组织的地位,将进一步推进网络借贷的行业自律工作。

(四)鼓励创新的同时防范风险

《关于促进互联网金融健康发展的指导意见》和《暂行办法》都显示了监管部门对网络借贷的监管态度:鼓励创新的同时防范风险。互联网金融拓宽了小微企业的融资渠道,也满足了一些民间资本的正常投资需求,监管部门的态度也是包容和鼓励。但不少网贷机构游走于合法与非法之间,借用网络概念"包装”,涉嫌虚假宣传和从事非法吸收公众存款等非法集资活动,损害社会公众利益,因此,监管部门应对涉嫌违法犯罪的行为坚决予以惩处。

实际上,以“e 租宝”为代表的网络借贷,既不是魔鬼,也不是天使,政府监管要跟上,但也不能管得太紧。正所谓“恺撒的归恺撒,上帝的归上帝”,该由市场调控的要充分交给市场,该政府监管的,也不能出现监管的缺位。

(本文作者朱平,上海邦信阳中建中汇律师事务所高级合伙人)

(感谢丁慧敏、杨皓对本文的帮助)

2017 年度法治新闻简谱

导 语

“简谱”一栏,叙其梗概,述其要旨,以期在喧嚣激荡的舆论大潮中,不再纠结于海量但模糊的信息,困惑于因果关系的呈现,恍惚于法治脚步的节拍。

2017 年列入“简谱”的选题,主要集中于立法领域。夫妻共同债务新规出台,剑指夫妻一方与债权人恶意串通行为。《民法总则》施行,体现法律与生活的有效对接。侵犯公民个人信息司法解释发布,保障网络个人信息安全,助益网络环境清朗。国家级住房租赁条例公开征求意见,进一步凸显房子的居住属性。《农村土地承包法》施行 14 年后迎来大修,是对农村经营主体变化、农地流转等生产力发展要求的适应性调整。法官辞职后限制期限内不得受聘于律师事务所,彰显司法权力监督约束制度的进一步完善。立法欣喜之余,尚有执法缺憾。比如,广告立法虽臻于完善,但虚假医疗广告问题再度引发关注。有良法而无善治,作为广告发布平台,媒体难辞其咎。

夫妻共同债务新规出台

2017 年 2 月 20 日,最高人民法院审判委员会第 1710 次会议通过了《关于适用〈中华人民共和国婚姻法〉若干问题的解释(二)的补充规定》,此规定增加两款,一是夫妻一方与第三人串通,虚构债务,第三人主张权利的,人民法院不予支持;二是夫妻一方在从事赌博、吸毒等违法犯罪活动中所负债务,第三人主张权利的,人民法院不予支持。补充规定对之前没有涉及的问题进行了补充,明确了一方在进行违法犯罪活动后所负担的债务和虚假债务不属于两人共同债务。

此次补充规定,应因的是如何正确认定和处理夫妻共同债务等社会争议较大的问题。随着近年来经济社会的发展，我国越来越多地出现了夫妻一方与债权人恶意串通损害夫妻另一方权益的情况，若仍然适用《〈婚姻法〉解释（二）》第24条的规定，判令未举债一方配偶共同承担虚假债务、非法债务，显然不公平。此次补充规定，表明了司法审判机关对虚假债务、非法债务否定性评价的鲜明立场。

根据各级妇联等相关组织和各级人民法院的反馈，补充规定在司法实践中发挥了积极作用。但在有关夫妻共同债务认定标准、举证证明责任等方面，此次补充规定还存在一定的漏洞。2018年1月8日，最高人民法院审判委员会第1731次会议通过《关于审理涉及夫妻债务纠纷案件适用法律有关问题的解释》，进一步细化和完善夫妻共同债务认定标准，合理分配举证证明责任。《关于审理涉及夫妻债务纠纷案件适用法律有关问题的解释》对引导民事商事主体规范交易行为，加强事前风险防范，指导各级人民法院准确认定夫妻共同债务，平衡保护各方当事人的合法权益，具有重要意义。

《民法总则》10月1日施行

2017年3月15日，中华人民共和国第十二届全国人民代表大会第五次会议表决通过了《民法总则》并于2017年10月1日开始施行。《民法总则》全面确认了人作为人所应享有的民事权利，彰显了每个人的人格尊严与私权价值，新增了胎儿利益的保护即涉及遗产继承、接受赠与等胎儿利益保护的，胎儿视为具有民事权利能力；未成年人民事权利的保护即未成年人遭受性侵害的损害赔偿请求权的诉讼时效期间，自受害人年满十八周岁之日起计算；同时公序良俗也成了“硬法”即处理民事纠纷，应当依照法律，法律没有规定的可以使用习惯，但不得违背“公序良俗”。对于监护人制度和法人制度，《民法总则》也提出了创新，新增加了“遗嘱指定监护”和“特别法人”。面对近些年扶老人被讹等见义勇为者“流血又流泪”事件，此次通过的总则也提出因自愿实施紧急救助行为造成受助人损害的，救助人不承担民事责任，对见义勇为用法律形式予以鼓励和保护，体现了法律与生活的有效对接。

《民法总则》是民法典的总则编，规定了民事活动的基本原则和一般规定，在民法典中起统领性作用。它的制定实现了多项制度创新，其中的部分条文突出了保障私权、限制公权等内容，体现了当下中国的法治特征，反映了普通民众的法治要求。《民法总则》是全面推进依法治国的重要法律，对规范国家的经济秩序、维护公民的尊严、保障民事权利，具有不可或缺的作用。

侵犯公民个人信息司法解释发布

2017 年 6 月 1 日，最高人民法院、最高人民检察院《关于办理侵犯公民个人信息刑事案件适用法律若干问题的解释》开始施行，此解释明确了侵犯个人信息罪的定罪量刑标准，对《刑法修正案（九）》中的情节严重一词作了明确，泄露行踪轨迹信息 50 条即构成犯罪；非法出售公民信息获利超过 5000 元最高可判三年。这一入罪门槛是较低的，从严设置了定罪量刑标准。同时也对“内鬼”作案和网站泄露公民个人信息加大了惩处力度，解释明确特殊主体侵犯公民个人信息认定数量数额标准减半计算，网络服务提供者拒不履行网络安全管理义务的依法追究刑事责任，对内部人员犯罪和关联犯罪的严惩落到实处。而近几年网络舆论的热点人肉搜索问题也在解释中有了明确的规定可循，未经被收集者同意，将合法收集的公民个人信息向他人提供的，属于非法提供公民个人信息。

侵犯公民个人信息司法解释的出台，是近年来我国加大侵犯公民个人信息立法工作的最新举措。2009 年 2 月 28 日起施行的《刑法修正案（七）》增设了刑法第 253 条之一，规定了出售、非法提供公民个人信息罪和非法获取公民个人信息罪。2015 年 11 月 1 日，《刑法修正案（九）》进一步增强了对侵犯个人信息的打击力度，将“出售、非法提供公民个人信息罪”和“非法获取公民个人信息罪”整合为“侵犯公民个人信息罪”，扩大了犯罪主体和侵犯个人信息行为的范围。2016 年，最高人民法院研究室启动侵犯公民个人信息罪司法解释的起草工作，在辽宁省高级人民法院等的前期调研的基础上，广泛征求社会各方的意见，并召开专家论证会研讨论证，最终修改形成送审稿。

由于互联网及相关衍生产业的发展，信息化建设的推进，侵犯公民个人信息导致犯罪的案件比比皆是。公民个人信息安全关系到每一个人，公民个人信息一旦泄露，就会对个人的人身安全、财产安全形成严重威胁。法律解释的出台，不仅给违法者震慑，而且给个人信息工作者敲响警钟，也为侵犯个人信息的审判工作提供了有力的法律武器。法律解释的出台，清新了网络环境，规范了言论秩序，保障了网络个人信息的安全。

国家级住房租赁条例或加速出台

2017 年 5 月 19 日，住房和城乡建设部就《住房租赁和销售管理条例（征求意见稿）》公开征求意见。该意见稿在租金、租期、承租人居住权利等方面作了规定，明确提出直辖市、市、县人民政府要建立住房租金发布制度，定期公布分区域的市场租金水平等信息，以引导当事人约定合理租金价格，其中关于租售同权更是做了详细的说明，提到非本地户籍承租人可按照《居住证暂行条例》等有关规定申领居住证，享受义务教育、医疗等国家规定的基本公共服务。2017 年 7 月，住房和城乡建设部等九部委下发了《关于在人口净流入的大中城市加快发展住房租赁市场的通知》，选取了广州、深圳、南京等十二个城市开展住房租赁试点，通知要求明确租购并举、租售同权，一些一线城市更是从土地入手，推动住房租赁政策的推行。2017 年 9 月 20 日至 21 日，由国务院法制办、住房和城乡建设部组成的联合调研组赴湖北省开展住房租赁和住房销售立法专题调研，此举被媒体解读为“国家级住房租赁条例或加速出台”。租售同权如何规定？租房子能否顺利上户口、上学？租售同权是否会导致房租上涨？这些公众关心的问题，将很快以立法的形式确定下来。

有媒体分析，住房租赁条例将具有重要意义，但也可能带来一定的隐忧。以“租售同权”为例，它的制度化能够在一定程度上减少人们对购房的焦虑，对正在推进的楼市调控起到辅助作用。但是，租售同权可能带来房租价格的上涨，给城市中租房的年轻一族带来沉重的生活压力。基于此，政策与经营双管齐下，限制购买与控制租赁同时发力是一个有效思路，其中的一些问题有待法律法规的进一步界定。

习近平总书记在党的十九大报告中指出：“坚持‘房子是用来住的、不是用来炒的’定位，加快建立多主体供给、多渠道保障、租购并举的住房制度，让全体人民住有所居。”作为第一部专门的规范住房租赁的法律法规，国家级住房租赁条例的出台，对于建立租购并举的管理制度，加快租赁市场的发展，满足人民住房需求具有重要意义。

《农村土地承包法》施行 14 年后迎来大修

2017 年 10 月 18 日，习近平总书记在党的十九大报告中提出“保持土地承包关系稳定并长期不变，第二轮土地承包到期后再延长 30 年”。2017 年 10 月 31 日，《农村土地承包法》（修正案草案）提请十二届全国人大常委会第三十次会议初审。同日，全国人大农业与农村委员会副主任委员刘振伟对《农村土地承包法》（修正案草案）进行了说明。2017 年 11 月 7 日至 12 月 6 日，《农村土地承包法》（修正案草案）在中国人大网上向全社会征求意见，参与人数 313 人，共征求意见 859 条。目前，新《农村土地承包法》处于修正案草案审议阶段。

这次修法主要集中于“三权”分置、期限延长三十年和农民自主选择三个方面。首先，“三权”分置即将承包方的农村土地承包经营权一分为二，包括土地承包权和土地经营权，可以流转和入股的是土地经营权，农民在政策保护下将可以放心大胆地流转经营。土地承包权和土地经营权的权能明确，是农村改革的又一大制度创新，将进一步促进我国农业的发展，优化农村资源配置，同时解放农村劳动力，加快城镇化进程，推动农业现代化。其次，期限延长三十年即国家依法保护农村土地承包经营关系稳定并长久不变，承包耕地的承包年限在第二轮承包年限的基础上再顺延三十年。这一改变使承包关系长久不变，坚持了家庭经营的基础性地位，维护了广大农民的利益，有利于坚持和完善农村基本经营制度。最后，不得以退出土地承包权作为农民进城落户的条件，是否保留土地承包经营权由农民选择而不是代替农民选择，且支持纳入城镇社保住房体系；特殊情形需要调整土地的，必须经本集体村民会议 2/3 以上成员或村民同意并上报。这一改变保障了农民在土地问题上的自主选择权，确保农民在农村的基础权利，解放农村劳动力，给外出务工人员吃上定心丸。

《农村土地承包法》此次修法有着深刻的时代背景。《农村土地承包法》实施 14 年来，特别是近十年来，农村经济迅速发展，城镇化建设有序推进，土地流转速度不断加快，各类新型经营主体涌现，农民的土地财产利益得不到有效保障，越来越多的农民要求承包关系长久不变、土地承包经营权可抵押担保和入股等权能。这次修法是对农村经营主体变化、农地流转等生产力发展要求的适应性调整，有利于解放农村生产力。

法官辞职后限制期限内不得受聘于律师事务所

2017 年 10 月，最高人民法院印发了《关于贯彻执行〈关于规范公务员辞去公职后从业行为的意见〉的实施意见》（以下简称《实施意见》）。《实施意见》共分适用范围、从业限制范围认定、从业限制的审核、从业限制的管理、相关工作要求五部分规定。最为舆论关注的内容是：最高法法官和处级以上人员辞去公职后的从业限制时间为 3 年，其他人员为 2 年，禁止辞职人员在限制期内受聘于律所。

最高人民法院政治部负责人在回答记者问题时提到制定《实施意见》，主要有以下几个方面的考虑。一是贯彻落实党中央全面从严治党、从严管理干部精神的需要。最高人民法院对《关于规范公务员辞去公职后从业行为的意见》（以下简称《从业意见》）的贯彻落实高度重视，根据本院实际情况，结合司法工作特点制定了《实施意见》，目的就是为了更好地执行《从业意见》的要求，从而将中央全面从严治党、从严管理干部的精神在本院落地落实。二是维护司法权威、增强司法公信力的需要。实践中，确实存在极少数法院工作人员辞职后从事与原职务有经常性直接关联的业务活动，利用曾在法院工作的便利条件与法院内部人员进行利益输送，或借助自身的影响力扰乱正当的法律服务竞争环境等问题，引起社会有关方面和人民群众的议论和反感，造成了很坏的社会影响，损害了司法的公正性和司法公信力。但由于缺乏相应的制度规定，上述问题难以得到及时发现、严格监管和有效惩戒。因此，有必要研究解决。三是健全司法权力监督约束制度的需要。《实施意见》的制定，就是要建立一套相对完善的司法权力运行监督机制，自始至终给司法权力带上“紧箍咒”，避免变相腐败，防止损害司法权威。

在这份《实施意见》发布之前，2017 年 4 月 28 日，中央组织部、人力资源社会保障部、国家工商行政管理总局、国家公务员局联合印发了《关于规范公务员辞去公职后从业行为的意见》（以下简称《从业意见》），《从业意见》第 2 条中提到各级机关中原系领导班子成员的公务员以及其他担任县处级以上职务的公务员，辞去公职后 3 年内，不得接受原任职务管辖地区和业务范围内的企业、中介机构或其他营利性组织的聘任，个人不得从事与原任职务管辖业务直接相关的营利性活动。这份《实施意见》的制定，应因并基本保持了《从业意见》原有的框架和主要内容，并结合最高人民法院工作实际进行了明确。该《从业意见》的颁布，整合了有关司法权力运行监督的有关规定，使法院工作人员辞职后从业行为的约束制度趋于清晰，进一步形成了健全的、具体的司法权力监督约束制度，体现了对普通民众权益的保障。

虚假医疗广告问题频仍引关注

2017 年 12 月上旬，名为“丁香医生”的自媒体发布的《一年狂卖 7.5 亿的洗脑神药，请放过中国老人》一文在网络上引起轩然大波，文章引用多位眼科医生的说辞和文献资料，质疑莎普爱思没有达到其所描述药效的情况下大肆宣扬其治疗白内障的功能，利用洗脑式营销坑害老年人，从而延误治疗甚至导致失明。在权威专家看来，一些在媒体上大肆做广告的神药并不止莎普爱思一个品牌。这些涉嫌虚假宣传的所谓神药品牌，抓住了部分消费者医学常识薄弱的软肋，利用患者惧怕死亡、疾病、衰老等心理，夸大药效推销产品。同年早前，《人民日报》扒出冒充多方专家的骨干医师刘洪斌。2014 ~ 2017 年，刘洪斌以“苗医传人”“北大专家”“蒙医后人”等身份出现在多个地方卫视进行多种药品、保健品的宣传，然而，2017 年 6 月国家中医药管理局表示刘洪斌并不具有中医医师资格。

虚假治疗广告问题错综复杂，虚假医疗广告的综合、长效治理，必须形成管防一体的治理模式，即媒体尽到职，政府站好岗，百姓擦亮眼。其中，大众媒体是不容忽视的一个重要环节。如今，只要打开网络、电视、广播，翻开报纸、杂志，随处可见各种虚假医疗广告。媒体因其广告利益在不经过审查的情况下就随意刊登，这在很大程度上损害了消费者利益，扰乱正常的市场秩序。那么，如何斩断媒体伸向虚假广告的黑手呢？

经由媒体平台发布的虚假医疗广告甚嚣尘上，其根本原因不在立法而在执行。在法律层面，我国已有《医疗广告管理办法》《广告法》等法律法规。其中，2015 年 9 月 1 日实施的新《广告法》堪称史上最严。媒体刊载虚假广告的行为是该法的整治重点。根据该法，虚假广告民事责任中新增先行赔偿义务，这意味着当媒体发布的某一广告对消费者造成损害时，如果媒体不能给消费者提供广告主的相关信息（如联系方式、营业信息等），媒体作为广告发布平台必须承担先行赔偿义务。新《广告法》规定对于“明知或应知”虚假广告仍要发布的也要承担连带责任,这意味着消费者在实际受到损害后不但可以选择广告商承担赔偿责任,也可以要求发布该虚假广告的媒体承担赔偿责任。新《广告法》将处罚费用提高到了广告费的 3 ~ 5 倍,情节严重的还增加了吊销执照(证照)、信用约束和行业禁入方面的新规定。此外,新《广告法》还规定可对情节严重的虚假广告发布行为追究刑事责任。加大对媒体刊载虚假医疗广告行为的惩处力度,势在必行。

(本文作者孔洪刚,华东政法大学人文学院法制新闻系副教授)

2017 年度法治新闻热词

大数据法治就是法治创新的一个方向。大数据法治是充分利用大数据技术推动法治发展,形成以大数据为技术支撑的一个系统,具体可以用“智慧”“精准”“效率”“合作”四个词来描述。大数据法治首先是一种“智慧型法治”。可以断言,大数据会成为“法治大脑”,人的大脑在法治建设的局限可以通过大数据克服。

网络新闻信息的生产和传播具有主体多元化、平台多元化和内容海量化的特点,很多新闻事件甫一发生就迅速成为人尽皆知的热点话题,但也有不少话题被淹没在信息的汪洋大海中。在本研究中,笔者通过大数据处理技术对各类法治案件、涉法议题和法治术语进行了全网数据挖掘,以对 2017 年中国法治领域的传播生态做一番整体的梳理。

一、2017 年度热门法治事件

研究以中国主流媒体所报道的有一定的社会关注度的法治事件为基础整理出 2017 年约 50 起法治事件名录,在此基础上对全网包括微博、主流网站等在内的十一类平台中的传播数据进行系统挖掘,并依据全网传播的总量生成了话题榜的前十名。

表 1　2017 年度中国热门法治事件 TOP10

单位:条

排行	话题	微博	网站	论坛	微信	新闻	客户端	视频	博客	报刊	政务	外媒	总量
01	红黄蓝虐童	2, 560, 370	3684	1849	1450	1408	1387	465	189	80	59	26	2, 570, 967
02	江歌案	1, 977, 391	10, 904	7344	8153	5170	9957	1250	1275	118	190	121	2, 021, 873
03	杭州保姆纵火案	1, 855, 734	5548	2835	2828	2908	3117	665	684	78	135	45	1, 874, 577
04	豫章书院	809, 823	2732	4359	478	1116	1351	180	139	15	29	16	820, 238
05	于欢案	470, 278	5709	6800	4198	3576	2155	465	1172	259	448	46	495, 106
06	榆林产妇跳楼	266, 120	2380	1276	880	1099	1713	249	325	38	20	9	274, 109
07	李文星之死	234, 457	4050	1281	1436	2862	2138	304	417	88	87	20	247, 140
08	苏享茂自杀	202, 683	3794	6203	364	1134	1726	137	455	65	33	9	216, 603
09	格斗孤儿	183, 123	3490	1279	893	2643	1602	321	199	130	149	18	193, 847
10	“e 租宝”案	61, 182	3589	1261	2172	1670	1230	68	772	205	150	13	72, 312

在研究中我们发现,微博是中国热门法治事件最为主要的传播平台,超过98%的信息量源自微博平台,而我们在研究中发现,大部分为普通网民耳熟能详的热点话题都在微博上引发了密集的关注。这意味着中国热门法治事件一定是微博中的热门事件,中国要推进普法宣传、进行法制教育就必须充分运用好以微博为代表的新媒体平台。此外,对榜单进行梳理的过程中我们发现大部分的热点话题及热点事件往往具有很强的周期性,一般热度维持在 1 ~2 周的时间内就会逐渐淡出人们的视线。

2017 年有一个热门术语叫“后真相”。它所表达的意思是在很多情况下,媒体对新闻事实的披露赶不上网络民众自发的揣测、想象和评价,以至于事实性的信息在传播的总量上远低于观点性和情绪性的信息,而普通的网民在参与事件的表达时也往往追求参与过程的满足感而不是对事实和真相的追求。法治事件更成为后真相时代一个极富表现力的领域,它对法治新闻传播带来了更大的挑战,不管是媒体、自媒体还是普通的网民都需要牢记法律底线,尊重事实真相,以事实而不是情绪和偏好来左右自己的判断。

党的十九大报告中指出要“把社会主义核心价值观融入社会发展各个方面,转化为人们的情感认同和行为习惯”,而“法治”也是社会主义核心价值观的重要组成部分。通过数据挖掘我们发现,尽管新媒体为法治信息的传播提供了便捷的渠道,网民也有了较高的表达自主性,但在大多数的情况下,社会热点事件和社会热点话题才是助推网民法治思维的直接力量。这一研究给我们的启示是,热门的法治事件往往具有全民的关注度,在网络用户法治素养水平参差不齐的背景下,利用热门法治事件进行法治教育与法律宣传是很好的契机。

二、2017 年度热门法制话题

特定法治话题在全网中的热度往往反映出社会舆论的某种集中倾向性,通过纵向的比较可以观察不同的话题随着时间的推进其热度的变化,通过横向的比较也可以发现不同话题在同时间段内影响力的大小。2017 年有若干法治话题曾经引发过媒体和社会的广泛关注,我们依然在对主流媒体报道进行分析的基础上,整理出年度引发社会较大关注的法治话题,进而通过全网数据挖掘的方式计算得出 2017 年度热门法治话题的前十名。

表 2　2017 年度热门法制话题 TOP10

单位:条

排行	话题	微博	网站	论坛	微信	新闻	客户端	视频	博客	报刊	政务	外媒	总量
01	网络暴力	4, 834, 949	45, 939	21, 575	14, 927	20, 968	30, 402	1374	5963	837	1336	247	4, 978, 517
02	校园欺凌	1, 993, 032	122, 791	51, 555	67, 248	77, 032	54, 142	2904	15, 136	9089	34, 500	549	2, 427, 978
03	电信诈骗	2, 019, 981	53, 950	21, 827	28, 292	47, 652	28, 313	5361	3320	4447	9506	321	2, 222, 970
04	盗版侵权	1, 521, 493	225, 803	133, 326	72, 091	83, 054	74, 669	2167	38, 134	6506	30, 532	954	2, 189, 686
05	网络诈骗	619, 250	290, 899	190, 099	136, 365	199, 862	106, 561	3259	28, 914	24, 634	50, 469	1051	1, 651, 363
06	非法集资	382, 360	310, 358	114, 805	157, 190	154, 651	99, 940	1455	63, 747	21, 314	64, 335	857	1, 371, 012
07	校园信贷	307, 035	151, 522	43, 130	48, 399	78, 148	49, 235	2282	13, 895	7734	7823	349	709, 552
08	虚假广告	199, 090	104, 220	41, 380	45, 120	59, 895	31, 718	352	27, 986	5993	25, 310	344	541, 408
09	信息泄露	227, 711	95, 771	26, 188	50, 033	73, 695	37, 801	782	6921	6965	11, 400	350	537, 617
10	庞氏骗局	137, 707	81, 324	28, 673	50, 206	25, 991	29, 710	221	23, 346	1645	2056	420	381, 299

研究发现,在统计出的十大话题中,“网络暴力”的传播量位居榜首成为年度最具有关注度的法制话题。在 2017 年中,我们看到在十大热门法制话题中除了近几年颇受关注的网络暴力、校园欺凌、电信诈骗牢牢占据排行榜的前几位之外,信息泄露、庞氏骗局也成为 2017 年最受网民关注的热门话题。此外,研究中我们还发现,尽管微博仍然是绝大部分话题最为主力的平台,但整体来看,微博中的讨论数量占比为 71.97%,这意味着上述所统计的十类热门法治话题不仅

备受普通的网民关注,各类网络媒体、政务机构、行业网站也纷纷关注。

在以上排行榜前十名之外,我们还对网络谣言、网络传销、网络赌博、网络色情等话题进行了全网的数据抓取与统计分析,然而我们的分析结果表明,尽管这些话题在互联网中有着较大的传播量但其热度远不如上述十类话题,更多的信息源自官方的通报和主流媒体的报道,并没有在民众中引发较大的议论。

三、2017 年度热门涉法术语

2017 年党的十九大胜利闭幕,“坚持全面依法治国”被明确作为新时代坚持和发展中国特色社会主义的基本方略之一,国内外舆论界和知识界人士在对十九大报告进行点评时都提到,十九大报告的通篇都闪耀着法治的光辉。在本研究中,笔者以十九大报告为语料库,从中提取了 25 个代表性的涉法术语,并以此为研究关键词对 2017 年全网的讨论情况进行了系统挖掘和统计梳理。

表 3　2017 年度热门涉法术语

单位:条

排行	话题	微博	网站	论坛	微信	新闻	客户端	视频	博客	报刊	政务	外媒	总量
01	依法治国	2, 229, 106	340, 529	233, 253	204, 733	245, 289	110, 977	1924	61, 231	46, 498	253, 322	1793	3, 728, 655
02	依法行政	275, 001	276, 647	111, 398	161, 218	208, 787	122, 484	1036	22, 769	35, 457	360, 641	1496	1, 576, 934
03	公正司法	396, 237	186, 522	104, 883	100, 028	123, 202	68, 846	957	20, 016	24, 947	106, 925	1873	1, 134, 436
04	法治建设	155, 008	175, 199	41, 871	97, 294	151, 993	68, 242	891	15, 252	32, 349	182, 381	731	921, 211
05	司法改革	324, 475	112, 775	58, 139	57, 958	80, 821	52, 166	648	9228	15, 551	59, 459	1685	772, 905
06	司法体制	194, 091	138, 144	34, 491	88, 031	111, 831	72, 381	964	10, 671	23, 910	97, 553	572	772, 639
07	严格执法	97, 640	145, 806	51, 672	89, 897	109, 515	59, 975	457	12, 949	19, 838	133, 866	571	722, 186
08	法治社会	364, 175	74, 583	66, 223	49, 461	49, 369	29, 784	282	18, 853	9910	31, 397	839	694, 876
09	监察体制	147, 666	106, 099	35, 271	69, 873	96, 743	43, 691	1120	7680	20, 298	114, 012	720	643, 173
10	法治体系	74, 416	156, 006	37, 054	85, 714	97, 110	46, 233	513	22, 754	16, 049	68, 894	1157	605, 900
11	法治政府	81, 610	87, 429	24, 906	51, 221	75, 084	30, 983	486	7721	15, 339	124, 069	390	499, 238
12	法治国家	141, 452	68, 400	37, 237	54, 889	48, 186	25, 219	303	14, 025	9883	41, 185	627	441, 406
13	文明执法	86, 260	62, 232	26, 869	45, 454	46, 212	29, 201	277	5016	9228	82, 547	125	39, 3421
14	司法责任制	73, 858	68, 580	14, 645	50, 284	58, 912	43, 502	391	3775	13, 173	48, 107	215	375, 442
15	法治观念	27, 475	54, 663	15, 427	38, 573	43, 149	24, 393	161	6027	8363	64, 645	266	283, 142
16	法治文化	27, 577	39, 870	9311	27, 811	34, 388	22, 294	187	2064	8923	62, 232	83	234, 740

续表

排行	话题	微博	网站	论坛	微信	新闻	客户端	视频	博客	报刊	政务	外媒	总量
17	法律面前人人平等	97, 220	30, 568	28, 365	21, 745	16, 144	11, 189	86	9137	2578	13, 645	490	231, 167
18	科学立法	22, 967	40, 864	8879	26851	33, 738	14, 222	190	3748	8090	30, 997	149	190, 695
19	依法执政	19, 671	33, 757	11, 036	34, 167	28, 383	14, 279	169	3719	7608	35, 024	106	187, 919
20	法治道路	57, 570	25, 279	7766	18, 149	22, 200	10, 328	165	2891	5473	23, 038	120	172, 979
21	全民守法	32, 455	27, 907	7166	24, 142	21, 657	11, 081	261	2851	6004	24, 026	96	157, 646
22	依法决策	3392	27, 787	6006	16, 280	24, 268	8472	108	1911	5392	40, 814	105	134, 535
23	法治理论	21, 184	15, 209	2784	11, 906	10, 993	5580	69	1284	2860	11, 462	41	83, 372
24	法治素养	10, 025	12, 426	2997	11, 485	12, 075	6886	40	987	3333	18, 310	44	78, 608
25	法律至上	8684	8459	6151	11, 778	5735	4986	26	1664	1577	9418	51	58, 529

党的十九大报告中所提及的涉法术语在 2017 年的全网中均有不同程度上的传播和议论，与我们上文所统计出的热门法治事件和热门法制话题相比一个很大的不同点在于，尽管这些涉法术语均有着较高的网络传播声量，但以微博为代表的社交媒体的贡献量并不高。统计显示，微博在 25 个涉法术语传播中的贡献量仅为 32. 86%，而行业网站、网络新闻及政务机构的传播量则有不俗的表现，三者累计占比 40. 51%。进一步观察发现，除却“依法治国”等个别术语之外，微博的贡献量普遍较低。这意味着，十九大报告中所提及的这些涉法术语更多停留在官方传播、宣传的层面，属于官方色彩较为浓厚的表述，普通公众在议论中提及的概率较低。

（本文作者孙祥飞，华东政法大学博士）

（感谢新浪微舆情提供技术支持）

坚守的力量
(代后记)

范玉吉

一事坚持五年,定有所收获。《中国年度法治新闻视角》丛书就是这样的。从2012年到2016年,丛书连续出版了五本,已经在读者中产生了不小的影响,这是我们编委会全体成员所乐见的成绩。作为本丛书的主要策划人,对我而言,这五本书的出版也是一个值得欢庆的成果。现在回想起2010年秋在阳澄湖畔和朱平兄谈起出这样一本书的创意,到今天第六本书的书稿全部完成,八年的时光不算长,但也不算短,八年里我和编委会的所有朋友们齐心协力,将当初的理想打磨得更加铮亮。第六本顺利完稿,是对朱平兄这份沉甸甸的信任的交待,于我来说,是对自己当初承诺的一个交待。中国的法治建设是一个漫长的路程,这一路上的沟坎不断,但是风光也无限,能将这记录下来,无论怎么说都是一件有意义的事。我和朱平兄都是有理想的人,我们对这本书寄予的厚望不是个人的功名利禄和荣辱得失,而是对中国法治建设尽一点绵薄之力,这就是支撑着我们前进的动力。

中国人特别看重5和10这两个数字,"年度视角"丛书已经出了五本,也算是一个小圆满了,本来计划在2017年为第五本书开一个小型的发布会和总结研讨会,但由于种种原因而搁浅了。无论这个总结会开没开,小圆满还是完成了。所以我将第六本《2017中国年度法治新闻视角》看成是一个新的起点,一个新征程,一个新的里程碑。这一本书将为下一个五年的编写工作开一个好局,打一个好基础。在本丛书的编写过程中中华全国法制新闻协会的思想指导对我们来说意义重大,华东政法大学传播学院和华东政法大学法制新闻研究中心的学术指导对我们来说意义重大,我们编委会的诸同仁精诚合作对书的顺利出版也意义重大。在2017年中华全国法制新闻协会的工作总结中,协会会长、司法部副部长赵大程对本书的出版给予了充分的肯定,这对我们来说是莫大的鼓舞。华东政法大学传播学院也将本丛书的出版作为学院工作、学科发展的重要成就。有这些肯定和认同,将激励我们继续精益求精。

2017年对于中国来说也是一个特别的年份,这一年在国家政治生活中有许多大事,但是也有许多在中国的法治进程中标志性的大事件。我们把这一年的事件进行了梳理、分析,以期给中国的法治史一个交待,也给未来中国的法治建设一个交待。党的十九大报告提出新时代中国特色社会主义思想和基本方略,把坚持全面依法治国确立为新时代坚持和发展中国特色社会主义基本方略的重要内容,对深化依法治国实践做出了全面部署,为建设中国特色社会主义法治体系、建设社会主义法治国家指明了前进的方向。十二届全国人大五次会议审议通过了《民法总则》标志着我国民法典编纂取得了突破性进展。作为我国文化领域的第一部法律——《电影产业促进法》的颁布实施在文化立法方面具有标志性意义。这一年的热门法治事件大多和普普通通的公民有关,红黄蓝幼儿园的孩子、横死异国的江歌、死于保姆纵火的无辜的杭州母子、手刃辱母者的于欢、跳楼的榆林产妇、误入传销窝点的大学生李文星、陷入婚姻漩涡的苏享茂、乘坐命运过山车的格斗孤儿等等,他们的悲伤与痛苦,尤如一柄利刃,划破了这个时代情感的肌肤,我们只能期待法治来抚慰并疗治伤口。这一年的法治话题很多,但网络暴力、电信诈骗、网络诈骗、信息泄露等都和互联网有关,科技的发展呼唤法治的跟进。网络暴力以4,978,517的传播量高居榜首,说明了国人对网络暴力的关注之热,也说明了网络暴力的危害程度之高。法治事件中关注的热点是幼儿园的孩子,法治话题关注的热点是校园欺凌中的中小学生,校园信贷关注的是大学校园里的学生,这一年,我们的孩子无论是处在学前教育阶段还是已经进入大学,都处在我们的强烈关注之下,说明了我们对孩子们关心之重,也从另一个侧面反映了孩子们生活的校园环境之差。在孙祥飞博士的研究中,还对年度法治术语进行了关注,依法治国、依法行政、公正司法、法治建设、司法改革、严格执法、法治社会、法治政府、法治国家、文明执法、科学立法、法律至上……透过这些法治热词,我们不难发现国民对法治、自由、公平、平等、自由等的渴望。我们通过对这一年的法治事件、法治人物进行梳理,不只是想记录下这一年的法治进程,我们还想通过这些事件找寻中国法治建设的规律,为明天的法治建设提供可资借鉴的样本。

今年的研究团队有了新的变化,系资深媒体人曹景行、作家陈岚、法学教授沈亮、法学教授毛玲玲、法学教授陈家林、法官施剑蓉、律师邓学平、律师田小丰等都是首次为本丛书撰稿，他们深厚的学养和严谨的研究态度，为本书增色颇多。总体来看，本书的作者有法官、警察、检察官、法学教授、资深媒体人、新闻学教授、律师、作家、媒体评论员等等，不同的学历背景、不同的职业背景、不同的人生阅历，使他们的文章从不同的角度和不同的层面深刻剖析了当下中国的法治问题，使每一篇文章既有可读性又有了学术性。

从本书的整体安排看，今年起我们将图片插在文章中，不再单独编图吧，这样使本书图文并茂，增强了可读性和可看性，也丰富了信息承载量和信息表现性。我们既想让这本书有扎实而深厚的学术功底，又想让读者产生对本书浓厚的阅读欲望。每个文字，每篇文章，都可能是一个可以产生巨大能量的“核武器”，它释放出来的能量不只是照亮中国的法治天空，我们希望的是能改变中国的法治现实，推动中国的法治进程。文章如果不被阅读是不会产生意义的，那些文字只有通过阅读才能迸发出巨大的能量。从话题、角度、遣词造句，一直到选择插图，我们都经过了仔细的推敲，反复的拿捏，为的就是能对得住读者，对得起中国的法治建设。我们自负地认为是时代的史官，是时代的良心记录者。在这个过程中除了每一位研究者的辛勤付出，还有华东政法大学传媒法制专业的研究生们的鼎力相助，他们是王英鸽、朱雯捷、王笛、孙燕、王一阳、陈煜帆、李飞、杨宇璇、刘梦磊、何瑞鹏、曹云青、王雪雁。本中心的王若翰女士是非常干练非常负责任的编者，她在组稿、约稿和工作安排方面认真负责的工作态度使本书得以顺利出版。在本书的出版过程中，还要感谢法律出版社的肖越女士，她对本书的出版倾注了太多的心血。

第六个年头刚刚起步，我们期望的是这套丛书能不断出版下去，如愚公移山，持之以恒；如精卫填海，矢志不移。经过这样的努力，《中国年度法治新闻视角》必将产生不可估量的社会效果。

2018 年 1 月 31 日于沪上望曦轩